Mindfulness
e psicoterapia

G372m Germer, Christopher K.
   Mindfulness e psicoterapia / Christopher K. Germer, Ronald D. Siegel, Paul R. Fulton ; tradução: Maria Cristina Gularte Monteiro ; revisão técnica: Melanie Ogliari Pereira. – 2. ed. – Porto Alegre : Artmed, 2016.
   xviii, 381 p. : il. ; 23 cm.

   ISBN 978-85-8271-243-6

   1. Psicoterapia. I. Siegel, Ronald D. II. Fulton, Paul R. III. Título.

CDU 615.851

Catalogação na publicação: Poliana Sanchez de Araujo – CRB 10/2094

2ª EDIÇÃO

Mindfulness e psicoterapia

Christopher K. Germer
Ronald D. Siegel
Paul R. Fulton

Tradução:
Maria Cristina Gularte Monteiro

Revisão técnica:
Melanie Ogliari Pereira
Psiquiatra. Terapeuta Cognitiva
com formação no Instituto Beck, Filadélfia, Pensilvânia.
Membro Fundador da Academy of Cognitive Therapy.
Membro do Comitê de Credenciamento e Supervisora da Academy of Therapy.
Membro Fundador da Federação Brasileira de Terapias Cognitivas (FBTC).

Reimpressão

artmed

2016

Obra originalmente publicada sob o título Mindfulness and Psychotherapy, 2nd Edition.
ISBN 9781462511372

Copyright © 2013 The Guilford Press
A Division of Guilford Publications, Inc.

Gerente editorial
Letícia Bispo de Lima

Colaboraram nesta edição:

Coordenadora editorial
Cláudia Bittencourt

Capa
Márcio Monticelli

Ilustração de capa
©*shutterstock.com/Frank Fischbach/151370228*

Preparação do original
André Luís Lima

Leitura final
Camila Wisnieski Heck

Editoração eletrônica
Bookabout – Roberto Carlos Moreira Vieira

Reservados todos os direitos de publicação à
ARTMED EDITORA LTDA., uma empresa do GRUPO A EDUCAÇÃO S.A.
Av. Jerônimo de Ornelas, 670 – Santana
90040-340 – Porto Alegre, RS
Fone: (51) 3027-7000 Fax: (51) 3027-7070

SÃO PAULO
Av. Embaixador Macedo Soares, 10.735 – Pavilhão 5
Cond. Espace Center – Vila Anastácio
05095-035 – São Paulo, SP
Fone: (11) 3665-1100 – Fax: (11) 3667-1333

SAC 0800 703-3444 – www.grupoa.com.br

É proibida a duplicação ou reprodução deste volume, no todo ou em parte, sob quaisquer formas ou por quaisquer meios (eletrônico, mecânico, gravação, fotocópia, distribuição na Web e outros), sem permissão expressa da Editora.

IMPRESSO NO BRASIL
PRINTED IN BRAZIL

Organizadores

Christopher K. Germer, PhD, é psicólogo clínico especializado em psicoterapia em *mindfulness* e orientada à compaixão, instrutor clínico em psicologia na Harvard Medical School/Cambridge Health Alliance, e membro fundador docente do Institute for Meditation and Psychtoterapy (IMP). Ele vem integrando os princípios e a prática de meditação à psicoterapia desde 1978. O Dr. Germer é um dos colaboradores no desenvolvimento do programa de treinamento Mindful Self-Compassion, é autor do *Mindful Path to Self-Compassion* e coeditor de *Wisdom and Compassion in Psychoterapy*. Realiza seminários e palestras em todo o mundo sobre *mindfulness* e autocompaixão.

Ronald D. Siegel, PsyD, é professor clínico assistente de psicologia na Harvard Medical School/Cambridge Health Alliance, onde tem lecionado por mais de 30 anos. É estudioso de longa data da meditação *mindfulness* e membro do Conselho de Diretores e professor do IMP. O Dr. Siegel dá aulas sobre *mindfulness* e psicoterapia e sobre o tratamento mente-corpo no mundo inteiro, ao mesmo tempo que mantém uma prática clínica privada em Lincoln, Massachusetts. Seus livros incluem *The Mindfulness Solution, Wisdom and Compassion in Psychotherapy, Back Sense* e *Sitting Together: Essential Skills for Mindfulness-Based Psychotherapy*.

Paul R. Fulton, EdD, tem uma clínica privada de psicoterapia em Newton, Massachusetts, e é instrutor clínico de psicologia na Harvard Medical School/ Cambridge Health Alliance. Foi presidente do IMP e, atualmente, é diretor do Certificate Program in Mindfulness and Psychotherapy. O Dr. Fulton recebeu ordenação leiga como zen budista em 1972, é estudioso de psicologia e meditação há mais de 40 anos e faz parte do Conselho de Diretores do Barre Center for Buddhist Studies. Ensina a prática de *mindfulness* para médicos do mundo todo e é autor de inúmeros artigos e capítulos de livros.

Colaboradores

Andrew Olendzki, PhD, é estudioso sênior no Barre Center for Buddhist Studies, uma instituição dedicada à integração entre compreensão acadêmica e *insight* meditativo. Lecionou em diversas universidades da Nova Inglaterra (entre elas Harvard, Brandeis, Smith, Amherst e Lesley) e foi diretor executivo da Insight Meditation Society. Além disso, o Dr. Olendzki é autor de *Unlimiting Mind: The Radically Experiential Psychology of Buddhism* e colaborador frequente da revista *Tricycle*.

Charles W. Styron, PsyD, é psicólogo clínico com consultório particular em Watertown e Walpole, Massachusetts, bem como psicólogo consultor do Caritas Norwood Hospital, em Norwood, Massachusetts. É especialista em psicoterapia individual em adultos e testagem neuropsicológica. O Dr. Styron é praticante e professor nas tradições shambhala budistas e vajrayana tibetana há 34 anos e professor e membro diretor do IMP desde sua criação. Sua formação de base foi como arquiteto.

Gregory Kramer, PhD, é professor de meditação, autor, cofundador e professor orientador da Metta Foundation. Desde 1974, estuda com monges respeitados, entre eles Anagarika Dhammadina, Ven. Balangoda Ananda Maitreya Mahanayaka Thera, Achan Sobin Namto e Ven. Punnaji Mahathera. O Dr. Kramer é autor de *Insight Dialogue: The Interpersonal Path to Freedom; Meditating Together, Speaking from Silence: The Practice of Insight Dialogue; Seeding the Heart: Practicing Lovingkindness with Children; e Dharma Contemplation: Meditating Together with Wisdom Texts*. Também foi pioneiro na meditação e nos exercícios de contemplação via internet e cofundador da Harvest with Heart, um projeto contra a fome no Nordeste dos Estados Unidos, e do Spiritual City Forum, um programa de diálogo inter-religioso em Portland, Oregon.

Janet L. Surrey, PhD, é psicóloga clínica e fundadora do Jean Baker Miller Training Institute, no Stone Center, Wellesley College. Fez parte do corpo docente da Harvard Medical School por 25 anos e, hoje, atua no corpo docente e na diretoria do IMP. É graduada no Spirit Rock Meditation Center Community Dharma Leaders Program e atualmente participa do programa de treinamento de professores da Metta Foundation. A Dra. Surrey tem prestado consultoria e ensinado a teoria relacional-cultural nos Estados Unidos e em outros países por mais de 20 anos e tem trabalhado para sintetizar as psicologias relacional e do budismo. Suas publicações incluem *Women's Growth In Connection; Women's Growth In Diversity; Mothering against the Odds: Diverse Voices of Contemporary Mothers; We Have to Talk: Healing Dialogues Between Women and Men;* e *Bill W. and Dr. Bob: The Story of the Founding of Alcoholics Anonymous.*

John Briere, PhD, é professor assistente de psiquiatria e psicologia, diretor do Psychological Trauma Program, e diretor do Adolescent Trauma Training Center (National Child Traumatic Stress Network) na University of Southern California. Ex-presidente da International Society for Traumatic Stress Studies (ISTSS), foi agraciado com o Award for Outstanding Contributions to the Science of Trauma Psychology, concedido pela American Psychological Association, e o Prêmio Memorial Robert S. Laufer por Realizações Científicas, do ISTSS. O Dr. Briere é autor ou coautor de mais de cem artigos e capítulos, dez livros e oito testes psicológicos relacionados a trauma. Além disso, dá aulas sobre os temas trauma, terapia e prática de *mindfulness* em todo o mundo.

Judson A. Brewer, MD, PhD, é psiquiatra especialista em adição na Yale University School of Medicine e no West Haven Veterans Hospital. Pratica a meditação de *insight* desde 1996, estudando com Ginny Morgan e Joseph Goldstein, entre outros professores. O Dr. Brewer tem estudado e fornecido treinamento na prática de *mindfulness* a populações clínicas desde 2006, com ênfase em indivíduos com adições. Sua pesquisa tem como foco testar a eficácia do treinamento de *mindfulness* em populações clínicas com adições e determinar os mecanismos neurobiológicos subjacentes de *mindfulness*, usando modalidades como a neuroimagem. O Dr. Brewer atualmente é professor assistente em Yale e diretor médico da Yale Therapeutic Neuroscience Clinic.

Lizabeth Roemer, PhD, é professora de psicologia na University of Massachusetts-Boston. Com a contribuição de seus alunos de doutorado em psicologia clínica, sua pesquisa examina o papel de *mindfulness*, da aceitação e da ação valorizada em uma variedade de apresentações clínicas, entre elas transtornos de ansiedade, funcionamento pós-traumático e respostas a experiências racistas. Além disso, com a Dra. Susan Orsillo, ela tem estudado a eficácia da terapia comportamental baseada na aceitação para transtorno de ansiedade generalizada e condições de comorbidade, seus mecanismos e processos de mudança e sua aplicabilidade a clientes de diferentes origens, com apoio financeiro do National Institute of Mental Health.

Sara W. Lazar, PhD, é cientista no Departamento de Psiquiatria do Massachusetts General Hospital e instrutora de psicologia na Harvard Medical School. O foco de sua pesquisa é a neurobiologia da meditação. A Dra. Lazar utiliza imagem de ressonância magnética para investigar os correlatos neurais de mudanças benéficas associadas à prática da meditação, tanto em indivíduos saudáveis como em populações clínicas. Ela é praticante de ioga e meditação *mindfulness* desde 1994 e trabalha como conselheira científica no IMP.

Stephanie P. Morgan, PsyD, MSW, é psicóloga clínica e assistente social. É estudiosa da meditação nas tradições vipassana e zen há 35 anos. A Dra. Morgan foi instrutora de psicologia na Harvard Medical School de 1990 a 1994, onde treinou estagiários de psicologia na prática de *mindfulness* e em habilidades de autocuidados. Atualmente faz parte do corpo docente do IMP e tem um consultório particular em Manchester, Massachusetts.

Susan M. Orsillo, PhD, é professora de psicologia na Suffolk University, em Boston. Sua pesquisa atual tem como foco o papel dos estilos de resposta emocional, em especial a esquiva experiencial, em potencialmente ser o mantenedor de dificuldades psicológicas. Em colaboração com seus alunos de doutorado em psicologia clínica, a Dra. Orsillo desenvolveu e testou uma série de programas de prevenção e tratamento que integram aceitação e *mindfulness* com abordagens comportamentais baseadas em evidências. Com a Dra. Lizabeth Roemer, tem estudado a eficácia da terapia comportamental baseada na aceitação para transtorno de ansiedade generalizada e condições de comorbidade, seus mecanismos e processos de mudança e sua aplicabilidade a clientes de diferentes origens, com apoio financeiro do National Institute of Mental Health.

Susan M. Pollak, MTS, EdD, é presidente do IMP e psicóloga com consultório particular em Cambridge, Massachusetts. É instrutora clínica de psicologia na Harvard Medical School/Cambridge Health Alliance, onde ministra um curso sobre meditação e psicoterapia desde 1994. A Dra. Pollak é coautora de *Sitting Together: Essential Skills for Mindfulness-Based Psychotherapy*, coeditora de *The Cultural Transition* e autora colaboradora em *Mapping the Moral Domain* e *Evocative Objects*.

Susan T. Morgan, MSN, RN, CS, é enfermeira clínica em Cambridge, Massachusetts. Foi coordenadora da Yale Adult Pervasive Developmental Disorders Research Clinic por cinco anos. Após esse cargo, atuou como clínica no Harvard University Health Services e introduziu a meditação *mindfulness* a estudantes universitários no contexto de psicoterapia. A Dra. Morgan pratica meditação budista há 20 anos e, na ocasião em que este livro foi publicado nos Estados Unidos, completava um retiro de meditação silenciosa de quatro anos. Desde 2000, ela tem ajudado a conduzir retiros para psicoterapeutas com ênfase em amor-bondade e na consciência corporal.

Thomas Pedulla, LICSW, é assistente social clínico e psicoterapeuta com consultório particular em Arlington, Massachusetts, onde atende individualmente e conduz grupos de terapia cognitiva baseada em *mindfulness*. Antes de seu interesse mais aprofundado em meditação *mindfulness* tê-lo feito mudar de carreira, o Dr. Pedulla trabalhou durante duas décadas como redator de *marketing* e diretor de criação. Professor e membro editor do IMP, o Dr. Pedulla também fez parte do Conselho do Cambridge Insight Meditation Center. Além disso, é praticante de meditação na tradição vipassana há mais de 25 anos e coautor de *Sitting Together: Essential Skills for Mindfulness-Based Psychotherapy*.

Trudy A. Goodman, PhD, é diretora executiva, fundadora e professora orientadora da InsightLA, uma organização sem fins lucrativos dedicada à educação em *mindfulness* e ao treinamento em meditação, desde 2002. Ela é uma das primeiras instrutoras de redução do estresse baseada em *mindfulness*, junto de seu criador, Dr. Jon Kabat-Zinn. A Dra. Goodman também é professora orientadora e cofundadora do Institute for Meditation and Psychotherapy (IMP) de Cambridge, Massachusetts. Criou programas de *mindfulness* para famílias com Susan Kaiser Greenland e tem trabalhado com crianças em toda a sua vida. Além disso, dá aulas em retiros e seminários por todos os Estados Unidos e é autora colaboradora das publicações *Clinical Handbook of Mindfulness* e *Wisdom and Compassion in Psychotherapy*.

William D. Morgan, PsyD, é psicólogo clínico com consultório particular em Cambridge e Quincy, Massachusetts. É membro do conselho do IMP e participou por muitos anos de retiros intensivos em escolas de budismo theravadin, zen e tibetano durante seus 40 anos de prática da meditação. Além disso, o Dr. Morgan tem conduzido retiros de *mindfulness* para profissionais da saúde mental nos últimos 15 anos.

Agradecimentos

Muitas pessoas contribuíram para o desenvolvimento deste livro. Cada um dos autores teve o privilégio de aprender ao longo de muitos anos com professores e colegas tanto no mundo clínico como no mundo da meditação. Embora as contribuições particulares encontradas nestas páginas sejam nossas, elas são baseadas em *insights* de outros que vieram antes de nós. Gostaríamos de agradecer, em particular, a algumas das pessoas que influenciaram um ou mais de nós como psicoterapeutas e/ou estudiosos da meditação: Dan Brown, Richard Chasin, Pema Chödrön, Sua Santidade o Dalai Lama, Jay Efran, Jack Engler, Robert Fox, Joseph Goldstein, Thich Nhat Hanh, Les Havens, Judith Jordan, Jon Kabat-Zinn, Anna Klegon, Jack Kornfield, Robert Levine, Narayan Liebenson-Grady, Joanna Macy, Jean Baker Miller, Norby Mintz, Sakyong Mipham, Ginny Morgan, Ram Das, Larry Rosenberg, Paul Russell, Sharon Salzberg, Seung Sahn, Irene Stiver, Larry Strasburger, Maurine Stuart, Shunryu Suzuki, Vimala Thaker, Chögyam Trungpa e Rama Jyoti Vernon.

Muitos outros ofereceram apoio direto e indireto ao nosso trabalho: Kristy Arbon, por seu esmero administrativo; Jerry Bass, Doriana Chialant, Rob Guerette, Ed Hauben, Jerry Murphy, Nancy Riemer e Mark Sorensen, por sua sábia orientação; Chris Willard, por sua contribuição para o capítulo sobre *mindfulness* e crianças; e David Black, pelo recurso notável da Mindfulness Research Monthly. Agradecemos também ao National Institute of Mental Health (Subvenção No. MH074589), pelo financiamento do trabalho descrito no Capítulo 9.

Somos especialmente gratos ao editor sênior Jim Nageotte, da Guilford Press, que pacientemente conduziu este livro da ideia à realidade e cujos *insights* e inumeráveis sugestões contribuíram muito para o texto final; à editora assistente sênior Jane Keislar, que nos manteve todos na mesma sintonia; à nossa infinitamente paciente editora de produção sênior, Laura Patchkofsky; a Paul Gordon, que nunca falha em criar uma bela capa de livro; e às muitas mãos invisíveis na Guilford Press que trabalham para tornar a publicação de um livro a mais perfeita possível para autores atormentados.

Em todos os nossos esforços, somos lembrados de nosso falecido amigo e colega Phil Aranow, cuja presciência e visão firme levaram à criação do Institute for Meditation and Psychotherapy e cuja memória ainda nos guia.

Também somos muito gratos aos nossos pacientes, que nos confiaram suas mentes e seus corações e nos ensinaram muito do que sabemos sobre o trabalho clínico.

Por fim, não podemos dizer o quanto somos gratos a nossas famílias e amigos por seu amor, apoio e sacrifício durante o processo de concretização desta segunda edição.

Prefácio

Este livro não trata de nada em especial. Ele aborda uma forma simples de consciência – *mindfulness* – que está disponível a todos em qualquer momento. Quando você começa a ler este Prefácio, por exemplo, sua atenção pode ser absorvida pelas palavras que está lendo, ou você pode se perguntar se este livro valerá o esforço. Você sabe onde está sua atenção? Ela já se desviou desta página? É natural que a mente viaje, mas você tem consciência de quando isso ocorre e sobre o que está pensando? E qual é a qualidade da sua consciência – relaxada, curiosa e alerta ou talvez um pouco distraída e ansiosa? O *mindfulness* trata-se simplesmente de estar consciente de onde sua mente está de um momento para o seguinte, com suave aceitação. Esse tipo de atenção incondicional pode ter um efeito profundamente transformador sobre nossas vidas diárias. Podemos aprender a apreciar coisas muito comuns – como o sabor de uma maçã – ou a tolerar grandes dificuldades – como a morte de um ente querido – simplesmente aprendendo a estar conscientes (*mindful*).

Este também é um livro escrito *por* clínicos *para* clínicos. A primeira edição, publicada em 2005, foi fruto dos mais de 20 anos de encontros mensais de um pequeno grupo de psicoterapeutas atraídos pela prática combinada de meditação *mindfulness* e psicoterapia. À medida que a curiosidade sobre *mindfulness* aumentava na comunidade de psicoterapia e outros clínicos pediam para participar de nossas discussões, ampliamos o discurso para a cena pública. Nossa primeira conferência aconteceu em 1994, e dois anos mais tarde formamos o Institute for Meditation and Psychotherapy (IMP). O IMP hoje patrocina uma ampla variedade de programas de educação continuada nos âmbitos local, nacional e via internet.

Muita coisa aconteceu em nosso campo desde a primeira edição deste livro. O número de artigos sobre *mindfulness* na literatura cresceu exponencialmente, bem como a quantidade de técnicas de imagem cerebral que podem medir seus efeitos no cérebro mesmo após dias ou semanas de meditação. Ensaios clínicos controlados randomizados de intervenções baseadas em *mindfulness* e metanálises desses estudos agora demonstram claramente sua eficácia em uma ampla variedade de transtornos psicológicos e populações de pacientes. O *mindfulness* parece ter-se tornado um modelo de terapia por seus próprios méritos – assim como as abordagens cognitivo-comportamental, psicodinâmica, humanista e de sistemas – e é reconhecido como um mecanismo de ação na psicoterapia em geral.

Esse rápido crescimento significa que nosso pequeno grupo de terapeutas teve o prazer de participar de conversas entusiasmadas com clínicos, cientistas, acadêmicos e professores de meditação de todas as partes do mundo, tornadas ainda mais acessíveis pela expansão da internet. A edição atual deste livro é uma tentativa de refinar o enorme volume de novas teorias e pesquisas sobre aquilo que seja mais interessante e essencial a clínicos no que diz respeito ao exercício da profissão. Capítulos escritos pelos maiores especialistas em trauma, adição e neurociência foram incluídos, e quase todos os capítulos anteriores foram atualizados, resultando praticamente em um livro de textos novos.

Embora os autores deste livro tenham ficado mais velhos ao longo das últimas três décadas, a experiência direta de *mindfulness* não envelheceu. *Mindfulness* é uma fonte renovável de energia e prazer. Ele pode ser facilmente experimentado por qualquer pessoa, mas não pode ser facilmente descrito. A consciência atenta é principalmente experiencial e não verbal (i.e., sensorial, somática, intuitiva, emocional), e seu desenvolvimento requer alguma prática. Como qualquer habilidade adquirida, a experiência de *mindfulness* torna-se mais consistente com mais prática.

A questão que surge mais prontamente nas mentes dos clínicos é relativa a como *integrar* o *mindfulness* em sua prática diária de psicoterapia. Essa questão logo leva a muitas outras na interface entre *mindfulness* e psicoterapia, entre elas:

- O que é realmente *mindfulness*?
- *Mindfulness* é uma nova terapia, ou um fator comum em toda terapia?
- O que sentar para meditar tem a ver com relacionar-se com outro ser humano em psicoterapia?
- O que uma abordagem de *mindfulness* pode oferecer a pacientes que sofrem de condições como ansiedade, depressão, trauma, abuso de substância ou dor crônica?

- Podemos ensinar *mindfulness* para crianças? Nesse caso, de que forma?
- Como e quando o *mindfulness* deve ser introduzido na psicoterapia?
- O que a meditação *mindfulness* consegue que a terapia não consegue, e vice-versa?
- Qual é o papel da conduta ética ao cultivar-se *mindfulness*?
- Qual é a relação de *mindfulness* com sabedoria e compaixão?
- Que contribuições a neurociência pode dar para o nosso entendimento de *mindfulness*?
- Qual é a relação do *mindfulness* terapêutico com suas antigas raízes?
- A psicologia budista pode contribuir para o campo da psicologia positiva?

Este livro certamente suscitará mais perguntas do que respostas. Esperamos que ele contribua para a discussão vigorosa que acontece atualmente em nossa profissão.

Alguns leitores podem estar se perguntando sobre a ligação entre *mindfulness* e psicologia ou filosofia budista. O *mindfulness* está no coração da psicologia budista. A maioria dos autores deste livro considera-se estudiosa de psicologia budista e meditação, mais do que budista *per se*. Como diz o ditado, "É melhor ser um Buda do que um budista". De modo similar, quando as habilidades de *mindfulness* são ensinadas na terapia, os clientes não necessitam adotar uma nova religião ou um estilo de vida exótico para se beneficiarem. À medida que a teoria e a prática de *mindfulness* se tornam mais enraizadas na ciência, a preocupação sobre essa questão parece estar diminuindo.

Um desafio deste livro foi manter um tom consistente ao mesmo tempo em que se apresenta a ampla variedade de pontos de vista de 18 autores diferentes. Nossa meta otimista foi costurar uma colcha de retalhos atraente.

Parte dessa costura foi chegar a um uso consistente das palavras *cliente* ou *paciente*. Nossa profissão ainda não resolveu essa discussão, nem nós. Entretanto, após alguma exploração, decidimos usar a palavra *paciente* com mais frequência no texto. Etimologicamente, *paciente* significa "aquele que padece", enquanto *cliente* significa "aquele que se coloca sob a proteção de um benfeitor". Visto que doutor significa "professor", pode-se dizer que estamos doutorando os pacientes, ou "ensinando pessoas que padecem". Esse significado é paralelo ao uso original de *mindfulness* 2,5 mil anos atrás – um ensinamento que alivia o sofrimento.

O *mindfulness* é uma oportunidade de estar plenamente vivo e desperto para nossas próprias vidas. A maioria dos terapeutas não esquece o privilégio que é participar tão profundamente das vidas de nossos colegas seres humanos. Nós amamos, rimos e choramos juntos, ansiamos e tememos juntos, temos sucesso e fracassamos juntos e, nos dias bons, nos curamos juntos. À medida que os anos passam, a natureza fugaz de cada encontro precioso se torna mais evidente. Queremos aproveitar ao máximo cada momento de terapia. É com esse espírito que oferecemos este livro aos nossos colegas.

Sumário

Parte I
O significado de *mindfulness*

1. *Mindfulness*: o que é? Qual é a sua importância? 2
   Christopher K. Germer

2. Psicologia budista e psicologia ocidental:
   buscando pontos em comum 37
   Paul R. Fulton e Ronald D. Siegel

Parte II
A relação terapêutica

3. *Mindfulness* como treinamento clínico 60
   Paul R. Fulton

4. Cultivar a atenção e a compaixão 78
   William D. Morgan, Susan T. Morgan,
   Christopher K. Germer

5. *Mindfulness* relacional 97
   Janet L. Surrey,
   Gregory Kramer

6. Prática de ética 115
   Stephanie P. Morgan

Parte III
Aplicações clínicas

7. Ensinar *mindfulness* em terapia 136
   Susan M. Pollak

8. Depressão: encontrar um caminho de entrada,
   encontrar um caminho de saída 152
   Thomas Pedulla

9. Ansiedade: aceitar o que vem e fazer o que importa 171
   Lizabeth Roemer,
   Susan M. Orsillo

10. Distúrbios psicofisiológicos: acolher a dor 189
    Ronald D. Siegel

11. *Mindfulness*, *insight* e terapia do trauma 214
    John Briere

12. Romper o circuito da adição 232
    Judson A. Brewer

13. Trabalhar com crianças 247
    Trudy A. Goodman

Parte IV
Passado, presente e promessa

14. As raízes de *mindfulness* 268
    Andrew Olendzki

15. A neurobiologia de *mindfulness* 290
    Sara W. Lazar

16. Psicologia positiva e o caminho bodhisattva 304
    Charles W. Styron

Apêndice. Glossário de termos em psicologia budista 319
Andrew Olendzki

Referências 329

Índice 367

Parte I

O significado de *mindfulness*

À medida que o interesse em *mindfulness* aumenta entre clínicos e pesquisadores, o termo assume significados em constante expansão. Para entender como a prática de *mindfulness* pode informar a psicoterapia e como a psicoterapia pode enriquecer essa prática, é útil ter um entendimento claro sobre o que ela é e de como ela se relaciona com as formas tradicionais de psicoterapia.

Para estabelecer essa base, o Capítulo 1 fornece uma prévia sobre *mindfulness* e psicoterapia – o que ele é, seus possíveis papéis em psicoterapia, as várias habilidades envolvidas em sua prática, sua história tanto na psicologia científica como na psicologia budista e *mindfulness* como um novo modelo de psicoterapia. A partir dessa base, o Capítulo 2 examina paralelos e diferenças entre a psicologia budista e as abordagens psicoterápicas ocidentais fundamentais, explorando o que cada tradição poderia oferecer à outra.

1

Mindfulness
O que é? Qual é a sua importância?

Christopher K. Germer

> Viver é tão absorvente que nos deixa pouco tempo
> para fazer qualquer outra coisa...
> – EMILY DICKINSON (1872)

O trabalho dos psicoterapeutas é amenizar o sofrimento emocional. Esse sofrimento chega sob inúmeros disfarces: como estresse, ansiedade, depressão, problemas de comportamento, conflito interpessoal, confusão, desespero. Ele é o denominador comum de todos os diagnósticos clínicos e é endêmico à condição humana. Uma parte de nosso sofrimento é existencial e ocorre na forma de doença, velhice e morte. Outra, tem um sabor mais pessoal. A causa de nossas dificuldades individuais pode incluir condicionamento passado, circunstâncias presentes, predisposição genética ou qualquer outro conjunto de fatores. O *mindfulness*, uma forma enganosamente simples de se relacionar com a experiência, tem sido usado há muito tempo para diminuir a estocada das dificuldades da vida, especialmente aquelas que são impostas por nós mesmos. Neste livro ilustramos o potencial dessa técnica para melhorar a psicoterapia.

As pessoas têm certeza de uma coisa quando iniciam uma terapia – *elas querem se sentir melhor*. Além disso, com frequência elas têm inúmeras ideias sobre como alcançar esse objetivo, embora a terapia não necessariamente prossiga como esperado.

Por exemplo, uma mulher jovem com transtorno de pânico – vamos chamá-la de Lynn – poderia telefonar para um terapeuta, esperando escapar do tumulto emocional de sua condição. Lynn pode estar buscando libertar-se *de* sua ansiedade, mas à medida que a terapia progride, ela na verdade descobre a libertação *em* sua ansiedade. Como isso ocorre? Uma forte aliança terapêutica pode fornecer coragem e segurança para começar a explorar seu pânico mais de perto. Por meio de automonitoramento, Lynn torna-se consciente das sensações de ansiedade em seu corpo e dos pensamentos associados a elas. Ela aprende a enfrentar o pânico conversando consigo mesma. Quando se sente pronta, ela experimenta diretamente as sensações de ansiedade que desencadeiam um ataque de pânico e testa-se em um shopping ou em um avião. Todo esse processo requer que Lynn, em primeiro lugar, *confronte* a ansiedade. Um "alarme falso" compassivo ocorreu.

Os terapeutas que trabalham em um modelo mais relacional ou psicodinâmico podem observar um processo semelhante. À medida que a ligação entre o paciente e o terapeuta se aprofunda, a conversação se torna mais espontânea e autêntica, e o paciente adquire mais liberdade de explorar o que o está perturbando realmente de uma forma curiosa, mais aberta. Com o apoio da relação, ele é exposto gentilmente ao que está acontecendo dentro dele mesmo. Assim, esse paciente descobre que não precisa evitar a experiência para se sentir melhor.

Sabemos que muitas formas aparentemente diferentes de psicoterapia funcionam (Seligman, 1995; Wampold, 2012). Existe um fator curativo comum entre as várias modalidades que pode ser identificado e aprimorado, talvez mesmo *treinado*? O *mindfulness* está provando ser tal ingrediente.

UMA RELAÇÃO ESPECIAL COM O SOFRIMENTO

A terapia bem-sucedida muda a *relação* do paciente com seu sofrimento. Obviamente, se formos menos perturbados por acontecimentos em nossas vidas, nosso sofrimento diminuirá. Mas como podemos ser menos perturbados por experiências *desagradáveis*? Vida inclui dor. O corpo e a mente não resistem ou evitam instintivamente experiências dolorosas? O *mindfulness* é uma habilidade que nos permite ser menos reativos ao que está acontecendo no momento. Ele é uma forma de nos relacionarmos com *toda* experiência – positiva, negativa ou neutra –, a fim de que nosso sofrimento global diminua e nossa sensação de bem-estar aumente.

Ser consciente (*mindful*) é despertar, reconhecer o que está acontecendo no momento presente com uma atitude amistosa. Infelizmente, é raro estarmos com atenção plena. Em geral, somos pegos em pensamentos desviantes ou em opiniões sobre o que está acontecendo no momento. Isso é *falta* de atenção. Exemplos de falta de atenção incluem os seguintes (adaptado da *Mindful Attention Awareness Scale* [*Escala de Atenção e Consciência Plenas*] [Brown & Ryan, 2003]):

- Passar pelas atividades correndo sem prestar atenção a elas.
- Quebrar ou derramar coisas devido a descuido, desatenção ou por estar pensando em outra coisa.
- Não perceber sentimentos sutis de tensão física ou desconforto.
- Esquecer o nome de uma pessoa quase no mesmo instante em que o ouvimos.
- Encontrar-se preocupado com o futuro ou o passado.
- Comer sem ter consciência de estar comendo.

A atenção *plena* (*mindfulness*), em contrapartida, focaliza nossa atenção na tarefa do momento. Quando estamos conscientes, nossa atenção não está enredada no passado ou no futuro, e não estamos rejeitando ou nos agarrando ao que está ocorrendo no momento. Estamos presentes de uma maneira incondicional. Esse tipo de atenção gera energia, clareza mental e alegria. Felizmente, ela é uma habilidade que pode ser cultivada por qualquer pessoa.

Quando Gertrude Stein (1922/1993, p. 187) escreveu "Uma rosa é uma rosa é uma rosa é uma rosa", ela estava levando o leitor de volta de novo e de novo para a simples rosa. Ela estava sugerindo, talvez, o que uma rosa *não* é. Não é uma relação romântica que terminou tragicamente quatro anos atrás; não é um imperativo para aparar as sebes no fim de semana – é apenas uma rosa. Perceber com esse tipo de "atenção crua" é com frequência associado com *mindfulness*.

A maioria das pessoas em psicoterapia está preocupada com acontecimentos passados ou futuros. Por exemplo, pessoas que são deprimidas sentem frequentemente remorso, tristeza ou culpa em relação ao passado, e pessoas que são ansiosas temem o futuro. O sofrimento parece aumentar à medida que nos perdemos do momento presente. Quando nossa atenção fica absorvida pela atividade mental e começamos a ruminar, sem consciência de que estamos ruminando, nossas vidas diárias podem tornar-se de fato um lamento. Alguns de nossos pacientes sentem-se como se estivessem presos dentro de um cinema, assistindo ao mesmo filme perturbador repetidamente, incapazes de sair. O *mindfulness* pode nos ajudar a sair de nosso condicionamento e ver as coisas novamente – ver uma rosa como ela é.

DEFINIÇÕES DE *MINDFULNESS*

O termo *mindfulness* é uma tradução para o inglês da palavra *sati* em pali. O pali era a língua da psicologia budista 2,5 mil anos atrás, e *mindfulness* é o ensinamento central dessa tradição. *Sati* sugere *estar atento (awareness), atenção* e *lembrar*.

O que é estar atento (*awareness*)? Brown e Ryan (2003) definem percepção e atenção sob a égide de consciência:

> *Consciência* envolve tanto estar atento como atenção. *Estar atento (awareness)* é o "radar" de segundo plano da consciência, continuamente monitorando os ambientes interno e externo. Pode-se ter a percepção de estímulos sem que eles estejam no centro da atenção. *Atenção* é o processo de focar estando atento consciente, fornecendo sensibilidade aumentada a uma variedade limitada de experiências (Westen, 1999). Na realidade, estar atento e atenção estão interligados, de modo que a atenção continuamente arranca "vultos" da "terra" do estado de alerta, mantendo-os em foco por períodos de tempo variáveis (p. 822).

Você está usando tanto estar alerta (*awareness*) quanto a atenção enquanto lê estas palavras. O som de uma chaleira apitando em segundo plano poderia comandar sua atenção caso ficasse suficientemente alto, particularmente se você quisesse tomar uma xícara de chá. Do mesmo modo, podemos dirigir por uma rota familiar no "piloto automático", vagamente conscientes da estrada, mas responder imediatamente se uma criança atravessar na nossa frente. *Mindfulness* é o oposto do funcionamento no piloto automático, o oposto de devanear; é prestar atenção ao que é proeminente no momento presente.

Também diz respeito a *lembrar*, mas não viver de memórias. Recordar para reorientar nossa atenção e estar alerta para a experiência do momento de uma maneira receptiva, incondicional. Essa reorientação requer a *intenção* de desembaraçar nossa atenção de nossos devaneios e vivenciar plenamente o momento presente.

O termo *mindfulness* pode ser usado para descrever um *construto* teórico (a ideia de *mindfulness*), *exercícios* para cultivar *mindfulness* (como a meditação) ou *processos* psicológicos (mecanismos de ação na mente e no cérebro). Uma definição básica de *mindfulness* é "estar alerta momento a momento". Outras definições incluem "manter nossa consciência viva para a realidade presente" (Hanh, 1976, p. 11); "estar clara e determinadamente alerta ao que realmente nos acontece em momentos sucessivos da percepção" (Nyanaponika, 1972, p. 5); e "o estado de alerta que emerge por meio da atenção, intencional, no momento presente e no desenrolar da experiência momento a momento" (Kabat-

-Zinn, 2003, p. 145). Por fim, *mindfulness* não pode ser compreendido totalmente com palavras porque é uma experiência não verbal, sutil (Gunaratana, 2002). É a diferença entre *sentir* um som em nosso corpo e *descrever* o que você poderia estar ouvindo.

Mindfulness terapêutico

Uma definição precisa de *mindfulness* pode ser ainda mais difícil porque as definições modernas divergem de suas raízes budistas multidimensionais (Grossman, 2011; Olendzki, 2011), e diferentes tradições dentro da psicologia budista não necessariamente concordam sobre o significado de *mindfulness* (Williams & Kabat-Zinn, 2011). Abordagens práticas para definir *mindfulness* em contextos clínicos incluem descobrir os pontos em comum encontrados em vários programas de treinamento (Carmody, 2009) ou investigar o que parece ser útil para os pacientes no tratamento orientado a essa técnica. Em uma opinião de consenso entre especialistas, Bishop e colaboradores (2004) propuseram um modelo de dois componentes: "O primeiro componente envolve a autorregulação da atenção a fim de que ela seja mantida na experiência imediata, permitindo desse modo maior reconhecimento dos eventos mentais no momento presente. O segundo componente envolve adotar uma orientação particular à experiência do indivíduo que seja caracterizada por curiosidade, abertura e aceitação" (p. 232).

Embora a regulação da atenção tenha recebido maior consideração na literatura psicológica ao longo da década passada, a *qualidade* do estar alerta é particularmente importante em contextos clínicos, sendo caracterizado por ausência de julgamento, aceitação, amor-bondade e compaixão. Jon Kabat-Zinn (2005), o líder pioneiro em utilizar *mindfulness* na assistência à saúde, definiu-o como "estar alerta de coração aberto, momento a momento, sem julgamento" (p. 24). Necessitamos de uma resposta de compaixão à nossa própria dor quando estamos lidando com emoções intensas e constantes (Feldman & Kuyken, 2011; Germer, 2009). Se o terapeuta ou o paciente afastam-se de uma experiência desagradável com ansiedade ou repulsa, nossa capacidade de trabalhar com essa experiência diminui significativamente.

Do ponto de vista de *mindfulness*, *aceitação* refere-se à capacidade de permitir que nossa experiência seja exatamente como é *no momento presente* – aceitar tanto as experiências prazerosas como as dolorosas à medida que elas surgem. Aceitação não se trata de validar mau comportamento. Pelo contrário, o aceitar momento a momento é um pré-requisito para a mudança de comportamento. "A mudança é irmã da aceitação, mas é a irmã mais nova." (Christensen & Jacobson, 2000, p. 11) Os clínicos orientados a *mindfulness* também consideram a *autoaceitação* como central para o processo terapêutico (Brach, 2003; Linehan, 1993a). Nas palavras de Carl Rogers, "O curioso paradoxo da vida é que quando eu me aceito como sou, então eu posso mudar" (Rogers, 1961, p. 17).

A definição resumida de *mindfulness* que usamos neste livro é estar aberta da *experiência presente* com *aceitação*. Esses três componentes podem ser encontrados na maioria das discussões a respeito desse assunto tanto na literatura de psicoterapia como na literatura budista. Eles estão completamente misturados em um momento de *mindfulness*, mas na vida comum a presença de um elemento não implica necessariamente os outros. Por exemplo, nosso estar alerta pode ser absorvido pelo passado em vez de pelo presente, bem como pela raiva cega por uma injustiça percebida. Também podemos estar alerta sem aceitação, tal como na experiência da vergonha. Da mesma forma, a aceitação pode existir sem estarmos alerta, como no perdão prematuro; e o centrar-se no presente sem se estar alerta pode surgir em um momento de intoxicação. Os terapeutas podem usar esses três elementos como uma medida de *mindfulness* em si mesmos e em seus pacientes. Estamos cientes do que está surgindo em nós e em torno de nós neste exato momento, com uma atitude de aceitação generosa?

MINDFULNESS E NÍVEIS DE PRÁTICA

O *mindfulness* deve ser vivenciado para ser conhecido. As pessoas podem praticá-lo em vários graus de intensidade. Em uma extremidade de um *continuum* de prática está utilizar *mindfulness* todos os dias. Mesmo em nossas vidas diárias, frequentemente pressionadas e com distrações, é possível ter momentos de *mindfulness*. Podemos momentaneamente nos desligar de nossas atividades dando uma respirada longa e consciente, concentrando nossa atenção, e então nos perguntando:

"Que sensações percebo no meu corpo neste momento?"
"O que estou sentindo?"
"O que estou pensando?"
"O que é claro e vivo em estar alerta?"

Não precisamos nem mesmo estar calmos para ter algum alerta consciente, tal como quando descobrimos "Estou realmente irritado agora". Isso é *mindfulness* na vida diária – e como também ocorre com frequência na psicoterapia.

Na outra extremidade desse *continuum* encontramos monásticos e pessoas leigas que passam uma considerável quantidade de tempo em meditação. Quando temos a oportunidade de nos sentar por períodos contínuos com os olhos fechados, em um lugar silencioso, com concentração focada em alguma coisa (p. ex., a respiração), a mente se torna um microscópio que pode detectar a menor atividade mental. A seguinte instrução é um exemplo de prática da meditação intensiva:

> No caso de uma sensação de coceira ser sentida em qualquer parte do corpo, mantenha a mente naquela parte e faça uma anotação mental, *coceira*... Caso ela continue e se torne muito forte e você tenha a intenção de coçar aquela parte, certifique-se de fazer uma anotação mental *pretender*. Lentamente levante a mão, simultaneamente anotando a ação de *levantar* e *tocar* quando a mão tocar a parte que coça. Coce lentamente com completa consciência de *coçar*. Quando a sensação de coceira tiver desaparecido e você pretender parar de coçar, certifique-se de fazer a anotação mental habitual de *pretender*. Lentamente retire a mão, simultaneamente fazendo uma anotação mental da ação, *retirar*. Quando a mão repousar em seu lugar de costume tocando a perna, *tocar* (Mahasi, 1971, p. 5-6).

Esse nível de percepção precisa e sutil, na qual podemos mesmo detectar "intenção", evidentemente requer um nível incomum de dedicação da parte do praticante. É digno de nota que a instrução anterior seja considerada uma instrução "básica". Mahasi Sayadaw escreve que, em estágios mais avançados, "Alguns meditadores distinguem nitidamente três fases: perceber um objeto, sua cessação e a dispersão da consciência que reconhece aquela cessação – tudo em rápida sucessão" (1971, p. 15).

Os momentos de *mindfulness* têm certos aspectos em comum, independentemente de onde eles se localizam no *continuum* de prática. Na vida diária, o momento real do despertar, de *mindfulness*, é aproximadamente o mesmo para o meditador experiente e para o novato. Os momentos de alerta são:

- *Não conceituais*. O *mindfulness* é a percepção incorporada, intuitiva, desembaraçada dos processos de pensamento.
- *Não verbais*. A experiência de *mindfulness* não pode ser capturada por palavras porque o alerta ocorre antes que elas surjam na mente.
- *Centrados no presente*. O *mindfulness* é sempre no momento presente. A absorção em pensamentos nos remove temporariamente do momento presente.
- *Sem julgamento*. Estar alerta não pode ocorrer livremente se não gostarmos do que estamos vivenciando.

- **Participativos.** O *mindfulness* não é testemunho separado. É a experiência da mente e do corpo de uma maneira íntima, contudo, livre de inibições.
- **Libertadores.** Cada momento de estar alerta consciente fornece uma porção de libertação do sofrimento condicionado, um pequeno espaço em torno do nosso desconforto.

Essas qualidades ocorrem simultaneamente em cada momento de *mindfulness*. A *prática* é uma tentativa consciente de retornar ao momento presente com percepção generosa, repetidamente, com todas as qualidades ora listadas. O *mindfulness* em si não é raro; *continuidade* é que é rara.

SABEDORIA E COMPAIXÃO

O *mindfulness* não é um fim em si mesmo – o objetivo de fomentá-lo é a libertação do sofrimento. À medida que se aprofunda, sabedoria e compaixão tendem a surgir, e essas qualidades levam naturalmente a libertação psicológica (Germer & Siegel, 2012). Por exemplo, a prática de *mindfulness* nos liberta do pensamento repetitivo, que, por sua vez, nos permite ver o quanto nossas vidas são na verdade fluidas e inconstantes, incluindo nosso sentido de identidade. Esse *insight* nos libera da constante necessidade de nos promovermos na sociedade e de nos defendermos de ofensas mesquinhas. Isso é considerado *sabedoria* na psicologia budista – compreender a impermanência e a ilusão de uma "identidade" fixa e entender como criamos sofrimento para nós mesmos lutando contra a realidade do momento presente.

O filósofo grego Heráclito escreveu: "Candidatos à sabedoria, façam o que eu fiz: entrem e perguntem" (Hillman, 2003. p. xiii). Buda disse: "Venha e veja" (pali: *ehipassiko*). A estreita associação entre *insight* contemplativo e sabedoria é a razão de a meditação *mindfulness* também ser conhecida como *meditação de insight* – a prática de olhar para dentro e ver as coisas como elas são, sob nossas percepções e reações condicionadas, para libertar o coração e a mente.

Sabedoria e compaixão são "duas asas de um pássaro" (Dalai Lama, 2003, p. 56; Germer & Siegel, 2012). *Compaixão* refere-se à capacidade de abrir-se para o sofrimento (em nós mesmos e nos outros) junto com o desejo de aliviá--lo. Ela surge naturalmente da sabedoria – a percepção e a aceitação profundas das coisas como elas realmente são. A compaixão também pode ser cultivada diretamente por meio de práticas deliberadas. Como terapeutas, se sentimos compaixão por um paciente, mas não temos sabedoria, ficamos sobrecarregados pela emoção e incapazes de encontrar uma saída para o sofrimento, então concluímos que o tratamento não tem esperanças. Inversamente, se formos sensatos – se entendermos a natureza complexa da situação de um paciente e pudermos vislumbrar um caminho, mas estivermos desligados de seu desespero –, nossas sugestões terapêuticas cairão em ouvidos surdos. Os terapeutas necessitam de sabedoria e compaixão e podem usar a prática de *mindfulness* para desenvolvê-las.

OS PSICOTERAPEUTAS E O *MINDFULNESS*

O *mindfulness* tornou-se uma tendência popular nos Estados Unidos (Ryan, 2012). Em um levantamento de 2007, 9,4% dos norte-americanos disseram que praticaram meditação no ano anterior, acima dos 7,6% registrados apenas cinco anos antes (National Center for Complementary and Alternative Medicine, 2007). Isso não nos surpreende, visto que essa ciência é altamente influente na sociedade moderna, e a comunidade científica tem mostrado forte interesse por ela. Nos círculos clínicos, a meditação se tornou um dos métodos psicoterápicos mais pesquisados (Walsh & Shapiro, 2006). Os clínicos são atraídos por *mindfulness* a partir de vários pontos: pessoal, clínico e científico.

Uma breve história de *mindfulness* na psicoterapia

A introdução formal do pensamento oriental na filosofia e na psicologia ocidentais pode ser traçada desde o fim dos anos de 1700, quando estudiosos britânicos começaram a traduzir textos espirituais indianos como o *Bhagavad Gita*. Esses ensinamentos, juntos a textos budistas, criaram raízes nos Estados Unidos por meio dos textos de "transcendentalistas" como o de Henry David Thoreau, que escreveu em *Walden* (1854/2012): "Eu me sentava à minha porta ensolarada do nascer do sol ao meio-dia, arrebatado em devaneio. [...] Eu percebi o que para os orientais significava contemplação" (p. 61). No início dos anos de 1900, William James comentou com seus alunos da Harvard College: "Essa [psicologia budista] é a psicologia que todos estarão estudando daqui a 25 anos" (Epstein, 1995, p. 1-2). A previsão de James se concretizou em grande parte, embora muitos anos depois.

O campo da psicanálise também flertou com a psicologia budista por muito tempo. Freud trocou cartas com um amigo em 1930 nas quais ele admitia que a filosofia oriental lhe era estranha e talvez "além dos limites de [sua] natureza" (citado em Epstein, 1995, p. 2). Isso não o impediu de escrever em *O Mal-estar na civilização* (1961a) que o "sentimento oceânico" na meditação era uma experiência essencialmente regressiva. Franz Alexander (1931), por sua vez, escreveu um ensaio intitulado *Buddhist Training as an Artificial Catatonia*. Outros teóricos da psicodinâmica foram mais complementares, notavelmente Carl Jung, que escreveu um comentário ao *Livro tibetano dos mortos* em 1927 e que ao longo da vida manifestou curiosidade acerca da psicologia oriental.

A Segunda Guerra Mundial abriu a mente de muitos ocidentais para as psicologias asiáticas, em especial para o zen-budismo. Shoma Morita, no Japão, desenvolveu uma terapia residencial para ansiedade baseada em zen que encorajava os pacientes a vivenciar seus medos sem tentar mudar ou impedi-los, muito semelhante à moderna psicoterapia orientada a *mindfulness* (Morita, 1928/1998). Após a guerra, D. T. Suzuki dialogou com Erich Fromm e Karen Horney (Fromm, Suzuki, & DeMartino, 1960; Horney, 1945) e inspirou visionários e artistas como Alan Watts, John Cage e os escritores *beat* Jack Kerouac e Alan Ginsberg. (Ver McCown, Reibel, & Micozzi, 2011, e Fields, 1992, para revisões históricas mais abrangentes sobre a psicologia budista no Ocidente.)

A semente de *mindfulness* foi plantada nas mentes de muitos terapeutas que, quando jovens, nas décadas de 1960 e 1970, foram atraídos pela filosofia oriental e pela meditação como um caminho para a libertação emocional. Fritz Perls (2012) estudou o zen no Japão em 1962 e, embora decepcionado com sua experiência, comentou: "O fenômeno vivenciado é a Gestalt definitiva!". No fim da década de 1960, jovens reuniam-se para aulas sobre meditação transcendental (MT; Mahesh Yogi, 1968/2001; Rosenthal, 2012) como ideias de iluminação seguidas pelos Beatles e por outros peregrinos famosos que então voltavam da Índia. O livro do ex-psicólogo de Harvard, Ram Dass, *Be Here Now* (*Esteja aqui agora*) (1971), uma combinação de ideias hindus e budistas, vendeu mais de 1 milhão de cópias. A ioga, que é essencialmente *mindfulness* em movimento (Boccio, 2004; Hartranft, 2003), também viajou para o Ocidente naquela época. Gradualmente, os terapeutas começaram a associar sua prática de meditação pessoal com seu trabalho clínico.

Os estudos sobre meditação prosperaram; por exemplo, o cardiologista Herbert Benson (1975) tornou-se bastante conhecido por utilizar meditação para tratar doenças cardíacas. A psicologia clínica acompanhava as pesquisas sobre meditação como um adjunto à psicoterapia ou como a própria psicoterapia (Smith, 1975). Em 1977, a American Psychiatric Association solicitou um exame formal da eficácia clínica da meditação. A maioria dos artigos de revistas científicas daquela época estudava a meditação de concentração, tal como a MT e a *resposta de relaxamento* de Benson. Durante a década de 1990, entretanto, a preponderância dos estudos mudou para a meditação *mindfulness* (Smith, 2004). Jon Kabat-Zinn abriu o Center for Mindfulness em 1979, na University of Massachusetts Medical School, e ensinou a redução do estresse baseada em *mindfulness* (MBSR) para tratar condições crônicas para as quais os clínicos não podiam oferecer mais ajuda. Em 2012, mais de 700 programas de MBSR foram oferecidos no mundo inteiro (Center for Mindfulness, 2012), e o MBSR se tornou o principal programa de treinamento usado na pesquisa psicológica.

Enquanto apenas 365 artigos sobre *mindfulness* revisados por pares apareceram na literatura psicológica (PsycINFO) em 2005, quando a primeira edição deste livro foi publicada, em 2013 havia mais de 2.200 artigos e mais de 60 centros de tratamento e pesquisa sobre a técnica somente nos Estados Unidos (ver Figura 1.1).

Nos dias atuais, temos intervenções estruturadas fundamentadas em *mindfulness* para tratar uma ampla variedade de transtornos mentais e físicos, ensaios clínicos controlados randomizados que apoiam essas intervenções, bem como revisões e metanálises desses estudos. Além disso, a pesquisa neurobiológica sofisticada está demonstrando o poder do treinamento da mente para mudar a estrutura e a função do cérebro (ver Capítulo 15). (Ver *www.mindfulexperience.org* para um banco de dados de pesquisa sobre *mindfulness* atualizado regularmente.)

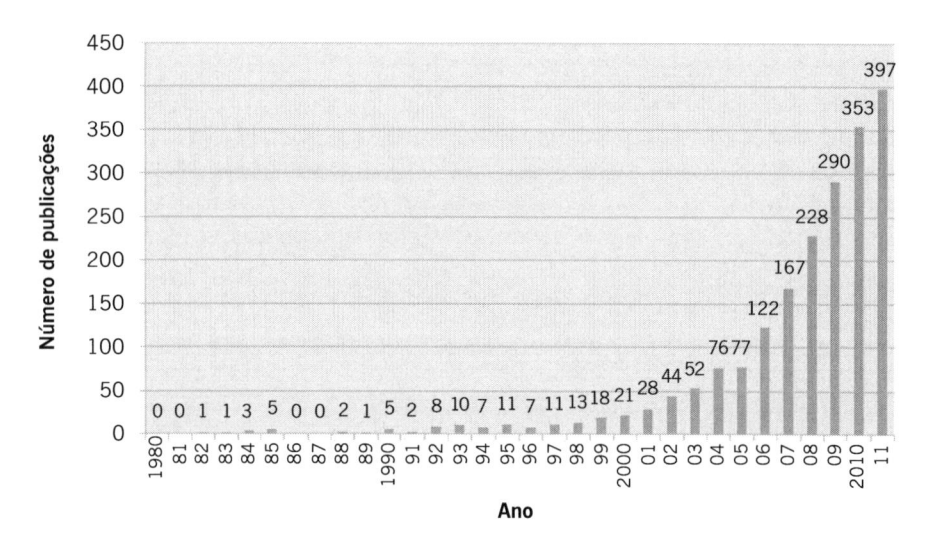

FIGURA 1.1 Número de publicações sobre *mindfulness* por ano: 1980-2011. Figura fornecida por David S. Black, PhD, Institute for Prevention Research, Keck School of Medicine, University of Southern California, e reimpressa com permissão do autor (*www.mindfulexperience.org*).

Parece que estamos testemunhando o surgimento de um modelo novo e unificado de psicoterapia com base no construto de *mindfulness*. Pode-se dizer que ele é tanto *transteórico* (atrai uma ampla variedade de terapeutas, p. ex., comportamentais, psicodinâmicos, humanistas, de sistêmica familiar) quanto *transdiagnóstico* (parece aliviar diferentes transtornos mentais e físicos). Além disso, está restabelecendo a ligação dos profissionais com seus colegas cientistas à medida que programas de tratamento fundamentados em *mindfulness* e apoiados empiricamente estão esclarecendo como essa prática pode aliviar o sofrimento. Os terapeutas estão explorando a meditação direcionada tanto para o bem-estar pessoal quanto para o cultivo das qualidades terapêuticas benéficas (ver Capítulos 3 e 5), e os pacientes, por sua vez, estão buscando terapeutas que meditem e tenham uma abordagem compatível com a cura emocional. Em resumo, o *mindfulness* parece estar aproximando mais teoria clínica, pesquisa e prática e ajudando a integrar as vidas privada e profissional dos terapeutas.

Uma palavra sobre o budismo

O *mindfulness* está no centro da psicologia budista. É provável que os psicoterapeutas considerem o início da psicologia budista compatível com seus interesses porque ela compartilha os objetivos de aliviar o sofrimento e o valor da investigação empírica. Enquanto a ciência ocidental explora fenômenos por meio da observação objetiva de terceiras pessoas, a psicologia budista é uma abordagem à primeira pessoa, sistemática e relativamente destituída de suposições *a priori* (Wallace, 2007; ver também Capítulo 2).

Não pode ser superenfatizado que a psicologia budista não é uma religião no senso familiar, teísta, embora os budistas, em algumas culturas orientais, venerem os ensinamentos e a imagem de Buda. Entende-se que o Buda histórico (563-483 B.C.E.) tenha sido um ser humano, não um deus, e que o trabalho de sua vida foi dedicado a aliviar o sofrimento psicológico. De acordo com a tradição budista, quando descobriu um caminho para a liberdade, ele decidiu (a princípio relutantemente) ensinar aos outros o que tinha aprendido.

Segundo a lenda, quando as pessoas encontravam Buda após sua realização/iluminação, ele não se parecia muito com os outros homens. Quando perguntavam a ele quem era, ele respondia "Buda", que significava apenas *uma pessoa que está alerta*. Ele teria ensinado por um total de 45 anos e tinha muitos alunos, ricos e pobres. Ele falava em linguagem simples usando histórias e noções da cultura indiana popular. Em seu primeiro sermão sobre as Quatro Nobres Verdades, ele desenvolveu as seguintes ideias fundamentais:

1. A condição humana envolve sofrimento.
2. O conflito entre como as coisas são e como desejamos que elas sejam causa sofrimento.
3. O sofrimento pode ser reduzido ou mesmo eliminado mudando nossa atitude em relação à experiência desagradável.
4. Há oito estratégias gerais (o Caminho Óctuplo) para acabar com o sofrimento (ver Capítulo 2 e Apêndice).

Buda morreu aos 80 anos, provavelmente devido a um alimento contaminado consumido na casa de um seguidor pobre.

Diz-se que Buda descobriu como acabar com o sofrimento sem quaisquer artifícios ou rituais religiosos. Culturas têm venerado sua imagem, mas ele impôs a seus alunos que não o venerassem. Ele pediu que descobrissem a verdade de seus ensinamentos *por meio de sua própria experiência*. A crença em noções como carma ou renascimento é desnecessária para beneficiar-se plenamente da psicologia budista (Batchelor, 1997), que é principalmente uma forma prática de conhecer, moldar e libertar a mente (Nyanaponika, 1965; Olendzki, 2010). O *mindfulness* é a prática central da psicologia budista, e o corpo da psicologia budista – incluindo os ensinamentos originais de Buda e os textos posteriores do *Abhidharma* – pode ser considerado a base teórica para a prática de *mindfulness* (Bodhi, 2000; Nyanaponika, 1949/1998). A leitura dos primeiros textos budistas convencerá o clínico de que Buda era essencialmente um psicólogo.

O Capítulo 14 e o Apêndice deste livro fornecem um antecedente histórico e conceitual mais abrangente da prática de *mindfulness*.

PRATICAR *MINDFULNESS*

O *mindfulness* ocorre naturalmente na vida diária, mas requer prática para ser mantido. Periodicamente, todos nós despertamos para nossa experiência presente, mas em seguida escorregamos rapidamente de volta para o nosso pensamento discursivo comum. Mesmo quando sentimos que estamos particularmente atentos enquanto fazemos terapia, por exemplo, estamos apenas *intermitentemente* alerta. Nossas mentes tornam-se facilmente absorvidas por associações relacionadas ao que nossos pacientes estão dizendo ou fazendo. Podemos, então, ter um momento de despertar de nosso devaneio, nos reorientamos ao paciente e retomamos nossa exploração do que ele esteve comunicando. Logo, entretanto, escapamos novamente para o pensamento distraído. Às vezes, o conteúdo de nossa distração é um indício significativo daquilo que está ocorrendo no consultório. Outras vezes, não. A continuidade de *mindfulness* requer intenção e persistência fortes.

Prática formal e informal

O *mindfulness* pode ser aprendido por meio de treinamento formal ou informal. A *prática formal* refere-se à meditação e é uma oportunidade de vivenciar *mindfulness* em seus níveis mais profundos. É como fazer uma ginástica mental. A introspecção contínua e disciplinada permite que o praticante treine a atenção, observe sistematicamente os conteúdos da mente e aprenda como ela funciona.

A *prática informal*, por sua vez, refere-se à aplicação das habilidades de *mindfulness* na vida diária. Qualquer evento mental pode ser objeto de alerta – podemos direcionar a atenção à nossa respiração, escutar os sons no ambiente, rotular nossas emoções ou perceber sensações corporais enquanto escovamos nossos dentes. Dois exercícios comuns para cultivar *mindfulness* na vida diária são o caminhar consciente e o comer consciente. Na meditação durante a caminhada, prestamos atenção ao sentido cinestésico sequencial, momento a momento do ato de caminhar. Do lado de fora, parece um filme em câmera lenta. Do lado de dentro, estamos silenciosamente notando "elevando... dando um passo... posicionando...". Na meditação durante a refeição, comemos lenta e silenciosamente, observando a visão do alimento no prato, as sensações provocadas pelo alimento na boca, os movimentos musculares da mastigação, os sabores do alimento e o processo de deglutição. Isso pode tornar uma refeição comum excepcionalmente interessante e também é algo que pode ser usado em estratégias baseadas em *mindfulness* para tratar a compulsão alimentar (Kristeller & Wolever, 2011).

Existem quatro princípios de *mindfulness* na prática budista tradicional: (1) o *corpo*, incluindo respiração e postura; (2) *sentir o tom*, tal como qualidade agradável, desagradável ou neutra das sensações; (3) *estados da mente*, tal como distração ou o aparecimento de orgulho; e (4) *objetos mentais*, que incluem qualidades que promovem o bem-estar, como energia e serenidade, ou qualidades que o inibem, como raiva e preguiça. Embora a diferença entre pensamentos e emoções aparentemente não tenha existido no Oriente na época de Buda, estar alerta às emoções é certamente muito importante na psicoterapia moderna.

Três tipos de meditação *mindfulness*

Três tipos de meditação são normalmente ensinados no Ocidente sob o título de *meditação* mindfulness (Salzberg, 2011; ver também Capítulo 7):

1. atenção focada (concentração)
2. monitoramento aberto (*mindfulness per se*)
3. amor-bondade e compaixão

Os dois primeiros tipos têm sido enfatizados na teoria e na prática em psicoterapia (Carmody et al., 2011) e nos primeiros textos budistas. Entretanto, a prática do amor-bondade e da compaixão tem despertado considerável interesse nos últimos anos (Hofman, Grossman, & Hinton, 2011). Evidências neurológicas sugerem que as habilidades mentais cultivadas por esses três tipos de meditação representam processos mentais sobrepostos, embora distintos (Brewer, Mallik, et al., 2011; Desbordes et al., 2012; Dickenson, Berkman, Arch, & Lieberman, 2013; Lee et al., 2012; Leung et al., 2013; Lutz, Slagter, Dunne, & Davidson, 2008; Tang & Posner, 2013), e que a atividade cerebral preexistente poderia mesmo determinar a preferência por uma prática em relação a outra (Mascaro, Rilling, Negi, & Raison, 2013). Um elemento comum a todas as técnicas de meditação *mindfulness* é a centralização do estar alerta momento a momento de coração aberto.

Atenção focada

A atenção focada, ou meditação de concentração, pode ser comparada a um feixe de raio *laser*, que ilumina qualquer objeto para o qual é dirigido. Exemplos de objetos internos de meditação incluem a sensação da respiração, palavras e frases selecionadas ou um único local do corpo. Os objetos de foco externo poderiam ser uma imagem, um som, a chama de uma vela ou mesmo um ponto na parede. A concentração geralmente é mais fácil quando o objeto é agradável. A instrução para esse tipo de meditação é: "Quando você percebe que sua mente está vagando, suavemente traga-a de volta para [o objeto de atenção]".

A meditação de concentração ajuda a cultivar uma mente calma, imperturbável. (O termo em pali para atenção focada, *samatha*, denota tanto serenidade como concentração). Nossa atenção torna-se fixa e relaxada quando a mente é atraída para um único objeto, repetidamente, e desviada das muitas preocupações (reais e imaginárias) que nos tomam durante todo o dia. Na psicoterapia, a atenção focada é uma forma de ancorar a mente de uma pessoa quando ela é fustigada por emoções fortes. Nessa situação, poderíamos direcionar a atenção do paciente para que ele tenha a sensação de seus pés tocando o chão, ou de perceber o ar entrando e saindo dos pulmões. Eis uma prática de concentração simples.

Meditação da respiração

Encontre um lugar silencioso e sente-se em uma postura ereta e relaxada. Respire algumas vezes lenta e suavemente para acalmar seu corpo e sua mente. Então, feche seus olhos vagarosamente, total ou parcialmente.

- Explore seu corpo com sua percepção e tente descobrir onde você pode sentir sua respiração mais facilmente. Algumas pessoas sentem-na em torno das narinas, talvez como uma brisa fria sobre o lábio superior. Outras percebem mais facilmente o peito subindo e descendo, e outras ainda sentem a respiração no abdome quando a barriga se expande e se contrai.
- Apenas sinta as sensações físicas da inspiração e da expiração.
- Quando você notar que sua mente está vagando, apenas sinta a respiração novamente.
- Não há necessidade de controlar a respiração. Deixe seu corpo *respirar por você* – como ele faz naturalmente.
- Não se preocupe com que frequência sua mente vagueia. Cada vez que você notar que sua atenção está em outro lugar, simplesmente retorne para a respiração, tal como você redirecionaria uma criança ou um cachorrinho que se perdeu.
- Quando você desejar terminar sua meditação, abra os olhos suavemente.

Monitoramento aberto

A meditação de monitoramento aberto pode ser comparada a um holofote (vs. um feixe de raio *laser* na meditação de concentração), que ilumina uma variedade mais ampla de objetos à medida que eles surgem na consciência, um de cada vez. Ser receptivo a *qualquer* som que seja mais evidente no ambiente em um determinado momento é um exemplo de monitoramento aberto, enquanto escutar deliberadamente o som de um sino é considerado atenção focalizada.

Podemos usar o monitoramento aberto para perceber nossas intenções, sensações, emoções, pensamentos e/ou comportamentos. Uma utilização comum do monitoramento aberto na prática clínica é aquela que busca desenvolver a percepção interoceptiva (interocepção) de sensações corporais (Farb, Segal, & Anderson, 2012; Michalak, Burg, & Heidenreich, 2012). Outras práticas terapêuticas rotulam as emoções (p. ex., *tristeza, vergonha, medo*) e as crenças centrais (p. ex., "Sou detestável", "Sou imperfeito"), o que pode nos ajudar a ter uma ideia da proporção de nossos sentimentos e pensamentos angustiantes. Na meditação formal, a transição da atenção focada para o monitoramento aberto começa quando nos convidamos a "notar o que desvia nossa atenção" quando a mente se perde de nosso objeto de percepção escolhido (p. ex., a respiração), em vez de simplesmente retornar ao objeto. *Notar* pode envolver um momento de reconhecimento ("ahá!") ou de nomeação de nossa experiência como *pensar, julgar,* ou *preocupar-se*. A instrução para o monitoramento aberto pleno (também referido como *consciência não elegível*) é "notar tudo o que predomina em nosso campo de percepção, momento a momento".

O monitoramento aberto desenvolve a capacidade para a percepção relaxada, na qual a atenção consciente se move naturalmente entre os elementos variáveis da experiência. Ao longo do tempo, ela nos ajuda a desenvolver a compreensão de nosso condicionamento pessoal e do funcionamento da mente. Enquanto a concentração acalma a mente focando um único objeto, o monitoramento aberto cultiva a equanimidade em meio aos acontecimentos de vida aleatórios e inesperados.

Tecnicamente falando, *mindfulness* refere-se à habilidade de realizar monitoramento aberto. O termo em pali para monitoramento aberto é *vipassana*, que significa *ver claramente*. A característica única da meditação vipassana, da meditação de *insight* ou da meditação *mindfulness* é o monitoramento aberto. Entretanto, a expressão *mindfulness* é usada agora mais amplamente na cultura ocidental dominante para descrever todas as três habilidades de meditação que estão sendo mencionadas aqui:

1. atenção focada
2. monitoramento aberto
3. amor-bondade e compaixão

O seguinte exercício é uma prática de monitoramento aberto que ajuda a regular emoções difíceis.

Mindfulness de emoção no corpo

Comece encontrando uma posição confortável, feche os olhos total ou parcialmente e faça três respirações relaxantes.

- Localize sua respiração onde você a sente mais facilmente. Sinta como ela se move no corpo, e, quando sua atenção se desviar, suavemente volte a sentir seu movimento.

- Após alguns minutos, comece a notar as *sensações físicas* de estresse que você está conservando em seu corpo, talvez em seu pescoço, maxilar, barriga ou testa.
- Também perceba se você está conservando quaisquer *emoções difíceis*, tais como preocupação sobre o futuro ou inquietação sobre o passado. Entenda que todo corpo humano suporta estresse e preocupação ao longo do dia.
- Veja se você pode *nomear* a emoção em seu corpo. Talvez um sentimento de tristeza, raiva, medo, solidão ou vergonha? Repita o rótulo dado algumas vezes para você mesmo, com uma voz suave, gentil, e então volte para a respiração.
- Agora escolha um *único local em seu corpo* onde o estresse pode estar se expressando mais fortemente, talvez como uma dor na região do coração ou tensão no estômago. Em sua mente, incline-se suavemente na direção daquele ponto como você se inclinaria para uma criança recém-nascida.
- Continue a respirar naturalmente, permitindo que a sensação esteja lá, exatamente como ela é. Sinta sua respiração no meio de suas outras sensações corporais.
- Permita que o movimento delicado e rítmico da respiração suavize e acalme seu corpo. Se desejar, coloque sua mão sobre seu coração enquanto continua a respirar.
- Quando você estiver pronto(a), abra os olhos suavemente.

Amor-bondade e compaixão

Amor-bondade e compaixão descrevem mais a *qualidade* do estar alerta – a atitude ou a emoção – do que a direção do alerta. Pense na diferença entre a luz em uma sala de cirurgia e a luz de velas em um jantar. O amor-bondade aquece a experiência da meditação, trazendo as qualidades de ternura, calma, conforto, alívio, cuidado e conexão. Essas qualidades são particularmente importantes quando estamos lidando com emoções difíceis que contraem nossa percepção e ativam nossas defesas. Um exemplo de meditação de amor-bondade (em pali: *metta*) é a repetição lenta de frases como "Que eu esteja seguro(a)" ou "Que eu seja feliz e livre de sofrimento". O propósito de uma meditação de amor-bondade é plantar sementes de benevolência por nós mesmos e com os outros, repetidas vezes, que por fim brotem como pensamentos, emoções e comportamentos positivos. Em um sentido mais amplo, qualquer meditação que evoque uma sensação de felicidade e cordialidade pode ser considerada meditação de amor-bondade.

Amor-bondade é um "estado mental que aspira a que todos os seres sensíveis desfrutem da felicidade", enquanto compaixão (em pali: *karuna*) é o "desejo de que todos os seres sensíveis possam ser livres de sofrimento" (Dalai Lama, 2003, p. 67). A compaixão ocorre quando o amor-bondade encontra o sofrimento. Tanto o amor-bondade como a compaixão são emoções positivas que melhoram nossa saúde e bem-estar (Fredrickson, 2012; Fredrickson, Cohn, Coffey, Pek, & Finkel, 2008; Klimecki, Leiberg, Lamm, & Singer, 2012). Eles mudam nossa consciência da atenção *preocupada* para a atenção *amorosa* e abrem nosso campo de percepção, ajudando a nos tornar mais conscientes.

Na psicoterapia, a compaixão frequentemente toma a forma de *autocompaixão*. Por exemplo, uma meditação de compaixão que inclui a própria pessoa é a prática de inalar cordialidade e ternura por nós mesmos a cada inspiração e exalar o mesmo para os outros pela expiração (ver Capítulo 4). Essa forma de meditação pode ser praticada por clínicos durante momentos difíceis na terapia, ou por nossos pacientes em suas vidas diárias. Ela é uma modificação da meditação budista tibetana *tonglen*, na qual inspiramos o sofrimento dos outros e expiramos compaixão pelos outros (Chödrön, 2001).

Para aumentar a autocompaixão na meditação de amor-bondade tradicional (usando frases como foco primário de atenção), as palavras poderiam mudar um pouco, tal como "Que eu seja gentil comigo mesmo(a)" ou "Que eu me aceite como eu sou", para refletir a presença de sofrimento; ou podemos simplesmente colocar a mão sobre o coração e sentir seu toque quente e suave (Neff & Germer, no prelo).

Meditação de amor-bondade[*]

Esse exercício visa trazer cordialidade e boa vontade à nossa vida. Sente-se em uma posição confortável, feche os olhos total ou parcialmente e permita que sua mente e seu corpo se acalmem com algumas respirações profundas.

- Coloque suas mãos sobre seu coração para lembrar-se de que você está trazendo não apenas atenção, mas atenção *amorosa*, à sua experiência. Por alguns minutos, sinta o calor de sua mãos e a pressão suave que elas fazem sobre seu coração. Permita-se ser acalmado pelo movimento rítmico de sua respiração sob suas mãos.
- Agora pense em uma pessoa ou outro ser vivo que naturalmente o faça sorrir. Pode ser uma criança, sua avó, seu gato ou seu cão – quem quer que traga felicidade ao seu coração. Sinta como é estar na presença daquele ser. Permita-se desfrutar da boa companhia.
- Em seguida, reconheça o quanto esse ente querido é vulnerável – exatamente como você –, sujeito a muitas dificuldades na vida. Além disso, perceba que ele deseja ser feliz e livre de sofrimento, exatamente como você e todos os outros seres vivos. Repita suave e delicadamente o significado de suas palavras para que ressoem em seu coração.
    - Que você esteja seguro.
    - Que você esteja em paz.
    - Que você seja saudável.
    - Que você viva com tranquilidade.

---

[*] Esta meditação de amor-bondade foi adaptada do programa de treinamento da autocompaixão consciente codesenvolvido por Kristin Neff e o autor.

- Caso você note que sua mente está vagando, volte para a imagem de seu ente querido. Saboreie todos os sentimentos calorosos que possam surgir. Vá devagar.
- Agora visualize seu próprio corpo com o olho de sua mente e sinta as sensações dele, exatamente como elas são. Note qualquer desconforto ou intranquilidade que possa estar lá. Ofereça bondade para si mesmo.
- Se deseja usar frases diferentes, que falem de forma mais autêntica a você, por favor use. Você pode se perguntar: "O que eu preciso ouvir agora?". Use uma linguagem que incline seu coração com ternura para você mesmo, como se estivesse se relacionando com um filho amado ou um amigo querido.
- Se, e quando, surgir resistência emocional, deixe-a em segundo plano e retorne às fases, ou volte a focalizar em seu ente querido ou em sua respiração.
- Quando estiver pronto, abra os olhos suavemente.

Praticar as três habilidades

Iniciantes em meditação frequentemente têm conceitos errôneos sobre o que é e o que faz a meditação *mindfulness*. Ela não é um exercício de relaxamento; às vezes seu efeito é totalmente oposto, como quando o objeto de percepção é perturbador. Tampouco é um teste de sua concentração; a natureza da mente é vagar (ver *rede de modo inoperante* em uma seção posterior chamada "Mecanismos de ação"). Também não é uma forma de evitar dificuldades na vida; pelo contrário, *mindfulness* nos aproxima de nossas dificuldades antes de podermos nos "descentralizar" delas. Além disso, ele não evita nossos problemas de personalidade; antes, é um processo lento e suave de enfrentar e entender quem somos. Por fim, a meditação *mindfulness* não é sobre alcançar um estado mental diferente; é sobre organizar nossa experiência atual de uma forma relaxada, alerta e aberta.

A prática de *mindfulness* pode usar qualquer um dos sentidos: visão, audição, escuta, olfato ou tato. A própria mente também é considerada um órgão dos sentidos na psicologia budista, uma vez que pensamentos e imagens podem ser objetos de estar alerta, de forma semelhante aos outros sentidos. Entretanto, devido à natureza sedutora e evanescente dos pensamentos, é mais fácil iniciar a prática de *mindfulness* focalizando-se nas sensações corporais, expandindo posteriormente esse foco para perceber pensamentos repetitivos, tais como atitudes familiares ou crenças centrais sobre si mesmo.

Normalmente, a meditação *mindfulness* começa com o direcionamento ao alerta a um objeto de atenção, tal como a respiração, repetidamente. Quando a mente se acalma, após minutos ou dias, podemos dirigir nosso alerta – ampliar o holofote – para incluir outras experiências, tais como outras sensações corporais, emoções ou pensamentos e imagens. Se a mente perde sua estabilidade tornando-se emaranhada em remorso ou preocupação, podemos encontrar refúgio em um objeto sensorial a qualquer momento, talvez sentindo o movimento rítmico da respiração. Por fim, se acreditamos ter dificuldades no processo, podemos oferecer a nós mesmos um pouco de compaixão, repousando uma mão sobre o coração ou usando palavras amáveis. O praticante de *mindfulness* experiente pode mover-se com flexibilidade de uma técnica a outra, mesmo dentro de uma meditação de 30 minutos, esforçando-se para manter a percepção generosa, momento a momento. As três habilidades da meditação *mindfulness* nos ajudam a esperar pacificamente em meio a toda experiência decorrente – agradável, desagradável ou neutra.

Muitas pessoas se perguntam: "Qual é a melhor técnica para mim?". Visto que a meditação *mindfulness* é altamente pessoal, a resposta pode ser encontrada perguntando-se: "O que minha mente e meu coração necessitam neste momento para que eu esteja mais alerta, presente e tolerante?".

Psicoterapia orientada a *mindfulness*

Há três formas fundamentais, ao longo de um *continuum* de aplicação que vai de implícita a explícita, de integrar *mindfulness* ao trabalho terapêutico. Um clínico pode

1. praticá-lo, formal ou informalmente, para cultivar a presença terapêutica
2. usar uma estrutura de referência teórica inspirada por *insights* derivados dessa prática, da literatura psicológica sobre o assunto ou da psicologia budista (psicoterapia *informada* por *mindfulness*), ou
3. ensinar explicitamente os pacientes a praticar esse tipo de meditação (psicoterapia *baseada* em *mindfulness*)

Coletivamente, referimo-nos a essa variedade de abordagens como psicoterapia *orientada em* mindfulness.

Terapeutas praticantes

Os clínicos aspirantes com frequência perguntam: "Como eu me torno um psicoterapeuta orientado a *mindfulness*?". A resposta mais simples é: "Obtenha o melhor treinamento clínico que você puder encontrar... e medite". Os benefícios psicológicos dessa forma de meditação *mindfulness* são bem estabelecidos nos dias atuais (Hill & Updegraff, 2012; Hofmann, Sawyer, Witt, & Oh, 2010; Hölzel, Lazar, et al., 2011; Keng, Smoski, & Robins, 2011), incluindo benefícios específicos para consultores e profissionais da saúde (Irving, Dobkin, & Park, 2009; Krasner et al., 2009; Shapiro, Brown, & Biegel, 2007). Esses efeitos favoráveis incluem diminuição de estresse e da ansiedade e aumento das habilidades de aconselhamento, tais como empatia e compaixão (Buser, Buser, Peterson, & Serydarian, 2012; Christopher et al., 2011; Davis & Hayes, 2011). Entretanto, a pesquisa sobre o impacto de *mindfulness* praticado pelo terapeuta sobre o desfecho no paciente permanece inconclusiva (Excuriex & Labbe, 2011; Ryan, Safran, Doran, & Moran, 2012; ver também Capítulo 3), talvez porque as escalas de autorrelato sobre a prática sejam usadas, em vez disso, para examinar com que frequência um terapeuta realmente medita. Teoricamente, a prática da meditação deve melhorar nossos resultados, uma vez que ela parece ativar caminhos cerebrais associados a qualidades terapêuticas, como regulação corporal, sintonia empática, emoções equilibradas e flexibilidade de resposta (D. Siegel, 2009a, 2010a).

A prática de *mindfulness* parece estar relacionada à *presença terapêutica*. A presença é um *jeito de ser* na sala de consulta (Brach, 2012a, 2012b; Bruce, Manber, Shapiro, & Constantino, 2010; Childs, 2007; Cigolla & Brown, 2011; Collum & Gehart, 2010; Geller & Greenberg, 2012). Ela é definida como "*disponibilidade e abertura* a todos os aspectos da experiência do cliente, *abertura à nossa própria experiência* em estar com ele, e à *capacidade de responder* a ele a partir dessa experiência" (Bugental, citado em Geller & Greenberg, 2002, p. 72). Esse processo pode levar um paciente a "sentir-se sentido" (Siegel, 2009a, p. 155). Carl Rogers (1961) considerava que a presença terapêutica incluía empatia, cuidado positivo incondicional e autenticidade. Os Capítulos de 3 a 5 consideram esses temas importantes com mais profundidade.

Psicoterapia informada em mindfulness

Os terapeutas que praticam a psicoterapia *informada* por *mindfulness* têm uma estrutura de referência teórica que é influenciada por *insights* da prática e do estudo desse tipo de meditação, mas eles não necessariamente ensinam os exercícios correspondentes aos pacientes. Seu trabalho geralmente inclui um entendimento relacional/psicodinâmico que valoriza a *relação* terapêutica como um veículo central de transformação. O estar alerta é ensinado aos pacientes por meio de linguagem, expressões faciais, tons de voz e outras microcomunicações frequentemente sutis. Os terapeutas podem dar particular atenção às formas como seus pacientes resistem à experiência mental ou emocional e a como eles poderiam trazer mais *mindfulness* e aceitação para suas vidas.

A psicoterapia informada por *mindfulness* toma emprestado ideias tanto da psicologia ocidental como da psicologia budista, bem como da experiência pessoal dos clínicos. Uma série de livros integra os conceitos dessa prática com a psicoterapia relacional: ver Epstein (2008), Hick e Bien (2010), Magid (2002), Molino (1998), Safran (2003), Stern (2004), Unno (2006), Wallin (2007), Welwood (2000) e Wilson e Dufrene (2011). Naturalmente, dado o potencial das conexões humanas para curar feridas emocionais (Cozolino, 2010; Karlson, 2011; D. Siegel, 2010a), a relação terapêutica pode ser considerada como um componente fundamental de todas as formas de psicoterapia orientadas a *mindfulness*.

Psicoterapia baseada em mindfulness

Os terapeutas *com base* em *mindfulness* ensinam a seus pacientes exercícios que podem ser praticados entre as sessões. Faz sentido que os pacientes pratiquem essa forma de meditação entre as sessões, uma vez que seus benefícios parecem ser *dose dependentes* (Lazar et al., 2005; Pace et al., 2009; Rubia, 2009), e 1 hora por semana de treinamento terapêutico da mente pode não ser suficiente para alguns indivíduos perturbados. A prática diária de meditação tanto formal como informal poderia aumentar esse número para 6 a 7 horas por semana. Os clínicos que se baseiam em *mindfulness* costumam incluir técnicas extraídas da tradição cognitivo-comportamental, e os protocolos do tratamento baseado em *mindfulness* foram desenvolvidos para uma ampla variedade de condições psicológicas (ver a seção "o modelo de psicoterapia de *mindfulness*", adiante). A proliferação de tratamentos estruturados está encorajando os clínicos a experimentar exercícios de *mindfulness* na terapia, ainda que utilizem apenas alguns elementos de um determinado protocolo.

Atualmente, há centenas de excelentes livros profissionais e de autoajuda que ensinam habilidades aplicáveis à terapia baseada em *mindfulness*, aceitação e compaixão, entre os quais: Brach (2012b, 2013), Didonna (2009), Forsyth e Eifert (2008), Germer (2009), Hanson e Mendius (2009), Harris e Hayes (2009), Hayes e Smith (2005), Kabat-Zinn (1990, 2005, 2011), Kabat-Zinn e Kabat-Zinn (1998), Koerner e Linehan (2011), Linehan (1993b), McCown e colaboradores (2011), Neff (2011), Orsillo e Roemer (2011), Pollak e colaboradores (no prelo), Salzberg (2011), Segal, Williams e Teasdale (2012), R. Siegel

(2010), Stahl e Goldstein (2010) Willard (2010) e Williams, Teasdale, Segal e Kabat-Zinn (2007).

O MODELO DE PSICOTERAPIA DE *MINDFULNESS*

Quando se pergunta aos terapeutas "Qual é a sua orientação teórica?", eles normalmente respondem mencionando psicoterapia cognitivo-comportamental, psicodinâmica/psicanalítica, humanista/existencial ou sistêmica. Cada vez mais, entretanto, a resposta parece ser *mindfulness*. Os terapeutas que não se sentiam inteiramente à vontade com as teorias de psicoterapia existentes com frequência comentam, após descobrir essa forma de terapia, "Oh, isso é o que eu já faço – eu só não sabia disso!". Portanto, é útil pensar em *mindfulness* (incluindo aceitação e compaixão) como um novo modelo de terapia?

As teorias ou modelos de terapia são uma tentativa de agrupar diferentes modalidades terapêuticas baseadas em características comuns. Um modelo psicoterapêutico geralmente inclui os seguintes elementos (Gurman & Messer, 2011; Wampold, 2012):

1. uma visão de mundo (mundivisão)
2. um entendimento de patologia e saúde
3. uma abordagem à prática de terapia
4. um entendimento do relacionamento terapêutico
5. mecanismos de ação identificáveis
6. uma variedade de aplicações do tratamento
7. considerações éticas
8. apoio de pesquisas

Pode-se sustentar que *mindfulness* não é de modo algum um modelo de terapia, mas meramente um processo curativo subjacente a todas as terapias. Por exemplo, a dessensibilização sistemática de uma fobia de cobras, a regulação da emoção na terapia comportamental dialética (TCD) e a associação livre na psicanálise não compartilham o processo comum de *alerta* da *experiência presente* com *aceitação*? Além disso, talvez *mindfulness* devesse ser deixado em paz – permitindo-lhe ser um construto indefinido, pré-conceitual, que inspire a investigação direta e pessoal. Por que tentar sistematizar, criar um boneco de palha que subsequentemente precisamos derrubar para manter *mindfulness* vivo na sala de terapia? Talvez ele seja, na verdade, um "modelo sem modelo" (P. R. Fulton, comunicação pessoal, 12 de janeiro de 2013)? Com essas advertências em mente, convidamos nossos leitores a explorar um *meio termo*. Poderia o *mindfulness*, como modelo de terapia, aumentar nossa compreensão mesmo quando bloqueamos levemente nossos referenciais e nos direcionamos com regularidade ao momento na sala de terapia?

Visão de mundo

Todas as teorias e terapias psicológicas estão imersas em metateorias ou em visões de mundo. Cada um de nós tem uma visão de mundo, uma inclinação a percebê-lo de uma forma particular (Johnson, Germer, Efran, & Overton, 1988). A estrutura metateórica de referência para *mindfulness* é o *contextual* (Hayes, 2002a; Pepper, 1942).

As visões de mundo explicam a natureza da realidade (ontologia), descrevem como a conhecemos (epistemologia), são responsáveis pela causalidade e contêm um conceito de personalidade. A visão de mundo contextual faz os seguintes pressupostos:

- *Natureza da realidade*. Atividade e mudança são condições fundamentais da vida. O mundo é uma rede de atividades interconectadas.
- *Como conhecemos a realidade*. Todo o conhecimento da realidade é construído, criado pelo indivíduo dentro de um contexto particular. Não existe uma realidade absoluta que possamos conhecer.
- *Causalidade*. A mudança é contínua, e os acontecimentos são multideterminados. A causalidade aparente depende de seu contexto.
- *Personalidade*. A personalidade é mais bem descrita como momentos únicos de alerta continuamente formatado para criar um todo coerente e funcional.

A psicologia budista e o contextualizar

As suposições da psicologia budista correspondem de forma muito aproximada à visão de mundo contextual. Necessitamos apenas recorrer às três características da existência na psicologia budista:

1. sofrimento (*dhukka*, em pali)
2. impermanência (*anicca*)
3. não eu (*anatta*)

Sofrimento refere-se à insatisfação que inevitavelmente sentimos quando as coisas não são como desejamos que elas sejam. Nossos gostos e desgostos são construídos junto com o ambiente, mas podemos nos tornar substancialmente mais felizes mudando nossa *relação* com a experiência. A noção budista de *impermanência* é precisamente a ontologia do contextualismo – tudo está mudando de modo constante, inclusive quem pensamos que somos. Por fim, a condição de *não eu* (nenhum eu fixo, separado) também é a visão contextual de pessoalidade. O *eu* é "uma orquestra sem um maestro" (Singer, 2005), consistindo de muitas partes que surgem de forma espontânea e que simultaneamente desaparecem. (Mais será dito sobre essas marcas da existência nos próximos capítulos.) Outro conceito fundamental na filosofia budista é a *coorigem dependente*, que é uma expressão sofisticada para universo multideterminado – causalidade em contextualismo. A descrição causal mais precisa de qualquer acontecimento seria o *universo de causas que interagem* em um determinado ponto no tempo.

Patologia e saúde

A psicologia budista afirma que a forma como construímos nossas realidades particulares é sobretudo ilusória; elaboramos inconscientemente os acontecimentos atuais a partir de nossa experiência passada e desejos atuais, o que leva a erros e sofrimento desnecessário. O antídoto – atenção plena – nos permite entender nosso condicionamento e ver as coisas mais claramente. O que vemos, entretanto, não é uma verdade absoluta; antes, vemos *através* da ilusão de nossas conceituações. Ao perceber essa tendência a pensamentos e convicções ilusórios, aprendemos a manter nossas interpretações de forma leve.

Essa nova abordagem, mais suave, às nossas próprias concepções estende-se à nossa visão dos sintomas. Queixas, problemas ou sintomas não são entidades estáveis que devem ser diagnosticadas e então extirpadas. O que cria e mantém os sintomas é a *resistência*, ou seja, nossa tendência instintiva, com frequência pré-verbal, a repelir o desconforto tensionando nossos músculos, pensando demais, bebendo muito ou empregando defesas para reestabelecer nosso equilíbrio. Esse tipo de *esquiva experiencial* (Hayes, Strosahl, & Wilson, 1999) pode ajudar a curto prazo, mas nos mantém congelados no lugar e amplifica nossas dificuldades a longo prazo. Considere o ditado "Aquilo a que você resiste persiste". Um bom exemplo é "tentar dormir" – esforços contínuos para lutar contra a falta de sono tendem a resultar em insônia crônica (ver Capítulo 10). Nosso nível de sofrimento emocional pode ser medido pela lacuna entre nossas expectativas e a realidade (o que *é*).

Em contrapartida, considere o ditado "O que podemos *sentir,* podemos curar". A saúde psicológica, no paradigma de *mindfulness*, é a capacidade de estar na experiência momento a momento de uma forma ampla, profundamente receptiva, mesmo quando ela é difícil. Tal estado mental é acompanhado por qualidades psicológicas saudáveis como flexibilidade, resiliência, autenticidade, paciência, conexão, bondade, compaixão e sabedoria.

A prática da terapia

Todos os pacientes vêm à terapia apresentando uma relação resistente com seus sintomas. As duas perguntas principais na mente de um psicoterapeuta orientado a *mindfulness* provavelmente são:

1. A que dor o paciente está resistindo?
2. Como posso ajudar o paciente a encontrar uma relação mais alerta, receptiva e compassiva com sua dor?

A terapia pode assumir uma variedade infinita de formas, tais como diálogo autêntico, compassivo; terapia de exposição; reestruturação cognitiva; meditação; envolvimento em atividades saudáveis; ou prescrição de medicamentos. Independentemente da forma, do ponto de vista de *mindfulness*, não estamos buscando uma vida livre de dor, e sim uma libertação emocional mais significativa por meio de uma relação plena, receptiva, compassiva com nossas dificuldades inevitáveis.

É uma exigência absurda esperar que nossos pacientes aceitem seu sofrimento emocional da noite para o dia. Antes, queremos ajudá-los a abrir-se gradualmente para o que os está perturbando, passando da *curiosidade* (encarar o desconforto), para a *tolerância* (suportando o desconforto com segurança), para a *permissão* (deixar o desconforto ir e vir), para a *amizade* (encontrar um valor oculto em nossas dificuldades). Esse processo reflete o abandono progressivo da resistência.

A relação terapêutica

A psicoterapia orientada a *mindfulness* é *idiográfica* – ou seja, a estrutura e o processo dependem de qualidades e capacidades únicas de cada paciente em seu mundo. Assim como as instruções para essa forma de meditação são "notar o que é mais vívido e vivo em nosso campo de alerta", o terapeuta orientado a *mindfulness* está atento ao que é mais vivo para o paciente, bem como ao que está simultaneamente transpirando na experiência momento a momento do terapeuta e na aliança terapêutica constantemente variável.

Mecanismos de ação

Como o *mindfulness* funciona? Vários processos foram propostos a partir dos pontos de vista teórico e neurológico. Por exemplo, Hölzel, Lazar e colaboradores (2011) identificaram seis mecanismos de ação – efeitos da prática formal de *mindfulness* – para os quais temos evidências neurológicas:

1. *Regulação da atenção* – estabilidade do estado de alerta apesar de estímulos concorrentes
2. *Consciência corporal* – perceber sensações sutis, estar consciente das próprias emoções
3. *Regulação da emoção* – reatividade diminuída, não deixar as reações emocionais interferirem no desempenho
4. *Reavaliação* – ver as dificuldades como significativas ou benignas, em vez de como todas ruins
5. *Exposição* – dessensibilização global a tudo o que estiver presente no campo da percepção
6. *Senso flexível do eu* – desidentificação com emoções e crescente adaptabilidade

Outros mecanismos com apoio empírico incluem *autocompaixão* (Hölzel, Lazar, et al., 2011; Neff & Germer, 2013), *esclarecimento de valores* (senso de propósito) e *flexibilidade* (capacidade de adaptabilidade cognitiva, emocional e comportamental) (Hayes et al., 1999; Shapiro, Carlson, Astin, & Freedman, 2006); *diferenciação da emoção* (consciência das experiências emocionais) (Hill & Updegraff, 2012); e *consciência metacognitiva* (Cocoran, Farb, Anderson, & Segal, 2010).

Um efeito neurobiológico importante da meditação *mindfulness* é que ela desativa a *rede de modo inoperante* (DMN). Mesmo quando o cérebro está em repouso, diversas regiões ao longo da linha média do cérebro permanecem ativas (Gusnard & Raichle, 2001; Mason et al., 2007). A DMN está ativa sempre que nossas mentes vagueiam – o que, de acordo com um estudo, acontece 46,9% de nossas vidas acordadas (Killingsworth & Gilbert, 2010) e, com muita frequência, também na meditação. O que a mente está fazendo? A maior parte das vezes ela parece estar fazendo excursões no passado ou no futuro, tentando resolver problemas reais e imaginários. Essas excursões são boas para fins de sobrevivência, mas menos úteis para a felicidade, e a atividade na DMN está correlacionada à ansiedade e à depressão (Broyd et al., 2009; Farb et al., 2010). A DMN é responsável pelo *processamento narrativo* (eu-mim-meu). Em contrapartida, a percepção momento a momento *mindfulness* ativa diferentes estruturas cerebrais associadas ao *processamento experiencial* (Farb et al., 2007; ver também Capítulo 15). Todas as três formas de meditação *mindfulness* descritas anteriormente – atenção focada, monitoramento aberto e amor-bondade/compaixão – ajudam a desativar a DMN (Brewer, Worhunsky, et al., 2011) ou a mudar sua conectividade funcional (Taylor et al., 2013).

Aplicabilidade ao tratamento

O *mindfulness* pode ser usado para tratar uma ampla variedade de transtornos, de psicose (Braehler et al., 2012; Langer, Cangas, Salcedo, & Fuentes, 2012) ao manejo de estresse no local de trabalho (Davidson et al., 2003). E, como uma capacidade universal de cura, está se associando a diferentes abordagens à saúde mental, como terapia cognitivo-comporamental (TCC), psicoterapia psicodinâmica, psicoterapia humanista/existencial, medicina comportamental e psicologia positiva.

Terapia cognitivo-comportamental

A TCC é a forma de tratamento que tem sido mais extensivamente investigada de forma empírica. Estamos atualmente na "terceira onda" de TCC (Hayes, 2011). A primeira refere-se à terapia do comportamento, focalizando-se nos clássicos condicionamento pavloviano e reforço das contingências. A segunda foi a terapia cognitiva visando alterar padrões de pensamento disfuncionais. A terceira onda é a psicoterapia baseada em *mindfulness*, aceitação e compaixão, na qual nossa *relação* com nossa experiência (intenções, sensações, emoções, sentimentos, comportamentos) gradualmente muda no curso da terapia.

Os quatro programas de tratamento pioneiros que têm base nessa técnica, de múltlplos componentes, apoiados empiricamente, são: redução do estresse baseada em *mindfulness* (REBM; Kabat-Zinn, 1990), terapia cognitiva baseada em *mindfulness* (TCBM; Segal et al., 2012), terapia comportamental dialética (TCD; Linehan, 1993a) e terapia de aceitação e compromisso (TAC; Hayes et al, 1999). Muitos outros programas se originaram desses modelos ou foram desenvolvidos para populações, condições ou treinamento de habilidades específicas.

Mindfulness e psicoterapia   31

Entre eles, estão prevenção de recaída baseada em *mindfulness* (Witkiewitz & Bowen, 2010); treinamento da consciência alimentar baseado em *mindfulness* (Kristeller & Wolever, 2011); TCBM para crianças (Semple, Lee, Rosa, & Miller, 2010); REBM para adolescentes (Biegel, Brown, Shapiro, & Schubert, 2009); tratamento comportamental da ansiedade baseado em *mindfulness* e aceitação (Roemer, Orsillo, & Salters-Pedneault, 2008; ver também Capítulo 9); intensificação da relação baseada em *mindfulness* (Carson, Carson, Gill, & Baucom, 2004); treinamento da autocompaixão consciente (Neff & Germer, 2013); e terapia focada na compaixão (Gilbert, 2010a, 2010b).

Além disso, o campo da TCC adotou amplamente os conceitos centrais de *mindfulness* mesmo em tratamentos em que essa palavra não é usada, como o "protocolo unificado para o tratamento transdiagnóstico de transtornos emocionais", por David Barlow e colaboradores, que consiste em quatro módulos familiares aos terapeutas orientados a *mindfulness*:

1. aumentar o estado de alerta emocional
2. facilitar a flexibilidade nas avaliações
3. identificar e prevenir a esquiva comportamental
4. promover exposição situacional e interoceptiva a sinalizadores de emoção (ver Farchione et al., 2012)

Psicoterapia psicodinâmica

Como mencionado anteriormente, os teóricos psicodinâmicos reconheceram o valor da psicologia budista pelo menos desde a época de Carl Jung (1927/2000). A psicanálise, historicamente, tem compartilhado aspectos comuns com a prática de *mindfulness* – ambos são eventos introspectivos, supõem que consciência e aceitação precedem a mudança e reconhecem a importância dos processos inconscientes. O próximo capítulo explora de forma mais completa os pontos em comum e as diferenças entre a abordagem psicodinâmica/psicanalítica tradicional em relação ao tratamento e a perspectiva de *mindfulness*.

Psicoterapia humanista/existencial

A prática de *mindfulness* visava originalmente a tratar o sofrimento de condições existenciais como doença, velhice e morte – condições não clínicas, visto que essa categoria não existia na época de Buda. Essa forma de meditação tem muito em comum com a psicoterapia humanista, que abrange amplamente as abordagens existencial, construtivista e transpessoal (Schneider & Leitner, 2002). A abordagem existencial, como a psicologia budista, "enfatiza as capacidades inerentes da pessoa de tornar-se saudável e em pleno funcionamento. Ela concentra-se no presente, em alcançar a consciência de que a vida está parcialmente sob nosso controle, em aceitar a responsabilidade pelas decisões e em aprender a tolerar a ansiedade" (Shahrokh & Hales, 2003, p. 78).

Por exemplo, a terapia Gestalt enfatiza a exploração fenomenológica (p. ex., "Eu vejo que você cruzou as pernas") sem interpretação ou avaliação, levando ao objetivo de simples percepção (Yontef, 1993). Hakomi foi um dos primeiros terapeutas a treinar explicitamente *mindfulness* por meio da consciência corporal de sentimentos, convicções e memórias (Kurtz, 1990). O trabalho de *focalização* de Eugene Gendlin (1996), em especial sua ideia da *sensação percebida* corporal, pré-verbal, de um problema psicológico, é notavelmente semelhante ao treinamento da consciência interoceptiva na meditação *mindfulness*. A psicoterapia sensório-motora (Ogden, Minton, & Pain, 2006) e a terapia focada na emoção (Greenberg, 2010) também direcionam cuidadosamente a atenção de um paciente para a experiência emocional resultante. As psicoterapias construtivistas, como a terapia narrativa (Leiblich, McAdams, & Josselson, 2004), compartilham a noção orientada a *mindfulness* de que a realidade de cada pessoa é cocriada pelo indivíduo em interação com o ambiente. A terapia transpessoal e a psicologia budista mantêm a suposição em comum de que a pessoa é indivisível do universo mais amplo, um tema que é explorado em capítulos posteriores.

Medicina comportamental

Os benefícios de *mindfulness* para a saúde parecem derivar de um sistema nervoso autônomo menos reativo – em resumo, ser menos estressado. Por exemplo, o treinamento da meditação reduz significativamente o cortisol em resposta a estresse agudo quando comparado com o treinamento do relaxamento (Tang et al., 2007). Sua prática também pode ajudar os pacientes a manter hábitos saudáveis: pacientes com asma podem ser capazes de detectar estados emocionais que desencadeariam ataques, pacientes com diabetes poderiam ter mais consciência em relação ao uso de insulina, e pacientes obesos poderiam ser capazes de "enganar a vontade" quando sentem fome, em vez de concretizar a vontade de comer (Bowen, Chawla, & Marlatt, 2011). Também foi demonstrado que a meditação *mindfulness* melhora a função imunológica (Davidson et al., 2003) e que tanto ela quanto a meditação de compaixão reduzem o processo inflamatório induzido por estresse (Pace et al., 2009; Rosenkranz et al., 2013). Além disso, seu treinamento está sendo integrado até mesmo ao *biofeedback* (Khazan, 2013).

Ensaios clínicos controlados randomizados demonstraram melhora por meio do treinamento em *mindfulness* para uma longa lista de enfermidades/condições: síndrome do cólon irritável (Zernicke et al., 2012), lidar com diabetes (Gregg, Callaghan, Hayes, & Gleen-Lawson, 2007), lidar com o câncer (Hoffman et al., 2012), dor crônica (Wong et al., 2011), estresse de trabalho (Wolever et al., 2012), síndrome de fadiga crônica (Rimes & Winigrove, 2011), ingestão por estresse (Daubenmier et al., 2011), qualidade de vida do portador de HIV (Duncan et al., 2012), parar de fumar (Brewer, Mallik, et al., 2011), fogachos (Carmody et al., 2011), insônia (Gross et al., 2011), efeitos de doença médica crônica (Boholmeijer, Prenger, Taal, & Culjpers, 2010) e transtornos por uso de substâncias (Witkiewitz, Bowen, Douglas, & Hsu, 2013). (Ver também Capítulo 10.)

Espiritualidade

Espiritualidade tem muitos significados; entendemos essa palavra como referindo-se a uma avaliação de aspectos impalpáveis, contudo significativos, de nossas vidas. Os impalpáveis podem ser Deus, uma força de vida, valores (amor, verdade, paz), conexões interpessoais ou talvez um sentido de transcendência.

A psicologia budista oferece uma abordagem *imanente* à espiritualidade, sugerindo que aquilo que buscamos está acontecendo bem na frente de nossos narizes, em contato íntimo com a experiência do dia a dia. O ímpeto de aspiração espiritual dentro dessa abordagem é o de abraçar cada momento mais plenamente. Em contrapartida, uma abordagem *transcendente* é uma metodologia de "gotejamento", na qual experiências repetidas de união mística (p. ex., proximidade a Deus) gradualmente tornam nossa experiência diária mais completa. Embora estados místicos possam ocorrer durante a meditação *mindfulness*, eles ainda são considerados efeitos mentais e, consequentemente, não lhes é concedido um *status* especial. Desse ponto de vista, a libertação do sofrimento ocorre quando nenhum evento mental pode impedir nossa consciência, mesmo um evento elevado. Uma abordagem equilibrada à espiritualidade provavelmente implica aspectos imanentes e transcendentes – vivemos plenamente em nossa experiência diária quando alcançamos o que está além.

Psicologia positiva

Na psicologia budista, a saúde mental é vista como a libertação completa do sofrimento, geralmente referida como *iluminação*. Desse ponto de vista, somos todos doentes mentais!

A psicologia ocidental tem feito progressos notáveis no entendimento das raízes biológica, psicológica e sociais de uma mente perturbada, mas tem, em geral, negligenciado as experiências positivas, como aquelas caracterizadas por bem-estar, satisfação, amor, coragem, espiritualidade, sabedoria, altruísmo, civilidade e tolerância (Seligman & Csikszentmihalyi, 2000). A psicologia budista é um programa de treinamento da mente abrangente que cultiva a felicidade, e *mindfulness* está no centro desse programa. Há um paradoxo curioso na abordagem budista à psicologia positiva: quanto mais plenamente pudermos abraçar a *in*felicidade, mais profunda e permanente será nossa sensação de bem-estar. (A psicologia positiva é discutida no Capítulo 16.)

Questões éticas

A psicologia budista não distingue ações "boas" e ações "más", as quais são, com frequência, meras convenções sociais; antes, ela distingue ações "saudáveis" e "insalubres". As *ações saudáveis* são aquelas que diminuem o sofrimento para si e para os outros, enquanto as *ações insalubres* aumentam o sofrimento. A atenção plena nos permite observar cuidadosamente as consequências de nossos pensamentos, palavras e ações. Essa distinção ética prejudicial-não prejudicial é inteiramente consistente com um plano psicoterapêutico secular.

Dentro da prática de *mindfulness*, os *valores* da psicoterapia de aceitação e da psicoterapia baseada na compaixão têm alta prioridade. A TAC, por exemplo, inclui exercícios para os pacientes descobrirem seus valores centrais ("Que significado você quer para sua vida?") e para identificarem os obstáculos diante de tais objetivos ("Você está disposto a vivenciar abertamente o que aparecer no seu caminho?"). Nossas *intenções* com frequência determinam nossas emoções, pensamentos, palavras e ações, portanto, elas também são um objeto de consciência relevante tanto no treinamento de *mindfulness* (Monteiro, Nutall, & Musten, 2010) como na psicoterapia (ver Capítulo 6).

Apoio da pesquisa

Em sua revisão, realizada em 2003, da literatura empírica sobre *mindfulness*, Ruth Baer escreveu que os tratamentos nele baseados são "provavelmente eficazes" e em vias de se tornarem "bem estabelecidos". Desde então, inúmeras revisões e metanálises da pesquisa de desfecho indicam claramente que esses tratamentos, bem como aqueles baseados em aceitação e em compaixão, promovem de maneira eficaz a saúde mental e física (Chen et al., 2012; Chiesa, Calati, & Serretti, 2011; Davis & Hayes, 2011; Fjorback, Arendt, Ornbol, Fink, & Walach, 2011; Greeeson, 2009; Grossman, Niemann, Schmidt, & Walach, 2004; Hoffman et al., 2010, 2011; Keng et al., 2011; Piet & Hougaard, 2011; Rubia, 2009; Vøllestad, Nielsen, & Nielsen, 2012). Entretanto, embora a pesquisa sobre *mindfulness* esteja bastante avançada, ainda há uma necessidade urgente de grupos-controle ativos na pesquisa de desfecho e nas medidas comportamentais dessa técnica, em vez do apoio no autorrelato (Grossman, 2011; ver também Capítulo 15).

Novas áreas de pesquisa empolgantes estão surgindo continuamente. Entre elas estão tópicos estreitamente associados à percepção consciente, tal como o impacto da compaixão, da sabedoria e do comportamento ético sobre a saúde mental. No campo da neurobiologia, podemos explorar de forma mais precisa as ligações entre estados mentais autorrelatados específicos e seus substratos neurológicos, talvez mesmo adicionando *neurofeedback* de ressonância magnética funcional em tempo real para aumentar os efeitos das alterações cerebrais da meditação. Podemos aprender a customizar as técnicas de treinamento da mente para alterar padrões cerebrais disfuncionais de pacientes individuais? O impacto da prática de *mindfulness* sobre a expressão genética é outra fronteira científica, talvez mesmo como profilaxia do estresse para as futuras gerações. Ainda necessitamos de mais pesquisas sobre os efeitos a curto e a longo prazos do terapeuta meditador sobre o desfecho do tratamento. Por fim, pode ser útil investigar os extremos de *mindfulness* – em que medida os seres humanos podem realmente regular sua atenção, atitudes e emoções, e como essas capacidades aumentadas poderiam influenciar a qualidade de nossas vidas e a sociedade em geral?

O *MINDFULNESS* IMPORTA PARA OS TERAPEUTAS?

À luz do aumento exponencial de publicações sobre *mindfulness* desde o início do novo milênio, a técnica evidentemente importa para cientistas clínicos e praticantes. Padmasambhava, um professor tibetano do século VIII, dizia que "quando o pássaro de ferro voar, o darma [ensinamentos budistas] chegará ao Ocidente" (citado em Henley, 1994, p. 51). Estamos atualmente testemunhando uma convergência sem precedentes das tradições orientais da psicologia contemplativa com as modernas psicologia científica e psicoterapia.

Os psicoterapeutas estão na vanguarda dessa importante convergência. Ter à nossa disposição técnicas psicológicas extraídas de uma tradição de 2,5 mil anos, que parecem alterar o cérebro, moldar nosso comportamento para melhor e oferecer *insights* intuitivos sobre como viver a vida de forma mais plena, é uma oportunidade difícil de ignorar. Apenas o tempo dirá o que fazer com ela.

O restante deste livro explora como a simples capacidade humana para *mindfulness* pode enriquecer nosso entendimento e eficácia como psicoterapeutas. O próximo capítulo considera os pontos em comum e as divergências entre a tradição budista nessa área e a psicoterapia ocidental. A Parte II examina como *mindfulness* pode ser cultivado pelos psicoterapeutas e também seu efeito sobre a relação terapêutica. A Parte III explora sua aplicação a condições psicológicas e a populações de pacientes específicas. A Parte IV discute os antigos ensinamentos budistas sobre o assunto, resume o que aprendemos sobre *mindfulness* da neurociência e explora o futuro da prática dentro da psicologia positiva. Por fim, o Apêndice fornece um glossário de termos budistas.

2

Psicologia budista e psicologia ocidental
Buscando pontos em comum

Paul R. Fulton
Ronald D. Siegel

> Se você pode ou não observar uma coisa depende da teoria que você utiliza. É a teoria que decide o que pode ser observado.
> – ALBERT EINSTEIN (1926, citado em Salam, 1990)

A prática de *mindfulness* tem sido usada para aliviar o sofrimento psicológico humano por mais de 2,5 mil anos, principalmente na forma de meditação. Por comparação, a psicoterapia ocidental é bastante nova, originando-se em um tempo e um lugar muito diferentes.

Podemos, no entanto, esperar encontrar paralelos entre uma prática asiática antiga de treinamento da mente e os sistemas ocidentais modernos de tratamento psicológico? Os problemas da Índia antiga e os do Ocidente moderno são tão diferentes que comparar seus sistemas de cura é equivocado? Ou existe alguma universalidade no que diz respeito à psicologia e ao sofrimento humano dos quais ambas as tradições tratam? Como cada uma dessas tradições entende o sofrimento e seu tratamento? Este capítulo examina a psicologia budista e a psicoterapia ocidental lado a lado e considera como a própria prática de *mindfulness* pode ser considerada um fator comum que contribui para a eficácia da psicoterapia ocidental e da meditação formal.

Naturalmente, existem muitas variedades de psicoterapia e de meditação, e seria impossível revisar todas elas aqui. Em vez disso, voltamos ao começo e exploramos as semelhanças e diferenças fundamentais entre meditação *mindfulness* em uma de suas formas mais antigas, praticada como parte do *vipassana* ou meditação de *insight*, e as tradições psicodinâmica e comportamental, a partir das quais a maior parte da psicoterapia moderna se desenvolveu. Essas duas tradições psicoterapêuticas são escolhidas com o entendimento vigilante de que há muitas outras formas de tratamento, e que mesmo as tradições psicodinâmica e comportamental são diferentes entre si.

ALIVIAR O SOFRIMENTO PSICOLÓGICO

Como a psicoterapia ocidental, a meditação *mindfulness* se desenvolveu em resposta ao sofrimento psicológico. E também como a psicoterapia, a esfera da prática dessa forma de meditação inclui pensamentos, sentimentos, percepção, intenções e comportamento. Dado esse foco, a psicologia budista naturalmente compartilha com sua contraparte ocidental uma estrutura básica para o entendimento dos transtornos psicológicos. Ambos os sistemas

1. identificam sintomas
2. descrevem sua etiologia
3. sugerem um prognóstico
4. prescrevem tratamento

Essa formulação é encontrada nas Quatro Nobres Verdades, que dizem ser o primeiro ensinamento formal de Buda (ver também o Apêndice). Mesmo em sua época, Buda comparava sofrimento mental com doença, e seu "tratamento" era prescrito de forma semelhante ao tratamento médico (Bhikkhu, 2012a).

Antes de examinarmos ambas as tradições a partir dessa estrutura, iremos considerar um exemplo clínico que usaremos para ilustrar pontos subsequentes:

> Richard era um jovem de 23 anos, vivendo em Nova York. Ele era socialmente inseguro no ensino médio, não se sobressaía nos esportes e era frequentemente intimidado por outros rapazes. Teve várias namoradas ao longo do ensino médio e da faculdade, mas ainda se sentia inseguro quanto a ser ou não atraente.
>
> Durante seu último ano de faculdade, Richard se envolveu com Jessica, uma jovem excepcionalmente atraente e sensual. Eles iniciaram um

relacionamento sexual tórrido, porém complicado, devido à presença em segundo plano do ex-namorado da moça, que tinha se mudado para a Califórnia.

Jessica convidou Richard para morar com ela. Isso o deixou ansioso, e ele lhe disse que não se sentia pronto. Após muitas conversas dolorosas, ela anunciou que também tinha decidido ir para a Califórnia.

Richard ficou devastado. Sua mente alternava entre períodos de intensa saudade e outros de ciúme selvagem quando imaginava Jessica fazendo amor apaixonadamente com o ex-namorado. Ele passou a ter problemas para dormir e não conseguia se concentrar no trabalho. Começou a fumar maconha diariamente na tentativa de diminuir seu apego a Jessica. Toda vez que via um casal ou passava por alguém que se parecia com ela, era esmagado pela tristeza e pela raiva.

Richard considerava sua psicoterapia semanal fonte de apoio, mas continuava sentindo-se miserável. Desesperado para fazer *alguma coisa*, ele se inscreveu para um retiro de meditação *mindfulness* intensiva de duas semanas.

Poucos pacientes de psicoterapia escolhem tentar uma prática de retiro intensivo quando estão em crise emocional. Entretanto, a experiência de Richard nos ajudará a examinar como as tradições de psicoterapia e meditação podem tratar um problema psicológico típico. Ao ampliar os efeitos de *mindfulness*, a experiência de retiro de Richard joga uma luz sobre o funcionamento da prática.

Sintomas

Os sintomas que são foco da psicoterapia ocidental incluem tanto estados subjetivos desagradáveis, tais como ansiedade e depressão, quanto padrões de comportamento desadaptativos, como esquiva fóbica e compulsões. A presença de sintomas é vista como expressão de um transtorno subjacente a ser diagnosticado e tratado. A dificuldade de concentração, os pensamentos e sentimentos intrusivos repetitivos, a ruptura do sono e a dependência de drogas ilícitas de Richard não são atípicos.

O "sintoma" tratado pela meditação *mindfulness* é simplesmente o sofrimento, que é inevitável para todos os seres humanos. Nenhum estado mental, por mais agradável que seja, pode ser mantido indefinidamente, nem experiências desagradáveis podem ser evitadas. Entretanto, somos tão condicionados a evitar desconforto e buscar prazer que nossas vidas são coloridas por uma sensação de "insatisfação", de alguma coisa faltando. Esse sofrimento pode ou não aumentar ao nível de um diagnóstico clínico. Antes, ele se origina de um profundo mal-entendido sobre a natureza de nossas vidas e de nossas mentes. Nesse sentido, o sofrimento é visto não como sintoma de um transtorno subjacente, mas como resultado da natureza de nossa relação com as realidades existenciais da vida. Embora os clínicos estejam usando agora a meditação *mindfulness* para tratar uma ampla variedade de transtornos psiquiátricos, a prática originalmente visava tratar os aspectos universais, clínicos e não clínicos do sofrimento humano.

Curiosamente, muitos dos "sintomas" que a meditação *mindfulness* trata não se tornam aparentes para um indivíduo até que ele ou ela inicie sua prática. Por exemplo, pessoas que meditam notam que é muito difícil sentar e estar plenamente presente para a experiência da respiração ou outra – eles acham que suas mentes estão constantemente se antecipando em fantasias do futuro ou revendo memórias do passado. Essas pessoas também percebem uma série inquietante de reatividade, ansiedades e outras emoções que podem não ter sido aparentes antes de eles tentarem ser conscientes. Isso não é diferente daquilo que os pacientes que entram em psicoterapia psicodinâmica vivenciam, na medida em que eles começam a sentir que são mais neuróticos do que tinham pensado originalmente, defendendo-se contra todo tipo de pensamentos e sentimentos e criando padrões neuróticos a partir de feridas anteriores.

Existem paralelos com esse fenômeno também nos tratamentos comportamentais. Automonitorar-se ou completar inventários comportamentais pode tornar os clientes subitamente conscientes do quanto seus sintomas são globais. Pedir que eles enfrentem atividades temidas em nome do tratamento também pode amplificar os sintomas drasticamente.

> Os graves sintomas de Richard – sua depressão e os pensamentos obsessivos sobre sua namorada – eram inicialmente bastante óbvios para ele e para os outros. Quando começou a meditar intensivamente no retiro, entretanto, ele também percebeu que era com frequência inundado por medos intensos cujo objeto não conseguia identificar. Além disso, sua mente começou a encher-se de imagens sexuais e violentas, "alternando-se entre filmes pornográficos e de terror", como ele mesmo disse. (Voltaremos a esses filmes em breve.)

Etiologia

Os clínicos da saúde mental modernos consideram que a etiologia complexa dos transtornos psicológicos envolve fatores biológicos, psicológicos e sociológicos. As tradições psicodinâmica e comportamental concluíram que grande parte do sofrimento humano é causada por distorções nos pensamentos, nos sentimentos e no comportamento. Aqui eles encontram ponto em comum com as tradições da meditação *mindfulness*, mesmo que elas possam diferir sobre as causas dessas distorções.

Os psicoterapeutas psicodinâmicos geralmente supõem que as distorções no pensamento e nos sentimentos, nascidas, em geral, de experiências da infância, criaram cicatrizes psicológicas que deformam nossas respostas às circunstâncias presentes. As defesas que desenvolvemos para evitar seletivamente algumas experiências nos impedem de ver a realidade atual de forma clara e restringem nossa variação emocional e nosso comportamento (McWilliams, 2011). Por exemplo, em sua terapia, era evidente que Richard era altamente conflituoso em relação a intimidade e compromisso. Essas dificuldades surgiram de uma autoimagem grandiosa ("Por que eu deveria me *acomodar* com qualquer mulher?!") que compensava seus sentimentos de inadequação ("Eu realmente não sou um grande homem"). Essas duas ideias tinham raízes em seus relacionamentos na infância.

Enquanto os primeiros behavioristas se focaram em contingências de reforço problemático (p. ex., Skinner, 1974), os terapeutas cognitivo-comportamentais posteriores (p. ex., Beck, 1976; Ellis, 1962) passaram a ver pensamentos, sentimentos e imagens como ligações importantes na cadeia causal que leva a comportamentos mal desadaptativos. Eles desenvolveram técnicas para perceber esses eventos mentais à medida que atravessam a consciência, identificando pensamentos "irracionais" ou irrealistas como causas de sofrimento. Para Richard, as distorções cognitivas mais óbvias envolviam catastrofização – pensamentos como "Nunca mais encontrarei outra mulher como Jessica" e "A vida nunca mais vai ter graça".

A meditação *mindfulness* compartilha a observação de que manter uma variedade de crenças centrais distorcidas leva a sofrimento, porém é preciso assumir a perspectiva mais radical de que aceitar *qualquer uma ou todas* as convicções fixas, independentemente do quanto elas sejam realistas, é uma causa de sofrimento. Na psicologia budista, as mais perniciosas dessas crenças distorcidas são aquelas relacionadas a quem e o que somos. Além disso, o budismo inclui a ideia "ganância", ou "apego", como causa subjacente de todo o sofrimento.

Em suas raízes, a psicologia psicodinâmica, a psicologia comportamental e a prática de *mindfulness* budista baseiam-se na ideia de condicionamento. Entretanto, o condicionamento é tratado de maneira diversa pelas diferentes tradições. A psicologia psicodinâmica está interessada em entender o condicionamento único de um indivíduo, como ele informa o presente por meio da aplicação equivocada de estratégias adaptativas e em que fase da vida a experiência molda o sentido que ele faz de si mesmo e do mundo. A psicologia comportamental, assim como a prática de *mindfulness*, está menos interessada na forma como um indivíduo constrói significado e mais em ajudá-lo a ver o papel que o condicionamento – comportamento e pensamentos aprendidos – desempenha na vida diária atual, dando-lhe, desse modo, o poder de modificar respostas e alcançar desfechos mais satisfatórios. A psicologia budista, entretanto, está menos preocupada com o "meu" condicionamento e mais em entender como *toda* experiência é condicionada de momento a momento. A cura surge quando se aprende sobre a natureza do condicionamento em todos os momentos da experiência.

Assim, o que todas as três tradições compartilham é o reconhecimento de que o sofrimento não é aleatório, não é consequência de punição divina pelo pecado, não é um teste para entrar em um paraíso futuro nem resultado de fraqueza moral, mas uma consequência natural de condições. Esse reconhecimento traz esperança de alívio, porque o sofrimento origina-se de causas que podem ser entendidas e, com frequência, modificadas. O sofrimento humano é representado como parte de uma ordem natural legítima.

Prognóstico

O prognóstico para o tratamento nas tradições psicodinâmica e comportamental, naturalmente, varia de acordo com o transtorno que está sendo tratado; o mesmo pode ser dito da meditação *mindfulness*. Embora a ênfase aparente no sofrimento e na impermanência, na psicologia budista, possa parecer sombria, ela é, na verdade, notavelmente otimista. Dada a universalidade dos "sintomas" de esforço repetido, a decepção frequente e a dificuldade em estar plenamente presente que observamos durante a prática da meditação, pode ser difícil, a princípio, imaginar que esse método possa realmente aliviar o sofrimento.

Na verdade, o prognóstico, como descrito na literatura budista, é radicalmente otimista. Ele afirma que, embora ninguém seja imune ao sofrimento, existe o potencial para seu alívio completo, mesmo que esse nível de libertação seja alcançado apenas pelos seres plenamente iluminados. Entretanto, mesmo em sua aplicação mais modesta, a prática de *mindfulness* oferece um prognóstico surpreendentemente bom; se pudermos aprender a aceitar a vida como ela é, sofreremos menos. No caso de Richard, ele percebeu no início de seu tratamento como estava continuamente absorvido em seus pensamentos e fantasias. Ele enxergou a possibilidade de ancorar-se na realidade imediata da experiência sensorial momento a momento – que ele podia refugiar-se no presente. Essa percepção trouxe o primeiro raio de esperança desde que Jessica anunciou sua partida.

Tratamento

Todas as três tradições que discutimos envolvem uma combinação de introspecção e mudanças comportamentais prescritas em seus esforços para aliviar o sofrimento. Um breve panorama revela diversos paralelos.

Introspecção

A psicoterapia psicodinâmica, por sua histórica ênfase na associação livre, começa explorando os conteúdos da mente. Os pacientes são encorajados a dizer tudo o que lhes vem à consciência, e esse material é examinado em busca de padrões que revelem pensamentos e sentimentos subjacentes. É por meio da obtenção de *insight* nesses conteúdos, da correção de distorções baseadas nas primeiras experiências e da cura de feridas psíquicas que a redução do sofrimento se torna possível.

Na terapia cognitivo-comportamental (TCC) tradicional, pensamentos irracionais são rotulados, contestados e substituídos por pensamentos mais racionais, o que leva a comportamentos mais adaptativos e satisfatórios. A origem dos pensamentos irracionais é considerada menos importante do que sua correção. Essa abordagem foi ampliada recentemente com o desenvolvimento de tratamentos baseados em *mindfulness* e aceitação, os quais tomam emprestado da prática de *mindfulness* antiga a ideia de que aprender a *aceitar* as experiências dolorosas, em vez de procurar livrar-se delas, pode ser transformador (Hayes, Follette, & Linehan, 2011).

A meditação *mindfulness* envolve observar a mente repetidamente, momento a momento. Ela está menos preocupada com o conteúdo de determinado pensamento, memória ou ideia do que com a consideração de se ele é mantido mais firmemente do que merece, se é confundido com alguma coisa mais *real* do que um mero pensamento. Além disso, essa prática difere da introspecção realizada na terapia psicodinâmica pela natureza dos objetos escolhidos e pelo tipo de atenção dada a eles. Repetidamente *estar com* e aceitar a experiência momento a momento na prática de *mindfulness*, por fim, leva a *insight* sobre o funcionamento da mente, o que, como veremos, traz alívio do sofrimento. Também permite que o praticante aceite cada vez mais e de maneira plena toda a gama de experiências humanas.

Mudança de comportamento

Nos últimos anos, muitos psicanalistas reconheceram os limites do *insight*, e mesmo da "elaboração", para efetuar mudanças e passaram a valorizar os esforços deliberados de modificação de comportamento. No tratamento de orientação comportamental, a prática de uma ação deliberada obviamente assume um papel central.

A tradição da meditação *mindfulness* também inclui prescrições para mudanças de comportamento. À primeira vista, estas parecem afastar-se radicalmente das tradições psicoterápicos ocidentais no que diz respeito à sua ênfase na moralidade. Tanto a psicanálise como o behaviorismo se diferenciam das religiões e de outras instituições culturais ocidentais por sua relativa neutralidade em torno das questões morais. Ao permanecerem imparciais, os terapeutas buscam permitir que os pacientes explorem seus sentimentos verdadeiros, quer eles sejam ou não éticos ou socialmente aceitáveis. Na maioria dos contextos, os terapeutas adotam uma postura similarmente imparcial em relação ao comportamento de seus pacientes, a despeito de ser legalmente obrigatório relatar certas condutas a agentes externos.

O "tratamento" na tradição budista é descrito em um grupo de princípios conhecidos como o Caminho Óctuplo (ver o Apêndice). Três desses princípios – esforço correto, atenção correta e concentração correta – descrevem as práticas mentais, e outros três se referem explicitamente à conduta moral: fala correta, ação correta e modo de vida correto. Embora essas diretrizes éticas incluam muitas das proibições encontradas em religiões ocidentais, elas são apresentadas de forma um pouco diferente na tradição budista. Os praticantes são convidados a vigiar suas mentes cuidadosamente para ver o impacto que seguir ou não seguir essas diretrizes tem sobre a qualidade da consciência. Essa abordagem, na verdade, se compara ao que poderia ocorrer em psicoterapia dinâmica ou cognitivo-comportamental, na qual o paciente é convidado a observar as consequências de seu comportamento a fim de fazer escolhas mais bem informadas. As diretrizes são, portanto, recomendadas como uma base para a prática da meditação *mindfulness* a partir da observação de que um indivíduo envolvido em atividades antiéticas encontrará paz e serenidade ilusórias. Conduzir-se de uma forma moral é visto, desse modo, como uma questão prática – mesmo terapêutica. À medida que a compreensão se aprofunda, a conduta ética se torna uma expressão natural do *insight* (ver Capítulo 6).

O *INSIGHT* E A DESCOBERTA DA VERDADE

Presume-se que a percepção aumentada leva a maior libertação psicológica e emocional tanto na tradição psicodinâmica como na prática de *mindfulness*. Nenhuma tradição busca deliberadamente cultivar um determinado estado de sentimento, mas, antes, vê uma maior sensação de bem-estar como consequência da liberdade conquistada pela substituição de distorções mentais por compreensão clara. O *insight* é tanto o veículo como a meta de ambas as práticas. Embora cada tradição fale diferentemente sobre o que constitui a "verdade", apenas quando nos movemos em direção a essa verdade – e não pelo cultivo de uma ilusão reconfortante – é que a libertação se torna possível.

Na psicoterapia psicodinâmica, *insight* se refere ao reconhecimento do que era anteriormente oculto, inconsciente, distorcido ou, de outro modo, protegido. Na tradição da meditação, *insight* é com frequência descrito como a percepção direta das características da existência: especialmente a natureza variável de todos os fenômenos, a ausência de uma essência duradoura nestes e o sofrimento que se origina de não enxergar tudo isso de forma clara. Quando vemos como o sofrimento se origina de nosso apego equivocado, naturalmente nos desapegamos, tal como por reflexo soltamos um objeto em chamas.

Em ambas as tradições, *insight* envolve ver como passamos a acreditar equivocadamente que os pensamentos e as percepções são mais reais do que são – perdemos a identificação com nossos pensamentos e emoções. Passamos a ver como aquilo que antes era percebido como "realidade" na verdade é uma construção mental e como nossa adesão àquela construção origina o sofrimento. Dessa forma, *insight* envolve diminuir nosso apego a convicções rígidas e a posições fixas. Empiricamente, é como se as convicções aliviassem seu controle sobre nós.

Uma forma na qual o *insight* leva à diminuição do sofrimento é pela luz que ele lança sobre a natureza do próprio sofrimento. Começamos a ver a diferença entre o surgimento da experiência bruta e nossas respostas a ela. Na percepção não consciente, normal, nossa experiência é uma confusão indiferenciada de acontecimentos e reações. Pela atenção consciente, plena, podemos distinguir o acontecimento da qualidade de nossa relação com ele, e, no processo, vemos como o sofrimento surge na reação (amplamente denominada *cobiça*), mas não é inerente à experiência bruta em si, o que abre nossos caminhos para a libertação de reações mentais desnecessariamente dolorosas (ver também Capítulo 10).

A adesão a pensamentos fixos, equivocados e inúteis é identificada como uma fonte de sofrimento também na TCC. Várias técnicas desse tipo de terapia buscam diminuir a identificação de um paciente com um pensamento distorcido ou rígido, ou substituir uma ideia desadaptativa por uma que permita maior flexibilidade. O *insight* em si é o foco menor da TCC, embora ela compartilhe com a meditação de *insight* e com a terapia psicodinâmica o propósito de aliviar o controle de ideias mantidas de forma irrefletida.

Pontos de partida: *insight*, pensamento e linguagem

Apesar dessas semelhanças, o papel e a importância do pensamento diferem na TCC, na terapia psicodinâmica e na meditação *mindfulness*. Na TCC, o pensamento errôneo é visto como uma causa de sofrimento, e corrigir ideias equivocadas é um mecanismo de alívio. Ou seja, pensamentos e ideias mantidos de forma rígida causam sofrimento na medida em que eles são irrealistas.

Na psicoterapia psicodinâmica, as palavras são uma moeda necessária para a condução do tratamento; pensamentos e sentimentos devem ser representados simbolicamente em linguagem para que sejam comunicados. Entretanto, a linguagem é entendida como um veículo imperfeito e com frequência disfarçado para comunicar a experiência subjetiva sutil. Presume-se que as palavras que falamos mascaram significados subjacentes que podem ser ocultos ao orador. Não é o pensamento expresso em si mesmo – preciso ou impreciso – que requer exame, mas as motivações, os conflitos e os desejos subjacentes, disfarçados por trás da palavra falada. Embora o tratamento deva estar baseado na linguagem, o terapeuta e o paciente aprendem a escutar *além* da palavra falada "com o terceiro ouvido", para usar a expressão de Reik (1949), o não falado, o evitado, o acidental – para descobrir a realidade que se encontra mal revelada e mal disfarçada no pensamento.

Como método, a meditação *mindfulness* diferencia-se dessas outras tradições por seu quase total abandono do pensar. A prática difere da reflexão pelo esforço contínuo de abandonar o pensamento – ou pelo menos evitar ser pego por ele – em favor de prestar atenção ao surgimento e à extinção de todos os eventos sensoriais, perceptuais e cognitivos. Nessa postura, não é concedido aos pensamentos nenhum *status* especial, e eles são observados em seu surgimento e extinção exatamente como se poderia notar uma coceira ou um som passageiro.

Ao longo de sua história, a psicologia budista tem sido parte de uma tradição filosófica vigorosa e sofisticada, trabalhando com lógica e argumento. A despeito disso, ela tem geralmente considerado o pensamento como um meio de atingir ou cultivar o *insight*, como suspeito – pois ele é moldado e confinado pela estrutura, pelas categorias e pelo léxico fornecido pela linguagem e pela cultura.

Na prática da meditação, visto que as palavras são consideradas relativamente limitadas e primitivas, nossos esforços para entender o mundo por meio do intelecto são, portanto, superficiais. De fato, o pensamento discursivo obscurece a visão direta da natureza das coisas. Para indivíduos novatos na meditação, a ideia de que a atenção plena e ativa pode existir sem pensamento é difícil de compreender. Entretanto, com a experiência, torna-se claro que o processo de saber se torna mais penetrante, sutil e direto à medida que o pensamento é abandonado; na sua ausência, surge uma percepção clara.

A prática de *mindfulness* envolve atenção direta não mediada pela linguagem. O "conteúdo", ou a história narrativa como é entendida na terapia, recebe pouco peso. Na verdade, quando somos desvirtuados pelo pensamento discursivo sobre o passado ou o futuro, nós deixamos os domínios de sua prática.

Essa diferença no método é essencial para entender onde a psicoterapia e a meditação *mindfulness* se afastam uma da outra. A meditação *não* visa substituir um significado pelo outro, reformular a experiência por meio da interpretação ou reescrever uma narrativa pessoal. Operando em um nível de atenção mais fundamental e aprimorado, a meditação *mindfulness* tem um poder mais primordial e transformador. Ela tem uma qualidade de certeza profunda e insistência que não pode ser desmentida.

> Richard vinha se esforçando na terapia para reescrever sua narrativa pessoal, e o processo estava avançando lentamente. O que começou a lhe dar esperança foi a experiência direta, sentida durante seu retiro de meditação, de que a *realidade* não era a mesma que seus pensamentos. Sim, ele era assombrado por imagens de Jessica reunida com o ex-namorado, o que era acompanhado por emoções poderosas, com frequência dolorosas; mas essas emoções existiam contra um pano de fundo da realidade mais imediata do momento presente – as sensações em seu corpo, o gosto da comida, as cores da grama e do céu. Com essa experiência, ele começou a compreender que *todas* as suas preocupações eram, na verdade, apenas pensamentos e fantasias.

OBJETIVOS

Uma contribuição importante da etnopsicologia para o campo da saúde mental ao longo da metade do século passado foi a constatação de como nosso entendimento de saúde psicológica e patologia é altamente ligado à cultura (Barnouw, 1973; Kleinman, Kunstadter, Alexander, Russell, & James, 1978). Todos os sistemas de cura psicológica estão inseridos em um contexto cultural e são inevitavelmente expressões de crenças e valores culturais. Todos eles compartilham o objetivo de ajudar a restaurar um indivíduo para o desenvolvimento "normal", como a normalidade é entendida naquela cultura, ou para a participação mais plena em sua sociedade. Não surpreende, portanto, dadas as suas diferentes origens, que existam diferenças significativas entre os objetivos da psicoterapia ocidental moderna e os da tradição da meditação *mindfulness*.

A visão ocidental do *self*

Uma qualidade importante do conceito ocidental de pessoa e de *self* é a ênfase na separação. Em comparação com as concepções de pessoa em culturas não ocidentais que enfatizam a inserção no clã, na sociedade e na natureza, tendemos a manter uma visão que é radical em sua ênfase na separação (Lee, 1959).

Nas tradições psicológicas ocidentais, desenvolvimento saudável significa tornar-se bem individuado, não excessivamente dependente dos outros, conhecedor das próprias necessidades, adequadamente respeitoso das próprias limitações, com um sentido de identidade claro e estável e um sentido de *self* marcado por coesão e estima. Embora essa visão tenha sido criticada por teorias relacionais contemporâneas (p. ex., Gilligan, 1982; Miller & Stiver, 1997), ela tende a continuar a formar o pano de fundo para as terapias psicodinâmica e comportamental.

Não é surpresa, então, que pacientes no Ocidente com frequência entrem na psicoterapia queixando-se de que lhes falta uma ou mais dessas qualidades. Naturalmente, a psicoterapia busca restaurar os indivíduos para a participação mais plena na concepção de individualidade culturalmente normativa.

Os planos de tratamento muitas vezes expressam esses ideais culturais observando que o tratamento visa "melhorar a autoestima... identificar suas próprias necessidades em um relacionamento... estabelecer um sentido de *self* mais coeso... estabelecer limites e aprender a mantê-los nos relacionamentos", e assim por diante. Nossa ênfase na autonomia do indivíduo (com frequência contra a evidência de nossas próprias ciências sociais) levou a um grande vocabulário técnico para descrever os transtornos do *self* e os consequentes prejuízos nos relacionamentos.

Embora o campo da psicologia fale de comportamento *adaptativo* ou *desadaptativo*, em vez de *saudável* ou *doente*, ainda é difícil evitar nossa suposição de que o sofrimento é uma questão de saúde em relação a um ideal de individualidade: "Se estou sofrendo, há alguma coisa *errada comigo*".

> O terapeuta de Richard discutiu as dificuldades dele com a autoestima e o modo como seu sentido de *self* tinha se tornado dependente dos afetos de sua namorada. Richard reconheceu que se seu sentido de *self* fosse mais forte, ele não seria tão afetado pela partida de Jessica.

O *self* na psicologia budista

Em seu contexto original, na psicologia budista, *mindfulness* não era uma técnica para ajudar a restaurar um sentido de *self* na maneira como em geral o entendemos. Seu propósito não era tornar-se alguém, mas cultivar o *insight* do "não eu" (em pali: *anatta*). Os objetivos da psicoterapia e da meditação *mindfulness* se afastam significativamente nesse ponto. A meditação visa a nada menos que a emancipação psicológica, emocional, moral e espiritual, o que, em geral, é chamado de *iluminação*. Esse conceito é indefinido porque não pode ser descrito em termos psicoterapêuticos. Embora sua prática ofereça benefícios convencionalmente reconhecidos como psicoterapêuticos, essa forma de meditação também tenta alcançar uma "meta de tratamento" que está fora de nossa concepção culturalmente constituída do *self* saudável – *ela busca iluminar a insubstancialidade de todos os fenômenos, incluindo o self*.

A noção de insubstancialidade do *self* é uma das mais desafiadoras para os ocidentais que se aprofundam no estudo de *mindfulness*. Entretanto, ela não é estranha à ciência contemporânea. Todos os elementos de nossos corpos e mentes estão em constante fluxo, e a simples reflexão demonstra que a fronteira entre o corpo humano e seu ambiente é, na verdade, bastante arbitrária. Toda vez que eu como, respiro ou vou ao banheiro, milhões de moléculas que eram antes o ambiente externo se tornam "eu", e vice-versa. De modo semelhante, podemos ver uma colônia de formigas ou uma colmeia como um conjunto de indivíduos, mas as comunidades são mais significativamente entendidas como organismos complexos, assim como nosso corpo pode ser visto como um conjunto de células interdependentes (Thomas, 1995).

Por meio da meditação *mindfulness* passamos a nos experimentar como fluxo constante, um campo de movimento, sempre mudando, sem referência a alguma essência para quem ela está acontecendo. Mesmo nosso amado *self* é visto como um acontecimento que surge quando existem condições que o sustentem e que passa quando elas não existem; ele é mais *estado* do que *traço*. À medida que o *insight* a respeito do *self*-como-um-processo aumenta, começamos a ver a insensatez de aceitar nossa adesão ingênua à ideia de que o "eu" é fixo, duradouro ou mesmo verdadeiramente "meu". Esse *insight* reduz significativamente nossas preocupações por autoproteção ou autoengrandecimento e nos permite responder de forma compassiva aos outros à medida que percebemos nossa genuína interdependência com toda a Criação (ver Capítulos 5 e 14).

Ironicamente, na psicologia budista, o esforço bem-sucedido de estabelecer um sentido mais estável de identidade, autoestima, segurança, etc., é visto com frequência como condição de *patologia*, um delírio a partir do qual o caminho da meditação *mindfulness* se inicia. Portanto, não é raro que os escritores modernos sugiram que seus objetivos começam onde o conceito ocidental de autodesenvolvimento termina (Boorstein, 1994). Segundo essa análise, a psicoterapia ocidental conduz uma pessoa até um ponto ao longo de um caminho de desenvolvimento, e a meditação *mindfulness* continua o processo daquele ponto. A "infelicidade humana comum", a descrição de Freud do melhor desfecho que pode ser esperado em psicanálise (Freud & Breuer, 1895/1961), é descrita como o ponto de partida para essa prática de meditação.

Essas diferenças são um ponto de partida fundamental entre as duas tradições. Visto que a psicoterapia ocidental baseia-se na noção de um *self* estável e coeso, ela considera desenvolvimento e cura como processos de *tornar-se* – tornar-se bem, menos falho, individuado, tornar-se *alguém*. Em contrapartida, a prática budista é sobre interromper nossos esforços incessantes para consolidar nosso sentido de permanência e descansar na incerteza que observamos. É nos permitirmos deixar de lado essa necessidade de *tornar-se*.

Embora essa diferença entre os objetivos das práticas psicológicas ocidental e budista seja profunda, em alguns aspectos a diferença não é tão grande. Isso porque o *não eu* da psicologia budista não envolve eliminar funções adaptativas do ego; antes, ela descreve um ego observador que é muito mais objetivo e muito menos identificado com desejos individuais em relação àquilo que normalmente vemos na psicoterapia ocidental (Epstein, 1995).

Vamos considerar o que são indivíduos "bem ajustados", cada um com um "sentido de *self*" bem desenvolvido, em nossas tradições de psicoterapia. Eles são flexíveis e abertos a novas experiências; resilientes, sentindo amplamente os altos e baixos da vida; e capazes de relacionamentos amorosos íntimos e compassivos para com os outros. Eles também são capazes de ver as coisas a partir de múltiplos pontos de vista; são capazes de identificar objetivos e ir atrás deles e são livres de conflito interno e de compulsão a exagerar as forças ou minimizar as fraquezas.

A iluminação é tradicionalmente entendida como a extinção permanente de ganância, ódio e ilusão. Entretanto, não há um "teste decisivo" pelo qual podemos identificar positivamente uma pessoa iluminada. Seria esperado que todas essas qualidades descritas se desenvolvessem a partir da prática bem-sucedida na tradição budista. Enquanto a prática de meditação intensiva pode levar a transformação profunda de formas invisíveis para um observador externo, em muitos aspectos, uma pessoa *iluminada* poderia se parecer muito com o indivíduo *saudável* descrito anteriormente. Vemos essa sobreposição na experiência de Richard com *mindfulness*:

> Visto que estava praticando intensamente, Richard tinha momentos nos quais seus pensamentos discursivos se acalmavam. Ele se sentia em paz, parte de seu ambiente natural, maravilhando-se com pequenos acontecimentos, tal como uma flor se abrindo na direção do sol ou os padrões complexos de rachaduras em um muro de pedra. Medos e desejos pessoais diminuíam em sua importância. Intercalados com tristeza, excitação sexual e imagens de ciúme violento, ele tinha momentos de amor e compaixão

em relação a Jessica. Richard estava vivenciando momentos de *não eu* que produziam efeitos muito parecidos com aqueles que esperaríamos do *self saudável* que sua psicoterapia estava cultivando.

Instintos, "causas básicas" e natureza humana

Como práticas introspectivas, não surpreende que as tradições tanto psicodinâmica como de meditação *mindfulness* tenham observado que os impulsos humanos dão origem a sofrimento. (Desde o início, a psicologia comportamental se diferenciou das escolas psicodinâmicas por declarar que, visto que esses impulsos eram mais deduzidos do que observados diretamente, eles não eram um objeto de estudo adequado.)

Freud originalmente postulou dois impulsos instintuais biologicamente determinados – o erótico e o agressivo – como fontes da motivação humana. Visto que esses impulsos são vestígios persistentes de nosso passado evolucionário, uma pessoa bem ajustada pode, na melhor das hipóteses, apenas acomodar-se a eles de uma forma socialmente permissível. O custo dessa acomodação é a necessidade de defesas psicológicas, que levem a alguma gratificação dos impulsos enquanto (idealmente) nos possibilitam conviver com os outros. A natureza humana nunca pode transcender as demandas agressivas, ignorantes e insaciáveis do id.

A psicologia budista descreve três "causas básicas" – cobiça, raiva e delusão – que dão origem a sofrimento (ver Capítulo 14). A similaridade das duas primeiras dessas causas básicas com os instintos de Freud é evidente: impulso erótico = cobiça; impulso agressivo = raiva. Tanto a tradição psicodinâmica como a tradição da meditação *mindfulness* descrevem como essas forças causam estrago na vida mental e sugerem formas de entender e tratar a influência delas. Onde elas se afastam, entretanto, é o estado final dessas forças.

Onde Freud via os impulsos como imutáveis, a psicologia budista ensina que eles podem ser desenraizados de uma vez por todas. Esse objetivo é seguramente um exagero, mas a ideia de que os instintos poderiam ser erradicados sugere um potencial para libertação humana ausente nas tradições psicológicas ocidentais. Na tradição da meditação *mindfulness*, as expressões dessas forças na vida de um meditador são vistas como obstáculos a serem reconhecidos, trabalhados habilmente e em processo de serem plenamente conhecidos, superados. Embora a extinção permanente desses impulsos possa ser competência apenas de um ser plenamente iluminado, à medida que essas forças são expostas à consciência por meio da prática de *mindfulness*, elas aos poucos se tornam enfraquecidas, e aos poucos crescemos em compreensão e compaixão.

Ver nosso trabalho como parte de um caminho para completar a libertação psicológica pode impregná-lo da esperança e do entusiasmo que o trabalho na direção da infelicidade humana comum, ou das habilidades de vida adaptativas da terapia do comportamento, pode não proporcionar.

MÉTODOS

Exposição

Uma área de sobreposição digna de atenção entre psicoterapia psicodinâmica, terapia comportamental e meditação de *insight* é a ênfase de todas elas na *exposição*. Basicamente, todas as três tradições identificam nossa propensão a evitar o que é desagradável como uma causa de sofrimento e trabalham para neutralizá-lo.

Os behavioristas articulam essa perspectiva de forma clara nos tratamentos de exposição e prevenção de resposta para transtorno obsessivo-compulsivo, fobias e outros transtornos de ansiedade (Abramowitz, Deacon, & Whiteside, 2011; Barlow, 2004; Foa, Franklin, & Kozak, 1998). Eles descrevem como desenvolvemos medos condicionados de situações que foram desagradáveis no passado, de modo que passamos a evitá-las, e, consequentemente, perdemos a oportunidade de extinguir os medos. Por exemplo, um menino que é mordido por um cão pode desenvolver um medo generalizado de todos os cães. Se ele subsequentemente evita contato com cães, perde a aprendizagem corretiva de que os cães podem ser amigáveis e, desse modo, fica preso em medo e esquiva persistentes e desnecessários.

O tratamento para tal medo e "esquiva experiencial", para usar o termo de Hayes, Wilson, Gifford, Follette e Strosahl (1996), envolve colocar uma pessoa em contato com o estímulo temido e manter aquele contato até que ela aprenda, por meio da experiência, que ele é, na verdade, inofensivo. No caso do cão, levamos a criança cada vez mais perto de um cão não agressivo, ensinando-a a tolerar o medo que surge, até que finalmente possa brincar com ele.

Na psicoterapia psicodinâmica, a exposição começa com a discussão de pensamentos, sentimentos e memórias que foram evitados porque são desagradáveis ou vergonhosos – exposição interoceptiva. No ambiente de confiança da relação terapêutica, os pacientes aprendem que memórias ou sentimentos anteriormente proibidos são toleráveis e passam a aceitá-los. Dessa forma, um paciente se torna muito mais livre e pode relaxar as defesas neuróticas associadas com sintomas. Como mencionado anteriormente, na prática atual, essa exposição dentro do consultório é com frequência acompanhada por encorajamento para enfrentar situações temidas ou desafiadoras fora do momento de terapia.

A meditação de *insight* funciona de maneira semelhante à psicoterapia psicodinâmica nessa arena. Quando a pessoa se senta e acompanha a respiração, inevitavelmente surgem pensamentos, sentimentos e imagens. O praticante percebe sua tendência persistente de apegar-se a acontecimentos agradáveis e rejeitar os desagradáveis – em resumo, de tentar controlar a experiência. Seguindo a instrução de nem perseguir, nem afastar essas experiências, os meditadores aprendem que podem tolerar conteúdos mentais desagradáveis, que eles não precisam temê-los (Orsillo & Roemer, 2011; ver também Capítulo 9). A ênfase é em *saber*, sem nenhuma necessidade especial de expressão, ab-reação ou catarse.

Por meio dessa prática, o meditador fica à vontade com os conteúdos de sua mente. Nesse sentido, *mindfulness* é como uma terapia de exposição que não discrimina entre os objetos e os acontecimentos aos quais a pessoa está sendo exposta.

> No retiro, Richard foi afligido por intensa tristeza e medo, memórias eróticas e imagens violentas envolvendo o desmembramento de Jessica e de seu ex-namorado. Às vezes, suas emoções eram vivenciadas como dor no corpo – aperto na garganta, tensão muscular generalizada. Horas se passavam com cenas eróticas e violentas perturbadoras, como se fossem filmes dentro de sua cabeça. No entanto, Richard tentava seguir suas instruções – ele permitia que as sensações e as imagens surgissem e não as afastava nem se distraía.
>
> Com o tempo, as coisas começaram a mudar. Sua aversão a essas experiências diminuiu. Seu luto pela decisão de Jessica pareceu ser acelerado por sua exposição inabalável às imagens e aos sentimentos. Foi uma experiência catártica, embora silenciosa. Ao fim das duas semanas, Richard se sentia muito mais em paz.

O mundo interpessoal

A maior parte das psicoterapias psicodinâmica e comportamental é diádica, ocorrendo dentro de uma relação interpessoal significativa. Tratamentos de grupo e familiares também são muito interpessoais. É muito provável, portanto, que problemas da relação venham à tona e sejam tratados na psicoterapia.

Em contrapartida, a natureza tradicionalmente solitária da meditação e seu foco no momento presente podem influenciar qual material é *improvável* que surja. O folclore entre meditadores é repleto de histórias de indivíduos que sucumbiram a conflitos interpessoais neuróticos familiares a despeito de anos de prática intensiva. Na verdade, essa prática pode ser empregada erroneamente como uma fuga da turbulência dos relacionamentos íntimos.

Na psicoterapia psicodinâmica clássica, a análise da transferência é o principal instrumento de tratamento. Embora a tradição de *mindfulness* inclua a relação entre aluno e professor como um elemento fundamental da prática, e possa também usar a presença de outros meditadores como apoio, a meditação é primariamente solitária e não faz esforço para entender a transferência e a contratransferência. Além disso, a prática budista foi ensinada primeiro aos monásticos, e, embora seja agora mais acessível a praticantes leigos, sua ênfase principal nunca foi lidar com as dificuldades comuns enfrentadas por eles nos mundos do trabalho e do amor.

Estrutura e apoio

Tanto a meditação como a psicoterapia avançam permitindo que o indivíduo examine seus pensamentos, sentimentos e ações sem recorrer a caminhos habituais de fuga e esquiva. Ambas as tradições oferecem apoio para facilitar esse movimento em direção à experiência difícil.

Apoios em psicoterapia

O apoio mais essencial na psicoterapia é, indiscutivelmente, a qualidade da relação terapêutica, em particular a postura do terapeuta de abertura e aceitação (ver Parte II). Em face de destemor genuíno da parte do terapeuta, o paciente pode ser encorajado a permanecer mais próximo de experiências e memórias dolorosas ou humilhantes. Assim, também, as qualidades de empatia, interesse continuado e atenção genuína, temperadas por neutralidade profissional, estabelecem um ambiente que conduz à aliança terapêutica. Esse é o "ambiente de sustentação/acolhimento" descrito por D. W. Winnicott (1971).

A confiança, que é crucial para a terapia, é sustentada pela integridade do terapeuta. Seus elementos são codificados no compromisso absoluto do terapeuta com a confidencialidade e a afirmação clara de seus limites (p. ex., em face de dano grave, iminente). Estabelecer e manter horários de consultas consistentes (para início e término) também passa uma sensação de confiabilidade. Assim, integridade genuína é a base desse sentimento (ver Capítulo 6). Por fim, a confiança mútua na eficácia do processo e nos métodos terapêuticos pode capacitar os pacientes a suspender algumas de suas cautelas comuns (Meyer et al., 2002).

Elementos introduzidos pela terapia comportamental também prestam apoio. O uso de escalas de avaliação e inventários ajuda a passar uma sensação de legitimidade científica ao trabalho. Quando a "lição de casa" é usada na psicoterapia (e a maioria dos terapeutas o fazem de alguma forma; ver Kazantzis & Dattilio, 2010; Scheel, Hanson, & Razzhavaikina, 2004), o paciente pode se tornar mais confiante de sua capacidade em continuar o trabalho terapêutico de forma independente.

Apoios na prática da meditação

A meditação *mindfulness* é uma prática bem desenvolvida, aprimorada ao longo dos séculos. Como resultado, muitos "erros" foram corrigidos. Às vezes, ela pode ser árdua, mas há muitas fontes de apoio para os esforços do indivíduo, inclusive elementos de estrutura da prática:

- *Ensinamentos tradicionais como um mapa:* Um estudante de meditação pode recorrer a uma longa história de ensinamentos formais em busca de orientação. Embora o foco da prática esteja na experiência pessoal única, esses ensinamentos descrevem a direção da prática, o que se pode esperar e os métodos adequados a diferentes obstáculos que venham a surgir. Esses ensinamentos fornecem uma forma de entender experiências difíceis ou assustadoras; o estudante, portanto, não precisa sentir que se "afastou" do caminho. O mapa desses ensinamentos fornece um grau de previsibilidade que é fortalecedor.
- *A comunidade de pessoas da mesma opinião:* Historicamente, uma comunidade de monges e monjas tem garantido a continuidade do ensino e da prática. Hoje, no Ocidente, uma comunidade de indivíduos que compartilham as mesmas ideias pode ser, do mesmo modo, muito apoiadora. Um indivíduo é menos propenso a fugir de uma sessão de meditação difícil se ela for conduzida em um ambiente repleto de outros meditadores silenciosos. Além disso, essa prática pode parecer incomum ou mesmo exótica; estarmos com outras pessoas nos ajuda a sentir que ela é legítima e vale a pena. Por meio de discussões com colegas meditadores, a pessoa também é tranquilizada ao saber que as dificuldades encontradas não são únicas; outras pessoas sentem dor física, inquietação, dúvida e sonolência.
- *A experiência dos outros como modelo:* O exemplo de inúmeras outras pessoas que se beneficiaram ao longo dos séculos fornece inspiração que

pode nos ajudar a ultrapassar períodos de dificuldade. Ter um contato pessoal com um professor experiente pode ser especialmente inspirador se o indivíduo for sensato e compassivo. Um professor experiente também pode dar conselhos "personalizados" durante períodos difíceis.
- *O sucesso na prática como esforço:* Como na aquisição de qualquer habilidade, ter algum sucesso na prática de *mindfulness* consolida nossos esforços. A tarefa de prestar atenção constante pode parecer impossível no começo. Entretanto, o sabor de uma mínima clareza é vastamente gratificante e reforçador. Quando um aluno começa a experimentar o *insight*, a prática se torna envolvente. Em um determinado estágio, o *mindfulness* se torna fascinante, independentemente dos conteúdos da consciência.
- A *concentração* ajuda a conter a turbulência que pode surgir na prática de *mindfulness*. A concentração aumenta naturalmente com ele na meditação e é estabilizadora, calmante e fortalecedora. A partir do crescimento dessa estabilidade, nos tornamos mais capazes de permitir que a atenção se concentre em experiências difíceis sem hesitação. A *postura física* – geralmente sentar ereto com a coluna reta – também apoia os esforços da prática, ajudando-nos a permanecermos alerta e nos sentirmos "seguros" para enfrentar qualquer coisa que surja em nossa consciência (Suzuki, 1973).
- *Compaixão e autocompaixão:* Um resultado da meditação *mindfulness* é o aumento de sentimentos de interconexão. Quando passamos a enxergar que nosso desejo de felicidade e bem-estar, bem como nosso sofrimento, são compartilhados por todos os outros, a compaixão naturalmente surge tanto por nós mesmos como por todos os seres vivos. Essa compaixão nos ajuda a julgar menos nossa prática de meditação e a perceber que os benefícios da prática se estendem para além de nós mesmos.

EPISTEMOLOGIA

Outra área importante de sobreposição entre as tradições psicoterapêutica ocidental e de meditação *mindfulness* envolve seus métodos de descoberta. Esses métodos são particularmente dignos de atenção na atmosfera atual que enfatiza a busca por tratamentos apoiados de maneira empírica.

Vimos anteriormente que as tradições psicodinâmica, comportamental e *mindfulness* compartilham o interesse de enxergar a realidade de forma clara, embora difiram um pouco em suas conclusões sobre o que seria essa realidade. Curiosamente, embora anteceda o Renascimento ocidental em mais de dois milênios, a psicologia budista, da qual a prática de *mindfulness* deriva, tem uma atitude surpreendentemente moderna em relação à descoberta da "verdade".

A meditação de *insight* usa a observação direta como o meio para entender o funcionamento da mente. Embora mapas e diretrizes com base em observações de outros sejam ensinados, a tradição enfatiza fortemente que não se deve aceitar nenhum princípio sem primeiro verificá-lo em nossa própria experiência. Embora não tenha base no método experimental científico moderno, a meditação *mindfulness* é parte de uma tradição altamente empírica.

A psicanálise, da qual a psicoterapia psicodinâmica surgiu, viu-se historicamente como uma disciplina empírica, científica. A partir de Freud, o empreendimento tem-se interessado em encontrar a verdade por meio da observação. Freud acreditava que o método da psicanálise podia produzir verdade científica. Entretanto, os críticos modernos têm enfatizado que muitos postulados psicodinâmicos não podem ser facilmente testados de forma experimental, e teóricos mais recentes assumiram uma abordagem mais hermenêutica, a fim de chegar ao significado e à "verdade".

Naturalmente, tanto as tradições psicodinâmicas como a psicologia budista têm exibido a tendência humana de criar ortodoxias, de modo que, às vezes, cada uma se baseia nos ensinamentos recebidos de uma forma que inibe a descoberta. Contudo, a apreensão direta da verdade revelada pela experiência é o ensinamento mais valorizado na tradição budista; axiomas ou dogmas, não importa o quanto sejam apoiados por dados acumulados ou promulgados por altas autoridades, não devem ser aceitos até que sejam testados no laboratório de nossa própria experiência. Como o mestre budista do século IX Lin Chi supostamente declarou, "Se você encontrar Buda na estrada, mate-o" – as respostas encontram-se no interior (Harris, 2006, p. 73).

A terapia comportamental é uma tradição radicalmente empírica em um sentido diferente, e há muito tem testado seus postulados de maneira experimental. Ela difere das outras duas tradições em um aspecto importante: em vez de encorajar cada praticante ou cliente a ver se os princípios se aplicam à sua experiência, a tradição comportamental examina os experimentos revisados por pares reproduzíveis para identificar princípios gerais que possam ser aplicados aos indivíduos (embora cada tratamento também se torne seu próprio experimento).

A metodologia científica busca prever e controlar fenômenos por meio de observação, geração de hipótese, experimentação e reprodução. Ela incorpora a convicção subjacente, consistente com a tradição racional ocidental, de que o que é verdade é verdade independentemente de nossa compreensão dela; a verdade é objetiva.

A verdade buscada na meditação budista é de um tipo diferente. O propósito da investigação sistemática na meditação não é criar um modelo de realidade reproduzível que resista ao escrutínio científico. Antes, ela busca a compreensão por um único propósito: ajudar o praticante individual a libertar-se do sofrimento.

A despeito dessas diferenças na abordagem, estamos atualmente entrando em um novo período, no qual os princípios da psicologia budista e os efeitos da prática da meditação estão sendo examinados pela ciência ocidental. Assim, Dalai Lama (2005a) tem dito repetidamente: "Se a ciência provar que algumas crenças do budismo são erradas, então o budismo terá que mudar". Resta ver como essas duas grandes tradições empíricas continuarão a influenciar-se mutuamente.

Tanto a psicoterapia quanto a prática de *mindfulness* estão preocupadas em buscar alívio para o sofrimento psicológico, esforçando-se para encontrar uma base comum útil e positiva. Uma avaliação respeitosa de cada uma esclarece suas respectivas forças e limitações, ajuda a evitar reduzir uma à outra e nos alerta para os perigos de ignorar a integridade de cada prática dentro de sua própria tradição. Uma vez que tentarmos tomar essas precauções, podemos passar a examinar as formas como o *mindfulness* pode expandir e aprofundar a prática da psicoterapia.

Parte II

A relação terapêutica

A psicoterapia é, acima de tudo, um processo relacional. Os exercícios de *mindfulness* foram aprimorados por mais de dois milênios por monges, monjas e eremitas e agora estão se revelando excepcionalmente úteis para desenvolver nossa capacidade para relações interpessoais. Ocorre que a psicologia budista, da qual muitos desses exercícios derivam, também contém sistemas valiosos para estruturar e aprofundar nossas conexões uns com os outros.

O Capítulo 3 explora as técnicas de *mindfulness* como treinamento clínico: como elas intensificam a presença terapêutica, cultivam a sintonia empática e promovem a flexibilidade cognitiva – todos fatores importantes para o desfecho positivo do tratamento. O Capítulo 4 parte desse fundamento, ilustrando como os exercícios podem ser usados para aumentar a atenção, como os sete fatores de iluminação na psicologia budista podem nos ajudar a ser mais plenamente presentes em nosso trabalho e como os exercícios visando cultivar a compaixão podem ajudar a prevenir o esgotamento e aprofundar nossa conexão com os pacientes. O Capítulo 5, então, explora o que possivelmente seria a maior contribuição do Ocidente para a evolução da prática: exercícios visando explicitamente cultivar *mindfulness* relacional ou interpessoal, a fim de aprofundar nossos relacionamentos pessoais e profissionais. Por fim, o Capítulo 6 investiga como os princípios éticos budistas, que são tradicionalmente considerados o alicerce da prática da meditação, podem nos ajudar a aprofundar nosso trabalho como psicoterapeutas.

3

Mindfulness como treinamento clínico

Paul R. Fulton

> A arte de curar vem da natureza, não do médico.
> Portanto, ele deve começar pela natureza,
> com uma mente aberta.
>
> – PARACELSO (1493-1541)

Existem muitas formas de integrar *mindfulness* à terapia, da influência implícita da percepção consciente do próprio terapeuta do que acontece no tratamento ao ensino explícito dos exercícios aos pacientes (ver Capítulo 1). Este capítulo trata da extremidade implícita do espectro – a influência da prática do próprio terapeuta – e defende o valor de *mindfulness* como treinamento para os clínicos independentemente da abordagem teórica ou das técnicas usadas no tratamento.

A prática de *mindfulness* está cada vez mais sendo incorporada ao treinamento clínico (Aggs & Bambling, 2010; Christopher & Maris, 2010; Moore, 2008). A maior parte da pesquisa sobre a aplicação terapêutica da técnica tem-se focalizado em sua utilidade como intervenção clínica para transtornos específicos, mas trabalhos recentes estão começando a tratar do seu impacto, especialmente do treinamento de redução do estresse baseada em *mindfulness* (REBM), sobre os próprios profissionais da saúde mental (Bruce, Young, Turner, Vander Wal, & Linden, 2002; Cohen-Katz et al., 2005; Galantino, Baime,

Maguire, Szapary, & Farrer, 2005; Irving et al., 2009; Martin-Asuero & Garcia-Banda, 2010; McCollum & Gehart, 2010; Shapiro, Astin, Bishop, & Cordova, 2005; Shapiro, Schwartz, & Bonner, 1998; Wang & Gao, 2010; Warneke, Quinn, Ogden, Towle, & Nelson, 2011). Não surpreendentemente, a pesquisa sugere que os clínicos podem colher os mesmos efeitos benéficos do treinamento em *mindfulness* que haviam sido relatados anteriormente em relação a indivíduos não clínicos, tais como redução da ansiedade e da depressão (Shapiro et al., 1998), diminuições em transtornos do humor (Rosenzweig, Reibel, Greeson, Brainard, & Hojat, 2003), e empatia e autocompaixão aumentadas (Shapiro et al., 2005, 2007). Até agora, menos atenção de pesquisa tem sido dada ao impacto do nível de percepção consciente e da prática diária de *mindfulness* do próprio terapeuta sobre o desfecho do tratamento.

O QUE IMPORTA NA PSICOTERAPIA?

Para entender como a própria prática de *mindfulness* pelo terapeuta poderia influenciar seus pacientes, pode ser útil considerar primeiro o que realmente importa no tratamento. Uma abordagem para identificar os fatores fundamentais para a eficácia da terapia é desenvolver e aprimorar intervenções cuja eficácia possa ser estabelecida em ensaios clínicos controlados randomizados (p. ex., Clark, Fairburn, & Wessely, 2008; Siev, Huppert, & Chambless, 2009). Em contrapartida, outros argumentaram que a eficácia do tratamento deve-se mais a fatores comuns, como as qualidades pessoais do clínico e o relacionamento terapêutico (Duncan & Miller, 2000), do que a técnicas ou abordagens específicas (Hatcher, 2010; Leichsenring, 2001; Luborsky et al., 2002; Rosenzweig, 1936; Stiles, 2009). Os proponentes da abordagem do fator comum com frequência consideram a terapia mais uma arte do que uma ciência.

Embora esse debate provavelmente continue por anos, há um *meio-termo* entre essas visões, expresso na conclusão de uma grande força-tarefa sobre relações terapêuticas eficazes (Norcross & Lambert, 2011, p. 1): "Como todos os esforços humanos complexos, muitos fatores explicam o sucesso e o fracasso: o paciente, o método de tratamento, o psicoterapeuta, o contexto e a relação entre o terapeuta e o paciente". Com base em sua revisão da pesquisa sobre esses fatores, os autores observam: "a relação terapêutica explica por que os clientes melhoram (ou não conseguem melhorar) tanto quanto o método de tratamento específico" (p. 2). Este capítulo enfoca de modo específico a contribuição potencial de *mindfulness* para relações terapêuticas eficazes.

Mindfulness, fatores comuns e a relação terapêutica

Uma série de metanálises estabeleceu uma associação positiva entre a aliança terapêutica e o resultado na terapia (Horvath, Del Re, Flückiger, & Symonds, 2011; Tryon & Winograd, 2011; Wampold, 2001), mesmo na terapia cognitivo-comportamental (TCC) estruturada (Waddington, 2002) e no tratamento farmacológico (McKay, Imel, & Wampold, 2006). De forma relevante, a avaliação *que o paciente* faz da aliança parece ser mais preditiva de resultado positivo do que a visão do terapeuta (Horvath et al., 2011; Orlinsky, Ronnestad, & Willutzki, 2004).

Algumas metanálises estabeleceram o valor da *empatia* em relação à eficácia de tratamento comparado com orientação teórica, gravidade do sintoma e formato do tratamento. Embora seja um fator indefinido difícil de medir, "De modo geral, a empatia responde por tanta e provavelmente mais variância de resultado do que uma intervenção específica" (Bohart, Elliott, Greenberg, & Watson, 2002, p. 96), mesmo em tratamentos baseados em protocolos e tratamento farmacológico (Wampold, Imel, & Miller, 2009). Alguns autores chegaram a afirmar que a relação *é* o tratamento (p. ex., Duncan & Miller, 2000). Aqui, também, a avaliação que o próprio paciente faz da empatia do terapeuta é mais preditiva de sucesso do que a avaliação deste (Elliot, Bohart, Watson, & Greenberg, 2011). Não é surpresa que as qualidades que os pacientes atribuem ao terapeuta em alianças de tratamento positivas incluam empatia, cordialidade, entendimento e aceitação, consideração positiva, colaboração e consenso (Norcross & Wampold, 2011) e não incluam comportamentos como culpar, ignorar ou rejeitar (Lambert & Barley, 2001). Outras metanálises de relações terapêuticas bem-sucedidas focalizaram-se na consideração positiva (Farber & Doolin, 2011), na aliança terapêutica (Safran, Muran, & Eubacks-Carter, 2011) e na autenticidade do terapeuta e da relação (Kolden, Klein, Wang, & Austin, 2011).

Os terapeutas diferem ao longo dessas dimensões; alguns são mais eficazes que outros (Huppert, Bufka, Barlow, Gorman, & Shear, 2001; Kim, Wampold, & Bolt, 2006), e essas diferenças podem prevalecer sobre o método de tratamento específico ou a teoria adotados por eles (Lambert & Ogles, 2004; Luborsky et al., 1986; Wampold, 2001).

Dada a importância da relação terapêutica, é lógico afirmar que os métodos para criar uma aliança forte devem ser ensinados aos clínicos pelo menos na mesma medida que a teoria e a técnica. Entretanto, os programas de pós-graduação atuais geralmente enfatizam mais os modelos de tratamento e a técnica do que as qualidades menos palpáveis do terapeuta, talvez simplesmente porque seja mais fácil. Cultivar qualidades pessoais benéficas nos estagiários clínicos pode ser mais complexo e sutil do que obter o conhecimento da teoria e de técnicas de tratamento específicas (Crits-Christoph & Gibbons, 2003; Crits-Christoph, Gibbons, & Hearon, 2006; Lazarus, 1993; Norcross & Beutler, 1997). O ensino de habilidades de terapia é fundamental, mas o maior desafio é encontrar uma forma de ajudar a cultivar as qualidades associadas com relações terapêuticas fortes.

MINDFULNESS COMO UM TREINAMENTO AVANÇADO

O *mindfulness* cultiva inúmeras qualidades adequadas ao estabelecimento de uma aliança terapêutica forte. Os fatores que apoiam a relação terapêutica incluem cultivo da atenção (Lutz et al., 2009; Valentine & Sweet, 1999), compaixão e empatia (Neff, 2003; Sweet & Johnson, 1990), presença terapêutica (Brown & Ryan, 2003; Geller & Greenberg, 2002; Thomson, 2000), autossintonia (Bruce et al., 2010), abertura e aceitação (Bishop et al., 2004), auto-observação e autoinsight imparcial (Chung, 1990), uma perspectiva mais ampla sobre o sofrimento (Deikman, 2001), desapego (Tremlow, 2001) e uma variedade de outros fatores (Henley, 1994; Siegel, 2009a).

Até o momento, a evidência que estabelece a ligação entre *mindfulness* de um terapeuta e resultados clínicos é limitada e ambígua, apoiando-se principalmente em dados qualitativos e em um pequeno número de ensaios clínicos relativamente breves. O estudo mais instigante designou, aleatoriamente, um grupo de terapeutas para prática de meditação zen por nove semanas. No fim desse período, os clientes deles apresentaram melhora mais significativa do que aqueles tratados por não meditadores em uma série de dimensões, incluindo redução de sintoma, índice de mudança e bem-estar geral (Grepmair et al., 2007). Outra pesquisa demonstrou também um impacto positivo de *mindfulness* do terapeuta sobre o resultado do tratamento (Padilla, 2011), nenhum impacto (Stratton, 2006) ou, em alguns estudos, correlações negativas (Vinca & Hayes, 2007). Por exemplo, Stanley e colaboradores (2006) verificaram que o uso dessa forma de meditação pelo terapeuta previu *menor* melhora no funcionamento global e na redução dos sintomas. (Esses achados negativos podem ser um artefato da dificuldade em medir *mindfulness*: indivíduos mais conscientes tendem a subestimar seu nível, enquanto indivíduos menos conscientes com frequência o superestimam [Davis & Hayes, 2011].)

No entanto, parece natural inferir que a influência de *mindfulness* sobre o terapeuta é consistente com as qualidades subjacentes de uma relação terapêutica bem-sucedida. Por exemplo, se *mindfulness* cultiva empatia, e a empatia está associada a uma relação terapêutica eficaz, parece plausível crer que seu uso por um terapeuta influencie nos resultados positivamente. O crescimento do interesse dos terapeutas no treinamento de *mindfulness* sugere que essa visão pode estar ganhando popularidade. Enquanto aguardamos por mais pesquisas nomotéticas, com amostras maiores, podemos examinar mais de perto nossa própria experiência terapêutica qualitativa e a de terapeutas orientados do mesmo modo na prática clínica. Algumas habilidades e qualidades da mente que parecem ser relevantes à relação terapêutica e são intensificadas pela prática de *mindfulness* são descritas a seguir e nos três capítulos subsequentes.

Prestar atenção

Todo clínico conhece a experiência de uma mente vagando durante a terapia. Uma colega descreveu ter participado de um grupo de supervisão, quando era uma jovem estagiária, no qual um psiquiatra mais velho falava em um tom confessional sobre sua dificuldade em prestar atenção aos seus pacientes. O supervisor dizia que sua mente vagava regularmente durante cada sessão de terapia. A estagiária, como meditadora experiente, ficou chocada; ela tomava como certo que os terapeutas podiam prestar muita atenção aos seus pacientes. "Como eles podem fazer psicoterapia sem prestar atenção?"

A desatenção pode ser uma resposta ao que está – ou não está – acontecendo na hora de terapia. Um paciente emocionalmente "desligado" pode deixar o terapeuta também distraído ou entediado. Da mesma forma, um terapeuta que fica ansioso pelo material oferecido pelo paciente pode reagir se "desligando", ficando inquieto, sonolento ou, de outro modo, parcialmente ausente. A própria indagação do terapeuta "O que está acontecendo com esse paciente que está tornando tão difícil que eu permaneça interessado?" pode ou não ser suficiente para sacudir o manto do desinteresse.

Alguns terapeutas experientes veem-se vítimas da desatenção ainda mais facilmente que os novatos ansiosos, entretanto, eles podem ser hábeis em encobrir os lapsos de desatenção, por exemplo, fazendo um questionário adequado no momento certo. Podemos fingir atenção, acreditando que o paciente não faz a menor ideia, e a terapia pode continuar de uma forma apagada e enfadonha. Em contrapartida, interesse genuíno e atenção são difíceis de fingir. Quando estamos alerta e focados, nossa energia é estimulada, e ambas as partes estão plenamente atentas ao trabalho em questão. O alerta de um terapeuta pode ser aumentado por um paciente emocionalmente envolvido ou pelo relato fascinante que ele ou ela oferece, mas nem sempre podemos contar com isso para avivar nossa atenção.

A prática de *mindfulness* é um antídoto à mente errante, e a melhora da atenção foi postulada como um mecanismo de ação subjacente a essa forma de meditação (Carmody, Baer, Lykins, & Olendzki, 2009; Hölzel, Lazar, et al., 2011; Lutz, Slagter, Dunne, & Davidson, 2008; Shapiro et al., 2006). Embora esteja longe de ser uma cura permanente para o devaneio, ela fortalece nossa capacidade de atenção (Jha, Krompinger, & Baime, 2007; van den Hurk, Giommi, Gielen, Speckens, & Barendregt, 2010). Visto que podemos perceber de forma consciente qualquer evento psicológico – incluindo tédio ou ansiedade –, cada momento de terapia é uma oportunidade para praticar *mindfulness*.

Quando entediados, muitos de nós buscamos excitação ou estimulação. É possível criar um estilo de vida inteiro a partir da busca de emoções e novidade, de modo que a vida comum pode parecer aversivamente maçante. A meditação *mindfulness* adota uma abordagem diferente para gerar interesse. Ao treinarmos a mente para estar atenta aos mínimos detalhes da experiência, nos tornamos sensíveis a acontecimentos simples como o gosto da comida, as sensações de caminhar ou o jogo de luzes na mobília de nosso consultório. Quando estamos alerta a fascinação é uma resposta natural – até o tédio foge diante do interesse.

A atenção genuína dos outros é tão surpreendentemente rara que até vale a pena *pagar* por ela na psicoterapia. Quando encontramos alguém que está interessado e completamente concentrado em nossas palavras, sentimos que alguma coisa especial ocorreu. Nós *sabemos* que fomos ouvidos de uma forma rara. Prestar atenção genuína, plena, é um presente que podemos oferecer a qualquer pessoa que encontramos, seja crianças, companheiros(as), seja colegas ou pacientes. Nos encontros clínicos, essa atenção anima a sessão. Felizmente, tal nível de atenção pode ser aprendido, praticado e aprofundado. A atenção plena, aplicada à interação terapêutica momento a momento, pode permitir-nos *perceber* quando tiramos uma folha empática de nossos pacientes, de forma que o galho possa ser reparado (Bruce et al., 2010). Esses reparos estão positivamente relacionados ao sucesso da psicoterapia (Safran et al., 2011).

Existe uma expressão japonesa zen, *ichigo ichie,* que se traduz aproximadamente como "uma oportunidade, um encontro". Ela aponta para o fato de que cada momento é único, sem precedentes e irreproduzível. Quando abordamos cada momento com esse entendimento, lembramo-nos de prestar atenção a cada novo momento com um novo olhar.

Tolerância de afeto, regulação emocional e sem medo

Quando praticamos *mindfulness*, emoções fortes estarão entre os visitantes convidados e não convidados. Sentimentos intensos podem ser bem recebidos com a mesma atitude de aceitação e interesse que qualquer outro evento mental. Embora as emoções fortes possam ser avassaladoras, quando deixamos de lado o medo e a resistência, descobrimos que nenhuma emoção é permanente e que podemos tolerar mais do que suspeitamos. *Tolerância* pode não ser a palavra certa porque implica dentes cerrados, relação assustada com a emoção, como se pudéssemos forçar nosso caminho por puro poder e força de vontade. A tolerância de *mindfulness* é marcada por *abrandamento* e *aceitação* da experiência, o que carrega as qualidades de permissão e amizade (ver Capítulo 1). Ao nos tornarmos alerta quanto ao medo de sermos devastados, podemos ser menos intimidados ou possuídos por ele. Os sentimentos não são só suportados como também conhecidos.

A *tolerância de afeto* (às vezes também chamada de *regulação emocional*) foi descrita primeiro em termos psicanalíticos por Elizabeth Zetzel (1970) e é atualmente considerada um mecanismo terapêutico na meditação *mindfulness* (Garland, Gaylord, & Fredrickson, 2011; Hölzel, Lazar, et al., 2011). Devido à importância das sensações corporais na experiência da emoção (é por isso que as emoções são chamadas de *sentimentos*!), há cada vez mais razão para acreditar que uma nova relação com nossas sensações corporais – ser mais consciente e receptivo – pode ajudar na regulação de nossas emoções (Bechara & Naqvi, 2004).

Não surpreendentemente, nossa própria consciência emocional parece estar associada à nossa compreensão da vida emocional dos *outros* (Decety & Jackson, 2004). Por exemplo, Dan Siegel (2007) afirma que a capacidade de ficarmos em sintonia com nós mesmos se baseia nos mesmos circuitos neurais que permitem a sintonia com os outros; prestar atenção a nós mesmos parece estar neurologicamente relacionado à sintonia empática com os outros. *Sintonia* descreve um relacionamento no qual uma pessoa se focaliza no mundo interno de outra, de tal modo que esta se "sente sentida", entendida e conectada (Bruce et al., 2010; Siegel, 1999). Esse processo pode estar baseado nos neurônios espelho, que em primatas inferiores disparam a imitação dos movimentos observados no outro (Carr, Iacaboni, Dubeau, Mazziotta, & Lenzi, 2003). Ou seja, observar a conduta do outro parece ativar aqueles neurônios no observador tanto quanto se ele mesmo tivesse conduzido a atividade. Embora esse mecanismo ainda não tenha sido demonstrado em cérebros humanos, ele pode fornecer uma base biológica para o entendimento da empatia e da conduta social.

Bruce e colaboradores (2010) sugerem que *mindfulness* é uma forma de sintonia consigo mesmo. Além disso, eles especulam que "A relação do psicoterapeuta consigo mesmo(a) tem influência direta em sua relação com os pacientes" (p. 87). Ou seja, a hipótese deles é a de que a própria prática de *mindfulness* pelo terapeuta permite a sintonia com seus pacientes e, consequentemente, favorece a sintonia de seus pacientes com eles mesmos.

Siegel (2007) sugere que a prática de *mindfulness* favorece nossa capacidade de refletir a experiência do outro ao mesmo tempo que ajuda a reforçar os circuitos autorreguladores que nos protegem de sermos devastados. Essas são habilidades cruciais para um terapeuta – estar empaticamente conectado, além de manter o equilíbrio para evitar ser inundado pela dor do outro.

A tolerância do afeto e a regulação emocional são comumente consideradas habilidades a serem cultivadas pelos pacientes, embora elas sejam imensamente importantes também para os terapeutas; se não podemos tolerar nossas próprias emoções difíceis, podemos achar difícil tolerar os afetos poderosos de nossos pacientes. Dessa forma, é provável que nos distanciemos de nós mesmos e então de nossos pacientes. Isso tudo pode ocorrer de forma inconsciente.

> Após vários meses de terapia, um homem de meia-idade começou a descrever o abuso que havia sofrido quando criança, com grande dificuldade, de uma maneira tensa e monótona. A história que ele contou foi horripilante, e a terapeuta, uma mulher experiente de meia-idade, ficou devastada. Ela sentiu-se recuar e desviar-se da natureza gráfica daquele relato. De modo frenético, procurou uma intervenção ou uma declaração de conforto apropriada, alguma coisa para *fazer*. Como meditadora experiente, ela percebeu que havia cortado a conexão com o momento em um esforço para lidar com seu próprio horror. Ao perceber isso, ela voltou sua atenção à sua própria resposta afetiva e, então, totalmente de volta a seu paciente, reconhecendo para si mesma a intolerável impotência que sentia. Quando finalmente falou, apenas reconheceu para ele que as memórias desses eventos também devem ser de algum modo acomodadas, pelo simples fato de que ocorreram. Ele depois lhe agradeceu por sua boa vontade em não abandoná-lo e permanecer aberta diante de emoções tão difíceis.

O *mindfulness* revela que as emoções, como todos os fenômenos subjetivos, são transitórias, o que as torna menos assustadoras; na medida em que aprendemos isso diretamente, somos capazes de convidá-las a entrar. Essa receptividade se estende naturalmente a nossos pacientes, aos quais é oferecida a oportunidade de apresentar mais de suas experiências aparentemente intoleráveis. Nossa receptividade em relação a conteúdo emocional difícil tranquiliza os pacientes de que eles não precisam censurar-se para proteger a si mesmos ou ao terapeuta. As emoções perdem um pouco de sua ameaça. Uma história budista diz que, se uma colher de sopa de sal for adicionada a um copo de água, será difícil bebê-la. Mas, se essa mesma colher de sopa de sal for adicionada a uma lagoa, podemos beber de sua água sem dificuldade, embora o sal ainda esteja presente. A prática de *mindfulness* transforma a mente em uma lagoa maior. As emoções difíceis permanecem, mas seu poder de perturbar é disperso na abertura da mente. Tornamo-nos recipientes (continentes) muito maiores.

Aceitar a prática

O *mindfulness* é a aceitação em ação; não é um estado mental permanente, mas uma *atitude* que é repetida toda vez que voltamos nossa atenção para nosso objeto de percepção. Retornamos com atenção plena sem consideração pelas qualidades agradáveis ou desagradáveis do objeto. Tudo é acolhido igualmente. Em termos clínicos, poderíamos chamar isso de *exposição consciente*, abandonar estratégias de esquiva comportamental ou cognitiva a fim de encontrar segurança em face daquilo que é temido (Lovibond, Mitchell, Minard, Brady, & Menzies, 2009; ver também Capítulo 2).

Em contrapartida, o julgamento e a autocrítica são tão profundamente enraizados na mente humana que criticamos até nossa própria prática de *mindfulness*. Como qualquer meditador sabe, essa tarefa pode ser difícil; no início, pode parecer impossível. É muito comum aumentarmos nossa dificuldade prestando atenção a um único ponto com autojulgamento sobre o processo.

À medida que a prática amadurece, a tendência à autocrítica diminui. Em primeiro lugar, começa-se a ter momentos, embora temporários, de atenção relativamente estável, ininterrupta. Essa é uma das primeiras recompensas do esforço consistente e é autorreforçador. Uma segunda mudança ocorre quando os pensamentos surgem mas são tomados simplesmente como objetos da atenção, nem perseguidos, nem rejeitados. Quando isso acontece, é possível *testemunhar* o autojulgamento simplesmente como outro pensamento, surgindo e passando. O julgamento começa a perder sua ferroada quando visto sob essa luz impessoal; nos identificamos menos com a mensagem. Reconhecendo o autojulgamento e permitindo que ele passe, evitamos alimentar uma ladainha prolongada de autocrítica. Voltar-se repetidamente em direção a *tudo* o que surge é a prática de se autoaceitar. E, como tudo o que é repetido, a autoaceitação torna-se mais forte ao longo do tempo.

A prática da aceitação, nutrida na meditação, tende a ser transportada para nossas vidas profissionais. Os terapeutas têm amplas oportunidades de observar o pêndulo do julgamento – autoelogio e insegurança – balançando enquanto praticam psicoterapia. Os julgamentos que fazemos dos outros surgem em proporção direta aos julgamentos de nós mesmos, em oposição a quando estamos em paz conosco, quando somos menos propensos a criticar os outros.

Os clínicos aprendem a importância de aceitar seus pacientes de maneira incondicional a fim de cultivar uma aliança terapêutica. Entretanto, o julgamento é pernicioso; podemos nutrir muitos preconceitos ao mesmo tempo que nos orgulhamos de não tê-los. Esses preconceitos diminuem a liberdade dos pacientes à medida que sutilmente encontram seu caminho na psicoterapia. Um paciente sintonizado pode saber bem antes do terapeuta que sua aceitação ostensiva é insubstancial. A prática de *mindfulness* é um veículo para o treinamento da aceitação, tanto por meio do exercício da aceitação em si como pelo reconhecimento de quando ela está ausente. Podemos aprender a estender a segurança da aceitação genuína aos nossos pacientes, às vezes lhes proporcionando sua primeira relação verdadeiramente segura.

Empatia e compaixão

A despeito da importância da empatia na relação terapêutica, ainda não existe uma pesquisa sobre o *treinamento* dessa habilidade. Na literatura de psicoterapia, encontramos recomendações para ensinar sobre estilos de comunicação e sobre como adaptar a postura relacional dos terapeutas às necessidades de diferentes pacientes (Lambert & Barley, 2001). Mesmo que essas habilidades possam ser ensinadas, entretanto, elas provavelmente estão aquém da empatia genuína. A prática de *mindfulness* pode ajudar. Nas tradições budistas, algumas formas de meditação são explicitamente destinadas a cultivar a compaixão, que é basicamente empatia com uma atitude de amor-bondade e um desejo de aliviar o sofrimento.

A compaixão por *nós mesmos* pode surgir à medida que nos abrimos para o nosso próprio sofrimento. A mera presença de sofrimento não é suficiente, entretanto. Considere como algumas pessoas tornam-se endurecidas por uma perda ou dificuldade devastadoras. O *mindfulness* oferece uma forma de mudar nossa relação com o sofrimento renunciando à nossa necessidade de rejeitá-lo. Isso torna sua prática um ato de bondade para consigo mesmo. Nosso próprio sofrimento torna-se mais uma oportunidade para crescimento do que meramente um problema.

A compaixão pelos *outros* surge do *insight* de que ninguém está isento de sofrer e de que todo mundo deseja ser livre de sofrimento. Além disso, a percepção momento a momento na meditação e na vida diária começa a afrouxar nossa compreensão de um *self* separado, fixo. A compaixão para com os outros é uma expressão natural do entendimento cada vez maior sobre como estamos relacionados a todas as coisas em círculos de interdependência em constante expansão.

Equanimidade e os limites da benevolência

Na tradição *mindfulness, equanimidade* tem inúmeros significados. Ela descreve uma atitude de receptividade aberta, não discriminante, na qual toda experiência é bem-vinda. Também pode incluir o reconhecimento de que, a despeito de nossos melhores esforços e de nosso desejo mais sincero pelo bem-estar dos outros, há limites reais ao que podemos fazer para ajudar. Portanto, mesmo quando nossa prática de *mindfulness* gera empatia e compaixão, nosso desejo de ser útil aos outros precisa ser temperado pelo reconhecimento sensato da responsabilidade final de nossos pacientes por si mesmos.

> Durante uma visita a um centro de tratamento residencial, conversei com uma arteterapeuta que descreveu uma paciente muito difícil que exigia ajuda, mas rejeitava tudo o que era oferecido a ela. A postura hostil e depreciativa da paciente incluía – e frustrava – toda a equipe. Quanto pior a paciente se comportava, mais empenhada a equipe ficava em encontrar uma solução para suas dificuldades dela.
>
> Exausta, irritada e triste, a arteterapeuta não tinha mais ideias nem paciência. Um dia, observando a paciente na sala de atividades, ela teve o pensamento de que não havia mais nada a oferecer e de que a paciente iria ter de descobrir isso por si mesma. Naquele exato momento, a paciente olhou para ela, atravessou a sala e, pela primeira vez, desculpou-se por seu comportamento perturbador.

Embora as coisas nem sempre possam acabar tão bem, aceitar os limites de nossa benevolência é um pré-requisito para deixarmos nossos pacientes assumirem mais responsabilidade por seu próprio crescimento e bem-estar. Concordar com a fantasia do alcance ilimitado da terapia pode levar a desilusão, raiva e tratamento desnecessariamente prolongado. Mesmo quando a compaixão nos motiva a oferecer nossos melhores esforços aos nossos pacientes, ela precisa ser equilibrada pelo reconhecimento sensato dos limites absolutos e genuínos de nossa capacidade de mudar alguém além de nós mesmos. Esse paradoxo de compaixão e equanimidade é familiar aos terapeutas e é bem descrito por T. S. Eliot em *Quarta-feira de cinzas* (1930, p. 58):

> Ensinai-nos o desvelo e o menosprezo
> Ensinai-nos a estar postos em sossego.

A confiança de um terapeuta na eficácia de seus métodos está associada a um resultado positivo do tratamento (Frank, 1961; Wampold, 2001), talvez porque o efeito placebo seja fortalecido (O'Regan, 1985). Contudo, esse fator de confiança pode ser exagerado. É sabido que terapeutas e pacientes examinam interminavelmente um problema para evitar a verdade desconfortável de que algumas condições de nossas vidas não podem ser mudadas. Precisamos diferenciar o que é flexível do que não é. Ao corrermos na direção de uma cura irrealista, a oportunidade de examinar a realidade mais ampla de um problema pode ser perdida. O maior desafio da psicoterapia é nos sentarmos dignamente e alerta com um paciente na chama plena do sofrimento. Esses bravos momentos podem ser os mais honestos e transformadores na terapia.

> A vida de Gerald era excessivamente previsível e tediosa. Segundo sua própria descrição, "as luzes estavam acesas, mas não havia ninguém em casa". O tratamento de Gerald – uma das muitas passagens em psicoterapia – foi quase intolerável para seu último terapeuta, que tentou de forma persistente descobrir uma porta ou uma janela para a vida interior de Gerald. O terapeuta se sentia genuinamente impotente e desanimado em relação ao tratamento. Em desespero, ele observou em voz alta como os dois pareciam se sentir perdidos. Gerald se animou. Embora não tivesse uma expectativa real de que outro ciclo de terapia com outro terapeuta mudaria alguma coisa, pela primeira vez em muitos meses ele se sentiu menos sozinho em seu desamparo.

A equanimidade que é cultivada na prática de *mindfulness* ajuda a nos ensinar a humildade e nos permite parar de tentar consertar coisas e ver o que *são*. Essa postura pode libertar tanto o terapeuta como o paciente da necessidade de ser "bem-sucedido", dando ao segundo a liberdade de habitar sua própria vida como ela é, ou de mudar-se a partir da base firme da aceitação radical.

Aprender a ver

Uma das grandes e não divulgadas vantagens que os terapeutas têm é a de eles não serem os seus pacientes. Quaisquer que possam ser as lutas ou os pontos cegos de um terapeuta, é improvável que sejam idênticos aos do paciente. Essa distância permite um grau de perspectiva. A perspectiva também é apoiada por treinamento, que expõe o clínico a múltiplos pontos de visa. Um problema pode com frequência parecer intratável devido à forma como o paciente o formula, mas, por meio da reformulação hábil do problema, um terapeuta pode deixar o paciente receptivo a novas oportunidades criativas.

Por meio do processo de observar os pensamentos surgirem e se extinguirem na meditação *mindfulness*, os terapeutas podem obter *insights* sobre as formas como construímos nosso mundo, as quais causam muito de nosso próprio sofrimento. Esse processo de *insight* não é fundamentalmente diferente daquele obtido a respeito do condicionamento pessoal por meio da psicoterapia orientada ao *insight*, mas expõe ainda mais a natureza do apego às próprias construções mentais (ver Capítulo 2). Reformular, a partir desse ponto de vista, não é meramente substituir a autocompreensão familiar de um paciente por outra, mas inclui ver como qualquer postura ou posição é uma armadilha potencial.

Aprendendo a ver os pensamentos como eventos sem uma realidade especial, passamos a entender a tendência incessante de nossa mente em construir cenários imaginários, os quais habitamos como se fossem reais. À medida que essa capacidade se aprofunda, ao mesmo tempo aumentamos nossa capacidade de ver como os outros constroem seus mundos. Essa capacidade é descrita pelo termo, em pali, *sampajañña*, com frequência traduzido como "conhecimento claro" ou "compreensão clara". Subjetivamente, ele é vivenciado apenas como ver de maneira mais clara. Para os terapeutas, essa clareza manifesta-se quando eles se tornam observadores mais astutos tanto da própria mente como da mente dos pacientes.

Desapego e começar de novo

Para estarmos presentes, precisamos nos desapegar. A atenção ao momento presente requer que abandonemos o que ocupava nossa atenção apenas um momento antes. Portanto, à medida que praticamos o *estar com* um paciente, aprendemos a nos desapegar. Esse paradoxo importante merece mais explicação.

A ideia comum sobre a terapia é a de que a compreensão ou o *insight* sobre nosso condicionamento passado naturalmente colocarão nossas vidas em uma direção mais positiva. Os terapeutas experientes, entretanto, entendem que o *insight* pode ser necessário, mas nem sempre é suficiente, para uma mudança significativa. Tolerar mudanças requer a prática contínua de comportamentos alternativos. Hábitos familiares e problemas pessoais raramente são resolvidos de modo súbito; antes, passamos a despender menos tempo e atenção às velhas formas de pensar, sentir e comportar-se. Aprendemos a nos desapegar, embora subjetivamente possa parecer que os padrões ou as preocupações *nos* abandonaram.

Um dos *insights* da meditação *mindfulness* é a *transitoriedade* da experiência – a qual surge, a cada momento, a partir de uma multiplicidade infinita de fatores. Isso significa que, em princípio, cada momento nos convida a abandonar hábitos de pensamento e comportamento inúteis e a *começar de novo*. Trata-se de desapego em ação, e nunca é tarde demais.

Expor nossas necessidades narcisistas

Um aspecto difícil do funcionamento mental que a prática de *mindfulness* revela é nossa preocupação incessante com autoestima e autoimagem. Esse dilema eterno também sucede aos terapeutas. O desejo de ser um terapeuta eficaz é louvável, mas é facilmente confundido com a necessidade de ser visto sob uma luz positiva. Nossa autoestima profissional é perpetuamente renegociada, com frequência a partir de nossa avaliação da sessão de terapia mais recente. A terapia tropeça quando nossas próprias necessidades narcisistas se misturam com as necessidades de nossos pacientes.

Embora essa tendência não seja facilmente interrompida, ela pode ser vista e controlada de modo sensato por um terapeuta consciente. O *mindfulness* tem o potencial de levar esse exame a um nível mais profundo, expondo o *self* como construído e ilusório. Essa iluminação gradual ocorre à medida que aprendemos a abandonar *todas* as construções, incluindo as visões do *self* positivas e negativas (Goldin & Gross, 2010).

A prática da meditação budista, especialmente em retiros prolongados, às vezes produz o *insight* de que não existe um *self* duradouro, imutável ou separado (Olendzki, 2010; ver também Capítulo 12). Esse entendimento é considerado por Hölzel e colaboradores (2011) uma das formas fundamentais de a meditação *mindfulness* melhorar a vida. Mesmo praticantes novatos podem testemunhar como seu sentido de *self* muda constantemente, levando ao reconhecimento da insubstancialidade de suas construções mentais. Esse processo ajuda os meditadores de qualquer grau de experiência a deixar de se identificar com os conteúdos da consciência, um processo às vezes chamado de *descentralizar* (Carmody et al., 2009; Sauer & Baer, 2010).

Aprender implica tanto ver o *self* como uma construção quanto observar como essa construção influencia nossa vida diária, incluindo o trabalho clínico. É um tipo de aprendizado que nos ajuda a sair de nosso próprio caminho. Por exemplo, um terapeuta com treinamento analítico pode estar convencido do brilhantismo e da correção de uma interpretação. Caso o paciente a rejeite, ele pode insistir em sua precisão por um desejo inconsciente de evitar a perda da autoestima associada a estar errado.

A confiança excessiva em nosso discernimento pode tornar-se um obstáculo a novos conhecimentos. Como o psiquiatra Thomas Szasz (2004) escreveu, "Cada ato de aprendizado consciente exige disposição para sofrer golpes na autoestima. É por isso que as crianças, que ainda não se tornaram conscientes de seu próprio valor, aprendem com tanta facilidade; e é por isso que pessoas mais velhas, especialmente as vaidosas e presunçosas, não conseguem aprender de modo algum" (p. 40). Perder nosso controle sobre ser "aquele que sabe" nos abre para o aprendizado genuíno, e essa abertura pode nos tornar mais criativos e flexíveis como terapeutas.

Superar a paixão com a teoria

O problema

A maior parte do treinamento profissional em psicoterapia enfoca a teoria, a pesquisa e aplicações clínicas. Ter esse conhecimento é um marco importante de profissionalismo, e naturalmente apreciamos nosso domínio dele. Infelizmente, entretanto, também podemos confundir nossos modelos e teorias com "verdade", tomando nossas construções teóricas como alguma coisa mais real e merecedora de nossa confiança do que elas realmente são.

Os modelos de psicopatologia e tratamento são fundamentais para sermos clínicos eficazes. Por exemplo, o transtorno da personalidade *borderline* seria ainda mais difícil de tratar sem as contribuições de muitos cientistas e clínicos proficientes que esclareceram a etiologia biopsicossocial do transtorno e como ele se manifesta nas relações interpessoais. Nossas categorias diagnósticas reduzem a impressionante variabilidade humana a fim de encontrar consistências subjacentes. As categorias clínicas também podem ser úteis para nossos pacientes, que necessitam de uma explicação para suas aflições. Por exemplo, um homem sofrendo de um delírio de que está sendo perseguido por inimigos invisíveis pode não considerar o medicamento antipsicótico até que entenda a natureza de sua doença. Uma mulher que se sente um fracasso, não importa quanto sucesso obtenha, pode ser grata de ouvir que está sofrendo de depressão clínica.

Os modelos teóricos de terapia também nos protegem de incerteza e ansiedade em nosso trabalho clínico; mesmo um mapa impreciso é mais tranquilizador do que nenhum mapa. Além disso, como foi discutido anteriormente, nossa confiança na eficácia de nossos métodos está correlacionada com resultados positivos na terapia – porque nossos pacientes precisam sentir que sabemos o que estamos fazendo, e ajuda se soubermos também. Entretanto, o apego irrefletido a modelos e categorias também representa riscos. Quando usamos um rótulo diagnóstico como um tipo de abreviação, ele pode vir a substituir uma avaliação mais sutil de toda a pessoa. Podemos parar de investigar o mundo do paciente, convencidos de que sabemos o suficiente. Assim, isso se torna uma capa para nossa ignorância, mascarada como conhecimento e certeza. Um exemplo desse perigo é a "contratransferência da teoria" (Miller, Duncan, & Hubble, 1997), na qual um terapeuta, de forma inconsciente, impõe suas crenças teóricas ao paciente. O resultado é uma psicoterapia que se ajusta às crenças do terapeuta e as confirma. Como Abraham Maslow (1966) teria observado, se você tem apenas um martelo, todos os problemas se parecerão com um prego.

Quando o tratamento "enguiça", podemos tentar mais do mesmo ou atribuir o fracasso à resistência do paciente.

> Adele busca a psicoterapia angustiada por ter sido ignorada para uma promoção, levando-a, por fim, a perder seu emprego. Ela está furiosa e humilhada. Seu terapeuta está convencido de que seu sofrimento é sinal de um conflito intrapsíquico não resolvido que uma pessoa "saudável" não vivenciaria e de que ela necessita de mais terapia para elaborar isso.

Nesse exemplo, o terapeuta poderia ter sugerido a Adele que sua raiva é justificada e não necessariamente reflete problemas pessoais não resolvidos; é natural ficar furiosa nessas circunstâncias. Embora possa haver padrões desadaptativos persistentes na história, a formulação do terapeuta, embutida em uma literatura de transtornos, inadvertidamente aumentou o sofrimento da paciente. A perda dolorosa de um emprego foi agravada pela culpa, envolta em termos clínicos "objetivos", o que acrescentou insulto à sua mágoa.

Aprender a não saber

Como a meditação *mindfulness* pode nos ajudar a aderir aos nossos modelos de modo mais leve durante a terapia? Uma abordagem possível é voltarmos nossa percepção repetidamente para nossa experiência corporal interna na sala de consulta, uma mudança na atenção que inevitavelmente ajuda a nos desembaraçarmos de nossos pensamentos. Ao prestarmos atenção a *qualquer* experiência no momento presente, também descobrimos que não necessariamente sabemos o que acontecerá em seguida. Abandonamos – embora de forma temporária – nosso desejo de antecipar e controlar procurando refúgio no "não saber".

Essa atitude de não saber não é estranha à psicoterapia. Considere a recomendação clássica do psicanalista W. R. Bion (1967) de livrar-se de preconcepções sobre um paciente e da escravidão de memória e desejo e de abandonar o próprio desejo de curar. Felizmente, há alguma evidência preliminar de que os terapeutas de fato se tornam mais flexíveis e ecléticos na orientação à medida que sua experiência profissional aumenta (Auerbach & Johnson, 1977; Schacht, 1991).

A prática de *mindfulness* estende o *não saber* para além de uma intenção intelectual de "manter uma mente aberta". Permitir que os pensamentos surjam e passem nos ajuda a ver de forma clara como em geral nos identificamos com nossos pensamentos – percebemos a lacuna entre a vasta diversidade de nossa experiência e nossas *ideias* estreitas sobre ela. Como disse um homem sobre sua experiência durante um retiro de *mindfulness* intensivo, "Me senti como se tivesse pulado de um avião sem paraquedas, o que foi aterrorizante até eu perceber que não havia chão!".

O não saber é valioso porque pode permitir que a terapia progrida sem impedimentos *e* porque é, em última análise, a verdade dos fatos: na realidade, sabemos muito pouco sobre nossas vidas misteriosas e complexas. O seguinte relato de um homem idoso ilustra a sabedoria de não saber:

> Tenho uma amiga que já conheço há muitos anos. Um dia ela ficou com raiva de mim – do nada. Eu a tinha insultado, ela me diz. Como? Eu não sei. Por que eu não sei? Porque eu não a conheço. Ela me surpreendeu. Isso é bom. É assim que deve ser. Você não pode dizer a alguém: "Eu conheço você". As pessoas não são estáticas. Elas são como uma bola; se forem de borracha, elas saltam. As bolas não podem ficar muito tempo no mesmo lugar, elas devem pular. Então o que você faz para impedir uma pessoa de mudar? O mesmo que com uma bola – faça um pequeno furo, e ela fica vazia e plana. Quando você diz a alguém "Eu o conheço", você insere um pequeno alfinete. Então o que você deve fazer? Deixá-las ser. Não tente torná-las estáticas para a sua conveniência. Você nunca as conhece. Deixe as pessoas lhe surpreenderem. Você também pode fazer isso a respeito de si mesmo.

Manter qualquer visão fixa, inclusive aquela a respeito de nossos pacientes ou de nós mesmos, leva a sofrimento.

O convite de *mindfulness* ao *não saber* não deve ser tomado como uma licença para abandonar o treinamento clínico e a educação continuada. Antes, é um processo de confiar que uma mente aberta e sintonizada (reforçada por treinamento clínico sólido) será muito mais receptiva às demandas de ser um terapeuta. O reconhecimento dos limites de nosso conhecimento restaura nossa "mente de iniciante", o que torna a aprendizagem real possível, dentro e fora do consultório.

A possibilidade de felicidade

A prática de *mindfulness* pode nos tornar mais felizes (Davidson et al., 2003; Siegel, 2007). Quando nossas reações emocionais habituais são mantidas na percepção consciente e se tornam menos repetitivas, uma alegria serena começa a surgir dentro de nós. Embora eu não esteja a par de pesquisas que correlacionem a felicidade do próprio terapeuta com o desfecho do tratamento, suspeito que ela ajuda. Quando encaminho um futuro paciente a um colega, com frequência levo em consideração a felicidade e o bem-estar gerais do terapeuta. Terapeutas que provaram a alegria serena ensinam de forma implícita a seus pacientes que a felicidade pode surgir *apesar* das condições de nossas vidas – que podemos viver mais plenamente, aqui e agora, em meio a nossos inevitáveis desafios.

A prática de *mindfulness* pode desenvolver muitas qualidades da mente, apenas algumas delas foram descritas aqui. Essas qualidades mentais invariavelmente influenciam o que pensamos, dizemos e fazemos como terapeutas. Nos próximos três capítulos, discutimos as formas como a prática de *mindfulness* pelo próprio clínico, e práticas relacionadas, como o treinamento da compaixão, podem ser intensificadas enquanto realizamos o trabalho de psicoterapia.

4

Cultivar a atenção e a compaixão

William D. Morgan
Susan T. Morgan
Christopher K. Germer

> Cada um de nós literalmente escolhe, pela forma como dirige sua atenção, o tipo de universo que habita.
> – WILLIAM JAMES (1890)

O capítulo anterior identificou uma série de qualidades pessoais e *insights* gerados no terapeuta por meio do treinamento em *mindfulness* que podem afetar positivamente o tratamento. Este capítulo trata de dois deles: *atenção* e *compaixão*. Na pós-graduação, os aspirantes a terapeutas geralmente não são treinados para aumentar sua capacidade de atenção e compaixão. Supomos que, como terapeutas, temos razoáveis poderes de atenção, evidenciados por anos de estudo, e que somos pessoas de bom coração cuja compaixão natural continuará a crescer ao longo dos anos, de modo que, esperamos, não irá sucumbir à fadiga e ao esgotamento. Essas suposições levantam a questão: "Os clínicos podem usar técnicas específicas dentro e fora do consultório para *aumentar* sua capacidade de prestar atenção a seus pacientes e para aprofundar sua compaixão?".

ATENÇÃO

Sigmund Freud escreveu que o analista deve ter a "atenção uniformemente suspensa" durante a hora de terapia, o que significa que o analista deve "reparar igualmente a tudo" e "conter todas as influências conscientes da sua capacidade de estar atento" (1912/1961b, p. 111-112). Essa recomendação é notavelmente semelhante ao monitoramento aberto na prática de *mindfulness*. Entretanto, Freud não ofereceu nenhum método para alcançar esse objetivo ilusório além de uma análise pessoal. O mesmo estado receptivo, não preferencial, da mente com certeza apoia também outras formas de terapia. É difícil imaginar qualquer pessoa se beneficiando da terapia com um clínico que está preocupado com uma ideia em particular, absorvido em si mesmo, ou que mostra pouco interesse no paciente. Com frequência perguntamos aos terapeutas durante os seminários: "Dada a escolha, você preferiria ser 20% mais atento durante suas horas de terapia ou ter 20% mais técnicas à sua disposição?". A maioria dos clínicos escolhe mais atenção.

O *mindfulness* como treinamento da atenção

Embora o treinamento da atenção possa parecer uma obrigação, pode haver considerável prazer e significado em aumentar a consciência. Os professores de meditação Christina Feldman e Jack Kornfield (1991) observam: "É apenas uma simples atenção que nos permite escutar verdadeiramente o som do pássaro, ver de maneira profunda a glória de uma folha no outono, tocar o coração do outro e ser tocado" (p. 83). Acontecimentos que antes eram muito insignificantes ou mundanos para merecer nossa atenção podem tornar-se vívidos e ricos em detalhes. Considere a seguinte vinheta clínica:

> Josh e Karyn disseram que seu casamento nunca mais foi o mesmo após o nascimento de seu primeiro filho. Karyn acreditava que Josh simplesmente não reconhecia o quanto era difícil ser mãe, e Josh estava convencido de que Karyn era muito egoísta – necessitando de um "tempo pessoal" sempre que ele voltava para casa após um dia difícil no escritório. Sentado na mesma sala com esse casal, eu (C. K. G.) podia sentir a frieza que cercava o relacionamento deles como um inverno de Boston. Mesmo quando Karyn observou que Josh estava "melhorando" em responder às suas necessidades, ele inclinou levemente sua cabeça para longe dela e prendeu a respiração.
>
> Embora eu temesse essas sessões de terapia, especialmente no fim da tarde, eu resolvi permanecer curioso aos sentimentos suaves que poderiam existir por trás dos ressentimentos desse casal. Quando Josh virou sua cabeça para longe de Karyn, eu perguntei a ela se tinha percebido. Na verdade, nenhum deles tinha, e, nesse breve momento de surpresa e incerteza, perguntei a Josh o que sua linguagem corporal indicava. Ele declarou que o uso de Karyn da palavra *melhorando* era um "elogio sarcástico". Então

perguntei o que ele *realmente* queria de sua esposa. Ele disse: "Acho que só quero me dar bem com Karyn – não falhar com ela o tempo todo. Quero ser um bom marido". Karyn ficou maravilhada ao ouvir isso, crente de que Josh não se importava com o que ela pensava ou sentia.

Nessa vinheta, um movimento corporal aparentemente insignificante abriu uma conversação nova, rica e inverteu as convicções arraigadas do casal surgidas após a chegada de seu novo bebê.

Atualmente, existe ampla evidência de que a meditação *mindfulness* melhora nossa capacidade de estar atento de uma maneira concentrada e contínua (Jha et al., 2007; Napoli, Krech, & Holley, 2005; Semple, 2010; Slagter et al., 2007; Tang & Posner, 2010; Valentine & Sweet, 1999). A pesquisa neurológica também indica que essa forma de meditação ajuda a nos envolvermos menos em pensamento de autorreferência, especialmente quando somos desafiados por sofrimento emocional (Farb et al., 2007, 2010). Além disso, ela pode ajudar a nos recuperarmos mais rapidamente de distrações (May et al., 2011; Moore & Malinowski, 2009; Reis, 2007).

Como foi descrito no Capítulo 1, em geral aprendemos três habilidades sob a égide de "meditação *mindfulness*":

1. *atenção focada* ou concentração
2. *monitoramento aberto* ou *mindfulness per se*
3. *amor-bondade e compaixão* (Salzberg, 2011)

Meditadores experientes misturam esses três exercícios para intensificar sua experiência. A atenção focada, como, por exemplo, retornar a consciência repetidamente à respiração ou às solas dos pés, acalma a mente. O monitoramento aberto – notar tudo o que surge em nosso campo de percepção – treina a mente para receber as vicissitudes da vida com equanimidade e *insight*. Essas duas habilidades são os principais veículos para os clínicos cultivarem sua capacidade para atenção contínua. A terceira habilidade, amor-bondade e compaixão, fornece conforto e tranquilidade, os quais, por sua vez, abrem a consciência. (A compaixão é considerada posteriormente neste capítulo.)

Tanto a atenção focada como o monitoramento aberto podem ser praticados em casa ou enquanto se faz psicoterapia. Quando estamos nos sentindo angustiados durante uma sessão, uma simples estratégia para nos acalmarmos é respirar de forma consciente ou observar de forma passiva a respiração do próprio corpo. Essa é uma prática de atenção focada. A dor emocional de nossos pacientes também pode ser um objeto focal durante a hora de terapia. Quando nos sentimos perdidos ou confusos em uma sessão, pode ser útil perguntar-se: "Onde está a dor do paciente?". Manter esse foco permitiu ao terapeuta da vinheta anterior explorar o significado oculto da reação de Josh ao comentário de Karyn.

A instrução de meditação para monitoramento aberto é "estar atento a tudo que seja mais saliente e vivo em nosso campo de percepção". Fazer isso na terapia permite que seu olhar se suavize – expande nosso campo visual em torno do rosto do paciente – e se abra para perceber tudo o que você está vivenciando no momento. O que você está percebendo em seu paciente ou sentindo em seu próprio corpo? Que emoções estão presentes? O que você está pensando? O monitoramento aberto de estímulos *externos* é o que permitiu que o terapeuta percebesse a inclinação sutil da cabeça de Josh. O monitoramento da experiência *interna* expôs o terapeuta a seu desconforto na sala de terapia, o que, por sua vez, o ajudou a reorientar-se à tarefa de aprofundar o entendimento mútuo daquele casal.

A atenção focada é como um farol em um barco, iluminando apenas o que é pego sob o feixe de luz. O monitoramento aberto nos permite também perceber os crustáceos presos no casco. Em terapia, os crustáceos são as questões adesivas que sequestram nossa atenção e nos distraem do esforço terapêutico.

A meditação *mindfulness* também cria mudanças psicológicas profundas que promovem a atenção contínua. Originalmente conhecida como *meditação de* insight, essa prática nos permite observar como a mente opera. Assim, três *insights* fundamentais emergem ao longo do tempo:

1. O sofrimento surge na mente de todos.
2. Nossos pensamentos, sentimentos e sensações são transitórios.
3. Nosso sentido de *self* também está continuamente em fluxo (ver Capítulo 14).

Cada um desses *insights* se torna um amortecedor entre um estímulo e nossa reatividade comum. Quando entendemos que o sofrimento é universal – que *todos* os seres sofrem – ficamos menos propensos a sermos sobrepujados por ele. Quando entendemos que nossos pensamentos e sentimentos são todos fenômenos passageiros, podemos mais facilmente nos desapegar e nos reorientar às tarefas em questão. E, por fim, quando não passamos nossas vidas inteiras promovendo e defendendo um sentido de *self* em particular (p. ex., "Sou inteligente" ou "Sou linda(o)"), ruminamos menos e ficamos menos autoabsorvidos. *Insights* como esses não são meros conceitos intelectuais, mas transformações psicológicas que sustentam nossa capacidade de estar atento no consultório.

A presença ideal: os sete fatores de iluminação

O *mindfulness* no contexto da psicologia budista antiga é apenas uma das sete qualidades interdependentes da mente (*fatores de iluminação*) que facilitam o aumento da percepção. Sua posição privilegiada não é acidental – os outros seis fatores surgem dessa prática e juntos representam a expressão plena de *mindfulness* em nossas vidas. Uma base firme nessa forma de meditação fornece um ponto de vista a partir do qual reconhecemos quando os outros seis fatores estão ativos ou não.

Infelizmente, nossa atenção durante um dia comum é, na melhor das hipóteses, parcial, com frequência dispersa, vaga ou desinteressada, como um devaneio enquanto dirigimos por uma estrada conhecida. A atenção se torna aumentada quando invadimos a pista contrária da estrada, por exemplo, ou quando fatiamos um tomate e a faca se aproxima dos nossos dedos. Momentos de "crise" na terapia também mobilizam nossa atenção. Algum grau de atenção à nossa experiência do momento presente é necessário para funcionar na vida diária, mas nossa medida normal dificilmente pode ser caracterizada como *mindfulness* pleno.

Como podemos estar idealmente presentes na psicoterapia? O que contêm os momentos que capturam nossa atenção – tal como estar com um paciente que acabou de perder sua companheira de uma vida toda – que falta aos momentos menos atentos? A resposta inclui os sete fatores de iluminação:

1. *mindfulness*
2. investigação
3. energia
4. alegria
5. serenidade
6. concentração
7. equanimidade (ver o Apêndice)

Os fatores são como sete acrobatas de pé em uma coluna sobre os ombros uns dos outros. (O acrobata de baixo é *mindfulness*.) Cada um deve fazer a sua parte, ou todos cairão. A presença ideal na terapia ocorre quando todos os fatores estão ativos ao mesmo tempo e em equilíbrio entre si.

Mindfulness

Mindfulness, o sujeito deste livro, pode ser definido como "saber o que você está vivenciando *enquanto* o está vivenciando" (G. Armstrong, palestra, 9 de janeiro de 2008), ou saber *que* você está vivenciando aquilo que está vivenciando – inclusive a percepção pré-conceitual das flutuações no campo da percepção. A capacidade para *mindfulness* cria um pequeno espaço para reflexão em torno de nossos pensamentos e sentimentos e nos permite fazer escolhas terapêuticas hábeis.

Investigação

A investigação mantém nossos pensamentos adequadamente focados no objeto em questão. Nossa atenção é como um holofote. Por exemplo, quando nos sentamos com um paciente, a investigação manterá a mente do terapeuta ativamente envolvida em tentar entendê-lo melhor: "Onde está a dor do paciente?", "Por que o paciente pensa isso?", "O que ele(a) quer dizer com isso?". A investigação, ou curiosidade, enriquece a terapia de modo constante, sondando camadas mais profundas de compreensão.

Energia

Agitação ou ansiedade excessivas interferem na presença adequada, assim como letargia ou indiferença. Nenhum desses estados conduz a respostas terapêuticas eficazes. Isso é ilustrado pela bem conhecida curva de resposta ao estresse em forma de sino, de Hans Selye (1956), a qual representa como o desempenho aumenta até certo ponto de excitação e, a partir daí, cai enquanto a excitação continua a aumentar. A cafeína pode aguçar a atenção até certo ponto, para além do qual ela cria agitação. Para ter a presença otimizada na terapia, necessitamos de energia calma; estar alerta mas relaxado, nem inquieto, nem apático. A energia equilibrada é o pico da curva em forma de sino.

Alegria

Alegria é o prazer animado pelo que está acontecendo no momento, como se não houvesse outro lugar no qual preferíssemos estar. Com alegria, vemos o campo de experiência presente como uma perturbação dos ricos. Na terapia, ela se manifesta como interesse e cordialidade. O interesse genuíno não pode ser fingido; ele é evidente para o paciente e para o terapeuta.

Serenidade

Serenidade é como nos sentimos quando há pouco conflito ou aflição na mente. É a tranquilidade baseada não na ausência de pensamentos e sentimentos, mas na aceitação de tudo o que está surgindo. Há alerta e alegria na serenidade. Os terapeutas requerem serenidade para agir com sabedoria e evitar os erros que cometemos quando nosso campo de percepção é limitado pelo sofrimento.

Concentração

Concentração é a qualidade contínua de ausência de distração, cultivada por meio do retorno disposto e repetido da atenção a um único objeto no momento presente, tal como o estado interior do paciente. A concentração fornece a estabilidade da mente para ser consciente – perceber, por exemplo, quando estamos irritados, preocupados ou distraídos, bem como perceber a presença ou a ausência dos sete fatores de iluminação. Na terapia, a concentração também nos permite permanecer sem distrações por preocupações fora da sessão.

Equanimidade

Equanimidade é o *uniforme* na "atenção flutuante" que Freud recomendou. É o leme de atenção que mantém nossa consciência suave e constante enquanto a mente emprega diferentes elementos de nossa experiência. Essa é uma questão sutil, visto que a mente está constantemente navegando na direção do que é prazeroso ou interessante e afastando-se, ou mantendo a distância, do que é menos atraente. A equanimidade estimula uma postura de igual proximidade a cada momento dentro do encontro terapêutico.

Quando a presença plena é ilusória, pode ser útil fazer um breve inventário desses sete fatores. Se você descobrir um fator que necessita ser fortalecido, considere as opções disponíveis. Pergunte-se: "O que eu preciso para ser mais atento ao meu paciente?". Por exemplo, energia nervosa pode significar que você necessita de exercícios físicos; a perda de equanimidade poderia indicar que você requer apoio ou supervisão clínica; falta de interesse sugere que a motivação do paciente para estar em terapia não é clara para você; e assim por diante. Também é útil manter uma lista dos fatores de iluminação perto para lembrá-lo de estar idealmente presente.

Cultivar a atenção

William James (1890/2007) escreveu: "A faculdade de voluntariamente trazer de volta uma atenção errante, vez após vez, é a própria raiz do julgamento, do caráter e da vontade" (p. 424). A regulação da atenção também é uma habilidade--chave para o psicoterapeuta eficaz, sabendo quando a mente está vagando, observando para onde ela foi e trazendo-a de volta para a tarefa em questão. Os três tipos (ou habilidades) da meditação *mindfulness* – atenção focada, monitoramento aberto e amor-bondade/compaixão – podem ser praticados ou durante períodos de prática formal, ou durante todo o dia de trabalho, como um *intermezzo* entre pacientes. Na prática sentada formal, é útil reservar um tempo e um lugar onde é improvável que você seja interrompido ou distraído pelo tempo que escolher para praticar. Um despertador suave permitirá mergulhar na prática sem vigilância do tempo. No início, os períodos de meditação não devem ser tão longos que se tornem tediosos; 10 ou 20 minutos são suficientes. Quando praticando no consultório entre pacientes, de 3 a 5 minutos podem bastar. A seguir, são apresentados exemplos de meditações *mindfulness* que treinam especificamente a capacidade para atenção focalizada (concentração) e monitoramento aberto (*mindfulness per se*) (ver também Capítulo 1).

Meditação de concentração

- Encontre uma postura confortável. Feche os olhos. Permita que seu corpo fique sustentado, apoiado pela cadeira. Note diretamente a sensação de seu corpo em contato com a cadeira.
- Respire lentamente duas ou três vezes, relaxando a cada expiração. Com cada expiração imagine o corpo se tornando mais pesado e relaxando mais completamente.
- Permita que a respiração encontre seu ritmo fácil, natural. Aprecie a simplicidade relaxada de sentar e respirar.
- Onde você percebe o fluxo de sensações da respiração de forma mais vívida – na ponta do nariz, na garganta, no tórax ou no diafragma? Permita que a atenção pouse lá facilmente, como um pássaro em um ramo ou uma rolha balançando na superfície do oceano.
- Sempre que sua atenção se desviar, e você perceber que ela está vagando, em primeiro lugar restabeleça a respiração relaxada, então retorne sua atenção às sensações que fluem da respiração onde elas são mais fortes.
- Permita-se respirar mais algumas vezes antes de abrir lentamente os olhos.

Meditação *mindfulness*

- Encontre uma postura confortável. Feche os olhos. Permita que seu corpo fique sustentado, apoiado pela cadeira. Note diretamente a sensação de seu corpo em contato com a cadeira.

- Respire lentamente duas ou três vezes, relaxando a cada expiração. Com cada expiração imagine o corpo se tornando mais pesado e relaxando mais completamente.
- Permita que a respiração encontre seu ritmo fácil, natural. Aprecie a simplicidade relaxada de sentar e respirar.
- Mantendo a mente aberta e ampla, permita que tudo o que surgir em seu campo de experiência – imagens visuais, sons, sensações físicas, sentimentos, formações de pensamento – venha e vá, mova-se livremente.
- Tente manter uma postura receptiva, não preferencial ao que estiver surgindo, como se você estivesse fluindo suavemente em um fluxo de experiência em constante mudança.
- Quando você se distrair, primeiro retorne à simplicidade relaxada de sentar e respirar; então novamente abra o campo de percepção.
- Respire mais algumas vezes antes de abrir lentamente os olhos.

Você pode experimentar essas estratégias para regular a atenção. É melhor não pensar na meditação como uma obrigação ou como um meio para atingir um fim. Antes, permita que ela seja um esforço psicologicamente rico – uma chance rara de saber como é estar plenamente vivo em um corpo humano, aqui e agora. Você terá experiências agradáveis, desagradáveis e neutras na meditação. Veja se você consegue apenas observar tudo o que surge de uma forma amorosa.

COMPAIXÃO

O treinamento da mente dentro da tradição da psicologia budista tem dois objetivos principais:

1. a regulação da atenção para cultivar a sabedoria
2. a regulação emocional para criar um coração compassivo (Dalai Lama, 2005)

No momento em que este texto é escrito, os tratamentos baseados em *mindfulness* e aceitação parecem enfatizar o aprimoramento da atenção mais do que a transformação das emoções. Aprender a se relacionar com os pensamentos, os sentimentos e as sensações com atenção plena tem sido o veículo fundamental para a regulação emocional no campo emergente da terapia de *mindfulness*.

Entretanto, existem técnicas adicionais, como as meditações de amor-bondade (em pali: *metta*) e de dar e receber (em tibetano: *tonglen*), que cultivam de forma intencional estados mentais benéficos como um antídoto para emoções difíceis como raiva e ódio. Além de perceber todos os fenômenos mentais com atenção plena, podemos deliberadamente ativar a benevolência em relação a nós mesmos e aos outros em meio a essas emoções. Alguns praticantes de *mindfulness* poderiam achar que essas duas abordagens estão em desacordo, mas é importante lembrar que o propósito da prática é aliviar o sofrimento, não a consciência inevitável de suas causas. Diferentes estratégias contemplativas, algumas mais intencionais do que outras, são úteis dependendo das condições em nossas vidas ou de nosso temperamento. Na psicologia budista, meditações que cultivam de modo intencional a benevolência e as emoções positivas têm base nas quatro *brahma viharas* (em pali), grosseiramente traduzido como qualidades ilimitadas de coração – amor-bondade, compaixão, alegria empática e equanimidade (ver o Apêndice). Aqui, focamos em particular no treinamento da compaixão, porque ela trata do sofrimento emocional, o *sine qua non* da psicoterapia.

O significado da compaixão

O conceito de compaixão é relativamente novo no campo da psicoterapia, mas esteve presente todo o tempo sob a égide de empatia. O interesse pela compaixão parece seguir de perto a prática de *mindfulness* à medida que nossa experiência coletiva dessa forma de meditação se aprofunda e cresce (Germer & Siegel, 2012). Por exemplo, meditadores dedicados inevitavelmente descobrem que o sofrimento toca a todos os seres humanos a maior parte do tempo; que todos os nossos pensamentos, sentimentos e convicções são transitórios, como bolhas em um córrego; e mesmo nosso sentido central de *self* está sujeito a mudança e não é separado do resto do mundo. Esses *insights* dão lugar a uma apreciação de nossa afinidade com todos os seres, da qual surge a compaixão.

Empatia

A empatia é classicamente entendida como uma "compreensão exata do mundo [do paciente] visto a partir do interior. Sentir o mundo particular [do paciente] como se fosse o seu próprio, mas sem perder a qualidade 'como se' – isso é empatia" (Rogers, 1961, p. 284). O pioneiro da psicologia do *self*, Heinz Kohut, estendeu a definição e o papel da compreensão empática. Ele a considerava um instrumento de observação, um vínculo, um fator de cura e uma necessidade para a saúde psicológica (Lee & Martin, 1991). A empatia requer um tipo particular de atenção. Rollo May (1967) observou que a empatia requer "aprender a relaxar, mental e espiritualmente, bem como fisicamente, aprender a deixar o próprio *self* entrar na outra pessoa com uma disposição para ser mudado no processo" (p. 97). A empatia é considerada um fator comum na psicoterapia que "responde por muita e provavelmente por mais variância de resultados do que a intervenção específica" (Bohart et al., 2002, p. 96; ver também Norcross, 2001, e Capítulo 3), com inúmeras implicações para o tratamento (Elliot et al., 2011; Neumann et al., 2011).

Compaixão

A palavra *compaixão* deriva dos radicais latinos *pati* (sofrer) e *com* (com) e significa *sofrer com* outra pessoa. Compaixão é mais a experiência compartilhada de *sofrimento* em particular do que a ressonância empática com todos os estados de sentimento. Outro componente importante da compaixão é o altruísmo, ou a motivação para ajudar os outros, que com frequência é deduzido quando usamos a palavra *empatia* na psicoterapia. Dalai Lama define compaixão como "o desejo de que todos os seres sencientes possam ser livres de sofrimento" (2003, p. 67). Uma definição resumida dessa expressão é *a experiência de sofrimento com o desejo de aliviá-lo* (Siegel & Germer, 2012, p. 12). Compaixão é diferente de pena, que implica uma posição desigual entre o que dá e o que recebe bondade, e não é o mesmo que amor-bondade, que Dalai Lama define como um "estado da mente que aspira a que todos os seres sencientes possam vir a desfrutar da verdadeira felicidade" (2003, p. 67). Pode-se dizer que, quando o amor-bondade encontra o sofrimento (e continua amando!), ele se torna compaixão. A empatia é um pré-requisito para a compaixão.

Autocompaixão

A compaixão também pode ser voltada para nós mesmos em resposta ao nosso próprio sofrimento (Germer, 2009; Neff, 2011). Como em geral reagimos quando sofremos, fracassamos ou nos sentimos inadequados? Tendemos a nos criticar por nossas dificuldades, a nos isolar por vergonha e a ficar martelando em nossas cabeças "Por que eu?". Acrescentamos insulto à mágoa. Uma resposta alternativa é a autocompaixão, que consiste em

1. autobondade
2. um senso de humanidade comum ("Sou apenas humano")
3. *mindfulness* (Neff, 2003)

Uma série de pesquisas tem demonstrado que a autocompaixão está associada de forma positiva a bem-estar emocional e, consistentemente, a baixos níveis de ansiedade e depressão (Neff, 2012; Neff, Kirkpatrick, & Rude, 2007).

Compaixão é a atitude de *mindfulness* – benevolência em face de sofrimento. Quando *mindfulness* está em pleno desabrochar na terapia, a sensação é de compaixão. Entretanto, quando somos sobrecarregados com emoções intensas e perturbadoras, nos tornamos autocríticos ("Sou imperfeito(a)", "Sou detestável"), e nosso *mindfulness* se torna um pouco limitado. Essa é a situação que muitos pacientes trazem para a terapia. Eles não apenas se *sentem* mal; eles acreditam que *estão* mal. Eles necessitam ser resgatados da vergonha, da autocrítica e da autodúvida.

A prática de *mindfulness* em geral enfoca a *experiência* momento a momento. Entretanto, às vezes necessitamos confortar e acalmar a *experiência* antes de podermos estar atentos de forma consciente aos outros elementos de nossas vidas. Precisamos nos *auto*aceitar. O *mindfulness* diz, basicamente: "Sinta a dor com ampla consciência, e ela mudará". A autocompaixão acrescenta: "*Seja gentil com você mesmo* em meio à dor, e ela mudará". O *mindfulness* pergunta: "O que você *sabe*?", e a autocompaixão pergunta: "O que você *precisa*?". Ambas as abordagens ajudam a administrar o espectro de desafios emocionais que enfrentamos com nossos pacientes.

A maior parte dos esforços para integrar o treinamento da compaixão à psicoterapia se concentra na autocompaixão. Evidências de pesquisa sugerem que ela é um mecanismo de mudança subjacente importante na psicoterapia (Baer, 2010; Barnard & Curry, 2011; Birne, Speca, & Carlson, 2010; Hofmann et al., 2011; Hollis-Walker & Colosimo, 2011; Kuyken et al., 2010; Patsiopoulos & Buchanan, 2011; Raque-Bogdan, Ericson, Jackson, Martin, & Bryan, 2011; Raes, 2010, 2011; Schanche, Stiles, McCollough, Swartberg, & Nielsen, 2011; Shapira & Mongrain, 2010; Van Dam, Sheppard, Forsyth, & Earleywine, 2011).

Paul Gilbert e colaboradores desenvolveram uma abordagem à psicoterapia orientada à compaixão única, apoiada empiricamente, chamada *terapia focada na compaixão* (TFC; Gilbert, 2005, 2009a, 2009b, 2010a, 2010b, 2010c). Esse programa enfatiza a autocompaixão e foi aplicado a uma ampla variedade de transtornos (Cree, 2010; Gilbert, 2010b; Gilbert & Proctor, 2006; Goss & Allen, 2010; Gumley, Braehler, Laithwaite, MacBeth, & Gilbert, 2010; Kolts, 2011; Lowens, 2010; Pauley & McPhearson, 2010; Tirch, 2011). A TFC reconhece que mudar o *conteúdo* de nosso diálogo interno com frequência é insuficiente para mudar como nos sentimos. Às vezes precisamos de uma abordagem inteiramente nova – precisamos "aquecer a conversa" (P. Gilbert, comunicação pessoal, 20 de junho de 2010). O treinamento da compaixão pode operar ativando e transformando velhos padrões de apego, armazenados no mesencéfalo, os quais estão na base de muito de nossa atividade neocortical, consciente (Hart, 2010; Immordino-Yang, McColl, Damasio, & Damasio, 2009; Wilkinson, 2010).

Praticar a compaixão pelos *outros* também é bom para a saúde mental (Cosley, McCoy, Saslow, & Epel, 2010; Crocker & Canevello, 2008; Dunn, Aknin, & Norton, 2008; Mongrain, Chin, & Shapira, 2010). Curiosamente, dar apoio aos outros pode aumentar nossa autocompaixão (Breines & Chen, 2012). Entretanto, esse sentimento é geralmente considerado a base para a compaixão para com os outros. Como disse Dalai Lama (2000/2010),

> Para que alguém desenvolva compaixão genuína para com os outros, em primeiro lugar, ele ou ela deve ter uma base sobre a qual cultivar a compaixão, e essa base é a capacidade de conectar-se a seus próprios sentimentos e cuidar de seu próprio bem-estar. [...] Cuidar dos outros requer cuidar de si.

Essa afirmação faz sentido na medida em que não podemos acolher completamente outro indivíduo imperfeito quando rejeitamos a nós mesmos por imperfeições semelhantes.

O poder da compaixão

Compaixão é uma habilidade que pode ser aprendida, assim como *mindfulness*. Richard Davidson e colaboradores (Lutz, Greischar, Rawlings, Ricard, & Davidson, 2004) verificaram que praticantes da meditação de compaixão altamente experientes (com média de 32 mil horas de meditação) apresentavam atividade da onda gama (que significa percepção consciente) 60 vezes mais forte do que os controles. Essas mudanças estavam correlacionadas de maneira positiva com o número de horas de prática de meditação. Uma imagem de ressonância magnética funcional (IRMf) demonstrou mudanças drásticas na ínsula (emoções sociais e interação mente-corpo), na amígdala (resposta a sofrimento) e na junção temporoparietal direita (tomada de perspectiva) durante a meditação de compaixão (Lutz, Brefczynski-Lewis, et al., 2008). Períodos de prática mais curtos, de apenas duas semanas, também revelaram alterações na ínsula, que, curiosamente, estão correlacionadas com doações de caridade (Davidson, 2012).

Uma série de programas estruturados, apoiados empiricamente, foi estabelecida para aprofundar a compaixão, tais como o programa de treinamento do cultivo da compaixão (CCT; Jinpa et al., 2009), o treinamento da compaixão baseado na cognição (CBCT; Dosson-Lavelle, 2011) e o treinamento da autocompaixão consciente (MSC; Neff & Germer, 2013). Programas de treinamento de *mindfulness* como a REBM também demonstraram aumento na autocompaixão em conjunto com *mindfulness* (Birnie et al., 2010; Krüger, 2010; Shapiro et al., 2005, 2007).

Esforços deliberados para incorporar as habilidades de compaixão e empatia ao treinamento clínico ainda são relativamente raros (Christopher, Chrisman, et al., 2011; Christopher & Maris, 2010; Greason & Cashwell, 2009; Richards, Campenni, & Muse-Burke, 2010; Shapiro et al., 2007), a despeito de sua importância estabelecida na psicoterapia (Norcross, 2001; Shapiro & Izett, 2007; ver também Capítulo 3). É evidente que qualquer método que desenvolva as capacidades empatia e compaixão do terapeuta contribuiria para uma relação terapêutica positiva – e, portanto, para melhorar os resultados do tratamento.

Fadiga por compaixão

Alguns clínicos ficam muitas vezes desconfortáveis a respeito do treinamento da compaixão, talvez sentindo que já são compassivos demais e oscilando à beira da *fadiga por compaixão* (Figley, 2002). A literatura sobre a fadiga por compaixão recomenda que o terapeuta fatigado se distancie do paciente mantendo limites profissionais claros, passando mais tempo com amigos, delegando responsabilidade a outros ou obtendo supervisão. Essas são estratégias de autocuidado importantes, mas, sem percepção consciente e autocompaixão, elas podem não permitir que se encontre satisfação emocional enquanto conectado com os pacientes durante situações estressantes. Michael Kearney e colaboradores (2009) observam que "clínicos esgotados que usam o autocuidado sem autoconsciência podem sentir como se estivessem se afogando e não conseguissem subir para respirar, enquanto o autocuidado com autoconsciência é como aprender a respirar debaixo d'água" (p. 1.160).

Além disso, os clínicos também podem pensar: "Pode a compaixão – um estado mental que acolhe o sofrimento – realmente ser boa para a saúde mental?". Essa preocupação tende a surgir quando combinamos os conceitos de compaixão e empatia. De fato, a fadiga por compaixão provavelmente deve ser renomeada *fadiga por empatia* (Klimecki & Singer, 2011; Ricard, 2010). Sentir o sofrimento dos outros como nosso próprio sofrimento é de fato exaustivo, mas a compaixão tem os elementos adicionais de ternura, afinidade, benevolência e generosidade. A experiência do sentimento ao qual nos referimos contém mais amor-bondade do que esforço. Quando damos atenção, ela é como uma expiração consciente, um desapego consciente, com um correspondente sentido de libertação.

No entanto, todos os clínicos são vulneráveis à fadiga por compaixão, sobretudo aqueles que são altamente motivados (Craig & Sprang, 2010; Sprang & Clark, 2007). Nossos cérebros são programados para sentir a dor dos outros em nossos corpos como se ela fosse nossa (Decety & Cacioppo, 2011; Morrison, Lloyd, DiPellegrino, & Roberts, 2008). A fadiga por compaixão é parte de ser humano, não um sinal de fraqueza. A seguir, são apresentados dois exercícios que podem ajudar a aliviar o sofrimento indireto: um para autocompaixão, o outro para cultivar a equanimidade que vem com a sabedoria. O primeiro passo para superar a fadiga por compaixão é *reconhecer* quando estamos sob estresse. Talvez você esteja preocupado(a) com um paciente? Ele ou ela está "ocupando espaço em sua cabeça sem pedir licença"? Nesse caso, tente um dos seguintes exercícios:[*]

Mão no coração
- Coloque ambas as mãos sobre seu coração.
- Sinta o calor de suas mãos. Aprecie a sensação de calor.
- Perceba a pressão suave de suas mãos sobre seu peito.
- Agora sinta seu peito subindo e descendo embaixo de suas mãos enquanto você respira.
- Sinta o ritmo cadenciado, tranquilizante, de sua respiração por alguns minutos.

Frases de equanimidade
- Repita as seguintes frases lenta e silenciosamente para si mesmo:
  Todos estão na sua própria jornada de vida.
  Eu não sou a causa do sofrimento de meu paciente, nem está inteiramente ao meu alcance aliviá-lo.
  Embora momentos como este sejam difíceis de suportar, ainda posso tentar ajudar.

À medida que nos tornamos mais conscientes do início da fadiga por compaixão, podemos começar a perceber como nossa respiração se torna mais curta e mais superficial quando estamos sob estresse. Desacelerar e aprofundar a respiração são outros atos de autocompaixão que podem ajudar a restabelecer um fluxo de calor mais equilibrado na sessão.

---

[*] Os quatro exercícios seguintes foram adaptados do programa de treinamento da autocompaixão consciente desenvolvido conjuntamente por Chris Germer e Kristin Neff.

A compaixão é inata?

A compaixão é uma força que tem permitido às pessoas sobreviver e crescer. O próprio Charles Darwin considerava a "simpatia" o mais forte dos instintos (Darwin, 1871/2010; Ekman, 2010). A cooperação entre os membros de uma tribo aumenta a chance de que a descendência alcance a idade reprodutiva, melhora a sobrevivência do grupo diante da ameaça externa e é um fator-chave na seleção do companheiro (Keltner, 2009; Keltner, Marsh, & Smith, 2010; Sussman & Cloninger, 2011). Uma porção significativa de nossos cérebros, incluindo os neurônios espelho e grande parte do mesencéfalo, é dedicada ao funcionamento social (Cozolino, 2010; Hein & Singer, 2008; Kim et al., 2011; Siegel, 2007; Singer & Decety, 2011). O sistema nervoso também tem um subsistema integrado, baseado na oxitocina e nas endorfinas, que equilibra os subsistemas de ameaça e competição (Carter, 1998; Depue & Morrone-Strupinsky, 2005; Gilbert, 2009b). Portanto, quando cultivamos a compaixão, estamos apenas fortalecendo as tendências de cuidado que já existem (Bell, 2001).

Cultivar compaixão

A compaixão pode ser trazida à terapia pelo ensinamento de exercícios específicos aos nossos pacientes (Germer, 2009; Gilbert, 2009b; Neff, 2011) ou pela incorporação da compaixão pelo clínico e sua ressonância afetiva em um paciente (D. Siegel, 2010a, 2010b). Entretanto, visto que somos seres humanos condicionados com preferências e julgamentos, nossa compaixão é um "potencial relativo" (Jordan, 1991), surgindo à medida que milhares de variáveis profissionais e pessoais são postas em um equilíbrio delicado. As variáveis profissionais incluem treinamento e experiência clínica, a complexidade da população de pacientes, o número de pacientes atendidos em um determinado dia e o ambiente de trabalho. As variáveis pessoais incluem a qualidade dos relacionamentos primários, os estressores de vida atuais e a capacidade de administrá-los, a qualidade do sono, a saúde física e mental e o estresse das demandas daquele dia. Nossa capacidade para compaixão flutua de um dia para o outro e de momento a momento. Os exercícios apresentados a seguir podem ajudar a fortalecer o hábito da compaixão, especialmente durante a terapia.

Meditação do amor-bondade

Tradicionalmente, uma meditação de amor-bondade (*metta*) começa com dirigir o amor-bondade para *si mesmo,* a partir da ideia de que todas as pessoas estão essencialmente interessadas em seu próprio bem-estar, seguido por focalizar-se em um ente querido, em um amigo, em uma pessoa neutra, em uma pessoa desafiadora e, então, em grupos de pessoas sem diferenciação. Hoje, entretanto, muitos acham mais fácil direcionar o afeto para outros seres vivos, tal como um animal de estimação ou um avô querido, em vez de para si mesmos. Portanto, se você preferir, escolha qualquer ser vivo que o faça sorrir naturalmente como o objeto dessa meditação.

A meditação do amor-bondade utiliza tanto frases quanto imagens como objetos. Cada pessoa descobre, por fim, frases personalizadas que funcionam melhor para si. As palavras sugeridas no exercício a seguir visam cultivar uma resposta compassiva ao sofrimento.

Amor-bondade com meditação de autocompaixão

Reserve 20 minutos com o propósito de acalmar-se em meio a momentos difíceis ou estressantes. Sente-se em uma posição confortável, razoavelmente ereto e relaxado. Feche os olhos total ou parcialmente. Respire de maneira profunda algumas vezes para ajustar-se dentro de seu corpo e dentro do momento presente. Coloque sua mão sobre seu coração por um momento, como um lembrete para ser gentil com você mesmo.

- Forme uma imagem de você mesmo sentado. Note sua postura na cadeira como se estivesse vendo a si mesmo de fora.
- Agora, leve sua atenção *para dentro* de seu corpo e sinta a pulsação e a vibração dele. Localize sua respiração onde você a possa sentir mais facilmente. Sinta como ela se move em seu corpo, e, quando sua atenção se desviar, suavemente sinta o movimento de sua respiração novamente.
- Após alguns minutos, comece a perceber *áreas de tensão* que você está retendo em seu corpo, talvez em seu pescoço, maxilar, barriga ou testa. Também perceba se você está retendo algumas *emoções difíceis*, tais como preocupações sobre o futuro ou inquietações sobre o passado. Entenda que todo corpo humano suporta tensão e preocupação durante todo o dia.
- Agora, ofereça-se à benevolência *por aquilo* que está retendo em seu corpo. Diga as seguintes frases para você mesmo, suave e delicadamente:
  Que eu possa estar seguro.
  Que eu possa estar em paz.
  Que eu possa ser bom para mim mesmo.
  Que eu possa me aceitar como eu sou.
- Quando você perceber que sua mente se desviou, retorne para as palavras ou para a experiência de desconforto em seu corpo ou sua mente. Vá devagar.
- Se está sempre sobrecarregado com emoção, você pode sempre retornar à sua respiração. Você também pode nomear a emoção, ou localizá-la no corpo, e suavizar aquela área. Então, quando se sentir confortável, retorne às frases.
- Por fim, faça algumas respirações e apenas descanse de modo tranquilo em seu próprio corpo, saboreando a benevolência e a compaixão que fluem naturalmente de seu coração. Saiba que você pode retornar às frases quando desejar.
- Abra os olhos suavemente.

Frases como essas podem ser usadas informalmente também durante a terapia. Ao trabalhar com um paciente difícil, sinta-se livre para incluí-lo em suas frases, tal como: "Que eu e você possamos ser...", ou apenas se concentre nele: "Que você possa estar seguro...".

Sentimentos difíceis sempre surgirão (Germer, 2009; Gilbert, McEwan, Matos, & Rivis, 2010). Isso é parte do processo transformador e, quando acontece, permite que os sentimentos existam em segundo plano. Mas, se a meditação se tornar muito desagradável, sinta-se livre para concentrar-se apenas em sua respiração, descubra e permita a emoção desagradável em seu corpo, ou talvez pare de meditar completamente e cuide de si com comportamentos. A arte da meditação do amor-bondade é o desenvolvimento suave e gradual do hábito mental de cordialidade e benevolência.

Meditação do dar e receber

O dar e receber (*tonglen*) é uma prática central na tradição budista tibetana. Tradicionalmente, ela consiste em inspirar os sofrimentos dos outros, transformando-os rapidamente no interior, e então expirar amor-bondade e compaixão a uma ou mais pessoas designadas. Para os iniciantes, a prática de inspirar o sofrimento dos outros pode ser desafiadora, portanto a seguinte adaptação tem de ser feita.

Inspirar e expirar compaixão

- Sente-se de modo confortável, feche os olhos e faça algumas respirações relaxantes.
- Explore seu corpo notando quaisquer sensações de tensão. Também se permita a consciência de quaisquer *emoções* estressantes que você possa estar retendo em seu campo de percepção. Se uma pessoa desafiadora vier à mente, permita-se a consciência da tensão associada a ela. Se você estiver vivenciando o sofrimento de outra pessoa por meio de empatia, permita-se a consciência desse desconforto também.
- Agora, consciente de como seu corpo carrega tensão, sinta ele inspirar e permita-se saborear a sensação nutritiva da inspiração. Deixe-se ser acalmado por sua inspiração.
- Enquanto você expira, envie os mesmos conforto e bem-estar para uma pessoa associada ao seu desconforto, ou para o mundo em geral.
- Continue inspirando e expirando, deixando seu corpo gradualmente encontrar um ritmo de respiração natural e relaxado.
- Tente acrescentar uma palavra gentil a cada inspiração e a cada expiração, tais como *calor, paz* ou *calma*, ou talvez visualize-se inspirando e expirando uma luz dourada. Experimente para ver que abordagem evoca o sentimento de compaixão em você.
- Ocasionalmente, explore sua paisagem interior para qualquer aflição e responda inspirando compaixão por você mesmo e expirando compaixão por aqueles que dela necessitam.
- Abra os olhos suavemente.

Você também pode praticar essa meditação informalmente durante a terapia. Quando se sentir angustiado durante uma sessão, volte sua atenção para sua respiração e de maneira suave inspire e expire compaixão com cada respiração.

Exercício da saudação

Este último exercício é outro *intermezzo* que podemos praticar na hora da terapia e a cada hora. Ele restabelece a intenção de se abrir ao sofrimento com compaixão e sabedoria. A prática da compaixão trata fundamentalmente de aprimorar nossa intenção de receber a tristeza com bondade, e bons sentimentos são um subproduto inevitável das boas intenções.

Exercício da saudação
- Antes de abrir a porta para seu próximo paciente, reserve um momento para sentir o subir e o descer de sua respiração.
- Agora visualize a pessoa atrás da porta, um ser humano que está sofrendo, que um dia foi criança, que tem esperanças e sonhos exatamente como você e que tentou ser feliz e teve êxito apenas parcial, que se sente vulnerável e com medo a maior parte do tempo, e que está vindo até você acreditando que você pode aliviar seu sofrimento.
- Agora abra a porta e diga "olá".

A poetisa Naomi Shihab Nye (1995) escreveu: "Antes que você possa conhecer a bondade como a coisa mais profunda, você deve conhecer o sofrimento como a outra coisa mais profunda" (p. 42). Mas podemos permanecer abertos à tristeza, dos nossos pacientes e nossas próprias, por tempo suficiente para transformá-la? A capacidade de regular nossa atenção usando atenção focada e monitoramento aberto, bem como de cultivar a benevolência com exercícios de amor-bondade e compaixão, pode contribuir muito para alcançar esse nobre objetivo.

5
Mindfulness relacional

Janet L. Surrey
Gregory Kramer

> Admiráveis bons amigos, companheiros e camaradas...
> Isso é, na verdade, toda a vida santa.
> – BUDA (*Upaddha Sutta*, citado em Bhikkhu, 2012b)

O *mindfulness relacional* pode ser definido como a prática e o cultivo de *mindfulness* em um contexto relacional pessoa a pessoa, engajado. Para o terapeuta, isso significa a percepção consciente de seus estados internos, observando a conexão empática com o paciente momento a momento, e a percepção contínua de mudança no relacionamento *entre* paciente e terapeuta. Este capítulo explora a terapia como prática de *mindfulness* relacional e sugere a possibilidade de cultivar e aumentar a consciência e a competência relacional por meio do diálogo de *insight*, uma prática de meditação de *insight* relacional desenvolvida por Gregory Kramer (2007). Também exploramos como a meditação relacional pode aprofundar a prática da psicoterapia em uma experiência engajada de forma mais plena e libertadora.[*]

---

[*] Reconhecemos o trabalho contínuo da equipe de professores de meditação de *insight* relacional (RIM) dos Metta Foundation Programs, especialmente a líder da equipe, Sharon Beckman-Brindley, na conceituação e na realização do desenvolvimento dessas práticas para os clínicos. Os outros membros da equipe são Phyllis Hicks, Mary Burns, Lori Ebert e Fabio Giommi; o professor orientador é Gregory Kramer. Reconhecemos a emergência relacional do trabalho citado neste capítulo e também que seu conjunto não pode ser totalmente atribuído a um ou dois indivíduos.

A importância da relação terapêutica tem sido reconhecida ao longo de toda a história da psicoterapia. Freud (1930/1961a) falou da relação de transferência, e outros entre os primeiros teóricos enfatizaram a centralidade da empatia na revelação e a liberação do sofrimento psicológico. Rogers (1961) escreveu sobre a empatia, a consideração positiva incondicional e a autenticidade do terapeuta como fatores fundamentais em uma relação para a cura. Embora a pesquisa científica tenha-se focado inicialmente em metodologias ou intervenções específicas, há agora um consenso de que os fatores da relação, independentemente da abordagem terapêutica, respondem por uma porção significativa do resultado da terapia (ver Capítulo 4). Norcross (2011) traz uma abordagem com base em evidências para esses fatores da relação, abrangendo décadas de pesquisa. Ele descreve os elementos relacionais mais importantes como construção de aliança, empatia, consideração e afirmação positivas incondicionais e congruência ou autenticidade do terapeuta. Esses elementos com frequência são apresentados como "características pessoais" dos terapeutas, as quais não podem ser ensinadas diretamente, e muitos clínicos sentem que não foram treinados adequadamente em seu cultivo. As profundas psicologia e meditação budistas oferecem um novo paradigma para treinar psicoterapeutas no desenvolvimento relacional (incluindo os fatores de empatia, compaixão, equanimidade, resiliência e serenidade) e sugerem novas e inexploradas dimensões de transformação por meio da relação na prática clínica em todos os níveis de experiência.

Construído nos dois capítulos anteriores, este identifica e discute elementos-chave da prática de *mindfulness* terapêutica. A conexão entre o resultado terapêutico positivo e *mindfulness* do terapeuta ainda não foi estabelecida cientificamente (Davis & Hayes, 2011). Uma forma de investigar essa ligação é identificar fatores conhecidos por serem desenvolvidos por meio da prática (regulação do afeto, aceitação, empatia, atenção, etc.) e então investigar como essas capacidades poderiam afetar a relação entre terapeuta e paciente. Um caminho ainda mais direto seria estudar *mindfulness in vivo* – no próprio processo de terapia. Este capítulo é uma exploração preliminar de *mindfulness* relacional na terapia. Esperamos que tenham prosseguimento as pesquisas que investigam seu efeito e seus mecanismos de ação.

A meditação *mindfulness*, como foi transmitida ao longo dos séculos nas tradições monásticas, foi ensinada e praticada com um foco interno. Entretanto, ela também pode ser praticada em relações interpessoais mutuamente influenciadas, engajadas (Kramer, Meleo-Meyer, & Turner, 2008). Essa abordagem pode ter particular relevância para o treinamento clínico, uma vez que a prática de *mindfulness* relacional tem aplicação direta ao componente relacional da psicoterapia. Aprender a cultivar e manter *mindfulness* relacional durante a experiência multidimensional da terapia é potencialmente valioso para os clínicos. Uma coisa é cultivar a equanimidade e a compaixão pelo sofrimento de todos os seres na meditação privada; outra muito diferente é suportar a raiva e a tristeza de um paciente que pode estar vivenciando você – o terapeuta – como a fonte de seu sofrimento.

MENTE, CÉREBRO E RELAÇÃO

A psicoterapia é herdeira de tradições religiosas, místicas e xamanistas. A conversa para a cura, por exemplo, tem elementos tanto de contemplação meditativa como de confessionário. No século passado, Martin Buber (1970) escreveu sobre o verdadeiro "encontro" ou diálogo (a relação "eu-tu" sagrada) como lugar de cura e transformação. Atualmente, entretanto, a prática da psicoterapia está localizada sobretudo dentro da medicina e da saúde comportamental e está começando a ser entendida em termos neurobiológicos. Banks (2010) escreve:

> Temos agora dados que mostram que o cérebro sofre uma rerregulação como resultado de duas pessoas sentadas em uma sala conversando, respondendo uma à outra com sinais faciais, com posturas corporais e com empatia – que sintoniza o "estar com" a outra pessoa. Isso realmente muda a forma como o cérebro funciona. E, curiosamente, há uma mudança em ambos os cérebros [...], o que revela a mutualidade da relação (p. 7).

Daniel Siegel (2007) propôs um modelo tridimensional da experiência humana, que ele chama de "triângulo da realidade". As três bases irredutíveis do triângulo são *cérebro-corpo, mente* e *relação*. Cada um desses três elementos influencia os outros. Siegel audaciosamente acrescentou a dimensão de relação, enquanto muitos pesquisadores ainda estão trabalhando para entender como o cérebro e a mente influenciam um ao outro, inclusive na meditação (Davidson, 2009; Lazar et al., 2005).

O reconhecimento do poder da relação origina-se de uma apreciação cada vez maior sobre como fatores da relação influenciam o cérebro em desenvolvimento e apoiam fatores de saúde mental e física, tais como resiliência, função imunológica e redução do estresse (Banks, 2010). Na meditação relacional, todos os três fatores (cérebro, mente e relação) estão envolvidos e nos oferecem uma oportunidade única de estudar sua influência. Esse triângulo da realidade de três fatores que se influenciam de forma mútua oferece uma visão muito ampliada para os nossos atuais modelos teóricos e de pesquisa sobre os fatores de cura.

A prática relacional básica de *mindfulness*: "respirar com"

- Sente-se de frente para um parceiro de meditação em cadeiras ou almofadas, a uma distância confortável. (Um sino pode ser tocado a cada passo.)
- Feche os olhos. Traga a consciência para a experiência interna da respiração – inspirando e expirando na presença da outra pessoa. (5 minutos)
- Abra os olhos. Perceba a outra pessoa em seu campo visual. Continue praticando *mindfulness* de sua própria respiração enquanto abre sua consciência para a outra pessoa. (1 minuto)
- Estenda sua consciência para a respiração do outro. (de 3 a 5 minutos)
- Lentamente, amplie o campo de sua consciência para *vocês dois* respirando. Note qualquer desconforto, prazer, curiosidade ou autoconsciência nessa atitude de ver e ser visto. Note o fluxo – ou as mudanças – na consciência entre interna, externa ou ambas. (5 minutos)
- Feche os olhos e retome o foco interno em sua respiração. Note quaisquer reações ou mudanças nos estados de mente-corpo. (3 minutos)
- Abra os olhos. Sem palavras, encontre uma forma de expressar gratidão ao seu parceiro de meditação pelo tempo de prática conjunta. Permita que surja um desejo sincero por sua felicidade e bem-estar, oferecendo e, então, recebendo esses bons sentimentos. Descanse no fluxo. (de 3 a 5 minutos)
- O sino pode ser tocado para sinalizar o fim da meditação.

O FLUXO DE RELAÇÃO

A prática essencial da psicoterapia relacional para o terapeuta é a sintonia momento a momento consigo mesmo, com o outro e com a relação. Essas esferas da experiência surgem juntas e influenciam umas às outras em um fluxo de experiência contínuo, em constante mudança. Para o clínico comprometido em cultivar *mindfulness* enquanto trabalha em terapia, a absorção nessas esferas aumenta de forma gradual e se torna conscientemente mais contínua, permeando e iluminando a prática terapêutica. Nossa aspiração torna-se clara: estar totalmente presente no relacionamento e ser uma presença benéfica na vida de um determinado paciente enquanto exploramos juntos a natureza de seu sofrimento.

Um sentido intensificado de envolvimento terapêutico pode parecer muito especial, mesmo sagrado. Segall (2003) escreve:

> Esse tipo de atenção momento a momento e de foco não egoísta compassivo é consistente com todas as formas de psicoterapia, mas intensificar o compromisso de alguém que é "apenas" profissional para alguém que também é espiritualizado leva a seriedade do esforço terapêutico para ou-

tro patamar. Dessa forma, estar totalmente presente com o cliente torna-se parte do caminho do próprio desenvolvimento espiritual do terapeuta. [...] Cada encontro terapêutico torna-se uma oportunidade sagrada de fazer valer cada palavra e cada momento (p. 169).

Como podemos nos inclinar na direção de tais experiências mutuamente edificantes da presença terapêutica? Eu (J. L. S.) tento iniciar cada sessão com a intenção de fixar a consciência na minha respiração e no meu corpo (inclusive pontos de contato com a cadeira e o chão) e lembro a mim mesmo de sustentar essa forma de presença incorporada. Então começo a expandir minha percepção para a experiência física do paciente na sala e para o fluxo de nossa relação, para o desdobrar da experiência, momento a momento, de conexão e desconexão durante a hora de terapia. Repetidamente, retorno para a experiência sentida do paciente, para a experiência que ele tem de si mesmo e dos outros em sua vida, para a nossa relação e para as qualidades variáveis dessas dimensões coemergentes. Com frequência faço uma pausa para interromper hábitos desgastados do meu papel como terapeuta (p. ex., ver alguma coisa em um paciente que posso ter visto em sessões passadas e então supor que a mesma coisa está acontecendo naquele momento) e fixar minha percepção na respiração ou nas sensações em meu corpo. Com o tempo, o campo de *mindfulness* relacional se expande e se torna o maior "recipiente" de todas essas experiências internas, externas e relacionais.

Um dos exercícios de *mindfulness* fundamentais de Buda é a contemplação "interna, externa e tanto interna como externa" (Nanamoli & Bodhi, 1995, p. 145). O monge erudito e budista Analayo (2003) escreveu:

> Contemplar internamente serve como base para entender fenômenos semelhantes nos outros durante o segundo passo da contemplação externa. Realmente, ter consciência dos próprios sentimentos e reações permite que se entenda os sentimentos e as reações dos outros mais facilmente (p. 97).

O *mindfulness*, direcionado de forma interna ou externa, é conhecido na psicologia budista como um *fator de iluminação* (ver Capítulo 4), e sua prática pode levar nossa percepção para além da dualidade sobre a centralidade no *self* versus no outro. Os terapeutas podem perder o equilíbrio praticando apenas a centralidade no outro, enquanto meditadores solitários podem tornar-se excessivamente focados em *mindfulness* interno, orientado ao *self*. Praticando os dois, a distinção entre interno e externo se torna menos significativa, embora a diferença convencional entre o *self* e o outro permaneça. A disposição para experimentar fronteiras fluidas e abrir-se para o fluxo e o desdobrar da experiência relacional caracteriza a prática clínica relacional.

Como a neurobiologia interpessoal tem começado a demonstrar, o cérebro humano, incluindo todo o sistema nervoso, é profundamente relacional. O *self* e o *outro* são influentes e reguladores mútuos. Por exemplo, a presença de neurônios espelho (Fadiga, Fogassi, Pavesi, & Rizzolatti, 1995), os caminhos sobrepostos da compaixão e da empatia no cérebro (Decety, 2011, Decety & Meyer, 2008), bem como a ressonância límbica (Lewis, Amini, & Lannon, 2001), subjazem ao nosso potencial para a mutualidade. A liberação de fronteiras fixas ou rígidas entre o *self* e o outro oferece oportunidades para conhecimento profundo, intersubjetivo. Essa desconstrução do que são comumente considerados "*selves*" separados, estáveis, é a base para trabalhar habilmente com mudança e crescimento na liberdade emocional. A arte da prática clínica é a capacidade de ver pequenas mudanças em nossos pacientes, de perceber novas possibilidades e, então, ajudar a realizar o que é possível nas vidas dos pacientes.

Por exemplo, meu (J. L. S.) paciente, Dave, tinha sempre seus olhos presos ao chão, em especial quando falava sobre pensamentos suicidas. Em uma sessão, observei seus olhos esquadrinhando o consultório enquanto ele falava. Essa percepção fugaz de maior abertura sinalizou para mim que era uma oportunidade de perguntar mais sobre seus medos e esperanças durante seus momentos mais sombrios. A prática de *mindfulness* relacional pode aprofundar e tornar tal conhecimento experiencial mais acessível, bem como conduzir a investigação terapêutica em uma direção mais alinhada e penetrante.

A abordagem relacional à psicoterapia (i.e., na qual a relação é a intervenção primária) supõe que a influência mútua é a base da transformação. Esse intercâmbio sutil, também conhecido como *troca bidirecional* (Jordan, Kaplan, Miller, Stiver, & Surrey, 1991) ou *causalidade recíproca* (Bandura, 1986), também foi descrito por Edward Tronick (2007) em sua pesquisa sobre as interações mãe-bebê. Ele descobriu que era possível determinar quem iniciava mudanças nas microexpressões faciais trocadas entre as mães e seus bebês porque elas pareciam surgir simultaneamente. Miller e Stiver (1997) descreveram tal inter-reatividade na terapia como *movimento relacional*, um reino invisível de interser e interação, ou *movimento-na-relação*. As relações estão perpetuamente em movimento, seguindo em direção a conexões mais profundas ou para longe delas. O terapeuta conduz de forma consciente a relação em direção ao aprofundamento ou à manutenção da conexão mútua por meio do reconhecimento e, após isso, trata, repara e trabalha para manter e curar as desconexões.

A TERAPIA COMO PRÁTICA RELACIONAL

A aspiração de um psicoterapeuta que pratica *mindfulness* relacional é promover a autodescoberta do paciente por meio de uma presença compassiva, inabalável. A exploração realizada pelo paciente pode ser guiada ou apoiada de muitas formas. O terapeuta pode encorajá-lo a retornar a uma experiência não percebida ou fugaz ("Podemos falar um pouco mais sobre o que você acabou de dizer? Parece importante."), a largá-la ("Podemos deixar de lado aquele pensamento por enquanto e voltar à sensação em seu corpo? Penso que existe uma mensagem aqui.") ou ajudá-lo a aterrissar ("Alguma coisa aconteceu que o levou para longe – vamos voltar à percepção do contato, à respiração corporal, aos pés tocando o chão, à percepção de estarmos juntos, respirando juntos, aqui e agora.").

Eu (J. L. S.) com frequência vivencio como esse sentido de mutualidade da percepção com um paciente tanto ajuda a nos sentirmos com os pés no chão e seguros quanto aumenta a intensidade e a clareza do *insight*. As mudanças na percepção que um processo de troca mútua oferece – ver por meio dos "meus" olhos, ver por meio dos "seus" olhos, ver o que "nós" vemos juntos – permitem que o paciente e o terapeuta "vejam" além dos limites da percepção centrada no *self*. Quando nos livramos do apego a ideias fixas, novas possibilidades são despertadas. Thich Nhat Hanh (2003) descreveu o cossurgimento de *insight* na comunidade, comparado à meditação solitária, como mais claramente vivenciado, mais memorável, mais concentrado e mais sustentável no processo da iluminação.

O *MINDFULNESS* DO *SELF*-NA-RELAÇÃO

A partir de conversas informais com clínicos, estimamos que aproximadamente 15% da hora de terapia é dedicada ao monitoramento de segundo plano da experiência do *self* – a percepção contínua de estados de mente-corpo internos, variáveis (p. ex., os batimentos cardíacos aumentam quando prestes a falar). O terapeuta pode registrar, por exemplo, reações de contratransferência durante as quais a atenção focada internamente aumenta. Podemos estar atentos a essa mudança e trabalhá-la, com frequência de maneira interna e silenciosa (p. ex., investigando: "O que desencadeou minha ansiedade e energia inquieta?"), ao mesmo tempo que permanecemos conscientes do paciente e de nossa relação. O terapeuta pode dirigir a percepção internamente para monitorar respostas empáticas, notar e liberar reações de contratransferência ou apenas decidir adiar esse trabalho interno e levá-lo à supervisão clínica.

Ao trabalharmos a partir de um modelo relacional, tentamos permanecer abertos às percepções de nossos pacientes sobre nós, ainda que preferíssemos não ser vistos de uma forma particular. Essa abertura tem base no *insight* de que não somos os únicos e privilegiados "especialistas" em nós mesmos, de que nossa autoimagem como terapeuta pode interferir no conhecimento de nós mesmos, e de que as informações sobre nossos próprios pontos cegos podem vir daqueles com os quais estamos intimamente relacionados, inclusive de nossos pacientes. Entretanto, o próprio crescimento do paciente permanece sempre a prioridade, enquanto prestamos atenção a tudo em nós mesmos que possa estar interferindo ou nos distraindo do envolvimento mútuo, profundo.

Rogers (1980) e Norcross (2011) enfatizam a *autenticidade* ou a *congruência* do terapeuta como um fator terapêutico essencial. Embora essa qualidade seja difícil de descrever, ela é apoiada por *mindfulness* de estados internos. Norcross define esse fator como "a capacidade do terapeuta para comunicar de forma consciente sua experiência com o cliente para o cliente" (p. 19). Rogers, Gendlin, Kiesler e Truax (1967) escrevem que "autenticidade [em um terapeuta é] estar [com] os sentimentos e atitudes que no momento estão fluindo dentro dele" (p. 100) e não esconder-se atrás de um papel profissional ou negar sentimentos que são óbvios no encontro. *Congruência* é tanto uma qualidade pessoal do terapeuta como uma qualidade vivenciada da relação. Ela pode ser cultivada ao longo do tempo na prática clínica – *mindfulness* de escuta profunda e discurso autêntico – e ser um dos resultados mais importantes da meditação relacional engajada.

O *MINDFULNESS* DO OUTRO-NA-RELAÇÃO

Um terapeuta relacional também pratica a atenção momento a momento à realidade do *paciente*, como ele ou ela está de fato sendo e se comunicando verbal e não verbalmente. Em seu livro *Acolhendo a pessoa amada*, Stephen Levine (Levine & Levine, 1995) descreve sua experiência meditativa de receptividade e consciência aberta momento a momento na relação com sua companheira Ondrea. Ele escreve:

> Observar com consciência misericordiosa as emanações sutis do corpo do outro, sua estranheza de movimento momentâneo, o arco de seu pescoço levemente distendido, a inclinação de sua cabeça, a coloração de sua pele, a tensão em torno da boca, o posicionamento das mãos e das pernas – na mudança de posturas da mente e do corpo, o coração de cada um recebe o processo do outro (p. 243).

Ele também descreve uma prática relacionada de perceber as qualidades de nossa própria visão:

> Perceber quando trazemos um olhar duro ou suave, observar o julgamento e o pensamento, bem como o nível, a profundidade e a manutenção do foco e como tudo isso faz eco nas condições do outro... estar muito atento momento a momento às qualidades inconstantes de "ver" e "ser visto" (p. 240).

Por meio de descrições dessa experiência de mudança momento a momento, Levine transmite com delicadeza o quanto os seres humanos estão de fato inter-relacionados (ou cossurgindo de forma mútua) e o quão profundamente isso pode ser entendido em relações íntimas, contínuas, tal como na terapia. Mesmo as qualidades relativas ao modo como vemos dependem de perceber como o paciente está se sentido em relação a ser visto. Essas mudanças e transformações ocorrem rápido demais para que possamos nos fixar nelas. Na prática de *mindfulness*, à medida que desaceleramos e vemos esse processo de maneira mais profunda, podemos fazer escolhas mais claras e responder de maneira mais eficaz.

A sintonia empática na relação, e ao longo dela, há muito tem sido considerada central na terapia. Carl Rogers (1980) definiu empatia como

> a capacidade sensível e a disposição do terapeuta em entender os pensamentos, os sentimentos e as lutas do cliente a partir do ponto de vista do próprio cliente. [...] Significa penetrar no mundo perceptual privado do outro [...] ser sensível, momento a momento, aos significados percebidos como inconstantes que fluem nessa outra pessoa ou notar o surgimento de novas sensações, percepções ou *insights*. Essa abertura à mudança sutil é essencial para "convidar o novo" para o fluxo de experiência. Pode significar entender os significados dos quais ele ou ela dificilmente estão conscientes (p. 142).

Mindfulness relacional é a base da capacidade do terapeuta para convidar um paciente a uma mudança nova ou sutil na direção da investigação terapêutica.

Além disso, sua prática apoia a clareza e a sutileza de percepção. Por exemplo, após meu retorno de um retiro de meditação relacional de cinco dias, uma de minhas pacientes entrou no consultório e imediatamente começou a falar. Entretanto, minha atenção foi atraída para o movimento de suas mãos. Ela estava expressando aflição com o retorcer de suas mãos, uma mão confortando a outra. O retiro de *mindfulness* tinha aguçado minha percepção das sensações corporais e estados de sentimento, e eu via e sentia de uma forma direta e visceral como essa paciente expressava sua solidão e sua ânsia por contato. A prática de *mindfulness* relacional tinha aberto meu coração e minha mente para receber sinais não verbais de forma mais vívida – com maior percepção, compaixão e compreensão – do que normalmente teria ocorrido.

Uma nova e importante pesquisa sobre empatia e o cérebro está revelando o que provavelmente ocorre quando vemos outra pessoa em sofrimento. A teoria da sobreposição da dor social (SPOT) sugere que tanto dores físicas como psicológicas são registradas em regiões semelhantes do cérebro (Eisenberg & Lieberman, 2004). Neurocientistas sociais como Jean Decety (2011), Tania Singer e Claus Lamm (2009) e Christian Keysers (2011) estão começando a mapear como nossos cérebros registram a experiência de outra pessoa, como chegamos a conhecer e entender o outro e onde no cérebro é provável que a empatia e a compaixão ocorram. Por exemplo, Decety (2006) estudou os padrões de ativação nos cérebros de um observador e de uma pessoa sofrendo, o que revelou tanto muita sobreposição quanto diferenças importantes. A pessoa em sofrimento apresenta mais atividade límbica e localização sensório-motora, enquanto o observador demonstra mais atividade do lobo frontal. A capacidade do observador de conhecer e de "estar com" a dor do outro, enquanto acrescenta outras funções executivas de ordem superior, parece ser uma boa descrição de empatia. Na prática clínica, o terapeuta precisa registrar em seu corpo a experiência de dor do outro, sabendo que ela não é sua própria dor, e então acrescentar outras qualidades, como cuidado, compaixão, equanimidade e inteligência emocional, ao encontro.

A empatia é sempre um processo relacional, contínuo, o que Surrey e Jordan (2012) chamam de *empatia mútua*. O terapeuta trabalha para "ver" e para "saber", sintonizando-se e ajustando-se ao que o paciente está vendo. Quando o terapeuta se aproxima da experiência do paciente, dando e recebendo microcomunicações, ele lê e interpreta mal os sinais do paciente até que este se sinta visto e ouvido. A ressonância emocional e somática cria, por fim, a experiência de estar junto, de não estar sozinho.

Jordan e colaboradores (1991) observam que "estar com" é um antídoto para a dor do isolamento e da desconexão, os quais estão no centro de tanto sofrimento na cultura moderna. A reconexão é um fator de cura fundamental na teoria relacional-cultural desenvolvida pelo Jean Baker Miller Training Institute, no Wellesley College (Surrey & Jordan, 2012). O movimento de sair do exílio e conectar-se com o resto da humanidade, em especial quando sofremos, é uma forma de entender o poder de cura da empatia e da compaixão.

MINDFULNESS DE RELAÇÃO-NA-RELAÇÃO

Miller e Stiver (1997) descrevem a sintonia para com a relação terapêutica como a principal tarefa do clínico. Por exemplo, o terapeuta atento pode estar consciente da textura da relação, da intensidade da conexão, das mudanças súbitas ou sutis para desconexão, do sentido de colaboração ou divisão, das lutas por poder e controle e da dança entre segurança e perigo. Em uma sessão de terapia de casais, eu (J. L. S.) perguntei ao marido se ele sentia uma mudança na relação quando ele fez um comentário que sua esposa entendeu como crítico. Ele descreveu ter sentido a textura da relação mudar abruptamente de "liso" para "áspero". Estar atento a isso pode ajudar a mudar a discussão de "ele disse, ela disse" para como os dois estão se reunindo ou se movimentando, para o que está acontecendo no espaço entre eles. Essa mudança de foco pode ser um grande alívio para os pacientes na terapia de casais, bem como para os clínicos engajados na psicoterapia individual.

Miller e Stiver (1997) também descrevem o poder dos relacionamentos mutuamente empáticos e fortalecedores no que se refere a contestar e desfazer imagens relacionais passadas construídas a partir de desconexões traumáticas ou crônicas. Eles enfatizam a importância de honrar as estratégias de desconexão para proteger a vulnerabilidade que todos nós desenvolvemos em nossas vidas racionais em graus variáveis. A percepção do terapeuta sobre o controle de suas próprias estratégias de desconexão pessoais e profissionais, e a liberdade de afrouxar esse controle, são cruciais para o trabalho paralelo do paciente.

Daniel Siegel (1999) estudou o papel que as relações sintonizadas e ressonantes desempenham no desenvolvimento do cérebro. O apego seguro sustenta a integração neural e da personalidade por meio de comunicação contingente, narrativa coerente, reparo das desconexões, suavização de estados mente-corpo negativos e amplificação de estados positivos. As primeiras experiências de apego têm o poder de moldar o cérebro e os relacionamentos ao longo da vida, mas, felizmente, novas experiências relacionais podem apoiar e impulsionar o desenvolvimento saudável em qualquer idade. Cozolino (2010) descreve como o poder de cura da relação pode transformar transtornos de apego ao recondicionar o cérebro. A relação terapêutica fornece uma base segura e estável que, ao longo do tempo, pode facilitar essas mudanças.

Terapeutas eficazes desenvolvem essa capacidade de permanecer presentes e conectados a si mesmos, ao outro e à relação. Por meio da prática de "permanecer com" as emoções e experiências difíceis, o *mindfulness* relacional é cultivado e mantido, e há menos identificação com qualquer estado emocional específico. Torna-se possível permanecer presente e equilibrado, contudo, totalmente engajado, em momentos desafiadores na terapia, sem apelar para a rotulação diagnóstica crítica (p. ex., "Ela é claramente *borderline*"). A equanimidade cresce ao longo do tempo, e momentos difíceis na terapia são percebidos menos como uma ameaça e mais como uma oportunidade de "estar com" e "permanecer com" um paciente.

Rogers (1980) e Norcross (2001) descrevem a importância da consideração positiva incondicional na relação terapêutica. A aceitação genuína, o respeito, a afirmação e o calor relacional têm uma influência positiva sobre o resultado da terapia. A prática do *brahma viharas* (atitudes e estados salutares da mente, como amabilidade, compaixão, alegria empática e equanimidade – ver Capítulo 4 e o Apêndice) é uma extensão produtiva da prática de *mindfulness* relacional. Dar e receber essas qualidades na psicoterapia pode trazer alegria, inspiração e liberdade emocional ao trabalho difícil de estar com o sofrimento de nossos pacientes.

Stephen Porges (2011a) pesquisou extensivamente o nervo vago e descobriu que, sob condições de segurança e serenidade, ele inibe a resposta de luta-fuga-congelamento. Em condições de troca verbal segura, tranquila, relaxada, com acesso a um ramo chamado *vago inteligente* (i.e., o vago ventral), podemos nos engajar em comportamentos sociais como contato visual, toque e empatia. Podemos "recrutar os circuitos neurais que nos permitem expressar os aspectos maravilhosos do ser humano, tais como *mindfulness*" (Porges, 2011b). Parece que as relações conscientes ativam o vago inteligente e maximizam o potencial para mudança psicológica.

Praticar a comeditação *mindfulness*: *mindfulness* do *self*, do outro e da relação

Este exercício pode ser mais bem conduzido por um terapeuta treinado no contexto de um seminário. Os participantes devem escolher parceiros e sentar-se em cadeiras ou almofadas. Cada par de parceiros decide quem será o primeiro a falar e, daí em diante, mantêm silêncio, exceto quando instruídos pelo líder. O líder usa um sino de meditação para indicar o início e o fim dos períodos de prática.

- Para começar, ambos os parceiros fecham os olhos e praticam *mindfulness* internamente, concentrando-se em inspirar e expirar. (3 minutos)
- Então eles abrem os olhos, mantendo um olhar suave, relaxado; não é necessário fixar o olhar. Os participantes são convidados a perceber o surgimento de diferentes emoções, pensamentos e julgamentos. Além disso, também são convidados a perceber qualquer desconforto que poderia surgir enquanto continuam com a respiração.
- Agora, o primeiro falante pratica a fala consciente, autêntica, enquanto seu parceiro pratica a escuta consciente, profunda. O falante responde às perguntas: "O que

está aqui agora? O que você percebe surgindo neste momento?". Os participantes são lembrados de fazer uma pausa, repetidamente, e notar o que está presente. O falante é convidado a permanecer com o que vê, ouve ou sente no corpo e alinhar sua fala com a experiência real. (8 minutos)
- Enquanto isso, o ouvinte pratica a escuta consciente profunda, o "estar com" o falante momento a momento... apenas recebendo e aceitando o que é dito.
- Então o ouvinte devolve o que ouviu, viu ou notou enquanto escutava, e o falante relata sua experiência de ser visto e ouvido. Eles podem discutir, por exemplo, como esta experiência difere da prática de *mindfulness* interno. (6 minutos)
- Então os parceiros trocam os papéis – o primeiro falante se torna o ouvinte, e o primeiro ouvinte se torna o falante. Repetem-se os passos anteriores.
- Ao término do exercício, os participantes são convidados a expressar gratidão, *em silêncio*, a seus parceiros de comeditação por compartilhar este exercício, permitindo que bons sentimentos surjam no coração do parceiro. Em seguida, esses bons sentimentos podem ser expressos verbalmente, e os participantes são encorajados a recebê-los também.
- Por fim, os participantes são convidados a descansar no fluxo de cuidado e amizade compartilhado. (3 minutos)

A PRÁTICA RELACIONAL EM PSICOLOGIA BUDISTA

Visto que a maior parte de nossas vidas é vivida em relacionamentos, experienciamos de forma contínua o contato interpessoal que faz vibrar uma rede interior de reações condicionadas. Somos criaturas interativas e inter-reativas; a reatividade condicionada em um desencadeia os padrões de reatividade no outro, afetando e influenciando um ao outro em uma dança contínua de inter-reatividade. Assim como a verdade do desconforto sensorial apoia-se em nossa sensibilidade a um ambiente físico estimulante, a verdade do sofrimento interpessoal nos revela como criaturas psicológicas sensíveis em um ambiente social complexo e estimulante. Os seres humanos são essencialmente relacionais.

Somos programados para relacionamentos, e nossa sobrevivência depende deles. Devemos contar com os outros para segurança, conforto e amor, tanto quando crianças como ao longo de nossas vidas. Formamos laços de apego que afetam todos os relacionamentos futuros, e somos moldados não apenas por nosso próprio sofrimento como seres humanos, mas também de forma indireta pelo sofrimento dos outros. Ser humano e relacional é ser tocado pela tristeza, pela lamentação, pela aflição e pelo desespero que brotam da participação na rede da vida e de nossas limitações biológicas compartilhadas, entre as quais a inevitabilidade de doença, envelhecimento e morte.

A partir desse fluxo aprendemos a construir um "eu", um sentido de identidade como um veículo para administrar o estímulo sensorial e participar na vida social. Essa estratégia inevitavelmente cria um sentido de separação entre nós e os outros. Como adultos, lutamos de maneira vigorosa entre nosso anseio de romper a dualidade *self*-outro e de nos refugiarmos nos relacionamentos (Surrey & Jordan, 2012) ao mesmo tempo que buscamos segurança, nos retirando para dentro da ilusão de uma identidade independente, separada. A cultura ocidental é obcecada com a centralidade e a primazia do indivíduo e com a definição do eu e do outro em relacionamentos hierárquicos e estratificados. As construções sociais de raça, classe, gênero, orientação sexual, etc., influenciam ainda mais nossos relacionamentos íntimos.

Uma análise budista do sofrimento interpessoal vai além de nossas psicologias contemporâneas, as quais postulam o "apego saudável" ou a "mutualidade" como um remédio para o sofrimento relacional. A primeira Nobre Verdade do Budismo (ver o Apêndice) declara que o sofrimento está incorporado na experiência humana. Há uma universalidade do sofrimento *interpessoal* na medida em que sempre buscamos segurança em um mundo contingente, incontrolável. Na prática da meditação relacional, podemos vivenciar de forma direta o sofrimento interpessoal com as capacidades de cura de *mindfulness* e da compaixão. A iluminação conjunta permite que apoiemos um ao outro para encontrar caminhos para maior serenidade e bem-estar. Paradoxalmente, reconhecer a inevitabilidade do sofrimento pode nos conduzir pelo caminho da libertação emocional – o fim do sofrimento, vivenciado de forma direta e liberado por meio da relação consciente um com o outro.

A PRÁTICA DE *MINDFULNESS* RELACIONAL

Os princípios básicos do Diálogo Introspectivo (de *insight*), uma prática de meditação engajada na relação, apoiam a prática de *mindfulness* relacional e são imediatamente aplicáveis à prática clínica. Ao mesmo tempo, esses princípios dão acesso a níveis muito sutis de *mindfulness* e apontam o caminho para a possibilidade de uma libertação emocional e psicológica profunda que chega às próprias raízes do sofrimento interpessoal. Mesmo clínicos experientes que começam a praticar o Diálogo Introspectivo podem descobrir profundidades da consciência relacional até então inimagináveis.

A abordagem do Diálogo Introspectivo originou-se da prática do retiro solitário dentro da tradição budista theravada. A comeditação é introduzida como uma extensão da meditação silenciosa. A prática inicial é uma oportunidade de observar os obstáculos emocionais que surgem quando nos envolvemos em um encontro face a face íntimo. De forma subsequente, pares de participantes praticam escuta profunda e fala autêntica enquanto contemplam juntos uma variedade de ensinamentos de sabedoria. Ao longo de talvez 5 ou 10 dias, *insights* profundos sobre a natureza da mente (impermanência, ilusão de um *self* separado) começam a surgir, e os fatos de iluminação com frequência são vivenciadas, tais como energia, alegria e serenidade (ver Capítulo 4).

ORIENTAÇÕES PARA O DIÁLOGO INTROSPECTIVO

A seguir estão as instruções para o Diálogo Introspectivo, uma prática relacional desenvolvida por praticantes da meditação *mindfulness* em geral, que pode ser adaptada para treinar clínicos em todos os níveis de experiência. Essas orientações são oferecidas em primeiro lugar por um professor ou praticante de meditação e então se tornam internalizadas.

Pausa

O convite à *Pausa* refere-se tanto a uma pausa temporal de pensamentos e respostas automáticos habituais como ao retorno para uma atitude ou lembrança de *mindfulness* (*percepção* da *experiência presente* com *aceitação* e *compaixão*). A Pausa permite a percepção da mudança de vibração do *self*, do outro e da relação, bem como a diminuição da identificação com reações emocionais fortes e do apego a construções mentais passadas (ver Capítulo 4). Ela é um lembrete para cultivar e manter *mindfulness*, momento a momento, perceber quando nossa atenção se desviou e o que a fez desviar-se e fazê-la voltar repetidamente a observar os pensamentos e os sentimentos, com frescor e curiosidade. Em uma troca verbal, a Pausa é especialmente útil para encorajar a prática de *mindfulness* antes de falar, durante a fala e após falar. A amplidão do silêncio por baixo do discurso traz profundidade e *mindfulness* àquilo que pode tornar-se automático e padronizado pelo papel de terapeuta. A Pausa pode parecer perturbadora no início por desafiar hábitos e modos de ser confortáveis.

Relaxamento

A orientação para *Relaxar* nos convida a acalmar nossos corpos e mentes e aceitar e receber quaisquer sensações, pensamentos e sentimentos que estejam presentes. Essa orientação convida à serenidade, mas, visto que o momento de contato interpessoal com frequência não é sereno, relaxar também visa cultivar uma atitude de aceitação de pensamentos e emoções difíceis. O Relaxamento pode amadurecer em concentração, compaixão e cuidado. A prática de Relaxamento por parte do terapeuta oferece serenidade e profundidade de "estar com" que se torna disponível ao paciente por meio da intimidade da relação. A descrição realizada por Siegel (1999) do terapeuta acalmando estados negativos e amplificando estados positivos é relevante nesse contexto.

Abertura

Quando nos abrimos, estendemos *mindfulness* para além das fronteiras da mente e do corpo para o chamado mundo *externo*. Na prática relacional, Abertura é a extensão ampla de meditação no momento relacional e na mutualidade. O lembrete para retornar à abertura e à percepção mais amplas pode ser uma forma direta de trabalhar o encerramento ou o fechamento da consciência relacional. *Abrir* serve como um lembrete de que fechar-se sozinho na consciência interna e perder o fio da consciência relacional é contrário ao compromisso de estar presente para o outro e à intenção de "estar com". O *mindfulness* do fluxo desse movimento contínuo de expansão e encolhimento pode ser conhecido e mantido, servindo como um roteiro utilizado pelo terapeuta para as qualidades em constante mudança dos movimentos relacionais, bem como apoio no aprofundamento da conexão empática com o paciente. O praticante da meditação relacional pode tornar-se familiarizado e fluente no movimento entre *mindfulness* de fenômenos internos, de fenômenos externos e de ambos simultaneamente. Dessa forma, o terapeuta está menos propenso a perder-se em si mesmo ou no outro; a empatia pode surgir a partir de *mindfulness* externo, enquanto a percepção interna do corpo pode permanecer fundamentada e estável.

Emergir da confiança

A orientação para *Emergir da Confiança* convida o terapeuta (e, por meio de sua conexão, o paciente) a libertar-se de seus compromissos e história passada, a suavizar a atitude de certeza impositiva e a permitir o conhecimento que está surgindo no momento presente. Na prática relacional, o surgimento de um novo *insight* com frequência é coemergente – nem em uma pessoa, nem outra apenas, mas na relação produzida entre elas. O Emergir da Confiança apoia a qualidade de descoberta mútua e oferece ao terapeuta e ao paciente o convite para investigar e descobrir, para ver juntos, sentar juntos à beira do saber criativo, surgindo em seu próprio tempo e em seu próprio ritmo, na percepção momento a momento.

Escutar profundamente

Escutar profundamente, uma prática de meditação plena em si mesma, é um convite para estar consciente dos obstáculos à receptividade plena e para descansar na profunda sintonia e ressonância não autorreferencial, incorporada. Esse tipo de escuta é uma prática fundamental para os clínicos. Nós praticamos a escuta receptiva, de corpo inteiro, do discurso, das palavras, dos movimentos e expressões não verbais e incorporados do outro. Ao mesmo tempo, permanecemos conscientes dos aspectos internos inconstantes da escuta, da visão, do sentimento e da ressonância com – todos qualidades da escuta empática. Aprender a fazer uma Pausa durante a escuta ajuda os clínicos a oferecer profundidade de atenção, concentração e amplidão à relação. Esse tipo de atenção é recebido pelo paciente como aceitação incondicional e afeto não possessivo (Rogers, 1961). Um terapeuta treinado no método de Focalização o descreveu como "mínima intromissão, máximo acompanhamento" (J. Kagsburn, comunicação pessoal, 8 de março de 2011).

Falar a verdade

O último princípio para o diálogo introspectivo convida o praticante a trazer a autenticidade de presença e de discurso para a relação terapêutica. *Falar a Verdade* e *Escutar Profundamente* estão entrelaçadas na prática relacional. O terapeuta também encoraja a autenticidade no paciente falando a verdade para ele ou ela. Os fatores de cura relativos a autenticidade (Rogers, 1961) e congruência (Norcross, 2011) emergem e cossurgem de forma mútua na relação. Além disso, a relação é, aos poucos, liberada de fixidez, superficialidade, impasse ou estados crônicos de desconexão (sutis ou grosseiros) por meio da prática da autenticidade que tem *mindfulness* e concentração como sua base. Miller e Stiver (1997) descrevem um caminho para aprofundar ou restaurar a conexão quando a relação terapêutica começa a parecer emperrado, espinhosa, inerte ou presa a um impasse. Eles lembram o terapeuta de que encontrar "uma coisa verdadeira" (alguma coisa honesta e genuína) que possa ser dita com frequência fornece uma abertura, um retorno da possibilidade de movimento e mudança. Encontrar essa verdade subjetiva e colocá-la em linguagem clara, nova, relevante, cria uma relação rejuvenescida pelas palavras como portadoras de significado, compaixão e percepção.

OS FATORES DE ILUMINAÇÃO E A PRÁTICA DE COMEDITAÇÃO

Buda descreveu sete fatores de iluminação (ver Capítulo 3 e o Apêndice) que surgem de forma natural a partir do amadurecimento da prática de *mindfulness* e que podem ser cultivados diretamente na meditação relacional. Eles são especificamente desenvolvidos em retiros de Diálogo Introspectivo. Esses fatores (*mindfulness*, investigação de fenômenos, energia, alegria, serenidade, concentração e equanimidade) são tocados, mas com frequência não plenamente compreendidos, na prática terapêutica comum. O cultivo desses fatores na meditação relacional potencializa seu poder no caminho da iluminação conjunta e aponta para os psicoterapeutas uma nova profundidade em sua prática.

À medida que o clínico desenvolve os fatores de iluminação, sua experiência da relação terapêutica passa por mudanças qualitativas significativas. *Mindfulness* e concentração, juntos, promovem atenção ininterrupta ao *self*, ao outro e à relação. Com essa qualidade de consciência relacional, percebe de forma mais clara e responde de forma mais profunda às nuanças de expressão nos olhos, na voz e na linguagem do cliente. A compaixão e o cuidado aumentam e são equilibrados pela equanimidade. Quando todos os fatores são fortes e equilibrados, especialmente se estamos envolvidos com alguém que também está meditando dessa forma, podemos vivenciar uma intimidade que não é baseada em construções emocionais compartilhadas, mas, antes, tem uma qualidade de estar reunido – uma intimidade não construída, "sem nada no caminho". O ponto de referência comum não é mais a personalidade e suas preocupações, mas a própria consciência.

Ao mesmo tempo, a prática de *mindfulness* facilita a compreensão direta da natureza impermanente do *self*, do outro e de todos os construtos; eles se tornam fenômenos surgindo e desaparecendo, sem um núcleo central. As fabricações protetoras da personalidade, mesmo a identificação da pessoa com o corpo como *self*, podem decair, deixando uma experiência cossurgida de consciência clara, simples, pacífica. Esse tipo de experiência expande de modo significativo o espectro do que podemos ter pensado ser possível na relação. Sentir a vida e a paz de um modo de ser não construído, não defendido junto ao outro, terá um impacto profundo em nossas vidas diárias e em nosso trabalho como terapeutas.

Em sua revisão abrangente da pesquisa sobre os benefícios clínicos da prática de *mindfulness*, realizada em 2011, Davis e Hayes escrevem que não houve pesquisas que estudassem os benefícios da experiência de intersubjetividade, ou *interser*, embora o movimento da alienação ou separação para a experiência humana compartilhada seja implícito no poder de cura da compaixão. Mais estudos sobre *mindfulness* relacional podem ajudar a identificar e diferenciar fatores de cura específicos e validar o valor clínico dessa prática na relação terapêutica.

6
Prática de ética

Stephanie P. Morgan

> É de interesse comum fazer o que leva à felicidade e evitar o
> que leva ao sofrimento. E porque, como já vimos, nossos
> interesses estão inextricavelmente ligados, somos forçados a
> aceitar a ética como a interface indispensável
> entre o meu desejo de ser feliz e o seu.
>
> – DALAI LAMA (1999)

Do ponto de vista budista, o treinamento da ética é um componente fundamental para viver de forma hábil e feliz (Dalai Lama, 1999; Hanh, 2007). Embora tenha um lugar no treinamento da saúde mental ocidental, a ética normalmente não é entendida como tendo o alcance e o poder que lhe são concedidos nas tradições budistas. Este capítulo apresenta os aspectos centrais do treinamento da ética budista, examina as formas nas quais o compromisso pessoal com essa disciplina pode aumentar nossas habilidades clínicas e explora como poderíamos nos envolver habilmente com as questões éticas nas vidas de nossos pacientes. Pretende-se convidar à investigação de uma prática que pode ser de grande ajuda para nós, tanto pessoal como profissionalmente. Mais perguntas são feitas do que respondidas.

No treinamento da saúde mental, as discussões éticas em geral estão focadas em ajudar os clínicos a evitar irregularidades e ficar longe de problemas. À medida que nossa cultura se tornou mais litigiosa, houve um aumento proporcional no número de livros, artigos e palestras sobre ética, com frequência sob o título de *gestão de riscos*. Entretanto, há pouca literatura que trata de como as considerações éticas poderiam iluminar o encontro terapêutico (Monteiro et al., 2010) ou aumentar nosso bem-estar como clínicos (Devettere, 1993).

Por que nossas tradições psicoterápicas têm essa postura distante em relação à ética? No Ocidente, a moralidade tem sido considerada uma matéria mais religiosa do que científica. Na medida em que a psicologia e a psiquiatra se tornaram cada vez mais científicas, as questões de moralidade foram deliberadamente deixadas de lado. Além disso, qualquer ênfase na moralidade foi vista como uma ameaça ao valor distintivo da psicoterapia – a liberdade do indivíduo. Contudo, nas duas últimas décadas, a pesquisa a partir do campo da psicologia positiva (Dahlsgaard, Peterson, & Seligman, 2005; Peterson & Seligman, 2004) demonstrou uma correlação entre comportamento ético e felicidade. Estudos indicam uma relação bilateral entre moralidade e bem-estar: pessoas mais felizes agem com mais ética, e o comportamento ético leva a maior felicidade (Diener & Kesebir, 2008; James & Chymis, 2004). Esses achados certamente merecem nossa atenção como profissionais da saúde mental. De forma semelhante, a psicologia budista há muito reconheceu que a motivação para o comportamento moral não precisa derivar de uma proibição limitadora, mas, antes, pode originar-se do entendimento de que o comportamento moral aumenta nossa felicidade e a felicidade dos outros. A ação ética pode evoluir de alguma coisa que a pessoa *deve* fazer para alguma coisa que ela *quer* fazer.

TREINAR A ÉTICA BUDISTA

Essa motivação – o desejo de aumentar nosso bem-estar e nossa felicidade – está no centro do entendimento budista sobre o comportamento ético. Embora enfatize a conduta ética como meio de prevenir ou reduzir o dano, a tradição também descreve como ela aumenta o bem-estar. De acordo com o estudioso budista Andrew Olendzki (2012), a *saúde moral* é considerada um aspecto importante do bem-estar global de uma pessoa. Assim como as escolhas comportamentais afetam a saúde física, as decisões éticas afetam a saúde moral. O treinamento da ética budista também é notável por sua ênfase na pesquisa pessoal. Ao realizar o treinamento da ética, começamos uma investigação fenomenológica de causa e efeito. Como Owen Flanagan (2011), um estudioso da moral contemporâneo, observa, "O budismo é a única religião que pede que suas alegações sobre a verdade sejam verificadas por meio de pesquisa". Examinamos em nossa própria experiência o que acontece quando agimos de forma ética e o que acontece quando não o fazemos.

Além disso, o termo *treinar ética* transmite apropriadamente a natureza evolutiva da iniciativa – um praticante é um eterno aprendiz, desenvolvendo sensibilidade moral crescente e maior capacidade de viver de acordo com sua consciência. Do ponto de vista budista a respeito da interdependência de todas as coisas, a ética é a manifestação comportamental do bom teste de realidade. Como Dalai Lama afirmou, "Devido à interligação fundamental que está no coração da realidade, o seu interesse é também o meu interesse" (1999, p. 47).

A ação moral é cultivada pela observação de cinco preceitos básicos (Aitken, 1983; Hanh, 1998). Em vez de proibições, esses preceitos são orientações para viver de maneira hábil. Eles moldam uma disciplina, que, quando realizada, acalma a mente e permite o desenvolvimento daquilo que Davis (2011) chama de *sensibilidade moral*. Tradicionalmente, os cinco preceitos foram descritos como abster-se de (1) matar, (2) roubar, (3) má conduta sexual, (4) mentir e (5) usar substâncias intoxicantes. Nas últimas décadas, o mestre zen e professor Thich Nhat Hanh (2007) ofereceu uma reformulação desses preceitos para tratar as realidades e os desafios da vida contemporânea. Nessa reformulação, as orientações para comportamento hábil incluem atos comissivos e atos restritivos:

1. Abster-se de matar – ação compassiva, reverência pela vida.
2. Abster-se de roubar – preocupação com justiça, generosidade.
3. Abster-se de má conduta sexual – habilidade com a energia sexual.
4. Abster-se de mentir – discurso honesto, hábil.
5. Abster-se de ingerir substâncias intoxicantes – consciência do consumo.

De ponto de vista budista, o cultivo da sensibilidade moral e a ação moral hábil são experienciais, evolutivos e operam em conjunto. O treinamento requer atenção e esforço em três dimensões: concentração (em sânscrito: *samadhi*), *insight* (*prajna*) e ação moral (*sila*). Tradicionalmente denominado *treinamento triplo*, essas dimensões são interdependentes – cada uma potencializa as outras duas. Realizar os preceitos cria um efeito calmante, tranquilizante, na vida da pessoa, o que auxilia a concentração. Maior concentração leva a mais *insight*, o que, por sua vez, aprofunda e aperfeiçoa nossa compreensão dos preceitos e nossa capacidade de incorporá-los. *Sila*, ou a prática da moralidade, estimula e desenvolve nossa compreensão enquanto também é uma expressão dela (Olendzki, 2010). Nós *a trabalhamos*, por assim dizer, e *ela nos trabalha*. Além disso, cada um dos preceitos é entendido como representando um *continuum*, oferecendo a oportunidade de estar atento, praticar e aprender com o crescente aperfeiçoamento na sabedoria e nos meios hábeis. Praticar os preceitos envolve reflexão, intencionalidade com o comportamento e percepção de causa e efeito.

Essa prática envolve cuidar com um toque suave. Na descoberta de que os preceitos são, na verdade, impossíveis de manter, nós cultivamos a humildade genuína. Como Davis (2011) observa, "Essa abordagem experiencial à moralidade é tão exigente como é libertadora" (p. 12). Nós praticamos os cinco preceitos sabendo que iremos falhar regularmente, embora, à medida que nossa compreensão se aprofunda, com mais frequência iremos agir habilmente. A prática dos preceitos nos abre cada vez mais para o que poderíamos chamar de *margens de prática*. Nessas margens, afiamos nosso discernimento. Entendemos mais sobre as causas, as condições e os desfechos de nosso comportamento. Expressamos nossa disposição de começar de novo, de forma sistemática – tanto quanto se faz quando se tenta apenas estar com a respiração na prática da meditação.

Existe também uma similaridade entre o circuito de *feedback* observado na prática da ética e o que observamos enquanto uma sessão de terapia se desdobra: quanto mais prestamos atenção, mais percebemos. Quanto mais percebemos, mais habilmente interagimos com nossos pacientes. Quanto mais habilmente interagimos com nossos pacientes, mais material rico resulta, o que, por sua vez, convida a uma atenção ainda mais aprimorada. Embora esse nível de atenção seja desafiador, ele também é inspirador e adiciona frescor ao nosso trabalho diário.

TREINAMENTO DE ÉTICA PARA O TERAPEUTA

O ponto de partida para treinar ética é observar nosso próprio comportamento, tanto dentro como fora de nossos consultórios. Usaremos cada um dos cinco preceitos como uma lente e exploraremos as formas como essa lente pode intensificar e aprimorar nosso trabalho clínico. Como Dalai Lama (1999) diz, "É muito mais útil estar ciente de um único defeito em nós mesmos do que estar ciente de mil em outra pessoa. Pois quando a culpa é nossa, estamos em posição de corrigi-lo" (p. 153). As seguintes são apenas algumas das muitas formas de explorar nossa conduta no curso de nossa prática clínica.

Primeiro preceito: reverência pela vida

O juramento de Hipócrates declara: "Primeiro, não causar danos". Embora essa certamente seja nossa intenção como psicoterapeutas, olhando mais de perto, vemos que tal preceito é impossível de manter. Meu colega Ed Yeats adverte sabiamente: "Somos mais perigosos quando não temos consciência de nossa capacidade de causar dano" (comunicação pessoal, 1995). Trabalhando com esse preceito de maneira clínica, investigamos aquelas formas por meio das quais nossas ações podem ser involuntariamente prejudiciais.

Trabalhar a raiva

Como lidamos com nossa própria raiva quando ela surge em uma sessão? Perceber que a raiva está presente é o primeiro passo. Se repudiamos esse aspecto de nossa experiência, temos mais probabilidade de sermos dirigidos por ele de alguma forma – seja uma redução na empatia, uma resposta inábil, seja um distanciamento do paciente. Ao trabalhar com um paciente que tinha um padrão de cancelamentos, descobri que eu me tornava mais lenta do que o habitual para retornar suas ligações e remarcar alguma sessão. Ao me tornar consciente de minha própria encenação, foi possível levar a questão para tratamento e exploração mútua.

Formas sutis de maus-tratos

Pode ser útil darmos um passo para trás em relação a nossa carga de trabalho e examinarmos a qualidade do tratamento que estamos oferecendo para cada um de nossos pacientes. Cada um de nós tem seus próprios padrões com relação a pontualidade, receptividade a telefonemas e modo como terminamos as sessões. Onde quer que seu padrão esteja estabelecido, há algum paciente com o qual o padrão é um pouco mais baixo? Tornar-se consciente daqueles indivíduos cujo horário de consulta poderíamos mudar mais facilmente, ou com os quais ficamos à vontade estando alguns minutos atrasados, dirige nossa atenção a esses comportamentos, permitindo-nos induzir uma atenção mais incondicional. Com nosso desleixo, podemos estar explorando a boa vontade do paciente ou reencenando uma forma sutil de negligência familiar. Mais uma vez, o aspecto maravilhoso de trabalhar com esse primeiro preceito é que ele nos convida a examinar nossos comportamentos nesse nível mais sutil, aumentando a coerência entre nossas intenções e nossas ações.

Cometer erros

Uma das duras verdades sobre fazer psicoterapia é que cometemos erros. O terapeuta existencial James Bugental (1987) diferencia culpa *realista* de *neurótica*. Na culpa realista, vivenciamos um desconforto criativo quando reconhecemos um erro e aprendemos com ele. Ele nos desafia a estarmos conscientes de que, embora sejamos provavelmente melhores em nosso ofício hoje do que éramos anos atrás, talvez também sejamos menos capazes agora do que seremos em outro ano. Esse é o espírito de humildade com o qual trabalhamos segundo os preceitos da prática budista. Como minha colega Nancy Cahan afirmou, "Você absorve e aprende o que há para aprender" (comunicação pessoal, 2011). Uma experiência durante meu treinamento ilustra esse entendimento:

> Eu estava vendo uma costureira aposentada que era muito grata pelo meu tempo e minha atenção. Ela começou me trazendo pequenos presentes costurados à mão. Eu agradeci e tentei explicar que os presentes eram desnecessários. Os presentes continuaram chegando: um estojo de tecido para óculos, uma capa de tecido para a caixa de lenços. Eu discuti o dilema com meu supervisor e fui instruída a estabelecer um limite; ele afirmou que era antiético continuar a receber os presentes. A paciente me ouviu e parou de me trazer presentes, mas, infelizmente, também parou de ir às sessões, abandonando o tratamento. Ingenuamente me atendo à "letra da lei," não captei seu espírito. Fosse eu mais experiente, teria encontrado uma forma de trabalhar esse dilema, me rendendo a um processo que teria sido mais turvo, mas também mais mútuo e respeitoso.

Como Schwartz e Sharpe (2010) sugerem, "A habilidade moral e a vontade, assim como a habilidade técnica, são aprendidas praticando o ofício" (p. 271).

Segundo preceito: dinheiro e equidade

Para que estamos sendo pagos?

Na tentativa de sermos justos tanto com nossos pacientes como com nós mesmos, poderíamos perguntar: "Para que eles estão nos pagando?". Podemos todos concordar, talvez, que uma coisa pela qual nossos pacientes estão nos pagando é a atenção hábil. Temos a intenção de oferecer nossa atenção; no entanto, temos, como Joan Halifax (1993) diz, "mentes rebeldes e corações esquecidos" (p. 144). Quando trabalhamos com esse preceito, nos comprometemos a não roubar nosso pacientes por meio de nossa desatenção. O tempo é precioso. Pense nos seus honorários por sessão e divida por 50, se você faz uma sessão de 50 minutos. Então, se seus honorários são $100, um paciente está pagando $2 por minuto. Se estamos distraídos fazendo nossa lista de supermercado, nosso paciente não está obtendo o máximo proveito. Embora nossa desatenção também possa indicar outros fatores no tratamento, essa reflexão acrescenta outra dimensão à nossa percepção. Mais uma vez, trabalhar com o preceito não se trata de nos acusarmos, e sim de examinar cuidadosamente nossas motivações e nossos comportamentos, bem como suas causas e efeitos.

Existem outras formas pelas quais podemos explorar o tempo dos nossos pacientes. Fazemos mais perguntas quando alguém está falando sobre algum conteúdo pelo qual estamos particularmente interessados em nosso próprio proveito? Trabalhar com esse preceito nos desafia a sermos mais conscientes dos motivos por trás da nossa curiosidade. Podemos trazer atenção consciente às perguntas que fazemos e a por que as fazemos. Se estamos perguntando por mera curiosidade ou para satisfazer um interesse particular, é mais justo agir com moderação. Um colega me disse que uma vez perguntou a seu terapeuta: "É uma pergunta para mim ou para você?".

Uma questão semelhante surge com o conteúdo gratificante. Quando um paciente é divertido ou engraçado, adoramos nos recostar e apreciar a viagem. Quando alguém se apaixona, nos deleitamos ouvindo todos os detalhes entorpecentes. Mais uma vez, essas são questões delicadas e matizadas para nosso discernimento. Nosso prazer não é necessariamente problemático, e as pessoas também querem ser apreciadas. Essas duas dinâmicas podem ser apenas o remédio certo. Entretanto, queremos acompanhar o que está acontecendo dentro de nós mesmos e perceber nossos motivos no momento.

Honorários

Esse segundo preceito relativo à equidade também fornece uma perspectiva que podemos trazer para os nossos honorários. Ser pago pelo trabalho que fazemos é essencial e apropriado. O pagamento e os limites em torno do tempo nos permitem sentar com os pacientes de uma forma que é, como disse o filósofo Paul Russell, "livre de necessidade". O valor disso não pode ser superestimado. Uma pessoa está pagando para estar em uma relação na qual não necessitamos de nada advindo dela, e não há nenhuma necessidade de nosso paciente ser algo para nós. Contudo, dentro do complicado território de honorários e pagamento, trabalhar com esse segundo preceito envolve:

- Ver nosso trabalho como um sistema ecológico, no qual honorários mais altos podem nos permitir fornecer alguns serviços por honorários mais baixos. No treinamento do trabalho social, a tradição do trabalho *pro bono* é uma característica da profissão. Trabalhar com esse preceito envolve praticar a generosidade com nosso tempo e esforço.

- Saber em que lado da estrada estamos e conhecer nossas inclinações e vulnerabilidades com relação a dinheiro. Estamos preocupados demais com dinheiro? Damos atenção insuficiente a essas questões? Se não temos consciência de nossas tendências, elas repercutirão no tratamento.
- Examinar nossas relações monetárias com terceiras partes pagadoras e com o imposto de renda. Temos um padrão consistente em todos os sentidos ou racionalizamos padrões diferentes?

Terceiro preceito: habilidade com a sexualidade

Esse preceito se refere a abster-se de qualquer envolvimento sexual, reconhecer o poder da energia sexual e comprometer-se a desenvolver compaixão e sabedoria em torno dela. Como terapeutas, é um grande presente para os nossos pacientes ser amoroso e seguro para amar. Por *seguro para amar* quero dizer que os pacientes podem ter sua gama completa de sentimentos, a qual poderia incluir amor e desejo. A consciência nos ajuda a permanecer firmes e receptivos a toda essa gama de expressões, embora ao mesmo tempo não abandonando nossa posição.

Ao trabalhar com esse preceito, tentamos nos abster de usar nossos pacientes para nossa própria gratificação. Se nos pegamos fazendo alguma coisa incomum em relação à nossa aparência ou de alguma forma buscando antecipar o encontro com determinado paciente, isso pode indicar a necessidade de mais atenção às nossas motivações. Nosso comportamento indica algum anseio, ausência ou dimensão de sentimento em nossa própria vida que mereça atenção?

Uma estudante universitária encantadora que estava em terapia compartilhou que sua terapeuta de meia-idade exclamou, "Você se parece muito com minha amiga da faculdade!" Ela relatou isso porque achou que era fora de contexto, mas duvidava de sua própria resposta, visto que geralmente se sentia confiante e apoiada por sua terapeuta. Esse comportamento, embora não seja uma violação de limites flagrante, indica as formas como, se não formos conscientes, nosso próprio desleixo com a energia sexual pode diminuir a confiança de nossos pacientes. Trabalhar com esse preceito envolve tomar cuidado com nossos sentimentos e impulsos.

Energia da sedução

Esse preceito levanta a questão de como nos relacionamos com a energia da sedução. A energia da sedução pode representar muitas coisas diferentes, dentro e fora da sessão de terapia. Ela é uma celebração de vida e vitalidade? É uma forma de evitar a dor que merece atenção? É uma forma velada de agressão? Para muitos de nós, nosso conforto ou desconforto reflexivo com a energia sexual pode inibir nossa percepção e investigação. Poderíamos nos separar nos desligando reflexivamente ou participando com menos consciência. Para navegar nessas águas de maneira sábia, é preciso atenção e prática.

A ludicidade pode ser afirmação de vida. Eu percebi que há casos nos quais eu estive trabalhando com um paciente ao longo do tempo e então, um dia, eu simplesmente o vi de uma maneira nova, mais atraente. Ter percepção dessa nova energia é com frequência um prenúncio de a pessoa se sentir melhor – menos deprimida ou menos ansiosa.

Se a energia da sedução parece uma defesa contra a vulnerabilidade subjacente, um reconhecimento amável pode ser útil. Por exemplo, "Embora eu me sinta lisonjeada por você estar flertando comigo, talvez seu coração necessite de um tipo diferente de atenção". Quando a sedução parece sufocada ou sufocante, pode haver hostilidade subjacente. Na tentativa de responder de maneira eficaz a essa forma de sedução, com frequência nos sentimos "amarrados" e desconfortáveis. Nessas ocasiões, a introdução de uma perspectiva existencial pode ser útil. Às vezes eu encontro uma forma de abordar a questão do envelhecimento ou da morte. Trabalhando com um empresário poderoso de cerca de 60 anos, eu estive repetidamente lutando, me sentindo impotente e ineficaz em face de suas excentricidades. Um dia, simplesmente declarei: "Você sabe, nós dois estamos ficando velhos". Essa verdade existencial teve um grande efeito tranquilizador e fundamentou nossa conexão em alguma coisa real.

Quarto preceito: fala hábil

O quarto preceito, fala hábil, provavelmente é o que tem mais ramificações para a psicoterapia. O que dizemos ou não dizemos é um aspecto central do encontro terapêutico. Mais importante, nossa confiabilidade é fundamental para o poder terapêutico da relação.

Honestidade

Joseph Goldstein, professor de meditação *vipassana* sábio e mais velho, disse uma vez que se realizássemos esse preceito de forma completa teríamos uma prática plena – ele cultivaria percepção e discernimento suficientes para trazer a iluminação. Mentimos em pequenas atitudes o tempo todo. A prática desse preceito leva a nos olharmos no espelho. O que racionalizamos sobre o imposto de renda? O quanto somos impecáveis em nossas negociações com corretores de seguro? Quando não somos totalmente honestos com nossos pacientes, quais são as implicações?

A verdade nua adianta o nosso trabalho. Lembro de um momento em meu próprio tratamento. Eu estava olhando para baixo, falando sobre alguma coisa, e aconteceu de eu olhar para cima e sentir que a atenção da minha terapeuta tinha-se desviado. Eu perguntei: "Onde você foi?", e ela respondeu: "Não muito longe". Eu adorei sua resposta porque me senti plenamente atendida naquele momento. Sua honestidade enriqueceu a proximidade e a autenticidade em nossa relação.

Quando podemos nos adiantar e reconhecer nossos tropeços, com frequência sentimos desconforto e mais intimidade. Meses atrás, tive uma consulta marcada em um horário no qual geralmente não trabalho. Lembrei-me disso horas mais tarde. Quando me preparava para ligar para minha paciente, considerei as múltiplas formas como eu poderia justificar o que havia ocorrido. Naturalmente, nenhuma pareceu muito satisfatória, uma vez que nenhuma era verdadeira. Eu liguei para ela e disse: "Jean, eu esqueci completamente". Fazemos nossas melhores tentativas, e, quando falhamos, esse preceito nos convida a sermos verdadeiros sobre as coisas, exatamente como elas são. No contexto do tratamento responsável, as pessoas em geral podem perdoar nossa falibilidade. Certamente há momentos em que a honestidade nua não é adequada e pode ser dolorosa. Contudo, a motivação para nossas "mentirinhas brancas" reflete com mais frequência aquilo que Steven Pinker (2008) descreve como "uma tendência desagradável de nos colocarmos do lado dos anjos" (p. 58).

Abster-se da fala frívola

Trabalhar com o preceito da fala hábil também inclui um exame da fala frívola – uma conversa que é desnecessária e pode diminuir a riqueza de um momento. Às vezes, é melhor manter a textura de um silêncio imperturbável, visto que um silêncio compartilhado pode produzir aprofundamento da expressão. Quando estamos plenamente disponíveis para acompanhar um paciente em silêncio, podemos estar ajudando-o(a) a encontrar a liberdade de apenas ser.

No início e no fim da sessão, somos mais propensos a cair em padrões de fala reflexivos. Queremos transmitir calor, contudo, isso poderia ser transmitido de forma mais eficaz pelo contato visual, acolhendo plenamente a pessoa quando a cumprimentamos, em vez de usar uma saudação "tagarela" socialmente convencional. Embora uma pessoa às vezes seja livre para iniciar a sessão por meio de uma conversa amigável, queremos estar conscientes do que motiva nossa conversa. Da mesma forma, o fim de uma sessão pode ser a ocasião de um maior cuidado com a fala. Existiram situações nas quais eu me levantei e vi a pessoa à porta de uma maneira que não estava de acordo com o afeto da sessão que tínhamos acabado de ter, quando eu caí em uma forma de despedida menos presente, socialmente condicionada. A prática da fala hábil nos auxilia a estender nossa atenção às interações transicionais que são parte do encontro terapêutico.

Revelação

Os professores de meditação com frequência afirmam que a fala hábil requer que façamos duas perguntas:

1. Ela é honesta?
2. Ela é hábil?

Temos procurado a honestidade. Explorar a revelação nos leva à questão da habilidade. A informação será útil e é um bom uso do tempo limitado do paciente conosco? Com muita frequência, quando revelamos isso de forma espontânea, tal fato reflete aquilo que Joseph Goldstein (2010) refere como "o desejo irresistível, impregnado de vaidade, de dizer: 'Aqui estou'". Esses comentários raramente contribuem para a experiência de nosso paciente.

Embora não existam fórmulas rigorosas quanto à revelação, a inclinação à restrição nos dá espaço e tempo para perceber nossas motivações e considerar as consequências. Certamente, quando uma ausência de revelação contribui para uma ausência de teste de realidade, pode ser doloroso ficar em silêncio. Além disso, há ocasiões em que um cliente nos faz uma pergunta, e uma resposta direta o ajuda a vivenciar mutualidade e respeito na relação. Quando temos dúvidas acerca de revelar, também temos uma terceira opção, que é compartilhar nosso processo de consideração.

Quinto preceito: consumo consciente

Esse preceito trata da restrição do uso de qualquer substância que obscureça a mente e, eu poderia acrescentar, o coração. Evidentemente, se estamos lutando contra o abuso de substância, há um nível de dor em nossas vidas que irá dificultar nossa capacidade de estarmos plenamente com outra pessoa.

De forma mais ampla e sutil, esse preceito diz respeito a tudo o que consumimos. Ele nos oferece a possibilidade de examinar o que ingerimos com cada um de nossos sentidos. Como diz o ditado, "Nós somos o que comemos". Fazemos nosso melhor trabalho quando cuidamos de nós mesmos. Além da salubridade do alimento que ingerimos, podemos investigar o material que lemos, a mídia que adotamos, o grau em que estamos nutrindo plenamente nossos *selves*. Quando olhamos de perto essa área, podemos ver o impacto que o consumo consciente pode ter sobre nosso trabalho clínico, bem como sobre nosso bem-estar geral.

Todos nós temos momentos em que estamos lutando contra circunstâncias da vida e nos sentimos esgotados. Percebemos que não estamos plenamente presentes ou que estamos buscando alguma coisa para fornecer estimulação adicional durante a sessão de terapia. Poderíamos nos encontrar fazendo mais perguntas ou nos tornando excessivamente ativos de uma maneira que não é receptiva ao nosso paciente, mas, antes, é uma tentativa de despertar nossa própria energia. Ou podemos procurar nos nossos pacientes aquilo que devemos buscar em outro lugar. Como Warkentin (1972) observou, "Se não estamos cuidando de nossos corações, nada oferecemos aos nossos paciente exceto uma mão vazia" (p. 254). Cuidar do coração é desafiador dentro das vicissitudes de nossas vidas diárias. Pode ser que precisemos nos alimentar na música rejuvenescedora, no silêncio, em um tempo na natureza ou na amizade carinhosa. Ao trabalhar com esse preceito, procuramos causa e efeito, tanto quando estamos cuidando de nós mesmos como quando não estamos. Anos atrás, um colega voltou ao trabalho após ter estado em um retiro de meditação de uma semana. Ele relatou que um de seus pacientes (que não sabia sobre o retiro) o olhou no meio da sessão e disse: "Você está escutando de forma diferente".

Quanto trabalhamos com pacientes que são muito desafiadores, podemos precisar tomar cuidado extra, como ter algum tempo livre disponível antes ou após a sessão. Dispor de um livro inspirador e de qualidade em nosso consultório para ler por alguns momentos também pode ser sustentador. Caminhar atento entre as sessões, mesmo por cinco minutos dentro do consultório, pode, da mesma forma, ser um apoio inestimável para restaurar nossa energia e intenção.

Os benefícios de praticar preceitos

Examinamos as formas específicas por meio das quais a consideração e a prática dos cinco preceitos éticos podem inspirar nosso trabalho clínico. Há também implicações mais amplas e mais profundas. Quando nos envolvemos de modo ativo com esse foco de exame e prática, há uma integridade crescente que inspira a forma como nos sentamos com um paciente. Desse modo, a prática dos preceitos:

- Nos apoia no desenvolvimento de confiabilidade. Confiamos mais em nós mesmos e temos menos medo, estamos mais plenamente disponíveis para nos envolvermos com nossos pacientes.
- Cultiva a humildade genuína pela qual estamos intimamente conscientes de nossas próprias falhas, dos limites de nossa própria prática.
- Fundamenta nossas intervenções no respeito e na mutualidade. Embora tenhamos consciência de que nosso paciente esteja trilhando um caminho diferente, também temos consciência de nossos próprios tropeços diários e do fato de que a mesma terra está sob nossos pés.
- Favorece a presença mais plena, menos sobrecarregada por ansiedade e preocupações. Somos mais livres para prestar atenção à pessoa à nossa frente.
- Alimenta a confiança na nossa capacidade de crescer em sabedoria e compaixão. Quanto mais praticamos, mais percebemos, mais compreendemos.

QUESTÕES ÉTICAS COM NOSSOS PACIENTES

"Eu quero saber como viver." Essa foi a declaração extrema de um homem de meia-idade em um momento crítico de sua vida, refletindo sobre o solo estéril de um casamento acabado, de uma vida destruída. Ele não estava pedindo conselho; antes, ele estava definindo-se naquele momento com essa simples admissão. Sua declaração é um início pertinente para esta última seção do capítulo. O modo *como* vivemos e como nossos pacientes vivem tem um impacto poderoso sobre a trajetória de nossas vidas e sobre como nos sentimos em relação a nós mesmos, aos outros e à vida.

Como mantemos considerações morais em relação às vidas de nossos pacientes? A psicoterapia tem sido descrita tradicionalmente como apresentando valor neutro. Quando nos sentamos em nossos consultórios, cavando as trincheiras de nossa agremiação, sabemos que isso não é verdade. Nossas intervenções são continuamente inspiradas por julgamentos de valor sobre o que é mais ou menos útil. A maioria de nós não tem vergonha de sugerir que é mais útil para uma pessoa deprimida exercitar-se do que assistir à televisão, ou para uma pessoa ansiosa trabalhar com medo em vez de organizar a vida em torno da esquiva. Esse tipo de orientação, que poderia ter sido visto como inadequadamente diretivo e carregado de valor anos atrás, é agora parte dos padrões de cuidado devido a dados que demonstram a importância das escolhas comportamentais. A atual atenção dada à prática da gratidão é outro exemplo. Os médicos não aconselham os pacientes a iniciar diários de gratidão a partir de uma postura de superioridade moralizante, mas, antes, porque a pesquisa mostra que essa intervenção pode ajudar as pessoas a se sentirem melhor. Achados cumulativos de que valores e comportamentos afetam o bem-estar tornam a ética uma questão terapêutica relevante.

Certamente, não é nosso papel sentar e julgar. A santidade de um espaço relacional onde uma pessoa encontra aceitação consistente e consideração positiva é um fundamento da psicoterapia, e talvez podemos não conhecer detalhes suficientes da circunstância do outro para julgar de forma adequada suas ações (Dalai Lama, 1999). Entretanto, os terapeutas não precisam contornar a exploração de questões éticas com os pacientes por medo de isso parecer um policiamento da moralidade. A pesquisa da psicologia budista e da mais recente psicologia positiva ressalta os riscos envolvidos, visto que ambas as disciplinas estão alinhadas com a ideia de que valores e práticas éticas são essenciais para a felicidade. A ética define a qualidade do cuidado que temos na relação com os outros e com nós mesmos. Quando fazemos vista grossa para o exame de questões éticas, ignoramos uma fonte poderosa de sofrimento e um recurso poderoso para o bem-estar.

Incerteza

As questões éticas nos conduzem à incerteza. Com frequência o caminho da ação ética não é mapeado, as respostas estereotipadas são inábeis, e somos desafiados a aprimorar nosso discernimento. Os ensinamentos éticos, tanto nas tradições psicoterapêuticas ocidentais como nas tradições da meditação budista, enfatizam que, devido às características únicas da circunstância e da interação social, somos muitas vezes confrontados com uma situação para a qual nossas diretrizes e regras são inadequadas (Bond, 2000; Dalai Lama, 1999; Pope & Vasquez, 2011; Schwartz & Sharpe, 2010; West, 2002). Somos encarregados de encontrar um caminho *com* as demandas da situação que evite os extremos relativos ao que Dalai Lama (1999) refere como "absolutismo bruto e relativismo trivial" (p. 28).

Considerações

Embora não exista um roteiro para o modo como nos envolvemos com nossos pacientes nessas matérias, há considerações que podem nos ajudar. Como foi discutido anteriormente, nosso trabalho pessoal com os preceitos éticos nos ajuda a sermos compreensivos e humildes enquanto examinamos essas questões. Tendo bastante consciência dos limites de nosso próprio crescimento, somos mais capazes de nos aproximar de nossos pacientes de uma forma genuinamente respeitosa. Precisamos ser claros sobre nossas motivações. Se estamos nos sentindo críticos, irritados ou desafiados, é sensato procurarmos supervisão ou apoio de colegas para recuperar o equilíbrio e a empatia antes de tratar de uma questão. Precisamos levar em conta a qualidade de nossa conexão, o grau em que temos uma aliança de trabalho.

O momento também é importante. Com frequência, no início do tratamento, podemos ouvir alguma coisa que nos preocupa, mas sentir (ou ouvir) que é muito cedo para tratar a questão. Às vezes, o paciente então se esconde com o material e sentimos que não podemos sugerir sua discussão. Uma opção nessas circunstâncias é reconhecer que a pessoa não deseja explorar alguma coisa no momento e obter sua permissão para discuti-la posteriormente. Por exemplo, uma mulher que acabara de começar o tratamento chegou à terceira sessão dizendo que estava atrasada porque teve dificuldade para acordar. Ela então me olhou nos olhos e disse: "Eu percebo que não quero falar sobre minha medicação porque não quero que você toque nela". Eu assimilei suas palavras e então perguntei: "Podemos dar uma pausa nesse assunto por enquanto?".

Basear na experiência direta

Em seu livro sobre ética, Dalai Lama (1999) afirma: "A conduta ética não é algo com que nos comprometemos por ser apenas, de certa forma, algo correto [...] É difícil imaginar um sistema ético significativo separado das bases de nossa experiência de sofrimento e felicidade" (p. 147). O desafio central para ajudar nossos pacientes a trabalhar as questões éticas é encontrar uma forma de encorajar esse tipo de experiência direta, profunda. Como foi discutido anteriormente, a prática de *mindfulness* pode aumentar a sensibilidade moral, e essa sensibilidade pode levar a uma ação hábil que sustente maior atenção. Embora desejássemos que todos os nossos pacientes começassem a meditação, muitos não farão.

O que mais podemos fazer para nutrir *mindfulness* ético? Como podemos encorajar o engajamento com a experiência vivida e a aprendizagem a partir dela em vez de insistirmos em ideias sobre a experiência? Poderíamos sugerir no início de uma sessão um momento para simplesmente respirar juntos, facilitando o contato mais profundo. Poderíamos sugerir isso também nos momentos em que um paciente parece particularmente preso em uma história ou distante do sentimento. A indagação respeitosa "Podemos ter um momento juntos para parar e verificar como você está indo neste momento?" pode aprofundar o acesso do paciente à sua experiência direta. Para alguns indivíduos, um convite para verificar as sensações corporais pode ajudar a determinar a pulsação do momento.

Podemos facilitar ainda mais o contato mais profundo sugerindo que nossos pacientes elaborem uma ou todas as seguintes questões:

- Que coisas você faz que o distanciam de seu *self* mais profundo?
- Que coisas você faz que o colocam em contato com seu conhecimento mais profundo?
- Que coisas você fez ou não fez que contribuíram para o seu sofrimento esta semana?
- Que coisas você fez ou não fez que contribuíram para sua felicidade esta semana?

Note que tanto atos restritivos como atos comissivos são incluídos. Estamos tentando facilitar mais *mindfulness*, mais contato direto com a experiência vivida, em vez de insistir em ideias sobre a experiência. Como Jake Davis (2011) observa, "A prática de *mindfulness* também pode dar-nos uma maneira incorporada e experiencial de saber quais modos de agir parecem corretos" (p. 1). Estamos fazendo tudo o que podemos para ajudar nossos pacientes a encontrar esse caminho para o conhecimento mais profundo.

Comportamento prejudicial

Como terapeutas, somos obrigados a tentar interromper comportamento homicida e suicida e a relatar abuso e negligência de crianças ou de idosos. Entretanto, existe um vasto *continuum* de comportamentos prejudiciais que podem afetar negativamente a vida de uma pessoa que não somos obrigados a tratar. Se viramos as costas a esses comportamentos destrutivos, podemos inadvertidamente conspirar com o sentido de impotência e desesperança de nossos pacientes em face de ação prejudicial.

As adições são um dos exemplos mais claros desse fenômeno, e as diretrizes profissionais cobram de nós seu tratamento. Nos Alcoólicos Anônimos (AA) os pares podem perguntar: "Como esse comportamento está funcionando para você?". A pergunta inclui tanto desafio como respeito. Às vezes, nós, clínicos, podemos alegar a superioridade moral de abster-nos de ser críticos, quando na verdade estamos conspirando com nossos pacientes na negação de um elefante no meio da sala. Talvez façamos isso para evitar desconforto ou, ainda pior, para perpetuar um *status quo* no qual o paciente é iludido a pensar que está "trabalhando os problemas", enquanto continuamos cobrando nossos honorários pela hora.

Não me conformo com a experiência de ver um paciente durante uma década enquanto sua adição se intensificava a despeito das consultas, dos encontros do AA e da exploração interminável. Não há respostas fáceis, e cada situação é diferente. Será que adotamos uma linha dura e fizemos o tratamento condicionado a uma pessoa que "está seguindo o programa"? Esse tipo de postura em preto e branco elimina a influência de uma boa relação de tratamento no processo de recuperação. No entanto, precisamos permanecer vigilantes em relação ao impulso de sermos induzidos à negação e à minimização. Queremos evitar nos deixarmos levar por aquilo que Pope e Vasquez (2011, p. 2) referem como um "sono ético" no qual evitamos a responsabilidade de tratar questões difíceis. Algumas questões a considerar:

- Qual é a trajetória do tratamento?
- A pessoa está pensando e sentindo mais ou menos acerca de sua situação?
- O que está acontecendo com relação à vida profissional e pessoal da pessoa? As coisas estão melhorando ou piorando?

A sabedoria pode nos levar por um caminho do meio: praticar a aceitação completa da pessoa em nosso consultório, embora não fugindo de examinar as causas e os efeitos das ações. Parafraseando Marsha Linehan (2009), "Ame a pessoa, discorde dos comportamentos".

Testemunhar

Trabalhar habilmente envolve não prejudicar pelo abandono e, ao mesmo tempo, ser honesto e envolvido com a nocividade que testemunhamos. Um homem jovem, que cresceu em uma família alcoolista abusiva, entrou inicialmente em tratamento para ansiedade social, mas revelou ao longo do tempo que tinha o vício de jogar. Ele também tinha consciência de que seu crescente sucesso profissional era visto como deslealdade por sua família e apresentava conflitos acerca de se sair bem. Após comprar uma casa (sua família nunca teve casa própria), ele percebeu que a estava destruindo, não a mantinha limpa como fazia com seu apartamento alugado. Com seu humor característico, disse brincando: "Eu quero ter certeza de que não me sinto muito bem em relação à minha vida". Perguntei-lhe se isso também ocorria em função de seu vício de jogar. Ele inicialmente ficou irritado com a pergunta, mas na semana seguinte abordou a questão.

Um ex-paciente retornou ao tratamento dizendo que queria sair de seu casamento de 25 anos porque tinha encontrado sua "alma gêmea", uma colega de trabalho com quem estava tendo um caso. Lembro de começar a ficar anestesiada na sessão. Eu não queria parecer crítica, contudo, em meu silêncio, eu estava me afastando. Ao perceber esse entorpecimento em mim mesma, me reconectei com minha respiração como uma forma de permanecer viva naquele momento. Então relembrei com ele que, quando nos vimos pela última vez, alguns anos antes, ele tinha usado essas mesmas palavras para descrever outra mulher com quem tivera um caso rápido. Ele realmente não queria ouvir isso de mim naquele momento. No entanto, isso aprofundou nossa conversa.

Qual é o limite da prática aqui? Ela envolve rendição ativa. Aceitamos nossa impotência (reunir-se uma ou duas vezes por semana para tentar interromper um comportamento que está sendo praticado e reforçado diariamente). Tentamos sair da impotência *contra* um comportamento para o envolvimento *com* um comportamento. Damos um passo em direção a sermos alguém real na vida de nosso paciente que falará a verdade sem a raiva de um cônjuge ferido e que será receptivo sem a negação compartilhada de um amigo com quem saímos para beber.

Honestidade sem compaixão leva a julgamento. Compaixão sem honestidade leva a conspiração. Nem julgamento, nem conspiração são úteis. Nossa prática é vigiar a oscilação constante, permanecendo envolvidos. É difícil. É aqui que nossa prática pessoal de *mindfulness* é particularmente útil. É um curso de caminho do meio, exigente. Algumas reflexões podem ajudar a permanecer presente e a agir de maneira hábil:

- Estamos *tratando* nosso paciente em vez de estarmos *conectados* com ele ou ela? Às vezes, apenas nos tornamos conscientes dessa postura quando alguém está saindo de uma sessão. Nosso paciente está saindo, e, no entanto, temos a nítida sensação de que ele ou ela nunca chegou totalmente. Se sentimos esse dilema e não sabemos como resolvê-lo, podemos falar sobre ele. Às vezes a simples declaração "Estou sentindo mais distância entre nós... qual é a sua experiência?" pode ser o primeiro passo para reestabelecer a conexão.
- Estamos falando demais? Estamos falando *para* o nosso paciente em vez de falar *com* ele ou ela? Nesse caso, sobre o quê? Geralmente, há muito pouco que possamos dizer que já não tenha sido dito. Nossas palavras são mais úteis se elas puderem encorajar uma nova experiência.
- Fomos aniquilados pelo comportamento enfraquecedor e inábil de nosso paciente? Retornar à nossa própria respiração e vivenciar nossa vitalidade diretamente pode nos ajudar a reconectar.

- Estamos ouvindo *nosso paciente* em vez de *com* ele ou ela? Por *ouvir uma pessoa*, quero dizer que não estamos realmente ouvindo no sentido de respirá-lo(a), de forma a sermos mudados ou afetados pelo que ele ou ela está dizendo. Nesses momentos, em geral acontece de o paciente também não estar se escutando. Lidamos com nossa tristeza, raiva ou medo de destruição repetida nos afastando. Perceber isso é o primeiro passo para voltar para alguma coisa que seja *real*.
- Se estamos nos sentindo cansados ou estamos incomodados por não saber o que seria melhor em um momento, podemos falar disso com nosso paciente. Reconhecer a situação como um dilema compartilhado fortalece ambas as partes.
- Estamos indecisos a respeito de falar sobre um caso com um colega ou na supervisão? Neste caso, por quê? A vergonha está sendo induzida, em vez de explorada, no tratamento? É libertador lembrar que não existem respostas certas. Um outro par de olhos e ouvidos é sempre útil.

Neste capítulo, tentamos fornecer uma breve introdução à trajetória vasta e rica do treinamento ético budista. Empreendido de maneira pessoal, ele pode enriquecer nossas vidas e aumentar nossas habilidades clínicas. A expressão *treinamento ético budista* poderia soar como uma disciplina não muito interessante. Contudo, quando incorporada, é tanto um desafio como um prazer. Essa prática, que pode ser infinitamente aprimorada ao longo da existência, nos oferece um sentido mais profundo de vida, interconexão e propósito. A prática ética é tanto a semente como a expressão de nossa crescente compreensão de que a nossa felicidade e a de todos os seres estão inextricavelmente entrelaçadas.

ns* pode servir como antídoto, incluindo uma descrição detalhada de uma aborda-
Parte III

Aplicações clínicas

A prática de *mindfulness* está sendo implementada com sucesso em uma série cada vez maior de intervenções para tratar praticamente todos os tipos de pacientes. Embora alguns princípios se apliquem a todas as situações clínicas, os tratamentos são mais eficazes quando adaptados para satisfazer às necessidades dos indivíduos. Esta parte, organizada por transtornos e populações, fornece estruturas para aplicar *mindfulness* sob condições variáveis.

O Capítulo 7 examina o treinamento do terapeuta, como introduzir exercícios de *mindfulness* no tratamento e como selecionar os exercícios ou modificá-los segundo as necessidades de determinados indivíduos. O Capítulo 8 explora as características comuns dos transtornos depressivos e como os exercícios de *mindfulness* são adequados ao seu tratamento, acompanhado de uma discussão da terapia cognitiva baseada nessa prática, uma abordagem comprovadamente eficaz no tratamento da depressão. Em paralelo, o Capítulo 9 explora a natureza da ansiedade e como *mindfulness* pode servir como antídoto, incluindo uma descrição detalhada de uma abordagem comportamental baseada nessa prática e na aceitação. O Capítulo 10 trata dos distúrbios médicos relacionados ao estresse em que a prática de *mindfulness* foi empregada em seu tratamento no Ocidente e ilustra como esses exercícios podem ser particularmente eficazes quando combinados com exploração psicodinâmica e reabilitação visando a retomada de atividades de vida normais. O Capítulo 11 explora o uso dos exercícios de *mindfulness* para tratar traumas, considerando como nossas tentativas habituais de fugir da dor podem nos bloquear no sofrimento pós-traumático e como a experiência traumática pode ser transformada quando vista através da lente da origem dependente. O Capítulo 12 examina, então, a esquiva da dor a partir de outro ponto de vista, ressaltando como nossas tentativas instintivas de nos sentirmos bem podem nos imobilizar em círculos viciosos de autoperpetuação. Por fim, o Capítulo 13 explora como os exercícios de *mindfulness* podem nos ajudar a nos tornarmos mais sintonizados às crianças como terapeutas e como pais e introduz uma série de práticas baseadas nessa forma de meditação que as próprias crianças podem tentar.

7

Ensinar *mindfulness* em terapia

Susan M. Pollak

> Não vire a cabeça.
> Continue olhando para o ferimento enfaixado.
> Ali é onde a Luz entra em você.
>
> –RUMI (1995, p. 139)

Ensinar *mindfulness* em terapia é mais uma arte do que uma ciência. O profissional que se baseia nessa prática leva em consideração uma rede complexa de fatores, incluindo as necessidades clínicas, as circunstâncias de vida, a formação cultural e religiosa e a disposição para desenvolver novos hábitos do paciente, bem como a própria experiência de *mindfulness*, a aliança terapêutica e o senso de oportunidade do terapeuta. Autores anteriores discutiram a importância da prática para ajudar os clínicos a permanecerem presentes e compassivamente envolvidos na relação terapêutica. Este capítulo explora como introduzir e ensinar exercícios de *mindfulness* na psicoterapia.*

A utilidade clínica das técnicas de *mindfulness* foi demonstrada para uma ampla variedade de transtornos psicológicos (ver Capítulo 1). Entretanto, para muitos clínicos, a ideia de trazer esses exercícios para a terapia pode parecer

---

* Para uma exploração abrangente deste tópico, ver o livro: *Sitting Together: Essential Skills for Mindfulness-Based Psychoterapy* (Pollak et al., no prelo).

opressiva ou intimidante. Por onde começar? Que práticas utilizar? Como evitar dano? Existem pacientes que devem evitar os exercícios inteiramente? Este capítulo tenta desmistificar o processo, oferecendo um roteiro com o objetivo de tornar esses exercícios acessíveis para clínicos de todas as orientações teóricas. Ele inclui instruções de meditação informal e formal, vinhetas ilustrando as aplicações clínicas e sugestões de como usar vários exercícios. Embora a própria experiência de meditação do terapeuta seja inestimável, pode não ser necessário ter décadas de meditação ou experiência em retiros a fim de introduzir *mindfulness* de maneira eficaz a pacientes que sofrem de uma ampla variedade de transtornos.

PROGRAMAS DE TRATAMENTO BASEADOS EM *MINDFULNESS*

Como mencionado no Capítulo 1, existem quatro programas de tratamento baseados em *mindfulness* bem estabelecidos, apoiados empiricamente, com múltiplos componentes que foram adaptados para tratar uma ampla variedade de condições clínicas. Esses programas são redução do estresse baseada em *mindfulness* (REBM; Kabat-Zinn, 1990), terapia cognitiva baseada em *mindfulness* (TCBM; Segal, Williams, & Teasdale, 2002), terapia comportamental dialética (TCD; Linehan, 1993a, 1993b) e terapia de aceitação e compromisso (TAC; Hayes et al., 1999; Hayes, Strosahl, & Houts, 2005). (Para mais detalhes, ver Baer & Krietemeyer, 2006.)

Jon Kabat-Zinn criou a REBM a partir de sua prática pessoal de zen, meditação de *insight* e ioga para tratar pacientes com doenças crônicas em um hospital universitário. Ela é o programa de treinamento de *mindfulness* mais amplamente utilizado, estruturado de modo a ocorrer ao longo de um período de oito semanas. A TCBM foi adaptada da REBM por clínicos pesquisadores que integraram de forma hábil elementos da terapia cognitivo-comportamental (TCC) para tratar depressão. Marsha Linehan, também praticante de zen, desenvolveu a TCD para tratar o transtorno da personalidade *borderline*, especialmente pacientes suicidas com abuso de substâncias. A TCD é baseada no treinamento de aceitação radical e de habilidades, incluindo habilidades de *mindfulness*. Por fim, a TAC originou-se do trabalho de Steven Hayes e colaboradores, que observaram que os problemas são criados e perpetuados pela maneira como nos relacionamos com eles, de forma primária, pelo uso da linguagem. O foco da TAC está em viver uma vida valorizada em vez de em remover pensamentos, sentimentos e comportamentos negativos. Aceitação, ação comprometida e *mindfulness* são antídotos para o modo como pioramos os problemas resistindo à experiência desagradável. Esses programas oferecem uma grande quantidade de exercícios de *mindfulness* que podem ser trazidos para a terapia individual por clínicos hábeis.

CREDENCIAIS DO TERAPEUTA

À medida que mais e mais clínicos incorporam *mindfulness* a sua prática, as expectativas em relação ao treinamento do terapeuta e à prática pessoal estão sendo calorosamente debatidas – e variam amplamente. O Center for Mindfulness da University of Massachussetts Medical School oferece certificação de professores em REBM mediante o cumprimento de uma série de requisitos, entre eles prática de meditação diária e participação em quatro retiros de meditação silenciosa (ver detalhes em www.umassmed.edu/cfm/certification/index.aspx). Em relação aos terapeutas de TCBM, por sua vez, é requerido que tenham uma prática de meditação formal e informal diária, sejam profissionais da saúde mental qualificados, participem de um programa de treinamento e recebam supervisão contínua de seus pares (Segal et al., 2012). Não é esperado que os clínicos de TCC e TAC tenham alguma prática de meditação pessoal para serem terapeutas qualificados porque a meditação formal, embora frequentemente encorajada, não é enfatizada nesses programas.

Dada essa diversidade de abordagens, uma diretriz útil é que um terapeuta deve, no mínimo, ter praticado e vivenciado o que ensina (Davis & Hayes, 2011). O *mindfulness* não é apenas uma técnica; é um esforço perpétuo para incorporar consciência, compaixão e comportamento ético na vida. Como Jon Kabat-Zinn afirmou, "*O ensinamento tem de resultar da prática.* Simplesmente não há outra maneira" (citado em McCown et al., 2011, p. xviii, destaque do original). Shapiro e Carlson (2009) recomendam uma prática de *mindfulness* regular em adição a princípios de aprendizagem de psicologia budista, tais como a forma como criamos e aliviamos o sofrimento.

Um dos muitos benefícios de desenvolver nossa prática de meditação é que isso nos ajuda a ganhar confiança no uso de *mindfulness* sob uma variedade de circunstâncias e com diferentes estados de espírito. A compreensão e o conhecimento pessoal advindos disso podem guiar e facilitar intervenções hábeis com os pacientes. Contudo, para introduzir algumas técnicas baseadas em tal prática, tais como escutar os sons no ambiente ou sentir a respiração no corpo, precisamos apenas de uma modesta quantidade de instrução, supervisão e prática. Em resumo, a questão de quanto treinamento é necessário pode basear-se em quanto *mindfulness* queremos introduzir em nosso trabalho clínico.

MOTIVAÇÃO

A fim de vivenciar os muitos benefícios da prática de *mindfulness*, os pacientes devem estar abertos a essa ideia e dispostos a praticá-la. Cultivar *mindfulness* é como aprender a tocar um instrumento ou iniciar um programa de exercícios físicos – requer tempo, compromisso e disciplina. A dor e o sofrimento emocional com frequência fornecem essa motivação – a dádiva do desespero. Muitos pacientes começam um tratamento durante um período de crise, ou de "desesperança criativa" (Hayes et al., 1999), e, como resultado, estão dispostos a aprender novas formas de se relacionar com seus problemas. Para garantir uma boa combinação entre a prática de *mindfulness* e cada paciente, é importante explorar cuidadosamente a dor emocional do paciente e entender o que ele ou ela quer e valoriza.

A prática de *mindfulness* não é para todos. Alguns pacientes não querem abrir mão da terapia de conversa tradicional; outros podem sentir-se desconfortáveis com silêncio e introspecção. O paciente está disposto a explorar sua própria experiência mesmo se ela envolver desconforto temporário? Ele está disposto a permitir que as coisas sejam como são? O paciente quer uma solução rápida? A receptividade a novas formas de *estar com* a dor e o sofrimento emocional é um precursor importante de uma terapia orientada a *mindfulness* que seja eficaz.

Muitos pacientes são inspirados pelas evidências de pesquisa que apoiam a abordagem de *mindfulness* à terapia. São estudos instigantes que podem aumentar a disposição de um paciente em relação à prática: o trabalho de Sara Lazar (Lazar et al., 2005; ver também Capítulo 15) sobre espessamento cortical pela meditação *mindfulness*; a metanálise de Stefan Hofmann de intervenções baseadas em *mindfulness* na ansiedade e na depressão (Hofmann et al., 2010); o estudo de Norman Farb e colaboradores sobre desativação da rede em modo padrão com a prática de *mindfulness*; e a comparação favorável de Zindel Segal e colaboradores (2010) de TCBM com farmacoterapia. Dan Siegel (2010c) verificou que ensinar os pacientes os mecanismos cerebrais fornece uma compreensão a respeito daquilo que acontece durante situações de sofrimento emocional, o que pode aumentar a motivação deles para tentar praticar exercícios baseados nessa forma de meditação.

COMO INTRODUZIR EXERCÍCIOS DE *MINDFULNESS* EM TERAPIA

A prática de *mindfulness* nunca deve ser forçada, mesmo se o clínico acredita que ela beneficiaria o paciente. Uma boa forma de iniciar é apresentá-la como um "experimento" (Gunaratana, 2002) e uma colaboração na qual tanto o clínico como o paciente mantêm uma mente aberta e estão dispostos a tentar diferentes exercícios a fim de encontrar um bom ajuste. Embora possa ser difícil explorar *mindfulness* sozinho, há o conforto de praticá-lo na segurança de uma relação terapêutica de confiança. De acordo com a escritora Anne Lamott (1993), "Minha mente é como um bairro ruim em que eu tento não entrar sozinha" (p. 84) – metáfora que se aplica tanto aos pacientes como aos terapeutas.

Ao introduzir a prática de *mindfulness*, não é necessário aprofundar-se na filosofia budista. Apenas diga algo como, por exemplo, "Existe uma boa pesquisa sobre essa abordagem, eu penso que poderia ajudar. Você está disposto(a) a tentar aqui comigo como um experimento? Eu farei com você e podemos parar a qualquer momento". Se um paciente decide que isso não é algo que ele deseja explorar, não há necessidade de culpa ou pressão sobre tal escolha.

A atenção cuidadosa à linguagem também é importante. Alguns pacientes podem recuar diante da palavra *mindfulness*, associando-a com budismo ou com a filosofia da Nova Era. Carmody (2009) sugere apresentar os exercícios como *treinamento da atenção*, acreditando que essa expressão é mais aceitável para muitas pessoas. Nesse sentido, Segal e colaboradores (2002) originalmente chamaram seu trabalho de *treinamento do controle de atenção*, e Kabat-Zinn (1990) introduziu o assunto chamando de *redução do estresse*.

Modificações

Somente um professor de ginástica ou de ioga oferecerá modificações para tornar um exercício acessível a diferentes alunos. É importante conhecer e oferecer variações de meditação de acordo com as necessidades de cada paciente. Por exemplo, pessoas com história de asma, doença respiratória, trauma ou ansiedade com frequência não se sentem confortáveis com o exercício de acompanhar a respiração, o que muitas vezes é o primeiro exercício de *mindfulness* ensinado em aulas de meditação. Esses pacientes podem achar mais fácil começar com a prática de escutar os sons no momento presente.

Muitas vezes, alguns indivíduos têm preferência por meditações que enfatizam objetos de atenção auditivos, cinestésicos, linguísticos ou visuais. Pode ser que a forma de aprender, de processar informações e de funcionar no mundo de uma pessoa (Gardner, 1983) se correlacione com sua preferência de prática de meditação. Hölzel, Lazar e colaboradores (2011) observam que diferentes tipos de personalidade podem ser atraídos por diferentes exercícios de *mindful-*

ness, e essa preferência pode influenciar suas respostas, bem como os benefícios que tais pessoas obtêm de vários exercícios. Em vez de considerar a preferência de uma prática sobre outra como resistência, os terapeutas podem ser sensíveis e entender as preferências individuais. Encontrar o ajuste certo pode aumentar a disposição para praticar e o potencial para um resultado de sucesso.

Tarefa de casa

Pesquisas demonstraram que, uma vez que os benefícios da meditação são dose-dependentes (Segal et al., 2012), passar tarefas de casa pode aumentar sua eficácia. A prática em casa é incentivada nos programas baseados em *mindfulness* de multicomponentes mencionados anteriormente, mas não necessariamente na meditação sentada formal. A prática não precisa ser onerosa – na verdade, ela pode ser prazerosa. Uma estudante perguntou ao mestre zen Thich Nhat Hahn como praticar *mindfulness*. Ele respondeu: "Você quer saber o meu segredo? Eu tento encontrar uma forma de fazer as coisas que seja mais prazerosa. Existem muitas formas de realizar determinada tarefa – mas a que mais prende minha atenção é a que é mais prazerosa" (Murphy, 2002, p. 85). Professores de meditação sugerem que mesmo 1 minuto de prática pode ser útil, especialmente para aqueles que estão começando. Para pacientes dispostos a dedicar mais tempo à prática, foi demonstrado que 30 minutos produzem alterações cerebrais significativas (Hölzel et al., 2010). Embora os dados existentes sobre mudança de caminhos neurais reflitam mudanças pela prática formal, a prática informal no dia a dia é útil para ajudar os pacientes a lidar com os desafios da vida diária. O objetivo é elaborar uma prática amigável ao usuário, que seja agradável e não onerosa. Formulá-la como *mini-férias* diárias, uma *pausa* ou um *tempo só para você* pode ajudar.

Técnicas básicas de *mindfulness*

Em 2009, Dalai Lama discursou em uma conferência da Harvard Medical School sobre compaixão e sabedoria na psicoterapia. Um dos codiretores da conferência pediu a Sua Santidade que conduzisse uma breve meditação. Dalai Lama riu e disse: "Eu acho que alguns de vocês podem querer apenas uma única meditação – uma meditação simples, algum tipo de meditação 100% positiva, o que, penso eu, é impossível" (Siegel, 2011, p. 26). Ele elaborou esse pensamento observando que há muitos estados de espírito que levam a sofrimento e, portanto, muitos exercícios para trabalhar com eles de forma hábil.

Decidir quais exercícios sugerir a um determinado paciente requer tanto habilidade clínica como familiaridade com uma variedade de técnicas. O objetivo é criar uma prática que seja sintonizada, relacional e aberta às necessidades no momento presente. Para começar, podemos considerar uma série de exercícios simples e fundamentais.

Como foi discutido no Capítulo 1, os três tipos de prática de meditação *mindfulness* são (Salzberg, 2011):

1. concentração
2. o *mindfulness per se*
3. compaixão

A pesquisa de Brewer, Worhunsky e colaboradores (2011), bem como algumas outras, sugere que essas práticas ativam regiões do cérebro sobrepostas, contudo diferentes.

A maioria dos professores de meditação começa com exercícios de concentração (atenção focada) como uma forma de estabilizar e acalmar a mente. Esses exercícios envolvem aprender a focar-se em um objeto de atenção (tal como a respiração, sons ou outras sensações corporais) e tentar permanecer com ele. Quando a mente se desvia, ela é suave e gentilmente trazida de volta ao objeto de atenção. Hölzel e colaboradores (2011) consideram a regulação da atenção uma "peça fundamental" que facilita outros exercícios de meditação. A concentração é, em si, uma prática que pode ser explorada e desenvolvida ao longo dos anos (Rosenberg, 1998) em benefício de acalmar e estabilizar a mente.

Uma vez que haja algum conforto com a prática da concentração, e o indivíduo tenha aprendido a prender a atenção e a mantê-la constante, podemos então expandir o foco para começar a praticar *mindfulness per se* (monitoramento aberto). Na prática da concentração, retornamos de forma suave a mente para o objeto de atenção toda vez que ela se desviar. Na prática de *mindfulness*, ficamos curiosos sobre o que nos distraiu e capturou nossa atenção e prestamos atenção ao surgimento e à passagem de todos os fenômenos na experiência. *Mindfulness* não se trata de esvaziar a mente ou escapar dos problemas; trata-se de encontrar novas formas de se relacionar com nossas dificuldades e com nossas mentes muitas vezes caóticas. Se o conteúdo daquilo que está surgindo torna-se esmagador ou muito intenso, é bom retornar à respiração ou a outro objeto de atenção por um tempo. Um retorno à concentração pode proporcionar um refúgio e uma âncora quando um material difícil surge.

Se estamos em sofrimento significativo ou nos sentindo sobrecarregados, a prática da compaixão pode ser especialmente útil. Ela pode ser um contraponto eficaz para autocrítica e autoaversão. Essa prática envolve aceitar quem somos de uma forma alerta, receptiva e incondicional, trazendo bondade e aceitação mesmo às experiências mais difíceis. Os pesquisadores acreditam que a compaixão desempenha um papel fundamental na diminuição da reatividade emocional e, portanto, na redução de sintomas (Kuyken et al., 2010). Quando aprendemos a responder com bondade em momentos de dor e sofrimento, reconhecendo nossas imperfeições, aprendemos a aceitar a dos outros também. Os componentes fundamentais da prática da compaixão são discutidos de forma mais completa no Capítulo 4 (ver também Germer, 2009; Gilbert, 2009b; Neff, 2003; Salzberg, 1995). Alguns pesquisadores chegam a teorizar mesmo que a compaixão está na base da eficácia de programas baseados em *mindfulness*, como a REBM (Davis & Hayes, 2011) e a TCBM (Kuyken et al., 2010).

CRIAR E SELECIONAR EXERCÍCIOS

Os princípios básicos das técnicas de *mindfulness* são descritos no Capítulo 1. Ao ensiná-los aos pacientes, é importante enfatizar que eles são complementares e operam de forma sinérgica. Como assinala a professora de meditação Christina Feldman (2001), esses exercícios parecem enganosamente fáceis: "*Mindfulness* não é difícil nem complexo, lembrar de estar atento é o grande desafio" (p. 167).

Praticar concentração

Embora muitos professores de meditação comecem desenvolvendo a concentração pela atenção à respiração, em uma população clínica, isso com frequência não é o ponto de partida mais fácil. Focar-se no mundo interior, em oposição ao mundo exterior, pode despertar uma emoção desconfortável. Para pacientes com história de ansiedade ou trauma, começar com a prática simples de "apenas escutar" ou "*mindfulness* do som" é geralmente uma introdução mais suave e segura à prática.

Sons

O exercício a seguir foi aperfeiçoado e utilizado em minha prática clínica por muitos anos. Na ocasião de primeira incursão de um paciente à prática de *mindfulness*, é melhor mantê-lo curto e simples, praticando durante 3 a 5 minutos. Esse exercício também pode ser feito por períodos de tempo prolongados.

Simplesmente escutar

- Comece sentando-se confortavelmente, encontrando uma postura relaxada que você possa manter por alguns minutos. Os olhos podem estar abertos ou suavemente fechados. Enquanto você se acomoda na cadeira, veja se consegue entrar em contato com sua dignidade essencial.
- Permita-se ficar na sala, sinta a cadeira em que você está sentado e permita-se escutar os sons à sua volta. Não se preocupe em nomeá-los ou julgá-los, apenas escute.
- Permita-se escutar com todo o seu ser. Abra-se para os sons à sua frente, atrás de você, sobre você e abaixo de você. Não é necessário criar uma história sobre eles – deixe que venham até você. Apenas perceba os sons.
- Permita que os sons surjam e passem. Não é necessário entender – deixe-os vir e deixe-os ir. Se sua mente se desviar, não se preocupe, apenas retorne aos sons no momento presente.

Alison tinha uma história de abuso sexual e transtorno de estresse pós-traumático (TEPT). Embora tivesse lido sobre os benefícios da meditação *mindfulness*, ficou agitada quando tentou sentir sua respiração. Ela estava disposta a tentar outra técnica. "Apenas escutar" era uma boa forma para se estabilizar, se acalmar e entrar no momento presente. Quando ela começou a se sentir oprimida por memórias do passado, escutar o zumbido do ar condicionado ou o ruído do tráfego na rua foi suficiente para ajudá-la a ancorar sua percepção no momento e em sua vida presente, tão diferentes da casa rural onde o abuso tinha ocorrido. Com a prática, à medida que Alison se concentrava nos sons de sua nova vida arduamente conquistada, seus *flashbacks* e o TEPT começaram a diminuir.

Como Williams e colaboradores (2007) observam, mesmo um momento de *mindfulness* pode mudar as coisas. Medidas heroicas não são necessárias – "ele pode simplesmente envolver uma mudança na forma como prestamos atenção" (p. 71). Criando maior percepção do momento presente, sem julgamento, com cordialidade e compaixão, podemos romper o ciclo de pensamentos intrusivos e ruminantes que podem perpetuar a ansiedade, a depressão e o TEPT. Embora "apenas escutar" seja um exercício de meditação formal, ele pode ser adaptado também como uma prática informal. Os pacientes podem escutar os sons enquanto caminham, sentados em um ônibus ou no metrô ou lavando a louça. No caso de Alison, para as ocasiões em que uma memória perturbadora interrompesse seu dia, ela aprendeu a tratá-la como "ruído da rua", permitindo que surgisse, mas então desaparecesse, não ficando presa na história.

Nenhuma prática é a ideal para todos, entretanto. Para pacientes com prejuízo auditivo, *mindfulness* de sons não é um bom começo. Veteranos de guerra e pessoas que testemunharam violência tendem a ser ativados por ruídos altos. Essa prática pode ser modificada para incluir sons mais neutros, como o ruído branco de uma máquina.

Sensações corporais

Focar-se no corpo como uma forma de acalmar a mente é uma técnica que tem sido praticada por milhares de anos e que também está no coração da ioga (Iyengar, 1966). As técnicas de meditação que se concentram no corpo são uma forma direta e eficaz de redirecionar a atenção para longe da corrente de pensamentos obsessivos, quando estamos constantemente preocupados com o futuro ou presos em arrependimentos sobre o passado. Shapiro (2009) teoriza que, ao prestarmos atenção à experiência corporal de uma forma aberta, aprendemos a "reperceber" nossa situação e nos tornamos "menos identificados com ela e mais capazes de enxergá-la com clareza e objetividade" (p. 558). Em seu entendimento, esse processo de desidentificação serve de mediador para a mudança.

O seguinte exercício, ensinado por muitos professores de meditação *mindfulness*, é a técnica preferida de pacientes que desejam reconectar-se com segurança com seus corpos sem despertar emoções intensas. Eu o aprendi com Tara Brach. Trata-se de um exercício introdutório e pode ser realizado por apenas alguns minutos ou, se o paciente estiver confortável, por períodos mais longos.

Mindfulness das mãos

- Comece sentando-se em uma posição confortável, com os olhos abertos ou levemente fechados. Permita-se sentir o encosto de sua cadeira.
- Repouse suas mãos em seu colo. Comece torcendo seus dedos e movendo suavemente suas mãos. Tenha consciência desse movimento.
- Gire seus pulsos. Cerre e descerre suas mãos. Comece a sentir suas mãos, percebendo sensações, pulsações e vibrações dentro delas.
- Sinta suas mãos de dentro para fora. Se quiser, relaxe os músculos. Perceba cada dedo, as palmas e as costas de suas mãos.
- Veja como é habitar plenamente suas mãos. Permita que sua atenção repouse o mais plenamente possível nelas.

Zachary abandonou a faculdade por sentir-se sobrecarregado pela morte recente de sua mãe após uma doença longa e dolorosa. Ele sentia dificuldade em se concentrar e tornou-se preocupado com sua saúde e obcecado com sua própria morte. Zachary sempre foi ansioso, mas agora ele tinha dificuldade para dormir e detestava ficar sozinho. Estava passando a maior parte de seu tempo fechado em seu quarto jogando no computador e tinha desenvolvido síndrome do túnel do carpo.

À medida que Zachary praticava a atenção a suas mãos e permitia que seus músculos relaxassem, percebia que todo o seu corpo começava a relaxar. Seu maxilar descerrava, seus ombros baixavam e sua respiração ficava mais lenta. Às vezes seu corpo tremia de dor, mas parecia seguro para ele, e mesmo um alívio, lamentar na terapia em vez de suportar a tristeza sozinho. Quando aprendeu a aceitar sua perda em vez de fugir dela nos jogos de computador, Zachary desenvolveu um interesse renovado pela companhia dos amigos. Após alguns meses de trabalho sobre dor e prática de *mindfulness*, ele voltou para a faculdade, descobrindo que seus sintomas de túnel do carpo tinham diminuído.

Uma variação desse exercício também pode ser feita com as solas dos pés (Singh, Wahler, Adkins, & Myers, 2003). Trabalhar com as extremidades do corpo em vez de mover-se para o centro com frequência faz as pessoas se sentirem mais seguras. Eu descobri que essa prática é, portanto, um bom ponto de entrada para pessoas com ansiedade, trauma e depressão. Entretanto, para pessoas que têm dissociação grave, mesmo ela pode ser problemática. Por exemplo, quando instruído a focalizar-se em suas mãos, um paciente tornou-se angustiado e confuso quanto a quem elas pertenciam. Quando os exercícios exacerbam sintomas ou causam desorientação, é melhor tentar outra abordagem.

Respiração

A maioria dos professores de meditação inicia com a prática de sentir ou acompanhar a respiração, por uma boa razão. A respiração está sempre conosco e constantemente mudando. Ela é (para a maioria das pessoas) neutra, livre de associações negativas e não requer que acreditemos em nenhum dogma ou sistema de pensamento em particular. Para pacientes com alto funcionamento e relativamente bem integrados, este pode ser um excelente exercício. Entretanto, como mencionado anteriormente, a respiração pode ser problemática para pessoas com ansiedade ou com história de trauma ou transtornos dissociativos.

Aprendi este exercício breve, simples, direto com a professora de meditação e terapeuta Trudy Goodman.

Apenas três respirações

- Comece sentando-se de maneira confortável, encontrando uma postura que seja relaxada e ereta. Se quiser, você pode fechar os olhos ou mantê-los parcialmente abertos, focalizando-se suavemente em um ponto no chão a poucos centímetros à sua frente.
- Sinta sua respiração natural. Não há necessidade de prender, alterar ou controlá-la.
- Perceba as sensações enquanto você inspira e, então, delicadamente, perceba as sensações enquanto você expira.
- Sinta a próxima inspiração completa, bem como a próxima expiração completa. Se a mente se desviar, não se preocupe, isso é o que todas as mentes fazem; apenas traga sua atenção de volta sem julgamento ou crítica.
- Concentre sua atenção na terceira e última respiração, percebendo as sensações da inspiração natural e as sensações da expiração natural.

Anna era uma atarefada enfermeira do setor de emergência de um grande hospital metropolitano. Compareceu ao tratamento para tentar diminuir seu estresse e encontrar alguma calma em meio a seu trabalho frenético. Anna não tinha tempo para meditação formal, prolongada, mas queria encontrar uma estratégia de enfrentamento melhor do que comer em excesso quando estava chateada. Tentamos o exercício *Apenas três respirações* como uma forma de ajudá-la a encarar as demandas de seu trabalho. Ela descobriu, após algumas semanas de prática, que apenas perceber que estava respirando a ajudava a permanecer calma, focada e serena em situações estressantes. Ela usava essa técnica quando estava sentada no posto de enfermagem fazendo anotações ou mesmo quando andava apressada pelos corredores do hospital.

Fazer contato com a respiração ou com o corpo oferece uma forma de mudar a atenção de preocupações ou de pensamentos e inquietações frenéticos. Quando mudamos a perspectiva, podemos descobrir uma relação diferente com nossas preocupações, criando um pouco mais de calma e espaço. Os professores de meditação com frequência chamam isso de *visão clara*. Ao mudarmos o foco de nossos pensamentos para nossa respiração, começamos a estabelecer um novo ponto de vista, análogo ao que as abordagens psicodinâmicas chamam de *ego observador* (Kerr, Josyula, & Littenberg, 2011).

Práticas *mindfulness*

O exercício a seguir oferece uma boa transição para a prática de *mindfulness* porque incorpora elementos de concentração (no eixo da roda), bem como o monitoramento aberto e o espírito de investigação que caracterizam a prática de *mindfulness per se*. Aprendi o exercício com Daniel Siegel, que o popularizou em seu livro *Mindsight* (2010c). Esta é uma versão concisa e simplificada.

O centro da roda

- Comece sentando-se de forma confortável com a postura correta. Perceba as sensações de estar sentado na cadeira. Os olhos podem estar fechados ou suavemente abertos.
- Respire algumas vezes, livrando-se de quaisquer fardos que você poderia estar carregando. Permaneça com sua respiração, com os sons à sua volta ou com as sensações em suas mãos por alguns minutos até você poder focalizar e prender sua atenção.
- Imagine a figura de uma roda e leve sua atenção ao eixo. Então amplie a imagem para incluir os raios que saem para o aro da roda.
- Agora, coloque-se no eixo da roda. Dê-se alguns momentos para sentir-se firme e estabilizado.
- Coloque as coisas de sua vida que podem estar perturbando ou distraindo você no aro da roda. A distância entre o eixo e o aro fica a seu critério. Permita tanto espaço quanto você precisar – alguns centímetros ou metros, ou mesmo o tamanho de um campo de futebol. Dê-se alguns momentos para encontrar o espaço de que você necessita. Permita-se essa pausa.
- Quando você estiver pronto, veja se consegue arriscar-se sobre um raio e começar a investigar um dos itens no aro. Comece com alguma coisa que seja manejável, não com o problema mais difícil que você enfrenta.
- Veja o que surge enquanto você começa a levar sua atenção até essa questão. O que você percebe no seu corpo? Que emoções emergem? Se você começar a se sentir oprimido, retorne para o eixo e permita-se ficar firme. Experimente ir e voltar entre o eixo e o aro. Vá devagar.

Marianne estava sobrecarregada pelos detalhes de sua vida. Ela tinha se divorciado recentemente e tinha três filhos pequenos. Ela sabia que haveria cortes no orçamento da escola onde lecionava, de modo que estava preocupada com a possibilidade de perder seu emprego. Seus pais tinham morrido recentemente, e sua casa estava cheia de pertences deles. Marianne sentia que as paredes estavam se fechando sobre ela. Entrou em tratamento se sentindo deprimida e exausta, queixando-se de que não conseguia acompanhar o ritmo da correspondência, das contas, dos planos de aula e das crianças.

Embora tenhamos experimentado uma série de exercícios diferentes, o centro da roda logo se tornou o favorito de Marianne. Ele lhe dava uma sensação de que podia encontrar alguma calma em meio a sua vida caótica. Esse era um exercício especialmente útil para ela à noite, quando acordava pensando em todas as coisas que tinha de fazer, sentindo que não havia ninguém para ajudá-la.

À medida que praticava, foi se tornando cada vez mais capaz de focar-se em realizar uma tarefa de cada vez, permanecendo no momento em vez de fazer múltiplas tarefas ao mesmo tempo e entrar em pânico por não ter conseguido fazer o suficiente. A prática ajudou-a a encontrar alguma paz de espírito e clareza. Sempre que começava a se sentir sobrecarregada, retornava ao eixo da roda, encontrava sua respiração e restabelecia sua permanência no momento, fazendo uma coisa de cada vez. Para ajudá-la a funcionar durante o dia, acrescentamos o exercício informal de dizer: "Apenas este momento, nada mais."

Quando um paciente é capaz de acalmar a mente, talvez por meio da escuta, da percepção do corpo ou da atenção à respiração, o próximo passo é abrir-se para a experiência do momento presente com curiosidade e compaixão. Os exercícios de concentração funcionam como um marco calmante, de modo que o paciente possa retornar a eles se a investigação ficar muito intensa ou esmagadora. Isso ajuda a titular e manejar emoções difíceis. À medida que treinamos a mente, desenvolvendo curiosidade amigável, continuamos a cultivar uma atitude de abertura sem julgamento para com a experiência.

O próximo exercício, que foi ensinado originalmente como um *koan* zen, é narrativo. Ele pode ser uma transição natural da terapia de conversa para a prática de *mindfulness*. Foi concebido originalmente como uma forma de trabalhar a raiva e a ansiedade. Aprendi essa técnica com o professor de meditação George Bowman.

O que é isto?

- Comece sentando-se de maneira confortável, encontrando uma posição que você possa manter sem tensão ou esforço.
- Reserve um momento para basear e fixar sua atenção com um dos exercícios de concentração.
- Em seguida, leve sua atenção ao que você pode estar vivenciando neste momento. Pode ser raiva, medo, insegurança, preocupação, tristeza.
- Comece a perceber o que você está sentindo com uma curiosidade acolhedora. Se quiser, coloque uma mão sobre seu coração, percebendo tudo o que está presente com bondade e interesse, sem julgamento ou crítica.

Janet era uma estudante que sofria de ansiedade grave e debilitante. Em muitos dias ela era incapaz de sair de casa ou de frequentar as aulas, o que aumentava ainda mais sua preocupação com sua ansiedade. Todas as manhãs quando acordava, checava para ver o quanto estava ansiosa, o que apenas exacerbava seu sofrimento. À medida que trabalhava com esse exercício, Janet começou a perceber a sensação da ansiedade em seu corpo, mas sem aumentar seus medos. Em vez de ficar presa em um diálogo interior sobre o que poderia acontecer, ela simplesmente percebia o que estava sentindo e colocava uma mão sobre seu coração porque estava sofrendo, perguntando de maneira gentil: "O que é isto?".

Ao não ampliar o que estava sentindo, e ao encontrar uma nova forma de estar com as sensações de seu corpo e trazer alguma bondade para o seu sofrimento, ela descobriu que o que estava vivenciando era desconfortável, mas não intratável. Ela podia estar com a ansiedade e trabalhá-la em vez de vê-la como algo que precisa interromper sua vida.

Práticas de compaixão

Diferentes exercícios podem ser usados para cultivar a compaixão (ver Capítulos 1 e 4). Muitos começam cultivando o amor-bondade, utilizando declarações como as seguintes:

Frases de amor-bondade

Que eu possa ser livre de perigo interior ou externo.
Que eu possa ser livre de sofrimento.
Que eu possa ser saudável.
Que eu possa ser feliz.
Que eu possa viver com leveza.

Jerry estava morando em Nova York em 11/9. Ele sempre foi "nervoso" e brincava que chegou a isso genuinamente, já que sua mãe era fanática por limpeza e seu pai era hipocondríaco. Além disso, nunca se sentiu realmente seguro e estava sempre checando para ver se havia alguém atrás dele quando caminhava pela rua. As coisas pioraram quando Jerry teve seu próprio filho, pois temia que o filho também pudesse ser ferido, comesse alguma coisa envenenada ou ficasse doente. Ele evitava metrôs e ônibus e até recusou ingressos para um jogo de futebol devido ao medo de multidões. A esposa de Jerry finalmente se cansou de suas ansiedades, limpeza compulsiva e preocupações com germes. Ela insistiu para que ele procurasse ajuda.

Na terapia, a prática de *mindfulness* ajudou Jerry a perceber quanto sofrimento ele estava "adicionando" a situações inofensivas. Ele aprendeu a acalmar seu corpo, estar no momento e não supor que algum desastre era iminente. No entanto, foram as frases de amor-bondade que realmente ajudaram Jerry a aprender a acalmar-se e estabelecer uma sensação de segurança interior. Ele entendeu que sua mãe era tão preocupada com contaminação que raramente o segurava no colo ou o confortava, e seu pai era muito envolvido consigo mesmo para perceber se Jerry estava sofrendo. À medida que praticava a meditação de amor-bondade, esse paciente passou a ter mais resiliência e coragem. Após meses de trabalho, ele contou satisfeito que tinha levado seu filho a um jogo de futebol, e, embora se sentisse aflito às vezes, ele e seu filho tinham aproveitado plenamente o dia.

A essência de *mindfulness* não é mudarmos nossas vidas, mas aprendermos a trazer bondade e atenção gentil àquilo que o poeta Rumi chamou de "ferimento enfaixado". É difícil compartilhar essa perspectiva contraintuitiva e radical sobre a cura emocional com os outros a menos que antes tenhamos uma prática pessoal dessa forma de meditação – uma prática que pode fornecer o substrato para a condução da psicoterapia baseada em *mindfulness*. Ensinar técnicas de *mindfulness* aos pacientes é um esforço criativo de adaptar os exercícios essenciais às características únicas de cada paciente em seu mundo, incorporados em uma relação terapêutica.

8

Depressão

Encontrar um caminho de entrada, encontrar um caminho de saída

Thomas Pedulla

> É descendo até o mais profundo abismo
> que recuperamos os tesouros da vida.
> Onde tropeçamos, aí está nosso tesouro.
> – JOSEPH CAMPBELL (1995)

O que você vê em um paciente que está lutando com a depressão? Se for um epidemiologista, você vê parte de um problema de saúde pública cada vez mais grave, uma pandemia que representa a quarta maior carga à sociedade entre todas as doenças – e que, segundo projeções, se tornará a segunda até 2020 (Murray & Lopez, 1998).

Se for um psicofarmacologista, você vê alguém que tem uma doença de base biológica que interrompe o sistema de neurotransmissores e que requer medicamento.

Se for um psicoterapeuta, você poderia ver alguém que está vivenciando uma reação patológica à perda de um objeto amado (Freud, 1917/1961c) ou que está preso a um padrão de pensamento desadaptativo (Beck, 1972; Burns, 1999) e que necessita de terapia psicodinâmica, cognitivo-comportamental ou algum outro tipo de terapia de falar para poder curar.

Dependendo da lente através da qual você olha, a depressão pode ser vista e tratada de uma variedade de maneiras. Ela também pode aparecer em diferentes formas e configurações. Ela pode ser unipolar ou bipolar, crônica ou episódica, leve a grave. Ela pode existir sozinha ou com outro transtorno.

Este capítulo baseia-se em pesquisas recentes e em minha própria experiência clínica para explorar como *mindfulness* pode transformar a maneira como os terapeutas e seus pacientes entendem a depressão, não importa a forma que ela assuma. Ele também irá discutir como esse novo entendimento pode ser parte de uma abordagem de várias frentes com o potencial de trazer alívio àqueles que sofrem desse transtorno muitas vezes complexo.

UTILIZAR O PODER DE *MINDFULNESS*

O *mindfulness* é tanto um traço (parte de nossa disposição) como um estado (uma qualidade que podemos cultivar) que torna a depressão menos propensa a ocorrer e que a torna menos grave quando ela ocorre. Estudos recentes demonstraram que em sua forma disposicional ele protege contra depressão porque está associado à regulação do afeto e à autoaceitação (Jimenez, Niles, & Park, 2010); que aqueles com pontuações altas em *mindfulness* são menos propensos a permitir que cognições negativas se desenvolvam em afeto depressivo (Gilbert & Christopher, 2009); e que, além disso, ele pode reduzir os autojulgamentos negativos que estimulam a ruminação e aprofundam o sofrimento emocional (Rude, Maestas, & Neff, 2007).

Além dessa inoculação contra depressão oferecida pelo *mindfulness* disposicional, seu treinamento formal pode aumentar a capacidade de indivíduos deprimidos de vivenciar emoções positivas e apreciar atividades agradáveis na vida diária – fatores que protegem contra o transtorno (Geschwind, Peeters, Drukker, van Os, & Wichers, 2011). O treinamento de *mindfulness* formal também melhora a regulação do afeto entre participantes com transtornos do humor (Ramel, Goldin, Carmona, & McQuaid, 2004); reduz autorrelatos de ruminação, depressão e sofrimento psicológico entre adultos (McKim, 2008); e diminui a reatividade emocional dos participantes durante e após terem assistido a filmes tristes (Farb et al., 2010).

Abordagens baseadas em *mindfulness*, como a terapia de aceitação e compromisso (TAC; Hayes et al., 1999; Strosahl & Robinson, 2008) e a terapia cognitiva baseada em *mindfulness* (TCBM; Ma & Teasdale, 2004; Segal et al., 2002; Teasdale et al., 2000; Williams et al., 2007), continuam promissoras. Dois estudos controlados randomizados recentes demonstraram que a TCBM é tão eficaz quanto medicamento antidepressivo para prevenir reincidência depressiva e mais eficaz do que medicamento para reduzir sintomas residuais e melhorar a qualidade de vida dos pacientes (Godfrin & van Heeringen, 2010; Kuyken et al., 2008).

Como *mindfulness* ajuda?

Voltar-se para a dor

Uma série de mecanismos pode ser responsável pela eficácia de tratamentos baseados em *mindfulness*. Por exemplo, ele pode ajudar os pacientes a enfrentar dor e sofrimento emocionais por cultivar qualidades como tolerância a afeto e autoaceitação (ver Capítulos 3 e 4). Ao aprender a enfrentar a dor diretamente, os pacientes mudam sua relação com ela. Em vez de reagir das formas habituais – odiando-a, ruminando sobre ela ou a afastando –, eles podem começar a se abrir para ela, a tornar-se curiosos a seu respeito mesmo a aceitá-la de forma gradual. Paradoxalmente, tal aceitação com frequência leva a mudanças positivas.

De modo inverso, aquilo a que resistimos é com frequência perpetuado. Por quê? Porque a resistência é uma forma de reter, de modo que resulta em restrição e contração. Levando *mindfulness* à dor e ao sofrimento emocional, pacientes deprimidos podem aprender a parar de resistir e começar a deixá-la ir – ou, como alguns preferem dizer, *deixá-la ser*. Quando conseguem isso, eles são mais capazes de responder de forma hábil em vez de reagir a ela automaticamente. "O paciente deprimido, independentemente da forma da depressão, está se afastando de sua experiência" (Morgan, 2005, p. 133), e o *mindfulness* funciona como um tipo de redirecionamento *para*, um antídoto a esse afastamento. Afastar-se da dor é compreensível e quase reflexivo. O problema é que, ao fazer isso, o paciente também se afasta da vida. A dor é viva, e afastar-se dela resulta em retrocesso, desligamento e desconexão da experiência – condições que muitas vezes estão no centro da depressão.

Por meio de *mindfulness*, os pacientes podem fazer contato com sua dor e, no processo, com seu sentido de estar vivo. Mesmo se algum deles começar com alguma coisa pequena, como levar a atenção para a tensão atrás de seu pescoço, isso pode criar a confiança para ir adiante e olhar de maneira mais profunda, especialmente quando encorajado por um terapeuta que fornece ambiente seguro, apoio e disposição de testemunhar esse processo difícil. Nas palavras de Jon Kabat-Zinn (2002),

> A orientação da meditação não trata de resolver a dor ou de torná-la melhor, e sim de olhar profundamente dentro da natureza dela – usando-a de certas formas que poderiam nos permitir crescer. Nesse crescimento, as coisas irão mudar, e temos o potencial de fazer escolhas que nos levarão na direção de maior sabedoria e compaixão, incluindo autocompaixão, e, portanto, na direção da libertação do sofrimento (p. 35).

Encontrar uma entrada

Após um exame atento, podemos dividir a experiência da depressão em três componentes: emoções, pensamentos e sensações físicas. *Emocionalmente*, a depressão predomina, ao lado de sentimentos de inutilidade, culpa, desamparo e perda de prazer. Na esfera do *pensamento*, a depressão pode ser marcada por ruminação, dificuldade de concentração, indecisão, perda de esperança e pensamentos de suicídio ou morte. A depressão com frequência manifesta-se *fisicamente* por meio de alterações no apetite e no peso, mudanças nos padrões de sono, diminuição da energia, bem como lentificação ou agitação psicomotora.

Por que decompor a depressão dessa forma? Para muitos pacientes, isso ajuda a transformá-la de uma aglomeração grande, vaga, assustadora – um gorila de 300 kg –, em alguma coisa menor e mais manejável, alguma coisa à qual eles possam começar a trazer uma medida de *mindfulness*. Embora seja difícil, às vezes mesmo impossível, estar consciente da *depressão*, pode-se mais facilmente estar consciente da tensão no maxilar, de medo no coração ou do pensamento que diz: "Sou um fracassado". Em outras palavras, desconstruir a depressão dessa forma nos ajuda a encontrar uma entrada. E encontrar uma entrada é o primeiro passo para encontrar *um caminho para a saída*.

Mindfulness como parte de uma abordagem de várias frentes

Primeiro, cumpre assinalar que *mindfulness* sozinho raramente é suficiente para o tratamento eficaz da depressão. Mesmo o mais entusiástico clínico adepto dessa vertente sabe que seus instrumentos e técnicas funcionam melhor quando são parte de uma abordagem abrangente que começa com uma anamnese completa e uma exploração cuidadosa dos problemas atuais que estão gerando sofrimento, incluindo uma avaliação do risco de autolesão. O tratamento sensato provavelmente incluirá perspectivas e métodos baseados em treinamento clínico amplo. Pode-se sugerir exercícios físicos, atividades sociais e outras intervenções comportamentais que demonstraram aliviar a depressão. Se o paciente já não estiver tomando medicamento, deve-se considerar também se uma avaliação psicofarmacológica seria apropriada.

Meditação e medicação

Em um passado não muito distante, era comum que professores e praticantes de meditação fossem céticos – ou mesmo hostis – em relação a medicamentos psicotrópicos, talvez devido ao preceito budista contra o uso de intoxicantes que embotam a mente. Outra fonte de cautela é que as pessoas podem usar medicamentos para evitar sua dor, impedindo uma oportunidade de crescimento psicológico e espiritual. Mais recentemente, tem havido uma aceitação crescente entre professores de meditação e clínicos orientados a *mindfulness* de que o uso criterioso de medicamentos como os inibidores seletivos da recaptação de serotonina (ISRSs) pode, na verdade, ajudar a apoiar a prática de meditação de um paciente. Isso é especialmente verdadeiro quando a depressão é grave e inclui sintomas neurovegetativos significativos, como falta de energia, dificuldade de concentração, perda de apetite e distúrbio do sono. Se o paciente não tem energia para sair da cama ou não consegue se concentrar por mais que alguns segundos, ele não será capaz de praticar *mindfulness* de maneira eficaz, se conseguir. De fato, tentar fazê-lo pode exacerbar sentimentos de inutilidade e fracasso e acabar por aprofundar a depressão. A psicóloga e professora de meditação Sylvia Boorstein (2012) diz: "Quando a dor da depressão ou da ansiedade é confusa a ponto de oprimir, o remédio adequado pode resgatar a mente da autopreocupação dolorosa" (p. 19). E B. Alan Wallace (2012), estudioso e ex-monge budista que condena aquilo que considera um apelo excessivo de nossa cultura aos medicamentos, também concorda que "em casos de depressão muito grave, os antidepressivos ajudam a restaurar o equilíbrio emocional suficiente para que a pessoa possa se beneficiar de outras formas de tratamento, como a terapia cognitivo-comportamental baseada em *mindfulness*" (p. 31). Evidentemente, os medicamentos podem ser um primeiro passo importante que possibilita ao paciente começar a assumir o comando de sua recuperação – e iniciar algum tipo de prática de *mindfulness*. O caminho consciente através da depressão é fundamentalmente pragmático, e permanecer preso a uma depressão tratável é um desserviço à superação do sofrimento.

Qual abordagem terapêutica é melhor?

O Capítulo 1 deste livro descreve as diferenças entre tratamento *informado* por *mindfulness* – terapia guiada pelo entendimento teórico da técnica e pela prática pessoal do psicoterapeuta – e tratamento *baseado* em *mindfulness* – no qual o terapeuta também ensina habilidades relacionadas à técnica para o paciente. Ambos têm valor. O restante deste capítulo descreve um *continuum* de cuidados do tratamento informado ao tratamento baseado em *mindfulness*, fundamentando-se em material de caso para ilustrar como cada abordagem pode ser aplicada à depressão.

ABORDAGENS À DEPRESSÃO INFORMADA POR *MINDFULNESS*

Os clínicos conhecem o desafio de tratar pacientes deprimidos. Queremos ajudar, mas nossas tentativas de ser simpáticos e nossas intervenções bem-intencionadas com frequência são rejeitadas ou simplesmente falham. Em face da desesperança e do desespero do paciente, é fácil nós mesmos nos tornarmos vítimas desses mesmos sentimentos.

É aqui que nossa própria prática de *mindfulness* pode ajudar. Talvez observemos nós mesmos nos afastando da dor do paciente – e de nossa própria dor. Pode ser sutil: uma olhada no relógio, um pensamento sobre o próximo fim de semana. Esses são sinais de que começamos a abandonar nosso paciente, exatamente como o paciente pode já ter-se abandonado. Se pudermos estar atentos a esse movimento, podemos nos encorajar a retornar, a *nos virarmos para* e *a estarmos com* o que está acontecendo. Podemos começar trazendo *mindfulness* para nossa respiração ou para as sensações de nosso corpo contra a cadeira. Podemos então expandi-lo para incluir quaisquer sentimentos que possam estar presentes. E podemos convidar nosso paciente a fazer o mesmo.

> Robin, uma mulher com história de depressão maior, veio para uma sessão queixando-se de que ultimamente estava acordando com um sentimento de peso e tinha medo de estar escorregando "para o fundo do poço" de novo. Eu lhe pedi para descrever o sentimento e para que observasse se podia localizá-lo em seu corpo. Ela disse que ele estava em seu peito e parecia um peso pressionando para baixo. Eu a encorajei a permanecer com ele e perguntei se tal sentimento era familiar. Ela compartilhou uma memória de si mesma quando criança sentada à mesa de jantar, chorando porque queria alguma coisa, mas sendo ignorada por seus pais e seus irmãos. Ambos sabíamos que isso era uma experiência comum em sua infância: sentir-se desconectada e emocionalmente abandonada em sua família grande e caótica. Ela disse que vinha se sentindo assim em seu relacionamento com seu companheiro e que eles precisavam conversar. O peso em seu peito se tornou mais leve.

Embora não tenha ocorrido prática de *mindfulness* formal, Robin foi capaz de *virar-se para*, trazendo atenção consciente às sensações físicas conectadas com sua experiência de depressão. Isso levou a uma abertura emocional tanto em termos de sua história como nas circunstâncias atuais de sua vida. Também sugeriu que existe alguma coisa que ela pode fazer como adulta que não podia fazer quando criança: colocar seus sentimentos em palavras e ter um diálogo com seu companheiro.

Mindful coexploração

Na psicoterapia informada por *mindfulness*, nos envolvemos em um processo de exploração conjunta consciente com o paciente. Como em qualquer relação terapêutica eficaz, buscamos estabelecer um ambiente de aconchego (*holding*) (Winnicott, 1965) no qual o paciente se sinta aceito pelo que é e nós mantemos o ambiente trazendo *mindfulness* aos altos e baixos da relação. Então, com o paciente, levamos nossa atenção conjunta à experiência dele, à medida que ela evolui momento a momento. Stephanie Morgan (2005) descreve essa atenção como "caracterizada por percepção, centralização no presente e aceitação" (p. 135). Ela também sugere três perguntas que podemos fazer aos nossos pacientes que capturam o espírito desse esforço:

1. O que está acontecendo neste momento?
2. Você consegue permanecer com o que está acontecendo?
3. Você consegue respirar *dentro* do que está acontecendo ou *com* o que está acontecendo neste momento?

A professora de meditação *vipassana* Narayan Liebenson Grady (comunicação pessoal, 18 de outubro de 2011) acrescenta uma quarta pergunta que captura o sentido de libertação interior que o *mindfulness* cria:

4. É possível abrir espaço para isto?

É útil começar a exploração com o corpo por diversas razões. Primeiro, as sensações físicas são mais palpáveis do que pensamentos e sentimentos e geralmente são de mais fácil acesso. Segundo, levar a atenção às sensações físicas ajuda as pessoas a sair "para fora de suas cabeças", algo que é especialmente útil para aqueles que tendem a ruminar. Por fim, o corpo prende a atenção ao momento presente, pois está sempre no aqui e agora. Mesmo se as sensações físicas ativam pensamentos sobre o passado, como aconteceu com Robin, é possível aprender a vivenciar esses pensamentos como eventos mentais acontecendo no presente.

Pensamentos não são fatos

Como a maioria dos terapeutas e dos pacientes sabe, os pensamentos negativos alimentam a depressão. Esses pensamentos são com frequência automáticos e incorretos, especialmente quando a pessoa já está deprimida. Na terapia cognitiva tradicional, ajudamos os pacientes a identificar essas *distorções cognitivas* (Beck, 1976) e substituí-las por pensamentos mais racionais realistas e otimistas. Isso pode ajudá-los a distanciar-se um pouco de seus pensamentos, bem como a ter algum domínio sobre eles, o que pode aumentar a autoestima, melhorar o humor e levar a mudança comportamental positiva.

No tratamento informado por *mindfulness*, o foco é ligeiramente diferente. Nosso esforço, primeiro e acima de tudo, é ajudar o paciente a ver os pensamentos apenas como tais, não como fatos. O conteúdo dos pensamentos não é tão importante, e mudá-lo não é necessário. A partir de nossa própria prática de *mindfulness*, às vezes podemos guiar nosso paciente para que ele veja uma cognição negativa como "apenas um pensamento" e, então, redirecionar sua atenção para longe da corrente de pensamento e em direção aos sentimentos que estão por baixo disso.

> Karen, uma professora do ensino médio, tinha acabado de encerrar outro ano acadêmico e relatou que estava deprimida. "Eu fico pensando que fiz um trabalho ruim este ano, que eu simplesmente não sou uma boa professora." Isso não estava de acordo com o que ela tinha me relatado durante o ano anterior, quando em geral parecia ter confiança em sua capacidade de enfrentar os desafios de seu trabalho. Eu ressaltei isso para ela e perguntei como se sentia quando vivenciava o pensamento: "Eu não sou boa". Em vez de focar-se no pensamento, sugeri que ela trouxesse sua atenção à sua experiência corporal. Ela foi capaz de identificar um "nó" familiar em seu estômago. Quando eu lhe pedi para respirar dentro do nó e ver se havia uma emoção associada a ele, ela disse "parece tristeza", e seus olhos se encheram de lágrimas. Exploramos a possibilidade de que seus pensamentos negativos, em vez de serem uma avaliação correta de suas habilidades como professora, estivessem se originando desse sentimento de tristeza e de que isso talvez fosse uma resposta ao fim do ano escolar, a ser deixada pra trás por seus alunos, exatamente como ela tinha sido deixada para trás por outra pessoa importante em sua vida.

Perguntas que podem ajudar a orientar o processo são:

- Você consegue ver isso apenas como um pensamento? (Em vez de dizer para você mesma "Eu não sou boa", você pode dizer "Estou pensando que não sou boa"?)
- Você consegue lembrar de um tempo em que não pensava dessa forma?
- Você consegue chegar abaixo do nível de pensamento em relação a seus sentimentos e sensações físicas?

Naturalmente, no caso de Karen, o pensamento de que ela não era boa não era *apenas* um pensamento, uma vez que ela acreditava nisso, e a exploração disso com *mindfulness* levou a alguns *insights* e a associações terapêuticas importantes.

Cultivar a autoaceitação e a autocompaixão

Ao nos envolvermos na exploração conjunta consciente com nossos pacientes e ao encorajá-los a examinar seus pensamentos, nós os ajudamos a virar-se para a fonte de sua dor e sofrimento. Implícita nesse movimento está uma atitude de aceitação, de estar disposto a ver e sentir o que há para ser visto e sentido. Entretanto, às vezes, essa atitude de autoaceitação e autocompaixão pode ser cultivada de forma mais direta.

> "Estou realmente muito pra baixo", disse Jack. "Eu me sinto um perdedor." Jack estava mais uma vez ruminando sobre ser um fracassado, sobre trabalhar como garçom quando queria ser músico. Embora tendo formação clássica, ele amava o *jazz* e não conseguia decidir no que se focar. "De qualquer forma", ele disse, "não estou praticando o suficiente e estou com medo de me apresentar, então talvez eu deva apenas desistir de tudo". Isso era território familiar em nosso trabalho juntos. Ambos sabíamos que ele era produto de uma família religiosa e rigorosa. Também sabíamos que sua formação musical tinha acontecido pelas mãos de professores severos que exigiam perfeição. De forma não surpreendente, ele tinha tendência a ser autocrítico. Eu o lembrei disso e perguntei se havia alguma forma de ele ser gentil com ele mesmo enquanto estava tendo esses pensamentos negativos.

Em vez de desafiar os pensamentos negativos ou os sentimentos dolorosos por trás deles, às vezes é importante ajudar o paciente a considerar sua experiência com um sentimento de compaixão. Algumas perguntas que podem facilitar essa mudança são:

- Como você está se relacionando com sua dor?
- Dada sua história e seu temperamento, você pode entender por que está se sentindo desse jeito?
- Você pode ter alguma compaixão por si mesmo enquanto atravessa esse momento difícil?

Nesse ponto, estamos começando a ver uma diferença entre dor e sofrimento. Na psicologia budista, a dor é inevitável, mas o sofrimento não é. *Dor* é a experiência inicial de ser picado por uma abelha ou demitido de um emprego. Dói. Não há como evitar. *Sofrimento* é o que geramos quando resistimos ou negamos aquela dor, reagindo a ela com pensamentos como: "Não é justo!", "Por que isso acontece comigo?", "Não posso suportar isso!", "O que há de errado comigo?" ou "É tudo culpa minha".

Na maioria dos casos, a depressão não é causada pela experiência inicial de dor. Depressão é aquilo que acontece quando as pessoas reagem a essa dor se fechando, se afastando, ruminando sobre ela, se culpando e se perdendo no sofrimento que resulta.

ABORDAGENS À DEPRESSÃO BASEADAS EM *MINDFULNESS*

Embora ainda relativamente novo, o tratamento de depressão baseado em *mindfulness* está evoluindo de maneira rápida e agora inclui uma ampla variedade de abordagens e técnicas. O aspecto que permanece comum é o de que o terapeuta ensina habilidades de *mindfulness* ao paciente, que é encorajado a praticá-las durante a sessão, em casa ou em ambas as situações. Nesta seção, consideramos primeiro as abordagens baseadas nessa técnica na psicoterapia individual e então discutimos a TCBM, um dos programas de grupo para depressão mais populares e bem pesquisados.

A importância da própria prática do terapeuta

A maioria dos clínicos que praticam psicoterapia baseada em *mindfulness* concorda que, a fim de levá-lo de forma eficaz à relação terapêutica, o terapeuta deve ter sua própria prática de meditação. Isso é importante em abordagens informadas por *mindfulness* e é absolutamente essencial em abordagens mais intensivas baseadas nele. Embora as habilidades de *mindfulness* possam, inicialmente, parecer simples de aprender e praticar, integrá-lo a ponto de ele tornar-se um modo de ser no mundo – e parte da presença terapêutica – requer prática. Para a maioria das pessoas, chegar a esse ponto significa passar muito tempo sobre a almofada de meditação. A menos que se esteja disposto a envolver-se na prática ao longo do tempo, provavelmente não se deve tentar ensinar habilidades mais rigorosas ou conduzir psicoterapia baseada em *mindfulness*. Para ilustrar esse ponto, os criadores da TCBM (Segal et al., 2012) fazem uma analogia com ensinar a nadar:

> Um instrutor de natação não é alguém que conhece a física de como os sólidos se comportam nos líquidos, mas ele sabe como nadar. Não é apenas uma questão de credibilidade e competência, mas a capacidade

dos professores de incorporar "de dentro" as atitudes que eles convidam os participantes a cultivar e adotar. Quando iniciamos esse trabalho, acreditávamos que era despropositado esperar que todos os instrutores tivessem experimentado tal prática de *mindfulness* ou mesmo que tivessem praticado antes. Mudamos nosso pensamento sobre isso (p. 79).

Em outras palavras, ensinar a prática de *mindfulness* formal não é apenas dar instruções. Trata-se da forma como você diz "olá" e se senta em sua cadeira, da forma como você responde a perguntas, a conflitos e a tudo o mais que o paciente leva ao encontro terapêutico. A contribuição da prática para o terapeuta é descrita em detalhes no Capítulo 3.

Adaptar a abordagem ao indivíduo

Existem quase tantas formas de conduzir a psicoterapia baseada em *mindfulness* quanto existem terapeutas e pacientes. O mais importante é encontrar uma abordagem que seja talhada ao temperamento, ao nível de interesse e ao nível de experiência da pessoa que está em tratamento. Se, por exemplo, ela não tem interesse preexistente na prática dessa forma de meditação, o terapeuta pode preferir começar com uma abordagem informada por *mindfulness* e depois introduzir habilidades relacionadas que o paciente poderia considerar úteis.

> Quando Melissa veio me ver pela primeira vez, sua cabeça estava girando. Na terapia de casais, seu marido havia há pouco tempo confessado que tivera um caso com uma colega de trabalho, e ela não sabia o que fazer. Estava claramente com raiva dele, mas se culpava por "ter sido enganada". Além disso, estava se sentindo muito mal consigo mesma porque estava desempregada e não tinha uma perspectiva em relação à sua carreira. "Eu preciso fazer alguma coisa sobre isso, também", ela disse. A paciente saltava de um tema para outro, de uma história para outra. Após escutá-la por várias semanas, sugeri que antes de imaginar o que *fazer*, ela poderia tentar aprender como apenas *estar* com as coisas como elas são. Eu lhe contei sobre a prática de *mindfulness*, como ela envolve mudar do *modo fazer* para o *modo ser* e como essa mudança pode às vezes abrir espaço para o surgimento de novas possibilidades. Embora cética, ela disse que estava disposta a experimentar, e eu a ensinei um exercício de respiração consciente. Após alguns minutos, paramos. O silêncio na sala era palpável. Ela abriu os olhos, me olhou e, pela primeira vez, foi capaz de sustentar meu olhar por mais de 1 ou 2 segundos. Ela parecia mais calma e disse que o exercício a tinha ajudado a entrar em contato com seu corpo e que isso parecia um bom lugar para começar.

Embora nunca tivesse meditado antes, a primeira experiência de Melissa foi positiva. Quando abriu os olhos, ela pôde começar a visualizar uma nova forma de relacionar-se com suas dificuldades. Nossa próxima tarefa seria determinar o quanto ela estava interessada em desenvolver suas habilidades de *mindfulness* e quanto tempo ela estaria disposta a dedicar à sua prática fora de nossas sessões.

Se, por outro lado, o paciente já tem alguma prática de meditação e está buscando tratamento baseado em *mindfulness*, então a ênfase não está em ensinar habilidades relacionadas, mas em utilizar essas habilidades, aprofundá-las e aplicá-las à experiência de depressão. Com esses pacientes o terapeuta pode começar apenas sugerindo que os dois se sentem juntos em silêncio por alguns minutos no início de cada sessão.

Muitos pacientes se enquadram em algum lugar no meio. Talvez eles tenham-se interessado por meditação, mas nunca a praticaram de forma regular. Talvez eles tenham ouvido falar que *mindfulness* poderia ajudar, mas não sabem por onde começar. Para esses indivíduos, o desafio em geral é triplo:

1. encontrar a prática certa
2. encontrar formas de integrá-la na sessão
3. ajudar o paciente a integrar essa prática em sua vida

Encontrar a prática certa

Esperar que pessoas deprimidas dediquem 20 minutos ou mais por dia à prática de meditação formal pode não ser realista, então é melhor começar devagar, recomendando um exercício breve, como o espaço dos 3 minutos de respiração (Williams et al., 2007). Muitos pacientes gostam de começar cada sessão com esse exercício. Ele não apenas lhes dá uma chance de se acalmar e de trazer alguma atenção à sua experiência anterior, mas também fornece uma maneira de transição de um modo fazer para um modo ser (Segal et al., 2002), da correria de suas vidas diárias para o espaço sagrado da sessão terapêutica. A seguir, é apresentada uma adaptação do exercício.[*]

---

[*] Este exercício foi adaptado de Williams, Teasdale, Segal e Kabat-Zinn (2007). Copyright 2007 por The Guilford Press. Adaptado com permissão.

A minipausa de *mindfulness*

- Sente-se em uma posição ereta com os pés planos no chão e o corpo em uma postura ereta, mas relaxada. Permita que os olhos se fechem, se preferir. Se não, apenas olhe para o chão alguns centímetros à sua frente.
- Traga consciência para o corpo-mente e reconheça quaisquer sensações ou energia fortes que você encontrar. Nomeie de maneira breve a experiência, se você puder (dizendo para si mesmo algo como "tensão na parte inferior das costas", "me sentindo ansioso" ou "obcecado com a teleconferência de ontem").
- Redirecione sua percepção para as sensações da respiração, focando na subida e descida do abdome com cada inspiração e expiração. Tanto quanto você puder, torne a respiração seu objeto de atenção exclusivo, permanecendo com ela por pelo menos 1 ou 2 minutos. Quando sua atenção se desviar, deixe de lado o que possa ter causado o desvio e de forma suave traga-a de volta para a respiração.
- Permaneça conectado com a respiração e amplie gradualmente seu campo de percepção para incluir o corpo inteiro, de modo que haja uma percepção das sensações da respiração com outras sensações no corpo.
- Continue ampliando o campo de percepção acrescentando sons e a experiência de audição. Apenas perceba os sons enquanto eles aparecem e desaparecem.
- Quando você estiver pronto, abra os olhos e leve essa percepção ampliada para a próxima coisa que você pensar, sentir, disser ou fizer.

Práticas de concentração e mindfulness

A respiração pode ser usada para gerar concentração (atenção focada) – nesse caso, o foco é estreito, e a ênfase está na atenção a um ponto – ou para cultivar *mindfulness per se* (monitoramento aberto): o foco é mais amplo, e a ênfase está em perceber a natureza variável da experiência (ver Capítulos 1 e 7). De uma forma ou de outra, a respiração serve como uma âncora, um objeto que mantém a percepção fundamentada no momento presente. Usada desde tempos antigos como um foco de meditação (Rosenberg, 1998), a respiração literalmente nos mantêm vivos de momento a momento e tem o benefício de ser completamente portátil e facilmente acessível. Assim, enquanto ela em geral opera no plano de fundo de nossa percepção como parte de nosso sistema nervoso autônomo, também podemos levar a percepção consciente a ela com relativa facilidade, ajudando a congregar corpo e mente (Bien, 2006).

Alguns pacientes, porém, ou não são atraídos para a respiração, ou a consideram problemática. Para esses indivíduos, outras sensações corporais podem ser uma alternativa. Algumas pessoas preferem uma varredura corporal, na qual a atenção é direcionada para diferentes partes do corpo, e outras se dão melhor focando a atenção nos pontos de tato – áreas onde o corpo entra em contato com a cadeira, com o chão e com ele mesmo. Levar *mindfulness* ao corpo tem o benefício adicional de desviar a atenção dos pensamentos, algo que pode ser útil para pacientes que tendem a ruminar.

Outros objetos, como os sons, também podem servir como âncoras. Embora não seja o objetivo deste capítulo fornecer um guia completo das vantagens relativas de diferentes objetos de meditação, e das diferenças entre concentração e prática de *mindfulness*, em geral é sensato dar aos pacientes uma chance de praticar com uma variedade de objetos, a fim de determinar quais são mais úteis. Para saber mais sobre esse tópico, ver Pollak e colaboradores (no prelo), Salzberg (2011) e R. Siegel (2010b).

Práticas de amor-bondade e compaixão

Outro conjunto valioso de exercícios para tratar depressão envolve o cultivo de amor-bondade (Salzberg, 2002) e de autocompaixão (Germer, 2009). Neles, deseja-se o bem para si mesmo e para os outros repetindo-se certas frases, tais como: *Que eu seja feliz. Que eu esteja em paz. Que eu seja livre de sofrimento.* (Ver Capítulos 1 e 7.)

Esses exercícios podem ser um antídoto poderoso aos pensamentos e sentimentos negativos que tanto alimentam como resultam da depressão. Embora essa alegação faça sentido em um nível intuitivo, a pesquisa mais recente também está começando a apoiá-la (p. ex., Boellinghaus, Jones, & Hutton, 2012). Uma revisão acadêmica recente delineia algumas das formas pelas quais as "espirais ascendentes" das emoções positivas geradas por meditação *mindfulness* e de amor-bondade podem neutralizar as "espirais descendentes" de negatividade vivenciadas por pacientes deprimidos (Garland et al., 2010).

Integrar *mindfulness* à psicoterapia

Após um paciente encontrar exercícios que o ajudam a cultivar *mindfulness*, a questão se torna: Como incorporamos essa prática em nosso trabalho conjunto? Novamente, existem muitas abordagens possíveis, e a chave é flexibilidade. Talvez iniciemos nossas sessões sentados juntos em silêncio, praticando *mindfulness* da respiração. Ou talvez façamos uma *minipausa de mindfulness* quando as coisas se tornarem excessivamente assustadoras ou confusas. Ou poderíamos concordar em fazer uma meditação orientada a fim de desviar a atenção do pensamento de ruminação para as sensações corporais.

Quando a prática de *mindfulness* for estabelecida, ela também dará ao terapeuta e ao paciente uma estrutura de referência comum e modificará sutilmente as perguntas do terapeuta. Por exemplo, se um paciente está descrevendo uma discussão com seu cônjuge, o terapeuta poderia perguntar:

- Você estava consciente de sua respiração durante a discussão?
- Você pode trazer a atenção para a sua respiração enquanto lembra a experiência agora?
- Isso muda sua experiência de alguma forma?

À medida que incorporamos *mindfulness* em nossa prática clínica, é útil lembrar que somos terapeutas, não professores de meditação; nossa *expertise* está em nosso treinamento clínico. Escutar profundamente as histórias de nossos pacientes continua sendo nossa tarefa mais importante e uma parte crucial da cura que esperamos facilitar. Então, às vezes, nós simplesmente escutamos – redirecionar a atenção de um paciente à sua respiração no momento errado pode ser vivenciado como uma falha empática. De modo inverso, tal redirecionamento, quando é útil, pode permitir que uma pessoa crie algum espaço em torno da dor e, no processo, mude sua relação com ela. Saber quando apenas escutar e quando fazer uma intervenção baseada em *mindfulness* é uma arte, não uma ciência. Felizmente, nossa própria prática pode informar nossas escolhas mantendo-nos sintonizados ao fluxo da sessão (ver Capítulo 5). O seguinte caso ilustra uma série de formas pelas quais *mindfulness* e a psicoterapia podem ser integrados ao tratamento da depressão.

> Roger era um homem divorciado de 34 anos pai de um filho pequeno. Após seu divórcio se concretizar, ele afundou em uma profunda depressão. Sentindo que podia se suicidar, procurou um psiquiatra, que prescreveu um ISRS e iniciou encontros semanais com ele. Isso aliviou alguns dos seus sintomas, incluindo os pensamentos suicidas. Entretanto, após um ano, ele ainda não se sentia bem e estava infeliz pelo ganho de peso, o que atribuía à sua medicação. Ele tinha lido sobre meditação e pensou que uma abordagem baseada em *mindfulness* poderia ajudar e, então, foi encaminhado para mim.
>
> "Minha vida está uma bagunça", foi a primeira coisa que Roger disse após entrar em meu consultório. Vestindo calças de moletom e uma camiseta, ele estava usando muletas devido a uma cirurgia recente na perna. Ele me contou que quando era adolescente sofrera um acidente de carro que tinha deixado uma perna gravemente machucada, tendo sido submetido a uma série de operações ao longo dos anos para reparar esse dano. Atualmente de licença médica, ele estava ansioso para voltar ao trabalho. Além disso, sentia-se sozinho, inútil e desejava estar em um relacionamento íntimo saudável. Desde que seu casamento terminou,

ele teve vários relacionamentos curtos, e todos terminaram de maneira dolorosa. Quando perguntei sobre seus objetivos, ele disse que queria "estar em um relacionamento e encontrar paz interior", mas acrescentou que esses objetivos eram, em sua experiência, "mutuamente excludentes".

Roger foi criado por uma mãe solteira alcoolista que tinha dificuldades para sustentar a família. Ele nunca conheceu seu pai e nunca se sentiu amado por sua mãe, que estava preocupada com seus próprios problemas. O ferimento em sua perna aumentou seu sentimento de ser defeituoso e indigno de amor. Mas Roger também tinha pontos fortes. Bom aluno, conseguiu um emprego após a faculdade em uma empresa de informática. À medida que a empresa prosperava, ele também prosperava, e estava indo bem financeiramente. Sua carreira, bem como seu compromisso de ser um bom pai para o seu filho, eram fontes importantes de autoestima.

Embora Roger dissesse que estava interessado em meditação, ele não tinha feito nenhuma tentativa formal. Então, após escutar sua história por várias semanas, eu o ensinei uma forma básica de *mindfulness* com exercícios de respiração, sugerindo que iniciássemos cada sessão com uma *minipausa de mindfulness*, e o incentivei a praticar em casa.

Os primeiros resultados foram mistos. Roger disse que achava difícil praticar porque sua mente era "muito ativa" e "muito cheia de pensamentos negativos". Como muitos iniciantes, ele tinha ideias sobre como *deveria* ser a meditação e ficou desmotivado quando sua própria prática não correspondeu. De forma não surpreendente, ele também manifestou sua tendência à autocrítica em relação à sua prática de *mindfulness*. Ele frequentemente pensava: "Eu simplesmente não posso fazer isso" ou "O que há de errado comigo?". Esperando neutralizar essas espirais de pensamento negativo, eu lhe ensinei um exercício de amor-bondade – mas ele disse que não podia imaginar-se enviando tais votos amáveis para si mesmo.

Enquanto isso, Roger continuava a ruminar sobre sua incapacidade de estar em um relacionamento, muitas vezes vivenciando os mesmos pensamentos negativos nessa área desafiadora de sua vida. "Não tenho esperanças", ele disse. "Talvez eu devesse apenas desistir."

Em meio a tudo isso, apelei para minha própria prática de *mindfulness* para me ajudar a trazer alguma equanimidade e aceitação à frustração e à desesperança de Roger e para as emoções semelhantes que eu com frequência sentia quando estava sentado com ele. Tentei permanecer conectado com sua dor – e com a minha – e não desistir dele ou da esperança de que ele pudesse encontrar uma forma diferente de se relacionar com sua experiência. Por fim, conversei com ele sobre os grupos de TCBM que eu conduzia com um colega e sugeri que ele se inscrevesse como uma forma de aprofundar sua prática. Ele concordou prontamente, e esse foi um marco decisivo em seu tratamento.

O poder de *mindfulness* encontra o poder do grupo

A TCBM (Segal et al., 2002) é um tratamento para depressão recorrente que demonstrou eficácia em uma série de ensaios clínicos controlados randomizados (Kuyken et al., 2008; Ma & Teasdale, 2004; Teasdale et al., 2000). Com base no programa de redução de estresse baseada em *mindfulness* (REBM) desenvolvido por Jon Kabat-Zinn (1990), a TCBM incorpora elementos de terapia cognitiva que visam aos pensamentos negativos associados à depressão. Seus criadores a descrevem como "80% meditação, 20% terapia cognitiva" (Law, 2008). O programa introduz uma variedade de técnicas de *mindfulness*, dá oportunidades para discussão e inclui lição de casa com vistas a ajudar os participantes a estabelecer uma prática diária. O objetivo é ajudá-los a aplicar essa forma de meditação à experiência da depressão momento a momento, de modo que eles possam se relacionar com pensamentos, sentimentos e sensações corporais dolorosos com mais aceitação e facilidade em vez de com defesas autoderrotistas como ruminação e negação.

A TCBM parece especialmente eficaz na redução da ruminação. Para muitos pacientes deprimidos, a ruminação é uma tentativa de usar habilidades de pensamento crítico para resolver problemas emocionais e, no processo, reduzir a distância entre onde eles estão e onde eles querem estar. No entanto, em vez de levá-los para a frente, a ruminação os mantém presos. E, quanto mais eles lutam, mais fundo eles caem:

> A ruminação é invariavelmente um tiro pela culatra. Ela apenas agrava nosso sofrimento. É uma tentativa heroica de resolver um problema que ela simplesmente não é capaz de resolver. Um modo de pensar inteiramente diferente é necessário quando se trata de lidar com a infelicidade (Williams et al., 2007, p. 45).

Roger ruminava muito, razão pela qual eu acreditava que ele poderia se beneficiar participando de um grupo de TCBM.

Encontrar um caminho

Inicialmente, a experiência de Roger no grupo estava longe de ser positiva. Na verdade, em nossa sessão individual após o primeiro encontro do grupo, ele me disse que estava pensando em desistir porque "parecia estranho". Contudo, decidiu continuar e fez da lição de casa uma prioridade, praticando pelo menos

30 minutos por dia. Após várias semanas, ele relatou que "tivera um estalo" e finalmente tinha entendido o que é *mindfulness*:

> É como se tudo virasse de cabeça para baixo, mas no bom sentido. Sinto como se eu pudesse estar consciente de todos esses pensamentos e sentimentos sem levá-los muito a sério. Também estou começando a repensar o que significa ser feliz. Talvez estar em um relacionamento não seja a resposta afinal de contas.

Roger completou o grupo e continuou sua prática diária. Também começou a frequentar aulas em um centro de meditação local e até participou de um retiro de curta duração. Em nossas sessões individuais, estava mais positivo e confiante. Era evidente que uma transformação tinha começado. Quando ele disse que queria tentar parar de tomar seu ISRS, seu psiquiatra e eu o apoiamos. Ele logo perdeu um pouco de peso, matriculou-se em uma academia e se inscreveu em um serviço de encontros pela internet. Alguns meses mais tarde, disse que estava pronto para parar a terapia porque estava ocupado demais com seu trabalho, seu filho, sua vida. Era hora de seguir adiante.

Como funciona?

Um estudo recente (Kuyken et al., 2010) sugere que a TCBM é um tratamento eficaz para depressão porque ela não apenas aumenta *mindfulness* e a autocompaixão entre os participantes, mas também reduz a reatividade a pensamentos negativos. Os seguintes fatores também podem contribuir para sua eficácia:

1. *Ajuda as pessoas a estabelecer uma prática diária.* A pesquisa demonstrou que a prática de meditação regular tem efeitos positivos sobre a estrutura e o funcionamento cerebrais (Davidson, 2004; Hölzel et al., 2008; Lazar et al., 2005).
2. *Ajuda as pessoas a integrar a prática com a vida diária.* Por meio de exercícios como o espaço dos 3 minutos de respiração e a lição de casa que traz *mindfulness* para as atividades diárias, a TCBM mostra aos participantes que ela não é apenas uma prática formal reservada para a almofada de meditação, mas uma forma de relação com a vida.
3. *Reduz a ruminação.* Ao desviar a atenção dos pensamentos para outros aspectos da experiência, ela retira um pouco do poder do pensamento negativo interminável (Williams et al., 2007).

4. *Ajuda as pessoas a desconstruir a depressão.* Ao decompor a depressão em pensamentos, sentimentos e sensações corporais, a TCBM dá às pessoas uma entrada e, por fim, um caminho para sair da depressão.
5. *Ajuda as pessoas a se desidentificarem com os sintomas.* Quando os pacientes reconhecem que seus pensamentos, sentimentos e outros sintomas são parte do território da depressão, eles podem vê-los com mais facilidade como não permanentes e impessoais.
6. *Ajuda as pessoas a responder, e não reagir, a seus sintomas.* Quando veem seus sintomas pelo que eles são, os participantes podem ser mais capazes de responder de forma adequada, em vez de reagir com as formas autodestrutivas habituais.
7. *Oferece apoio e validação ao grupo.* Ao dar aos participantes uma chance de trabalhar junto com outros que estão lutando com problemas semelhantes, a TCBM reduz o estigma, a vergonha e o isolamento da depressão.

Naturalmente, muitos desses fatores se aplicam não apenas à TCBM, mas também, em geral, a tratamentos informados e baseados em *mindfulness*.

A depressão continua sendo um desafio para os pacientes que sofrem com ela e para os terapeutas que os tratam. Embora muitos pacientes que participam de um tratamento baseado em *mindfulness* melhorem de maneira significativa, outros não estão interessados nessa abordagem, ou tentam, mas não parecem se beneficiar dela. Até que a pesquisa possa identificar quais pacientes tendem a beneficiar-se da TCBM e de outras abordagens baseadas em *mindfulness*, nós, terapeutas, devemos continuar contando com o nosso julgamento clínico e com o *feedback* de nossos pacientes. Visto que eles respondem de maneira diversa a diferentes formas de tratamento, a melhor forma de atendê-los é desenvolvendo competência no uso de uma variedade de intervenções e verificando *com eles* se o tratamento está indo na direção certa (Horvath et al., 2011). Nesse sentido, o uso de intervenções baseadas nessa forma de meditação não é diferente do uso de qualquer outra abordagem. Perguntamos aos nossos pacientes se eles estariam dispostos a aprender sobre a prática de *mindfulness*, avaliamos o quanto ela está funcionando e ficamos preparados com abordagens alternativas. Pelo menos, sempre podemos usar nossa própria prática para permanecer o mais plenamente presentes para eles quanto possível, para ajudá-los a se sentirem conectados e mais vivos, mesmo em meio à sua dor.

9

Ansiedade

Aceitar o que vem e fazer o que importa

Lizabeth Roemer
Susan M. Orsillo

> Quando simplesmente vivenciamos o medo como ele é – sem nossas opiniões, julgamentos e reações –, ele não é tão assustador.
>
> – EZRA BAYDA (2005)

Ansiedade e medo são respostas humanas naturais. Sentimos medo quando somos confrontados com ameaça ou perigo imediatos, como quando estamos parados na rua e ouvimos um ônibus frear enquanto dispara em nossa direção. Nossos corpos vivenciam uma resposta de luta-ou-fuga, com nossos batimentos cardíacos aumentando, as palmas das mãos suando e o sangue correndo para os nossos membros a fim de que possamos tomar uma ação imediata para escapar da ameaça e nos mantermos seguros. Em face de perigo real, essa é uma resposta adaptativa. Entretanto, essas mesmas sensações de pânico podem surgir na ausência de uma ameaça verdadeira, evocadas pela memória de um acontecimento passado ou de um perigo futuro imaginado, preparando-nos para lutar ou fugir quando nenhuma ação clara é necessária. Além disso, o envolvimento pleno na vida com frequência requer que estejamos perto de ameaças reais, como aceitar um desafio na carreira quando há a possibilidade de falharmos ou assumir um risco social quando há a possibilidade de sermos rejeitados. Nessas situações, nossas predisposições biológicas de evitar perigo e buscar segurança podem não ser as respostas ideais. Vivenciamos ansiedade de modo natural quando antecipamos uma situação potencialmente ameaçadora: sentir-se apreensivo, preocupar-se com possíveis resultados negativos e sentir-se no limite ou vigilante. Essas respostas também podem ser úteis; às vezes elas podem ajudar a nos planejarmos contra possíveis dificuldades e considerar formas de minimizar algum possível dano ou perda. Entretanto, quando a apreensão ansiosa e a preocupação se tornam hábito, podemos perder o contato com o momento presente, e a preparação constante para ameaças futuras pode corroer nossa qualidade de vida.

Embora medo e ansiedade sejam respostas inevitáveis e naturais à vida, as mensagens que elas nos enviam podem ser confusas. Sentimos o impulso de fugir do perigo quando não há ameaça clara presente. Sentimo-nos compelidos a controlar o futuro, a despeito do fato de que muitos aspectos estão além de nosso controle. Portanto, não é surpresa que muitas vezes respondamos ao nosso próprio medo e à nossa própria ansiedade com julgamento e crítica, encarando nossos pensamentos e emoções como um sinal de fraqueza ou fracasso que nos impedirá de viver uma vida pacífica e gratificante.

Embora possamos aprender a responder a situações, pensamentos e sentimentos com apreensão, julgamento e esquiva, também podemos aprender a cultivar uma resposta atenta, compassiva e receptiva à nossa experiência. A prática de nos voltarmos de forma gentil a nossos sentimentos e sensações ansiosos, com bondade e compaixão, enquanto damos atenção contínua ao momento presente mesmo quando ele repetidamente se desvia em direção a acontecimentos futuros imaginados, temidos, pode ajudar a neutralizar respostas ansiosas aprendidas e a promover satisfação de vida. Aprender a aceitar quaisquer experiências internas que surjam (p. ex., sensações de pânico, pensamento dos julgamentos dos outros, preocupações sobre o futuro), em vez de tentar suprimi-las ou evitá-las, pode, paradoxalmente, reduzir o sofrimento e apressar a recuperação de episódios ansiosos. Essas estratégias podem nos ajudar a sair do retraimento e da limitação de nossas vidas para vidas mais próximas e plenas.

A partir das tradições budistas e comportamentais, as terapias baseadas em *mindfulness* e aceitação foram desenvolvidas para ajudar as pessoas a aprender essas novas formas de resposta a fim de reduzir os sintomas de ansiedade e melhorar a qualidade de vida. Neste capítulo, revisamos resumidamente a evidência empírica para essas abordagens, incluindo nosso próprio trabalho nessa área. Então, apresentamos um modelo conceitual que pode orientar as abordagens comportamentais baseadas em *mindfulness* e aceitação ao tratamento da ansiedade, junto de uma visão geral de nossa própria abordagem ao tratamento, com exemplos ilustrativos.*

EVIDÊNCIA DA EFICÁCIA DOS TRATAMENTOS PARA ANSIEDADE BASEADOS EM *MINDFULNESS* E ACEITAÇÃO

Tratamentos cognitivo-comportamentais incluem alguma combinação das seguintes abordagens: ensinar sobre a natureza da ansiedade; ajudar as pessoas a monitorar e aumentar a percepção e a compreensão de suas próprias respostas ansiosas; encorajar a exposição a estímulos temidos (externos, como situações sociais, ou internos, como sensações relacionadas a pânico); e identificar e questionar pensamentos e crenças relacionadas à ansiedade. Essas intervenções foram estabelecidas como tratamentos eficazes para todos os transtornos de ansiedade (transtorno de ansiedade generalizada, transtorno de pânico com e sem agorafobia, transtorno de ansiedade social, transtorno de estresse pós-traumático, transtorno obsessivo-compulsivo e fobias específicas [Hofmann & Smits, 2008]). Entretanto, nem todos que recebem esses tratamentos respondem a eles, e alguns tratamentos têm altas taxas de desistência e de recusa.

Na década passada, desenvolveu-se um interesse em explorar a eficácia potencial de tratamentos para transtornos de ansiedade baseados em *mindfulness* e aceitação.** Embora a pesquisa sobre essas abordagens ainda esteja em seus estágios iniciais, os resultados têm sido promissores. Uma metanálise recente indicou que tratamentos baseados em *mindfulness* estão associados a reduções significativas e confiáveis nos sintomas de ansiedade e depressivos entre estudos

---

* Os leitores interessados em uma descrição mais detalhada dessa abordagem à terapia podem consultar Roemer e Orsillo (2009), para um guia para o terapeuta, e Orsillo e Romer (2011), para um manual para pacientes.
** Tratamentos como redução de estresse baseada em *mindfulness*, terapia cognitiva baseada em *mindfulness* e terapia de aceitação e compromisso se enquadram nessa categoria de tratamentos devido a seu foco comum em ensinar aos clientes como se relacionar com suas experiências internas de forma diferente (com *mindfulness* e aceitação em vez de com aversão ou esquiva). A despeito dessa ampla semelhança, esses tratamentos variam em termos de sua ênfase na prática formal dessa forma de meditação, na quantidade de exercícios e na inclusão de exposição e outros elementos comportamentais.

de uma ampla variedade de problemas apresentados (Hofmann et al., 2010). De maneira específica, foi verificado que as terapias baseadas em *mindfulness* e aceitação produziram reduções significativas nos sintomas de ansiedade entre indivíduos* diagnosticados com transtorno de ansiedade social (TAS; Dalrymple & Herbert, 2007; Koszycki, Benger, Shlik, & Bradwejn, 2007; Kocovski, Laurier, & Rector, 2009; Piet, Houggard, Hecksher, & Rosenberg, 2010), transtorno de ansiedade generalizada (GAD; Craigie, Rees, & Marsh, 2008; Evans et al., 2008; Roemer & Orsillo, 2007; Roemer et al., 2008) e transtorno obsessivo-compulsivo (TOC; Twohig et al., 2010). Evidências preliminares também sugerem que esses tratamentos melhoram de maneira significativa a qualidade de vida de indivíduos com TAG ou TAS (Craigie et al., 2008; Koszycki et al., 2007; Roemer & Orsillo, 2007). Entretanto, apenas dois estudos até agora demonstraram melhoras significativas em relação a uma condição de comparação (Roemer et al., 2008; Twohig et al., 2010), e nenhum estudo constatou que essas terapias são mais eficazes que os tratamentos estabelecidos para os transtornos-alvo.** Dois estudos recentes, contudo, verificaram que essas terapias produzem efeitos comparáveis aos dos tratamentos eficazes estabelecidos (terapia de aceitação e compromisso [TAC] para uma amostra de clientes com transtorno de ansiedade misto [Arch et al., 2012]) e aos da nossa terapia do comportamento baseada na aceitação para TAG (Hayes-Skelton, Roemer, & Orsillo, em processo de publicação). Além disso, alguns estudos de intervenções baseadas em *mindfulness* produziram efeitos menores do que estudos de terapias cognitivo-comportamentais para os mesmos transtornos (p. ex., Craigie et al., 2008; Evans et al., 2008; Koszycki et al., 2007; Piet et al., 2010). Pode ser que os tratamentos sejam mais eficazes quando incorporam elementos de tratamentos cognitivo-comportamentais (p. ex., Arch et al., 2012; Dalrymple & Herbert, 2007; Roemer et al., 2008; Twohig et al., 2010), em vez de se focarem apenas nos elementos baseados em *mindfulness*; entretanto, mais pesquisas são necessárias para esclarecer se esse é, de fato, o caso. Apesar disso, dada a eficácia estabelecida de tratamentos cognitivo-comportamentais para transtornos de ansiedade, a in-

---

* Os estudos incluídos nessa revisão foram aqueles cujo foco eram indivíduos que satisfaziam os critérios para um diagnóstico principal de transtorno de ansiedade e também os que apresentassem uma amostra grande o suficiente para determinar mudanças estatisticamente significativas nos sintomas.

** Twohig e colaboradores (2010) verificaram que a terapia de aceitação e compromisso era mais eficaz do que relaxamento muscular progressivo, mas o relaxamento muscular progressivo não é um tratamento eficaz para TOC.

corporação de algum tipo de exposição ou de outras estratégias de abordagem comportamental, automonitoração de resposta ansiosa, e psicoeducação sobre ansiedade é clinicamente indicada nesse momento de nosso conhecimento.

Em nossa própria pesquisa com pessoas que satisfazem os critérios para TAG, verificamos que um tratamento comportamental integrativo baseado na aceitação e fundamentado em tratamentos cognitivo-comportamentais baseados em evidências para TAG (Borkovec, Alcaine, & Behar, 2004), bem como em terapias comportamentais baseadas na aceitação (TAC [Hayes et al., 1999]; terapia cognitiva baseada em *mindfulness* [TCBM; Segal et al., 2002]; terapia comportamental dialética [TCD; Linehan, 1993a]), reduz de forma significativa os sintomas de TAG e com comorbidade de depressão, com tendência à melhora de outras comorbidades (Roemer et al., 2008). Vemos clientes que se apresentam com uma ampla variedade de outros diagnósticos (p. ex., transtorno de ansiedade social, transtorno de pânico, transtornos depressivos maiores), bem como com vidas complexas, que aumentam sua preocupação e seu estresse. No restante deste capítulo, compartilhamos o que aprendemos a partir desse trabalho, do trabalho de outros na mesma área e de nossa própria experiência com a ansiedade. Desse modo, esperamos ajudar os leitores a planejar terapias individualizadas e eficazes para clientes com transtornos de ansiedade ou outros desafios relacionados a esse sintoma.

UM MODELO DE ANSIEDADE BASEADO EM EVIDÊNCIA E SEUS TRANSTORNOS: UMA ABORDAGEM COMPORTAMENTAL BASEADA EM *MINDFULNESS* E ACEITAÇÃO

Seres humanos são criaturas complexas e multifacetadas que variam muito em sua constituição biológica, em sua forma habitual de responder a pessoas ou situações, nas experiências que tiveram em suas vidas e nos contextos em que vivem. Contudo, em meio a toda essa variação, surgem certos temas consistentes que podem fornecer uma base para entender, e eventualmente ajudar, as pessoas. A psicologia budista fornece uma fonte para entender por que as pessoas sofrem e como reduzir seu sofrimento, e a teoria psicológica ocidental fornece outra. É particularmente encorajador quando diferentes fontes de sabedoria fornecem perspectivas que se sobrepõem. Nossa abordagem é influenciada pela recomendação de Teasdale, Segal e Williams (2003), que enfatizam a importância de desenvolver um modelo conceitual claro, baseado em evidência, que possa ser usado para informar a aplicação de *mindfulness* a uma apresentação clínica particular. Neste capítulo, descrevemos o modelo que orienta nosso tratamento.

A neurociência e a teoria da aprendizagem ressaltam a função do medo e da ansiedade na promoção da sobrevivência de nossa espécie. Entretanto, como observado, podemos desenvolver hábitos que nos deixam presos a um ciclo interminável de evitar situações que não constituem ameaça à vida e imaginar catástrofes potenciais sem gerar quaisquer soluções. Tanto a teoria psicológica budista como a ocidental enfatizam as formas como os seres humanos podem desenvolver hábitos mentais rígidos, respondendo de forma consistente com certos tipos de pensamentos e acreditando neles – devido, em parte, à sua repetição incessante. Quanto mais nossas mentes viajam por esses caminhos, mais desgastados eles se tornam, de modo que nossos pensamentos caem cada vez mais dentro de padrões familiares. Com frequência, esses pensamentos habituais carregam sugestões para evitar alguma possível ameaça, mas seguir essas sugestões pode nos manter mais presos do que seguros.

Reagir a experiências internas com tensão, crítica e julgamento

Um dos achados mais construtivos e consistentes que surgiu no campo dos transtornos de ansiedade é o de que, de maneira intrínseca, a experiência de ansiedade ou medo (p. ex., sensações de pânico, pensamentos de preocupação, imagens catastróficas, memórias dolorosas recorrentes) não causa um transtorno de ansiedade. Antes, são as nossas reações a esses sintomas, ou nossa *reação às nossas reações* (Borkovec & Sharples, 2004), que exacerbam sua intensidade e duração, causam sofrimento e interferem em nossa qualidade de vida. Por exemplo, pessoas que relatam alta sensibilidade à ansiedade (i.e., que consideram as sensações fisiológicas de ansiedade ameaçadoras) são mais propensas a desenvolver ataques de pânico e transtorno de pânico (Ehlers, 1995); sobreviventes de trauma com atitudes negativas em relação a expressão emocional (p. ex., "Eu acho que ficar sentimental é um sinal de fraqueza") vivenciam sintomatologia de estresse pós-traumático ampliada (Joseph et al., 1997); e aqueles que se preocupam de modo excessivo relatam preocupar-se com sua própria preocupação (Wells, 1999). A ansiedade também pode levar a um *foco estreito* de atenção (tanto externo como interno) à ameaça potencial (Cisler & Koster, 2010). Além disso, a ansiedade muitas vezes evoca julgamentos e críticas negativos ("Eu sou tão fraco!", "As outras pessoas não se preocupam desse jeito"), o que pode, por sua vez, aumentar a ansiedade.

Todas essas reações podem levar as pessoas a se tornarem *enredadas com* (Germer, 2005a) ou *viciadas em* (Chödrön, 2007) suas experiências de ansiedade, de modo que o sintoma chega a parecer autodefinidor e global. Em vez de ver a ansiedade como uma resposta que é evocada em um contexto específico, podemos passar a nos definir como *ansiosos*, fundindo nossa identidade com essas experiências. Isso torna muito mais difícil enxergar as formas como pensamentos, sentimentos e sensações surgem naturalmente, mudam e passam ao longo do tempo. Quando sensações e pensamentos ansiosos parecem assustadores, determinantes e implacáveis, eles naturalmente levam as pessoas a querer fugir e evitá-los.

Tentar rigidamente evitar a tensão interna

Tentar não pensar sobre, não sentir ou não lembrar alguma coisa angustiante é muito natural. Às vezes, tentamos apagar de nossas mentes alguma coisa estressante a fim de podermos nos focar no que está à nossa frente, nos distrair de memórias dolorosas para nos sentirmos menos angustiados ou controlar sensações físicas que estão nos deixando desconfortáveis. Entretanto, estudos mostram que esforços repetidos e rígidos de apagar pensamentos, sentimentos, sensações ou memórias de nossas mentes (i.e., *esquiva experiencial*; Hayes et al., 1996) são com frequência malsucedidos e podem, na verdade, nos enredar de maneira mais profunda na própria experiência da qual estamos tentando escapar (Gross, 2002; Levitt, Brown, Orsillo, & Barlow, 2004; Najmi & Wegner, 2008). Considere uma ocasião em que você precisava muito dormir, mas estava totalmente acordado. Apenas forçar-se a dormir muitas vezes provoca o efeito contrário.

Evitar em vez de enfrentar

Emoções são em parte adaptativas porque estão ligadas a tendências de ação. Quando vivenciamos medo, somos impelidos a evitar ou escapar de tudo aquilo que percebemos como ameaça. Entretanto, o envolvimento pleno na vida requer que às vezes dominemos nossas tendências de ação. Por exemplo, a fim de convidar alguém para sair ou de fazer uma apresentação em público, temos de estar abertos ao possível risco de rejeição ou crítica. Quando o medo e a ansiedade são vistos como respostas perigosas, intensificadas e mantidas apesar de nossos esforços para controlá-las, podemos não estar dispostos a tomar quaisquer atitudes que poderiam induzi-las. Embora evitar possíveis ameaças, muitas vezes, seja imediatamente reconfortante, essa postura pode levar a dor e sofrimento crônicos por manter os medos e as aflições e por limitar o contato com os aspectos gratificantes e significativos da vida.

Muitos transtornos de ansiedade estão associados com padrões de esquiva fortes e óbvios: pessoas com ansiedade social podem evitar falar em sala de aula; pessoas com agorafobia podem evitar lugares públicos e superlotados; pessoas com transtorno de estresse pós-traumático podem evitar lembranças de seus traumas. Às vezes, a esquiva é mais sutil. Pessoas com TAG podem parecer extremamente ocupadas, contudo evitar envolver-se em atividades pessoalmente significativas que poderiam induzir desconforto, como assumir desafios no trabalho ou abrir-se à intimidade emocional (Michelson, Lee, Orsillo, & Roemer, 2011).

Uma solução *mindful*

Se nossas respostas internas e comportamentais habituais à ansiedade interferem em nossa capacidade de viver uma vida significativa e gratificante, podemos nos libertar desses padrões mudando nossa relação com a ansiedade e nossas reações a ela. Expandir nossa percepção da experiência, perceber as reações pelo que elas são e permitir que elas sejam, desenvolver bondade e compaixão para com nós mesmos e escolher de forma intencional envolver-se em atividades que importam para nós são formas alternativas de resposta que podem ser cultivadas por meio da prática de *mindfulness* (Kabat-Zinn, 1994). Portanto, integrar essa forma de meditação a estratégias cognitivo-comportamentais pode ser um antídoto para a ansiedade crônica, habitual.

UMA ABORDAGEM DE TRATAMENTO COMPORTAMENTAL BASEADA EM *MINDFULNESS* E ACEITAÇÃO

Nossa abordagem de tratamento se concentra em ajudar os clientes a desenvolver uma nova relação com suas experiências internas (que seja ampla em vez de estreita, compassiva em vez de crítica e julgadora, e descentrada – ou seja, perceber os pensamentos de forma objetiva, e não como verdades globais – em vez de emaranhada) e a envolver-se em ações que sejam importantes para si, em vez de habitualmente evitá-las.

Avaliação *mindful*

O tratamento começa com uma avaliação de como o cliente vê e sente a ansiedade (pensamentos, sentimentos, sensações e comportamentos associados com ela; contextos nos quais a ansiedade ocorre; antecedentes e consequências à resposta ansiosa), como o cliente em geral responde a – e tenta enfrentar – sofrimento e dor e de quais mudanças ele gostaria de ver para melhorar a qualidade de vida. Também pensamos que é fundamental entender como o cliente e sua família entendem a ansiedade e as formas de lidar com ela. A partir de nosso modelo e das experiências, das forças e dos recursos individuais do cliente, desenvolvemos uma conceituação compartilhada do seu desenvolvimento e da manutenção dos seus desafios atuais que inspiram um plano de tratamento com o objetivo de ajudá-lo a viver uma vida mais enriquecedora e gratificante, mesmo em face de ansiedade.

Desde o início, a linguagem que usamos para discutir pensamentos, sentimentos, sensações e memórias associados com ansiedade cultiva a noção de que eles são respostas específicas que vêm e vão, em vez de características que definem o cliente. Ao descrever sensações específicas ("Eu percebo a tensão sobre meus ombros", "Meu coração parece que vai sair do meu peito"), pensamentos ("Eu tenho o pensamento de que nunca vou ter sucesso em nada", "Eu me pego pensando que as pessoas estão com raiva de mim") e comportamentos ("Eu jogo *videogame* durante horas", "Eu não atendo meu telefone"), começamos a decompor a experiência aparentemente global da ansiedade em pedaços mais manejáveis. Essa desconstrução inicia um processo de descentralizar, um aspecto importante de *mindfulness* que ajuda a reduzir o emaranhamento com essas experiências.

Ao modelarmos aceitação e compaixão, compartilhamos com os clientes a ideia de que os desafios relativos à ansiedade que eles descrevem fazem sentido dentro de um contexto sociocultural amplo e dentro de suas histórias de aprendizagem específicas. Também explicamos que aprender novas habilidades, como *mindfulness*, pode ajudá-los a tratar esses padrões de resposta habituais e problemáticos; promover ação intencional, mais flexível; e diminuir o sofrimento e a interferência que eles estão vivenciando em resposta à ansiedade. Alguns clientes se conectam a aspectos dessa explicação de forma imediata e empiricamente manifestam esperança com o tratamento. Às vezes, por razões compreensíveis, os clientes são céticos de que alguma coisa os ajudará a mudar esses padrões de resposta arraigados. Nesse caso, validamos suas preocupações, nos abstemos de discutir ou de tentar convencê-los do contrário e perguntamos se eles estão dispostos a tentar por algumas semanas e ver se percebem alguma melhora. Se não, podemos rever nosso plano e explorar outras opções. Isso cria as condições para a manutenção de um tema ao longo do tratamento, de o que se refere a experimentar, prestar atenção e ver como as coisas vão, em vez de supor que terapeutas e clientes sabem de forma antecipada o que será ou não será útil. As habilidades de *mindfulness* ajudam com essa observação e, por fim, promovem a sintonia do cliente com sua própria experiência, em vez de (ou talvez além de) com seus próprios medos.

Aprendizagem

Um elemento central do tratamento é fornecer informações que possam ajudar os clientes a entender de maneira mais completa e, o que é mais importante, a ter compaixão por suas próprias experiências. Ensinamos os clientes sobre a natureza da ansiedade e as formas nas quais as respostas a ela podem aumentar paradoxalmente o sofrimento e diminuir a satisfação. Dessa forma, os clientes podem começar a observar se esses princípios gerais se aplicam a suas próprias vidas. Nossos métodos incluem instrução didática (apoiada por apostilas), demonstrações experienciais (p. ex., demonstrar os efeitos paradoxais da supressão de pensamento) e exploração de exemplos das próprias vidas dos clientes. Embora apenas aprender sobre esses conceitos raramente leve a uma mudança significativa, tal prática inicia o processo de afrouxar o ciclo de ansiedade, julgamento, crítica e esquiva e pode ajudar os clientes a começar a sentir compaixão por si mesmos à medida que seus ciclos ansiosos se iniciam.

Somos cuidadosos ao transmitir novas informações dentro de um contexto de compaixão, validando tanto a humanidade das respostas de nossos clientes como a dificuldade associada com mudar padrões de resposta estabelecidos. Como Linehan (1993), consideramos a validação consistente e explícita um ingrediente ativo importante na terapia. Por exemplo, quando Myra criticou a si mesma na sessão por sentir-se ansiosa durante uma conversa difícil com sua mãe, seu terapeuta respondeu validando que a ansiedade era uma reação natural associada com autorrevelação. Com o tempo, Myra foi capaz de ter respostas mais compassivas por conta própria, o que na verdade diminuiu a intensidade da ansiedade que ela sentiu ao revelar seus sentimentos para sua mãe. A relação terapêutica é um veículo crucial para nova aprendizagem, ajudando os clientes a relacionar-se de forma diferente com suas próprias experiências internas porque nós o fazemos.

Pode ser útil ensinar as pessoas sobre a função das emoções. É compreensível que clientes com transtornos de ansiedade passem a ver as respostas emocionais como problemáticas. Contudo, emoções primárias, como tristeza, raiva e medo, oferecem informações importantes (Greenberg & Safran, 1987; Mennin & Fresco, 2010). Com frequência, ansiedade ou preocupação ocorrem quando outras emoções primárias estão presentes, mas estão sendo evitadas ou ignoradas. Aprender a perceber nossas experiências emocionais pode nos dar acesso às informações que as emoções primárias oferecem, o que, por sua vez, pode nos direcionar para vidas mais gratificantes.

Entretanto, as emoções às vezes comunicam informações distorcidas ou incorretas. Ensinamos os clientes a diferenciar emoções *claras*, que ocorrem em resposta direta à situação em questão, tal como sentir-se triste após uma perda, de emoções *turvas*, que são distorcidas de alguma forma e oferecem informação menos clara. Sugerimos que as respostas emocionais que são confusas, excepcionalmente duradouras e que parecem mais intensas do que a situação justifica podem ser turvas. As emoções podem se tornar turvas porque:

- não estamos cuidando bem de nós mesmos (p. ex., sono ruim, alimentação ruim, sedentarismo)
- estamos preocupados com o futuro ou ruminando sobre o passado, em vez de responder ao momento presente, ou
- estamos reagindo às emoções com julgamento e/ou tentativas de evitá-las

A prática de *mindfulness* pode nos ajudar a perceber quando nossas emoções são turvas e também a esclarecer o que estamos sentindo.

Outro aspecto das emoções que pode ser confuso é sua estreita ligação com tendências de ação. Com frequência, as pessoas tentam evitar certos pensamentos e sentimentos porque acreditam que precisam agir com base neles. Por exemplo, um cliente pode sentir que precisa sair de um evento social cedo porque está ansioso ou que deve recusar um convite porque está se sentindo triste. Embora o medo esteja associado com a necessidade de fugir, e a tristeza com a necessidade de afastar-se, ainda podemos nos comportar de formas inconsistentes com o modo como nos sentimos. Por exemplo, alguém pode se sentir ansioso, ter necessidade de evitar e ainda comparecer a uma consulta odontológica. Muitas vezes, os clientes são capazes de reagir de forma menos negativa a suas próprias emoções quando são capazes de reconhecer que eles podem escolher as ações sem ter de controlar ou mudar diretamente suas respostas internas. Essa compreensão permite maior flexibilidade na resposta. As emoções (e os pensamentos) podem ser apenas o que são, não as ações que elas trazem à lembrança.

Nota

Tanto a psicologia budista como a teoria da aprendizagem ressaltam a importância de aumentar nossa percepção no momento presente. Perceber o que surge em um determinado instante fornece uma oportunidade para se relacionar de forma diferente com as experiências internas e para fazer escolhas sobre como agir em um determinado contexto. A maioria de nós, de maneira habitual, deixa de perceber a maior parte do que acontece no momento presente. Em vez disso, fazemos muitas coisas ao mesmo tempo, devaneamos, nos preocupamos ou tentamos nos distrair do desconforto. Ao fazê-lo, deixamos passar uma grande quantidade de informação, incluindo dados sobre nossas próprias experiências, preferências e escolhas, bem como as consequências que acompanham essas escolhas.

Durante décadas, as abordagens cognitivo-comportamentais para tratar ansiedade enfatizaram a importância de automonitorar-se. Em nossa visão, o processo de escrever nossos pensamentos, sensações físicas, sentimentos e comportamentos é um tipo de exercício de *mindfulness*. Envolve voltar-se à experiência, perceber que ela é tal como é, não como o que ela diz que é, e obter alguma distância ou perspectiva sobre a experiência (descentralizar) registrando-a por escrito.

Temos clientes que começaram monitorando seus sintomas de ansiedade mais proeminentes (p. ex., pânico, preocupação, ansiedade social), observando e anotando o contexto no qual eles ocorriam, bem como sua intensidade. Aos poucos, ampliamos as instruções de modo que eles aumentassem sua percepção de

- pensamentos e emoções específicos
- suas reações a essas reações
- seus esforços visando a evitar experiências internas e
- seus comportamentos e ações escolhidos

> A primeira tentativa de monitoramento de Tony sugeriu que sua resposta à maioria das situações era ansiedade. Após aprender sobre as emoções claras e turvas e praticar *mindfulness*, ele começou a perceber que se sentia às vezes triste e irritado, com frequência em resposta a conflitos com sua companheira. Também começou a perceber que muitas vezes tentava se distrair do pensamento sobre seu relacionamento se preocupando com a manutenção e a conservação de sua casa. À medida que a prática de *mindfulness* de Tony se desenvolvia, ele foi capaz de perceber esses padrões quando eles surgiam. Também se tornou mais disposto a reconhecer toda sua gama de respostas, permitindo-lhe vivenciá-las em vez de distrair-se, e considerar possíveis ações. Tony percebeu que sua tristeza e sua raiva não eram tão assustadoras como ele temia e descobriu que quanto menos

ele combatia seus sentimentos, mais toleráveis eles pareciam. Quando aprendeu a permitir e a prestar atenção a toda sua gama de emoções, Tony se tornou mais disposto a envolver-se com sua companheira e a resolver alguns dos conflitos que eles tinham vivenciado. Sua preocupação se tornou menos frequente e menos intrusiva com o passar do tempo.

Praticar

De certo modo, aqueles de nós que lutam contra preocupação ou ansiedade vêm praticando ansiedade, pânico ou preocupação por anos. É possível aprender novas formas de responder e estabelecer novos hábitos, mas também é necessário um compromisso com a prática. Incentivamos os clientes a estabelecer uma prática *formal* na qual eles reservam um tempo para praticar *mindfulness* de maneira regular. Apresentamos aos clientes uma variedade de exercícios formais variando em duração e foco, baseados em habilidades previamente praticadas. Em geral, começamos com *mindfulness* de respiração e alimentação, então *mindfulness* de sensações (audição, sensações físicas), *mindfulness* de emoções e pensamentos, cultivo da autocompaixão e percepção da transitoriedade das experiências internas (Meditação da Montanha [Kabat-Zinn, 1994]). Essa ordem pode ser adaptada com flexibilidade para satisfazer às necessidades do cliente. (Um exemplo de um exercício que usamos repetidamente para cultivar a autocompaixão é apresentado a seguir; outros exercícios estão disponíveis em *www.mindfulwaythroughanxietybook.com*.) Embora incentivemos os clientes a tentar cada novo exercício por pelo menos uma semana, nosso objetivo é promover flexibilidade e personalização. Portanto, não prescrevemos um programa de exercícios específico; em vez disso, incentivamos os clientes a reservar o máximo de tempo possível, salientando que o compromisso com alguma prática breve é melhor do que não praticar.

Acolher uma dificuldade e enfrentá-la através do corpo[*]

- Antes de iniciar este exercício, pense em uma dificuldade que você está vivenciando no momento. Não tem de ser uma dificuldade significativa, mas escolha alguma coisa que você ache desagradável, alguma coisa que não está resolvida. Pode ser alguma coisa com que você está preocupado, uma discussão ou mal-entendido, algo sobre o qual você se sente irritado, ressentido, culpado ou frustrado. Se nada está acontecendo agora, pense em algum momento do passado recente em que você se sentiu apavorado, preocupado, frustrado, ressentido, irritado ou culpado e use isso.

---

[*] Este exercício foi adaptado de Williams, Teasdale, Segal, & Kabat-Zinn (2007). Copyright 2007 por The Guilford Press. Adaptado com permissão.

- Perceba a forma como você está sentado na cadeira ou no chão. Perceba onde seu corpo está tocando a cadeira ou o chão. Traga sua atenção para sua respiração por um momento. Perceba a inspiração... e a expiração... Agora, gentilmente ampliando sua percepção, considere o corpo como um todo, percebendo quaisquer sensações que surjam, respirando com todo o seu corpo.
- Quando você estiver pronto, traga à mente qualquer situação que lhe esteja trazendo emoções difíceis. Leve sua atenção às emoções específicas que surgem e a quaisquer reações que você tenha a essas emoções.
- Enquanto você se concentra nessa situação perturbadora e em sua reação emocional, permita-se sintonizar com quaisquer *sensações físicas* no corpo que você perceba que estão surgindo... torne-se consciente dessas sensações físicas... e, então, de forma deliberada, mas gentil, direcione seu foco de atenção para a região do corpo onde as sensações são mais fortes no gesto de um abraço, de um acolhimento... percebendo que é assim que é agora... e *respire para dentro daquela parte do corpo* na inspiração e respire para fora daquela região na expiração, explorando as sensações, observando sua intensidade deslocar-se para cima e para baixo de um momento para o seguinte.
- Agora, veja se consegue levar essa atenção a uma atitude de compaixão e abertura ainda mais profunda a quaisquer sensações, pensamentos e emoções que você esteja vivenciando, por mais desagradáveis que sejam, dizendo para si mesmo de vez em quando: "Tudo bem. Seja o que for, já está aqui. Permita que eu me abra para isso".
- Permaneça com a percepção dessas sensações internas, respire-as, aceite-as, permita que elas sejam e permita que elas sejam exatamente o que são. Se for de alguma ajuda, diga a si mesmo novamente: "Seja o que for, já está aqui. Permita que eu me abra para isso". Suavize e abra-se para a sensação que você acabou de perceber, abandone qualquer tensão e rigidez. Se quiser, também pode experimentar reter na consciência tanto as sensações do corpo como o sentimento da respiração subindo e descendo enquanto você respira com as sensações momento a momento.
- Quando você perceber que as sensações corporais não estão mais atraindo sua atenção no mesmo grau, apenas volte totalmente à respiração e mantenha-a como objeto de atenção principal.
- Então, gentilmente, traga sua percepção para a forma como está sentado na cadeira, para sua respiração, e, quando estiver pronto, abra os olhos.

Cada novo exercício de *mindfulness* é introduzido no início da sessão. Clientes e terapeutas o iniciam juntos, e então o cliente é incentivado a compartilhar suas observações. Ao discutirmos o exercício, ajudamos os clientes a aplicar suas observações a seus problemas presentes e aos tipos de mudanças que eles querem fazer. Por exemplo, Ahn expressou raiva após praticar *mindfulness* de respiração porque ela estava respirando "errado" e não conseguia manter seu foco. Após felicitá-la por perceber o quanto sua mente estava ocupada, o terapeuta perguntou se preocupações, julgamentos e avaliações semelhantes surgiam quando ela estava se preparando para dar aula ou para se encontrar com os pais de um de seus alunos. Ahn foi encorajada a cultivar uma postura compassiva para consigo mesma (p. ex., "O quanto deve ser difícil trabalhar de maneira eficaz quando sua mente está tão ocupada e crítica") e a praticar o reconhecimento de onde sua mente iria e gentilmente guiá-la de volta ao presente.

Às vezes, os clientes vivenciam sensações físicas de ansiedade durante seu exercício e expressam a preocupação de que ele os esteja fazendo piorar. Antecipamos a informação de que isso pode acontecer e os encorajamos a perceber essas sensações quando elas surgem, classificá-las como o que são e permitir que sua percepção se expanda em torno das sensações. Durante um exercício, Layla observou:

> Meu peito parece apertado e meu coração está pulando. Ocorre-me o pensamento de que não posso respirar. Sinto que tenho de me levantar e sair correndo da sala. Penso que sou um fracasso nisso, assim como em todo o resto. Os pensamentos estão vindo tão rápido e com tanta força... Também posso perceber que ainda estou respirando. Posso sentir o ar entrando na minha garganta e meu peito se movendo, ainda que ele pareça apertado. Percebo que embora tudo em mim queira correr, ainda posso ficar sentada aqui, percebendo minha respiração. Estou me sentindo desconfortável e percebendo que isso não é o todo de minha experiência, mesmo neste momento.

Essa é uma percepção poderosa. Layla descobre que é capaz de continuar fazendo alguma coisa que importa para ela (nesse caso, o exercício formal) mesmo enquanto vivencia sensações e pensamentos aflitivos e uma forte necessidade de fugir. O tratamento bem-sucedido para transtorno de pânico envolve vivenciar de forma intencional sensações físicas sem fugir (o que é chamado *exposição interoceptiva* por Craske & Barlow, 2008); se os clientes estão vivenciando pânico, incorporamos os exercícios de exposição interoceptiva para garantir que eles estejam praticando diretamente com suas sensações temidas.

Os clientes também podem querer tentar exercícios de movimento. Em nosso tratamento, usamos relaxamento muscular progressivo consciente, no qual os clientes percebem as sensações associadas com enrijecer e relaxar seus músculos. Gostamos disso como uma prática inicial porque ela dá aos clientes que são facilmente distraídos pela preocupação um foco concreto. Eles também consideram úteis as meditações enquanto caminham ou praticam ioga, tal como dar um passo a cada meia respiração e perceber as sensações de caminhar.

A prática *informal* também é encorajada durante todo o tratamento, com os clientes começando por trazer *mindfulness* às tarefas banais como lavar a louça ou escovar os dentes e praticando-o durante situações mais desafiadoras, como uma discussão difícil com um membro da família. Essa aplicação de habilidades à vida é parte essencial do tratamento – queremos ajudar os clientes a levar as habilidades de *mindfulness* "para longe do travesseiro" e para dentro de suas vidas (Hanh, 1992). Por fim, isso vai ajudá-los a serem capazes de iniciar ações significativas mesmo quando estão vivenciando medo ou ansiedade. Layla pode traduzir sua experiência na prática formal para ser capaz de falar com uma pessoa desconhecida, embora seu coração esteja acelerado e ela sinta vontade de fugir.

Fazer o que importa

Desenvolver habilidades de *mindfulness*, prestar atenção a qualquer situação, perceber as respostas emocionais e reduzir a reatividade podem naturalmente levar as pessoas a engajar-se de forma mais plena em suas vidas, visto que a reatividade e a esquiva habituais estavam reduzindo esse engajamento. Entretanto, devido à proeminência da esquiva nos transtornos de ansiedade, consideramos útil focar de maneira explícita no engajamento comportamental na terapia (com base nos métodos descritos na TAC [Hayes et al., 1999; Wilson & Murrell, 2004]). Pedir aos clientes para articular seus valores pessoais ajuda a moldar uma direção para o processo terapêutico. A maioria deles se apresenta para tratamento com o objetivo inalcançável de ficar livre da ansiedade; em vez disso, os encorajamos a identificar as atitudes que tomariam se a ansiedade e a esquiva não os estivessem segurando.

No início do tratamento, pedimos que os clientes escrevam sobre como a ansiedade tem interferido em suas vidas e então sobre como eles gostariam de estar vivendo, focando especificamente três domínios: relacionamentos, manejo de trabalho/escola/casa e autossustentação e envolvimento na comunidade (ver o exemplo de instruções de escrita). Uma vez que os clientes tenham articulado seus valores, começam a monitorar as oportunidades para agir de forma consistente com elas, as quais são aproveitadas ou perdidas a cada semana. Além disso, são incentivados a usar suas habilidades de *mindfulness* recentemente desenvolvidas para perceber e lidar com os obstáculos e para trazer atenção às suas ações.

Esclarecer valores em relacionamentos[*]

- Reserve 20 minutos durante os quais você possa fazer esta tarefa de escrita de forma privada e confortável. Em sua escrita, queremos que você realmente se desapegue e explore suas emoções e pensamentos mais profundos sobre o assunto. Você

---

[*] Este exercício foi adaptado de Orsillo e Roemer (2011). Copyright 2011 por The Guilford Press. Adaptado com permissão.

pode querer usar alguns minutos para praticar *mindfulness* antes de começar, a fim de poder abordar esta tarefa com consciência incondicional.
- Enquanto escreve, tente permitir-se vivenciar seus pensamentos e sentimentos o mais completamente possível. Afastar pensamentos perturbadores pode, na verdade, torná-los pior, então tente de fato se desapegar. Traga sua prática de *mindfulness* para o exercício, de modo que você possa aceitar e permitir quaisquer reações que tenha e esclarecer o que mais importa para você. Se não puder pensar no que escrever em seguida, repita a mesma coisa várias vezes até que alguma coisa nova lhe ocorra. Assegure-se de escrever durante todos os 20 minutos. Não se preocupe com ortografia, pontuação ou gramática; apenas escreva o que vem à mente.
- Você pode perceber que, com frequência, tem pensamentos sobre por que não consegue que seus relacionamentos sejam como você gostaria. Isso é natural, e iremos explorar esses obstáculos em outros momentos. Portanto, para este exercício em particular, veja se pode perceber esses pensamentos à medida que eles surgem e, gentilmente, dirija sua atenção de volta ao modo como você gostaria de ser se não estivesse vivenciando tais obstáculos, a fim de poder explorar realmente o que importa para você.
- Escolha duas ou três relações que são importantes para você. Elas podem ser relações reais (p. ex., "minha relação com meu irmão") ou relações que você gostaria de ter (p. ex., "Eu gostaria de ser parte de um casal", "Eu gostaria de ter mais amigos"). Escreva de forma resumida sobre como você gostaria de ser nessas relações. Pense sobre como você gostaria de se *comunicar com os outros* (p. ex., o quanto você gostaria de ser aberto vs. reservado, o quanto você gostaria a ser direto vs. passivo no que se refere a pedir o que você precisa e a retribuir aos outros). Pense sobre *que tipo de apoio você gostaria* de receber das outras pessoas e sobre *que tipo de apoio você pode dar* sem sacrificar seu autocuidado. Escreva sobre tudo que mais importa para você em suas relações com os outros.

Nos exercícios de exposição tradicionais, os clientes são encorajados a abordar sensações, memórias ou contextos temidos, com frequência usando uma hierarquia de medo a fim de serem capazes de aprender associações não assustadoras primeiro com as sugestões que são mais baixas na hierarquia. A prática de *mindfulness* pode ser usada para complementar esses tipos de exposições – os clientes são incentivados a permanecer presentes e conscientes, percebendo tudo o que surge, como surge, enquanto permanecem em contato com a situação, memória ou sensação temida. Além disso, ela pode, de fato, intensificar a nova aprendizagem que ocorre durante essas exposições (Treanor, 2011), embora mais pesquisas sejam necessárias para determinar se esse é o caso.

Esclarecer valores pode ajudar a fornecer motivação para exposições e ajudar o cliente a escolher uma gama mais ampla de ações comportamentais, com o objetivo de aumentar um senso de envolvimento significativo na vida, em vez de diminuir a resposta assustadora (embora o medo e a ansiedade tendam a diminuir naturalmente quando ocorre mais envolvimento comportamental). Por exemplo:

Troy tinha ataques de pânico sempre que estava em meio a multidões e, como resultado, evitava muitas situações que eram importantes para si. Ele falava de modo incisivo sobre o quanto gostaria de assistir aos jogos de futebol de seu filho e compartilhar essa experiência com o menino, tal como seu pai tinha feito com ele quando ele era criança. A terapia focalizou-se em ensinar a Troy como se relacionar com suas sensações de pânico de forma diferente, de modo que ele se sentisse menos sobrecarregado, pelo desenvolvimento de habilidades de *mindfulness*. Então Troy começou a assistir a partidas amistosas, usando suas habilidades quando as sensações de pânico surgiam. Por fim, ele foi assistir a um jogo. Embora percebesse as sensações de pânico enquanto estava lá, também percebeu o largo sorriso de seu filho quando viu seu pai aplaudir após um bloqueio particularmente decisivo. Troy não perdeu nenhum jogo pelo resto da temporada.

Uma prática contínua

O trabalho referencial de G. Alan Marlatt sobre prevenção de recaída (p. ex., Marlatt & Donovan, 2007) nos ensinou a importância de reconhecer que mesmo a mudança em si, como todas as coisas, não é permanente. Embora possamos aprender e fortalecer novos hábitos de enfrentar em vez de evitar, nossos velhos hábitos permanecem gravados em nossos circuitos neurais (p. ex., Hermans, Craske, Mineka, & Lovibond, 2006). Padrões de resposta antigos podem surgir durante momentos de estresse ou de transição, ou apenas porque nossos exercícios decaíram ao longo do tempo, parecendo menos necessários.

Ao término do tratamento, revisamos o que os clientes consideraram útil e os ajudamos a considerar como poderiam manter as mudanças que fizeram. Eles recebem uma cópia das apostilas com os exercícios que usaram ao longo do tratamento, e nós os incentivamos a rever esses materiais quando perceberem que seu nível de ansiedade ou de estresse está aumentando, ou que suas vidas estão começando a ficar limitadas novamente. Encorajamos os clientes a manter algum tipo de prática de *mindfulness* consistente para continuar desenvolvendo suas habilidades e também para que percebam quando emoções turvas, reatividade e esquiva começarem a surgir em suas vidas. Com base no trabalho de Marlatt, enfatizamos a importância de encarar essas experiências inevitáveis como *lapsos* – ou oportunidades de praticar –, em vez de como recaídas. Nós também vivenciamos esses acontecimentos. Tudo o que podemos fazer é percebê-los e, então, nos comprometermos novamente a praticar de modo a manter um envolvimento significativo em nossas vidas.

10

Distúrbios psicofisiológicos
Acolher a dor

Ronald D. Siegel

> Aquilo a que você resiste, persiste.
> – ANÔNIMO

Ninguém gosta de dor, e as pessoas fazem de tudo para livrar-se dela. Embora algum desconforto físico seja inevitável, muitos distúrbios médicos são na verdade mantidos por nossas tentativas de nos sentirmos melhor. A prática de *mindfulness* pode ajudar a resolver essas condições e a enriquecer nossas vidas no processo.

O primeiro programa estruturado que ensinou *mindfulness* a pacientes foi desenvolvido para o tratamento de dor crônica (Kabat-Zinn, 1982). Ao longo das décadas subsequentes, programas baseados nessa forma de meditação foram utilizados para tratar uma variedade de síndromes dolorosas, incluindo fibromialgia (Goldenberg et al., 1994; Grossman, Tienfenthaler-Gilmer, Raysz, & Kesper, 2007; Kaplan, Goldenberg, & Galvin-Nadeau, 1993; Sephton et al., 2007), dor lombar crônica (Mehling, Hamel, Acree, Byl, & Hecht, 2005; Morone, Rollman, Moore, Li, & Weiner, 2009), dor pélvica crônica (Fox, Flynn, & Allen, 2011) e artrite (Pradhan et al., 2007; Zangi et al., 2012). Nos primeiros anos, resultados encorajadores eram com frequência relatados, mas os estudos muitas vezes não tinham grupos-controle ou modelos randomizados (p. ex., Kabat-Zinn, 1982; Kabat-Zinn, Lipworth, & Burney, 1985; para revisões, ver Baer, 2003; Grossman et al., 2004). Embora os estudos mais recentes ainda tenham algumas limitações metodológicas, eles tendem a ser mais bem controlados (p.

ex., Cramer, Haller, Lauche, & Dobos, 2012; Rosenzweig et al., 2010; Wong et al., 2011; ver Veehof, Oskam, Schreurs, & Bohlmeijer, 2011, para uma revisão). De modo geral, estudos mais recentes costumam demonstrar que a prática de *mindfulness* produz benefícios modestos na redução da intensidade da dor para pacientes com dor crônica e benefícios mais significativos na melhora de outras medidas de qualidade de vida (Veehof et al., 2011). Como eu argumento em seguida, os benefícios da meditação *mindfulness* para reduzir a intensidade da dor são maiores quando ela é integrada a um programa de reabilitação mais abrangente do que quando aplicada de forma isolada.

As aplicações médicas de *mindfulness* cresceram, e a prática foi agora integrada com sucesso ao tratamento de uma ampla variedade de outros transtornos físicos com componentes psicológicos, entre eles psoríase (Kabat-Zinn et al., 1998), síndrome do intestino irritável (Garland, Gaylord, Palsson, et al., 2011; Gaylord et al., 2011; Kearney, McDermott, Martinez, & Simpson, 2011), insônia (Gross et al., 2011; Ong, Shapiro, & Manber, 2009; Yook et al., 2008), disfunção sexual (Brotto, Basson, & Luria, 2008; Silverstein, Brown, Roth, & Britton, 2011), fogachos (Carmody et al., 2011) e doença cardíaca (Tacon, McComb, Caldera, & Randolph, 2003).

MEDICINA MENTE-CORPO

A diferença entre mente e corpo, tão familiar no discurso ocidental, é ilusória. Estados mentais subjetivos são influenciados por fatores físicos como medicamentos, exercícios e dieta. De modo inverso, uma quantidade de distúrbios físicos é influenciada por fatores psicológicos. Os mais comuns são os distúrbios *psicofisiológicos*, nos quais o sofrimento mental persistente provoca alterações nos tecidos, o que, por sua vez, causa sintomas. Exemplos incluem cefaleias, indisposições gastrintestinais, problemas dermatológicos e dor musculoesquelética de todos os tipos. Visto que esses distúrbios são com frequência mantidos por uma combinação de fatores médicos, psicológicos e comportamentais, os clínicos precisaram desenvolver intervenções integradas, flexíveis, que tentam tratar todos esses elementos. Acontece que os distúrbios psicofisiológicos são particularmente adequados a tratamentos que incorporam *mindfulness*.

Uma dessas intervenções é o programa Back Sense – uma abordagem que meus colegas e eu desenvolvemos que integra intervenções cognitivas, psicodinâmicas, comportamentais e sistêmicas com o ensino explícito da prática de *mindfulness* para o tratamento de dor lombar crônica (Siegel, Urdang, & Johnson, 2001). O programa vai além do uso dessa abordagem para o tratamento da dor, baseando-se em inovações da medicina de reabilitação e da psicologia para resolver o distúrbio em sua totalidade para muitas pessoas. Os pacientes podem participar do programa seguindo um guia de autotratamento publicado* ou por meio do tratamento com um profissional da saúde mental ou de reabilitação.

Este capítulo discute o programa como uma ilustração de como a prática de *mindfulness* pode ser combinada de maneira produtiva com outras intervenções psicoterápicas e de reabilitação para tratar distúrbios psicofisiológicos. Ele explora os benefícios da prática de *mindfulness* formal, bem como de que maneira os princípios derivados dela – tais como relaxar o controle, tolerar desconforto, permanecer com emoções negativas e retornar a atenção para o presente – podem informar o tratamento. Também veremos como as abordagens utilizadas para tratar dor musculoesquelética crônica são apoiadas pela pesquisa neurobiológica recente e como elas podem ser facilmente adaptadas para tratar uma ampla variedade de problemas de saúde relacionados a estresse.

Um acidente evolutivo

Até há relativamente pouco tempo, os profissionais da área médica normalmente acreditavam que a maioria das dores lombares crônicas era causada por uma consequência involuntária da evolução. Essa visão, apresentada a inúmeros pacientes, sugere que nossas colunas vertebrais se tornaram vulneráveis quando nossos ancestrais se levantaram para caminhar sobre duas pernas. A pressão aumentada sobre as estruturas da coluna vertebral supostamente leva a dano ao longo do tempo, o que explica a epidemia de problemas nas costas entre os seres humanos modernos.

Para surpresa de médicos e pacientes, as evidências acumuladas apontam agora para um ciclo de estresse psicológico, tensão muscular e esquiva de atividades baseadas no medo como a verdadeira causa para a vasta maioria de sofredores (Leeuw et al., 2007; Picavet, Vlaeyen, & Schouten, 2002; Siegel et al., 2001; Vlaeyen & Linton, 2000). Um acidente evolutivo diferente é o culpado mais provável, e a prática de *mindfulness* pode nos ajudar a responder a ele de maneira eficaz.

Luta-ou-fuga

Todos os mamíferos compartilham uma resposta de emergência altamente adaptativa, sofisticada e remota muitas vezes chamada de sistema de *luta-ou-*

---

* *Back Sense: A Revolutionary Approach to Halting the Cycle of Chronic Back Pain* (Siegel et al., 2001).

-*fuga*. Quando um mamífero é ameaçado, seu sistema nervoso simpático e seu eixo hipotalâmico-pituitário-suprarrenal (HPA) são ativados, resultando em aumento de epinefrina (adrenalina) na corrente sanguínea e alterações fisiológicas correspondentes (Sapolsky, 2004). A respiração, os batimentos cardíacos, a temperatura corporal e a tensão muscular aumentam – para melhor lutar com um inimigo ou fugir do perigo.

Vejamos como esse processo de fato funciona. Imagine que um coelho pastando em um campo enxergue uma raposa. Ele congela, esperando não ser percebido, enquanto se torna vigilante e fisiologicamente excitado em preparação para fugir (os coelhos não são grandes lutadores). Se a raposa passa sem ver o coelho, logo o sistema nervoso parassimpático do roedor se torna ativo, e sua fisiologia retorna a um nível de repouso. Esse sistema funciona muito bem para esses animais e sem dúvida tem contribuído para sua sobrevivência.

Imagine agora que o coelho tivesse um córtex cerebral altamente evoluído como o nosso, permitindo linguagem e pensamento antecipatório, simbólico, complexo. Quando a raposa fosse embora, o coelho poderia começar a pensar: "Ela vai voltar? Ela vai encontrar minha família?". Mesmo após o perigo imediato ter passado, ele poderia ver-se pensando sobre a raposa – além de sobre se conseguirá economizar cenouras suficientes para a aposentadoria, entre outras preocupações. Todos esses pensamentos continuariam a ativar seu sistema de luta-ou-fuga, que permaneceria preso na posição "ligado".

Embora reconhecidamente simplista, isso é o que acontece conosco. Nossa capacidade para o pensamento antecipatório, simbólico, embora seja extraordinariamente adaptativa em relação a nos permitir construir civilizações complexas, não é apropriada para coexistir com nosso sistema de luta-ou-fuga de mamífero. Em vez de servir para nossa transição para caminhar eretos, parece que *esse* acidente evolutivo é responsável pela epidemia de dor lombar crônica, bem como por tantos outros distúrbios psicofisiológicos. Quase toda mudança fisiológica ocasionada por esse sistema pode causar ou exacerbar um sintoma relacionado a estresse se o sistema permanecer continuamente ativo. Como veremos, a prática de *mindfulness* pode ser muito salutar, interrompendo essa hiperativação de nosso sistema de resposta de emergência.

A probabilidade de que sintomas relacionados a estresse se tornem crônicos aumenta de forma drástica se interpretamos erroneamente esses sintomas quando eles aparecem. Antes de introduzir a prática de *mindfulness* ao tratamento, é importante, portanto, que os pacientes estejam bem fundamentados no entendimento mais correto possível do que causa seu sofrimento.

COSTAS RUINS?

Vamos voltar ao problema da dor lombar crônica. A maioria dos pacientes, e até recentemente a maioria dos profissionais da saúde, presumia, naturalmente, que a dor lombar persistente seria devida a danos nos discos ou em outras estruturas da coluna vertebral. Afinal, se cortamos um dedo, vemos sangue e sentimos dor. Automaticamente supomos que a dor lombar funciona da mesma maneira, mesmo que o ferimento não seja visível.

Muitos achados de pesquisa questionam essa suposição. Eles indicam uma falta de correlação entre a condição da coluna vertebral e a presença de dor. A educação sobre esses achados é parte necessária dos programas de tratamento eficazes, uma vez que a pesquisa ajuda a aliviar as preocupações (e a consequente ansiedade) dos pacientes em relação a serem facilmente danificados ou frágeis. Por exemplo:

- Aproximadamente dois terços das pessoas que nunca sofreram de dor lombar grave têm os mesmos tipos de estruturas lombares "anormais" que muitas vezes são responsabilizadas pela dor lombar crônica (Jensen et al., 1994).
- Muitas pessoas continuam a ter dor após intervenção cirúrgica "bem-sucedida". Existe pouca correlação entre o sucesso mecânico dos reparos e se o paciente ainda sente ou não sente dor (Fraser, Sandhu, & Gogan, 1995; Tullberg, Grane, & Isacson, 1994).
- Pessoas em países em desenvolvimento que fazem trabalho braçal e usam mobília e ferramentas não ergonomicamente adaptadas têm a incidência mais baixa de dor lombar crônica – não o que esperaríamos se o dano à coluna vertebral fosse o responsável (Volinn, 1997).

Com esses dados questionando a suposição de que dano à coluna vertebral causa dor lombar crônica, encontramos muitos estudos implicando fatores psicológicos. Por exemplo:

- O estresse psicológico, e particularmente a insatisfação no trabalho, predizem com mais segurança quem desenvolverá dor lombar incapacitante do que medidas físicas ou as exigências físicas do trabalho (Bigos et al., 1991).
- Pacientes com dor lombar apresentam tensão muscular significativamente aumentada em suas costas quando colocados em uma situação

emocionalmente estressante, o que não ocorre com outros pacientes com dor (Flor, Turk, & Birbaumer, 1985).
• A dor lombar crônica é, de maneira incomum, prevalente entre pessoas com histórias de trauma ou que vivem em situações estressantes, tais como zonas de guerra (Beckham et al., 1997; Linton, 1997; Pecukonis, 1996).

O CICLO DE DOR LOMBAR CRÔNICA

Considerados juntos, achados como esses sugerem que fatores psicológicos, mais do que anormalidades estruturais, são muitas vezes a causa de dor lombar crônica. Isso ocorre por meio de um ciclo que tem muitos paralelos com a dinâmica dos transtornos de ansiedade, descritos no Capítulo 9. Seus componentes centrais são medo irracional, excitação psicofisiológica aumentada, sintomas mal-interpretados e esquiva comportamental. Eis um exemplo de como ele se desenvolve:

> No inverno passado as costas de Robert começaram a doer após ele usar uma pá para remover a neve. Ele já tinha vivenciado uma dor como essa antes, que geralmente se resolvia dentro de poucos dias. Dessa vez, entretanto, ela persistiu e começou a descer para sua perna e seus pés. Dessa forma, ele começou a se preocupar. Ele gostava de malhar para ficar em forma e aliviar o estresse, mas resolvera parar de se exercitar e procurou seu médico.
> O médico de Robert ouviu seu relato de dor ciática (na perna) e ficou preocupado, suspeitando de pressão sobre um nervo em sua coluna vertebral. Uma imagem de ressonância magnética (IRM) indicou um abaulamento de disco, e o médico sugeriu que ele tomasse medicamento anti-inflamatório e evitasse atividades que pudessem deslocar o disco ainda mais.
> Antes dessa lesão, Robert vinha tendo dificuldades no trabalho – a empresa não estava indo bem, e seu chefe andava extremamente tenso. Ele se sentia estressado antes de seu problema nas costas começar, mas agora tinha se tornado ainda mais ansioso e agitado. Robert começou a temer que pudesse nunca melhorar.

Robert estava entrando em um *ciclo de dor lombar crônica* (Siegel et al., 2001). Esse ciclo pode começar com uma lesão por acidente ou uso excessivo, ou pode aparecer "do nada", sem um precipitante físico claro (Hall, McIntosh, Wilson, & Melles, 1998).

Uma vez que a dor tenha persistido mais tempo que o esperado ou alcançado níveis de intensidade altos, o medo se torna um fator. Visto que a dor lombar crônica se tornou uma epidemia em países industrializados, quase todos tiveram contato com alguém que sofreu com ela. A prevalência de IRMs, com sua capacidade de revelar variações aleatórias na estrutura espinal em grande detalhe, contribui para o medo por apresentar aos pacientes imagens de uma coluna vertebral arruinada.

O medo e a preocupação com as próprias costas têm vários efeitos negativos. Como Robert, a maioria das pessoas responde abandonando as atividades físicas que anteriormente ajudavam a reduzir o estresse e a manter sua musculatura forte e flexível. Pensamentos angustiantes juntos dessa inatividade levam a ansiedade, frustração e raiva, que ativam ainda mais o sistema de luta-ou-fuga. Essa ativação, por sua vez, contribui para tensão muscular, ao mesmo tempo que os músculos são privados do movimento natural que anteriormente ajudava a mantê-los relaxados. Um ciclo de dor-preocupação-medo-tensão-dor acompanhado por incapacidade se estabelece.

O medo não apenas aumenta a dor por aumentar a tensão muscular; na verdade, ele também amplifica as próprias sensações de dor. Há décadas temos conhecimento de que a experiência de dor não é apenas proporcional ao grau de dano aos tecidos (McGrath, 1994; Melzack & Wall, 1965; Shankland, 2011). As pessoas vivenciam determinado estímulo como muito mais doloroso quando estão apavoradas do que quando se sentem seguras (Beecher, 1946; Burgmer et al., 2011; Robinson & Riley, 1999). Portanto, a preocupação com a dor contribui para os ciclos de dor não apenas pela tensão muscular mas também pela amplificação das sensações de dor que os músculos tensos produzem. Como veremos em seguida, a prática de *mindfulness*, por alterar nossa atitude em relação à dor, pode ajudar a relaxar a musculatura e também influencia nossa experiência da dor por mudar nossa relação com ela (Brown & Jones, 2010, 2012).

Outro componente do ciclo de dor lombar crônica envolve as atribuições equivocadas. Uma vez que uma pessoa se torne preocupada com a dor nas costas, ela vai lutar para descobrir que movimentos ou posições parecem melhorar ou piorá-la. Uma vez que tal relação seja observada, toda vez que a pessoa inicia a atividade supostamente problemática, ela se torna mais ansiosa e tensa. O resultado, em geral, é um aumento da dor, reforçando a convicção de que uma determinada ação é perigosa. Foi demonstrado que essa reação condicionada, denominada *cinesiofobia* (medo de movimento), é um melhor preditor de cronicidade e incapacitação da dor lombar que o diagnóstico médico (Crombez, Vlaeyen, Heuts, & Lysens, 1999; Leeuw et al., 2007; Picavet et al., 2002; Waddell, Newton, Henderson, & Somerville, 1993).

Os paralelos entre o ciclo de dor lombar crônica e os transtornos de ansiedade descritos no Capítulo 9 são evidentes. Todos eles resultam de hiperatividade do sistema de luta-ou-fuga. Eles também envolvem respostas de medo mal--adaptativas orientadas ao futuro, esquiva experiencial e suposições falsas sobre a natureza do problema. A prática de *mindfulness* pode ajudar a neutralizar esses processos ao aumentar a tolerância ao desconforto ao diminuir a identificação com pensamentos de preocupação.

O CICLO DE RECUPERAÇÃO

A recuperação da síndrome requer a interrupção do ciclo de dor. Esse processo envolve três elementos básicos, que podem ser apoiados pela prática de *mindfulness*:

1. *reestruturação cognitiva*
2. *retomada da atividade física plena* e
3. *elaboração das emoções negativas*

As intervenções podem ser adaptadas de forma individual, colocando-se mais ou menos ênfase em cada elemento, dependendo de quais aspectos do ciclo de dor são mais salientes para determinado paciente.

Antes de iniciar o tratamento, todos os pacientes devem passar por um exame físico completo para excluir causas médicas raras, mas potencialmente graves, para a dor. Atualmente, está bem estabelecido que esses distúrbios, que incluem tumores, infecções, lesões e anormalidades estruturais, são a causa de apenas uma pequena porcentagem de casos de dor lombar crônica (Bigos et al., 1994; Chou et al., 2007; Deyo, Rainville, & Kent, 1992). Uma avaliação física é necessária para evitar a omissão de um distúrbio médico tratável, para facilitar a reestruturação cognitiva e para conceder permissão confiável para retomar a atividade.

Mindfulness e reestruturação cognitiva

Uma vez que os pacientes acreditam que sua dor deve-se a dano estrutural na coluna vertebral, eles reagem com medo e evitam atividades associadas a ela, perpetuando, desse modo, o ciclo de dor. Visto que a dor pode ser intensa, muitas vezes é difícil, a princípio, para a maioria dos pacientes (e para muitos clínicos) acreditar que a tensão muscular na verdade poderia ser sua causadora.

Pode-se apresentar aos pacientes os estudos de pesquisa mais importantes que questionam a conexão entre dor lombar e dano estrutural, seguido de uma explicação de como funciona o ciclo de dor lombar crônica. Isso é particularmente necessário antes que os pacientes adotem um exercício mental como *mindfulness* para tratar um problema aparentemente físico. Muitos pacientes ficam preocupados por pensarem que nossa abordagem de fatores psicológicos signifique que pensamos que a dor deles é imaginária, ou que "é tudo da minha cabeça". Eles também podem temer ser acusados de simulação. Os clínicos precisam enfatizar que a dor é causada por alterações no corpo e que é, em todos os sentidos, real.

Uma vez que os pacientes tenham aprendido sobre o ciclo de dor lombar crônica, exercícios básicos de *mindfulness* (ver Capítulos 1 e 7) podem ser introduzidos para ajudar a interrompê-lo, pelo aumento da tolerância à dor, pela redução das reações de aversão, pela libertação de pensamentos negativos e pela facilitação do trabalho com emoções difíceis. Embora o efeito seja gradual, a prática dessa forma de meditação pode aumentar a flexibilidade cognitiva que é necessária ao longo do tratamento. Observando o surgimento e o desaparecimento de pensamentos sem segui-los ou julgá-los, os pacientes se tornam menos identificados com seu conteúdo. Eles também podem perceber que o pensamento é socialmente influenciado – eles notam que suas mentes estão cheias de ideias captadas de médicos, amigos e de outras pessoas. Passam a observar que não são os acontecimentos em si, mas nossa interpretação deles, o que determina nossas reações. A *experiência* direta dessa obviedade ajuda os pacientes com dor a cogitar a ideia de que as suposições sobre dano estrutural, e mesmo os diagnósticos médicos, são construtos variáveis, não conclusões objetivas sobre a realidade.

A prática de *mindfulness* também apoia a capacidade de observar a interação entre dor, medo e comportamento na própria experiência. Na maior parte das vezes os pacientes não estão conscientes do papel que os pensamentos e as emoções desempenham em sua dor. Com a prática de *mindfulness*, essa percepção pode ser aumentada.

> Cathy vinha sofrendo com dor lombar há anos. A despeito do fato de que os médicos nunca tinham encontrado nada além de uma leve hérnia de disco, ela estava certa de que tinha um "problema nas costas" e que estava em constante perigo de lesionar-se novamente. Desse modo, evitava sentar-se por mais do que alguns minutos, convencida de que seu corpo não podia tolerar a pressão que isso fazia sobre sua coluna.
>
> A prática de *mindfulness* foi fácil no começo. Ela começou deitada, era capaz de acompanhar sua respiração e lidava bem com os desafios de uma mente ocupada. O exercício se tornou difícil, entretanto, quando

tentou fazê-lo sentada em uma cadeira. Cathy percebeu que sua atenção estava constantemente mudando para sua dor lombar, monitorando-a. Ela queria levantar assim que sentia uma pontada. Além disso, começou a perceber que sua necessidade de mudar de posição era motivada mais por medo que pela intensidade da própria dor. Ela viu sua mente "calcular" seu tempo na cadeira, pensando que, se já estava machucada após 5 minutos, nunca seria capaz de sentar-se por 20. Ela viu um caleidoscópio de pensamentos temerosos aparecer, seguido por ansiedade, tensão muscular aumentada e mais dor.

Esse uso de *mindfulness* pode encaixar-se bem com o automonitoramento cognitivo-comportamental. Por exemplo, às vezes eu peço aos pacientes que mantenham um bloco junto de si e façam uma anotação sempre que se percebem tendo um pensamento ansioso sobre suas costas. A maioria das pessoas abandona o exercício após poucas horas, quando percebe que está constantemente tendo esses pensamentos. Os pacientes também podem ser instruídos a completar inventários como o questionário Crenças Relacionadas à Dor[*] (Siegel et al., 2001), a Escala Tampa para Cinesiofobia (Kori et al., 1990) ou o Fear-Avoidance Beliefs Questionnaire (FABQ) (Waddell et al., 1993), que os ajudam a perceber as regras até então não reconhecidas sobre sua condição. Essas intervenções funcionam bem com a prática de *mindfulness* para aumentar a percepção de emoções e cognições negativas, tornando, desse modo, o mecanismo do ciclo de dor lombar crônica mais plausível.

Utilizar *mindfulness* para a retomada da atividade

O segundo passo do processo de recuperação, *retomada da atividade física plena*, serve a muitas funções. Trata-se de um tratamento de exposição e prevenção de resposta para cinesiofobia e medos de incapacidade. Em vez de evitar alguma atividade como resposta ao medo, o paciente entra nela e tenta estar aberto a, ou acolher, o medo que resulta (ver Capítulo 9). É também é um exercício físico para os músculos que se tornaram curtos e fracos, bem como um meio de reduzir o estresse psicológico.

Os pacientes são convidados a criar uma hierarquia das atividades que abandonaram – avaliando cada atividade como *agradável, neutra;* ou *desagradável;* e *fácil, moderada* ou *difícil* de retomar – usando o Inventário de Atividades Perdidas (Lost Activities Inventory) (Siegel et al., 2001). Eles são instruídos

---

[*] Este e outros inventários do Back Sense podem ser obtidos sem custos em *www.backsense.org*.

a começar com aquelas atividades que imaginam que seriam as mais prazerosas e as menos difíceis ou assustadoras de realizar. Essa seleção visa tornar o processo de autorreforço e manter a ansiedade em um nível tolerável.

Quando os pacientes inicialmente retomam atividades abandonadas, sua dor costuma aumentar. Isso ocorre devido aos músculos ainda rígidos e fracos, que doem quando usados, e devido à ansiedade aumentada que resulta de desafiar uma fobia. A prática de *mindfulness* pode ajudar os pacientes a passar por esse passo difícil.

Dor não é igual a sofrimento

Há um dizer famoso atribuído a Buda em que, com frequência chamado de a *história das duas flechas* (ou dois dardos), em que ele descreve nossa resposta típica à dor:

> Quando tocada com um sentimento doloroso, a pessoa comum sem instrução se entristece, lamenta, bate no peito, fica perturbada. Então ela sente duas dores, física e mental. Assim como se tivesse de acertar um homem com uma flecha e, logo em seguida, se tivesse de acertá-lo com outra, de modo que ele sentiria as dores das duas flechas (Bhikkhu, 2012c, p. 1).

Essa percepção antiga – de que a experiência de dor é seguida imediatamente por uma resposta de esquiva e sofrimento – é facilmente observada na prática de *mindfulness*. Um de meus pacientes expressou-a em uma fórmula matemática sucinta: *dor X resistência = sofrimento*. Esse *insight*, verificado na própria experiência dos pacientes, pode permitir que eles sigam adiante para retomar a atividade:

> Beth tinha ficado incapacitada várias vezes por dores ciáticas martirizantes. Ela tinha gasto muito dinheiro com assentos de automóvel ergonômicos, cadeiras de escritório e colchões ortopédicos de ponta. Sempre que a dor voltava, ela ficava abatida, tentando desesperadamente identificar sua fonte. Ela esperava que pudesse mantê-la a distância se fosse cuidadosa o suficiente.
> O irmão de Beth iria casar-se logo, e ela queria muito estar na cerimônia. Infelizmente, ela estava aterrorizada pela perspectiva da viagem de avião, certa de que várias horas presa em um assento a deixariam destruída. Dessa forma, decidimos usar a prática de *mindfulness* para ajudá-la a se preparar.
> Beth começou sentada em uma cadeira comum, acompanhando sua respiração. Após cerca de 10 minutos, foi convidada a trazer sua atenção

para as sensações em sua perna. Foi instruída a observar as sensações o mais precisamente que pudesse, para perceber se sentia ardor, dor, latejamento ou ferroada. Sempre que tivesse um pensamento relacionado ao medo ou que a distraísse, ela deveria retornar sua atenção para as sensações reais em sua perna no momento presente.

A princípio, as sensações aumentaram de intensidade, e Beth ficou apavorada. No decorrer de 30 minutos, entretanto, ela percebeu que as sensações na verdade se tornaram variáveis. Elas mudaram em qualidade, bem como em intensidade. Pensamentos de "Eu não consigo suportar isso" e "Espero que isso não me faça retroceder" surgiam e passavam.

Beth foi instruída a observar se podia perceber sua dor como, tal qual era de fato, constituída de uma série de sensações momentâneas separadas, como os quadros em um filme encadeados tão rapidamente a ponto de dar a ilusão de continuidade. Ela foi instruída a continuar percebendo os detalhes, como faria se estivesse assistindo a um pôr do sol ou escutando uma sinfonia. Muitas vezes isso era difícil porque as sensações eram bastante desagradáveis. Entretanto, a paciente ficou surpresa ao descobrir que podia permanecer com a experiência e, no fim, não se sentir mais desconfortável do que tinha se sentido no início.

Vários impedimentos à retomada da atividade são tratados durante esse tipo de prática de *mindfulness*. Em primeiro lugar, torna-se possível ver que as sensações dolorosas em si são diferentes de respostas de aversão – pensamentos e sentimentos negativos sobre a dor. Essas respostas de aversão constituem a experiência de sofrimento (a "segunda flecha"). Tal observação pode ser tremendamente libertadora porque permite que uma pessoa tolere a dor, em vez de sentir-se compelida a evitá-la ou aliviá-la, e tenha uma gama de atividades muito mais ampla.

Segundo, trazendo a atenção para o momento presente, a ansiedade antecipatória é reduzida. Tem sido observado com frequência que, mesmo em situações terríveis, nosso medo refere-se ao futuro. Por exemplo, quando as pessoas retomam a consciência após um grave desastre de automóvel, suas mentes correm para frente, mesmo se elas estiverem sangrando ou com dor: "Eu vou ficar bem?", "Meus entes queridos irão sobreviver?". Ao trazer a atenção para o presente, a ansiedade antecipatória que está no centro da maioria dos ciclos de dor (Leeuw et al., 2007) é reduzida. Essa redução na ansiedade diminui a tensão muscular e reduz a percepção da intensidade da dor.

Terceiro, a prática de *mindfulness* ajuda as pessoas a se sentirem "contidas". Quando uma pessoa está com dor e não tem opções evidentes de alívio, ela com frequência fica bastante perturbada. A prática dessa forma de meditação reduz a catastrofização, que desempenha um papel central na dor e na incapacitação (Cassidy, Atherton, Robertson, Walsh, & Gillett, 2012), além de proporcionar aos pacientes uma atividade estruturada que não se alimenta da espiral de respostas de aversão, dor aumentada e mais aversão. A prática da concentração também é calmante e fortificante, uma vez que o presente se torna um refúgio mais do que uma ameaça. Se os pacientes estiverem menos apavorados com sua dor, serão mais capazes de avançar e retomar atividades abandonadas.

Os pacientes podem necessitar de lembretes frequentes de que o movimento desinibido não é perigoso e de que podem se aproximar da dor de forma consciente. Para extinguir associações condicionadas entre atividade e dor, os pacientes devem ser encorajados a realizar sua atividade escolhida várias vezes por semana por algumas semanas antes de passar para o próximo desafio. Eles geralmente são capazes de observar as variações no nível de dor durante esse período, apesar da consistência na atividade. Essas variações nos ajudam a perceber que a atividade em si não é o problema.

Trabalhar com intenções

Muitos pacientes são muito mais preocupados com a incapacidade do que com a própria dor. A prática de *mindfulness* pode ajudá-los a perceber que eles não precisam ser incapacitados por suas sensações dolorosas – que as sensações não precisam ditar o comportamento:

> Michelle era uma policial que adorava seu trabalho. Sua dor lombar começou após um acidente que destruiu seu carro. Embora os exames médicos não tenham apontado nada grave, ela era incapaz de sentar-se em uma cadeira por mais que alguns minutos. Fora transferida para um cargo administrativo, mas sua função estava para ser extinta, e ela tinha de retornar ao trabalho policial regular ou perderia seu emprego. Como uma mulher competente e eficiente, Michelle odiou o pensamento de se tornar uma mãe solteira desempregada.
>
> Michelle estava disposta a aceitar que a causa de sua dor era tensão muscular, mas isso não foi suficiente para diminuir seu sofrimento. Ela foi introduzida à prática de *mindfulness* simples focada na respiração e a assumiu prontamente no início. Foi capaz de observar suas sensações dolorosas e perceber sua mudança de qualidade. À medida que o tempo passava, entretanto, a dor aumentava, e Michelle começou a se contorcer na cadeira. "Eu tenho que me levantar", anunciou, "a dor é muito intensa". Ela foi instruída a tentar permanecer com as sensações em suas costas por mais alguns minutos. Quando suas contorções continuaram a se intensificar, a paciente foi orientada a trazer sua atenção ao sentido de urgência de sair da cadeira – para focar sua mente na intenção de se levantar.
>
> Após alguns momentos, Michelle percebeu que podia sentir o impulso de levantar como um aperto ou uma pressão no peito e no pescoço.

Ela foi, então, instruída a tentar focar sua atenção nessa área e usar *urge surfing* (*surfar o impulso*) para permanecer sentada (Marlatt & Gordon, 1985). Desse modo, praticou permanecer com o impulso de se mover – percebendo-o crescer, chegar a um máximo e, então, diminuir – seguindo um padrão ondulatório. Suas contorções pararam, e ela foi capaz de permanecer sentada e voltar sua atenção para a respiração.

Essa experiência teve um efeito profundo. Até então, Michelle não tinha percebido nenhum intervalo entre suas sensações de dor aumentada e seu movimento para aliviar o desconforto. Observar que a *intenção* de levantar ocorre durante o exercício e que pode ser elaborada como qualquer outra sensação aumentou de modo significativo sua sensação de liberdade. Isso lhe deu confiança: praticando *mindfulness*, poderia aprender a sentar-se por períodos prolongados e retomar seu trabalho como policial.

Treinamento de força, flexibilidade e resistência

Uma forma de acelerar a extinção de respostas de medo à atividade normal, bem como o retorno da força e da flexibilidade muscular, é o treinamento de exercícios estruturados. Levantamento gradual de peso, alongamento e exercícios aeróbicos podem ajudar os pacientes a ultrapassar seus medos de estarem estruturalmente comprometidos (Siegel et al., 2001). Uma vez que uma pessoa possa levantar um peso de 12 kg, ela é menos propensa a ter medo de se inclinar para pegar o brinquedo do filho ou a sacola de compras. Há evidências de que exercício vigoroso, mesmo que no princípio exacerbe a dor, facilita a recuperação (Chou et al., 2007; Guzman et al., 2001; Mayer et al., 1987; Rainville, Sobel, Hartigan, Monlux, & Bean, 1997; Schonstein, Kenny, Keating, & Koes, 2003). Como mencionado anteriormente, muitos tratamentos para dor crônica orientados a *mindfulness* produziram apenas melhoras modestas na intensidade da dor. Esses programas provavelmente seriam mais eficazes se, além de ensinar a prática dessa forma de meditação, também se ocupassem de forma sistemática com ajudar os participantes a superar seu medo de movimento.

Quando os pacientes começam a exercitar músculos antes negligenciados, geralmente vivenciam aumento da dor. Os programas de reabilitação muitas vezes fracassam nesse ponto. Como ocorre com a retomada de outras atividades, a prática de *mindfulness* pode ser usada pra elaborar o medo e a dor que surgem quando se inicia um programa de exercícios estruturado. Após desenvolver um grau de concentração acompanhando a respiração, os pacientes são instruídos a trazer a atenção acolhedora às sensações dolorosas associadas com levantamento de pesos, alongamento ou participação em atividade aeróbica.

Isso aumenta a tolerância à dor e reduz a probabilidade de que o aumento dela cause tensão muscular.

Utilizar *mindfulness* para trabalhar emoções negativas

Para muitos pacientes, aprender que sua dor não se deve a dano estrutural, ver por si mesmos como o ciclo de dor lombar crônica opera e retomar a atividade plena são mudanças na compreensão e no comportamento suficientes para livrá-los do distúrbio. Para outros, entretanto, um retorno à atividade normal não é suficiente. Em geral, essas são pessoas para as quais as dificuldades emocionais – além das preocupações com a dor nas costas – estão contribuindo para a persistência da tensão muscular. Muitas vezes, alguma combinação de exploração psicodinâmica e treinamento de habilidades sociais, apoiados pela prática de *mindfulness*, é útil.

Há evidências de que pessoas que têm dificuldade para reconhecer afeto sofrem de maneira desproporcional de distúrbios psicofisiológicos (Schwartz, 1990) de que não ter consciência de sentimentos pode interferir no sucesso da reabilitação (Burns, 2000, Burns et al., 2012) e de que aprender a identificar e a expressar emoções com segurança pode reduzir a frequência de sintomas (Pennebaker, Keicolt-Glaser, & Glaser, 1988). Quando somos incapazes de reconhecer ou tolerar um pensamento ou sentimento, nosso sistema de luta-ou-fuga reage à ameaça de seu surgimento tanto quanto reage a perigos externos. Visto que experiências de vida continuamente desencadeiam cognições e afetos repudiados, nosso sistema de luta-ou-fuga com frequência está hiperativo. Portanto, não é surpresa que o aumento da consciência do afeto pode ajudar a livrar algumas pessoas da dor lombar crônica.

> Na opinião de todo mundo, Eddie era um cara muito legal – mas nem sempre ele tinha sido. Quando criança, era conhecido por ser provocativo, e muitas vezes se meteu em problemas por brigar.
>
> Na adolescência, ele virou essa página e se tornou um cidadão exemplar. Agora, adulto, raramente discutia e era sempre bem-educado. Muitas vezes, ele se sentia triste, solitário ou ansioso – mas nunca irritado.
>
> De forma não surpreendente, Eddie seguia rigorosamente seu programa de tratamento. Ele reconhecia o quanto tinha ficado apavorado com sua dor e, de modo sistemático, retomava a atividade, querendo agradar seu terapeuta.
>
> Eddie estava frustrado, entretanto, porque sua dor persistia. Quando se tornou evidente que ele era excepcionalmente inibido no que se refere a reconhecer e expressar raiva, foi incentivado a discutir as coisas que o

aborreciam. Embora ele fosse capaz de identificar alguma raiva anteriormente repudiada dessa forma, foi durante a prática de *mindfulness* que sua agressão se tornou mais aparente. Ele percebeu que, quando pensamentos irritantes surgiam, ele rapidamente se desviava deles.

Por fim, Eddie lembrou que costumava ficar muito irritado, mas tinha tomado uma decisão consciente de parar, visto que isso apenas parecia causar problemas. Conforme a terapia e a prática de *mindfulness* continuavam, ele foi mais capaz de perceber e reconhecer uma gama maior de sentimentos. Sua ansiedade diminuiu, e, por consequência, ele sentia muito menos dor.

A prática de *mindfulness* apoia a exploração psicodinâmica tanto trazendo à consciência emoções não percebidas anteriormente como ajudando os pacientes a tolerá-las. Durante essa prática, pensamentos, sentimentos e memórias são livres para entrar na mente, permitindo a consciência de afetos e cognições que, de outro modo, poderíamos não perceber. Quando os pacientes percebem que as emoções surgem, são vivenciadas e depois passam, elas se tornam mais fáceis de suportar.

CONTROLE

A prática de *mindfulness* é cheia de paradoxos. Com frequência é descrita como uma atividade *sem objetivo*, visto que envolve prestar atenção a tudo o que esteja acontecendo no momento, incluindo a experiência de ser distraído de prestar atenção ao que está acontecendo no momento. Shunryu Suzuki (1973), influente professor de zen, sugere: "Dar um pasto amplo à sua ovelha e à sua vaca é a maneira de controlá-las" (p. 31). Esse paradoxo está operando nos distúrbios psicofisiológicos. Ele pode ser visto sempre que a hiperativação de nosso sistema de luta-ou-fuga cria um sintoma indesejado porque o ato de *resistir* a ele ativa ainda mais esse sistema. Uma pessoa que luta contra a insônia fica mais excitada e alerta quanto mais tenta dormir; o homem que luta contra a disfunção erétil tentando controlar seu corpo não consegue uma ereção; *tentar* relaxar geralmente provoca o efeito contrário. Fixar-se na redução dos sintomas os perpetua.

Tal *insight* é particularmente valioso para resolver distúrbios psicofisiológicos. Uma abordagem orientada a *mindfulness*, a terapia de aceitação e compromisso (TAC), ilustra esse mecanismo por meio da metáfora das "algemas chinesas", tubos de palha trançada dentro dos quais você insere seus dedos indicadores apenas para descobrir que, quanto mais você tenta puxá-los, mais firmemente o tubo os prende (Hayes, 2002b). Para trabalhar de maneira eficaz com a maioria dos distúrbios psicofisiológicos, os pacientes devem aprender a diferenciar aquelas áreas sobre as quais eles podem exercer controle daquelas nas quais é contraproducente tentar. Em geral, podemos ser capazes de controlar nosso comportamento, mas não nossa experiência. Um estudante de *mindfulness* pode comprometer-se a praticar diariamente por um período de tempo prescrito, mas não pode controlar se vai se sentir relaxado ou tenso, focado ou distraído. De forma semelhante, um paciente com dor lombar pode comprometer-se a aumentar sistematicamente sua gama de atividades, bem como comprometer-se com um programa de alongamento e exercícios, mas não pode controlar se a dor surgirá ou não.

A ideia de que é contraproducente tentar evitar a dor é de compreensão particularmente difícil para a maioria dos pacientes. A grande quantidade de mensagens que recebemos das propagandas nos levam a achar que, se pelo menos comprássemos o remédio certo, nunca mais sentiríamos desconforto. Os tratamentos convencionais para dor reforçam essa noção ao se focarem no alívio da dor. Portanto, pode ser desafiador aceitar que desistir da meta de aliviar a dor é essencial para a recuperação, a despeito da crescente evidência de que a aceitação é mais eficaz do que o controle como estratégia para lidar com a ela (Liu, Wang, Chang, Chen, & Si, 2012; Thompson & McCracken, 2011).

Contudo, a prática de *mindfulness* pode ajudar. Percebendo que o sofrimento se origina de nossa reação à dor, e aprendendo a observar o ir e vir de experiências agradáveis e desagradáveis, os pacientes são capazes de cultivar uma atitude de aceitação que, por fim, pode libertá-los de um ciclo de dor crônica. Aos poucos, eles aprendem a tratar a dor como se ela estivesse fora de seu controle, como o clima.

MINDFULNESS SOB MEDIDA

Muitas variáveis entram na decisão a respeito de quais exercícios de *mindfulness* são mais adequados para quais pacientes. Se os pacientes acham determinado exercício muito desafiador, não irão praticá-lo. Além disso, alguns exercícios podem, na verdade, ser prejudiciais para indivíduos vulneráveis.

Sobreviventes de trauma

Vimos anteriormente como a prática de *mindfulness* pode apoiar o aumento da consciência e da tolerância de afetos e, desse modo, ajudar a reduzir a tensão crônica associada ao esforço de manter tais conteúdos fora da consciência. Para indivíduos que habitualmente reprimem memórias ou emoções dolorosas, entretanto, isso pode se tornar avassalador. Visto que, entre pessoas com dor lombar crônica e outros distúrbios psicofisiológicos, os sobreviventes de trauma são significativamente super representados (Asmundson, Coons, Taylor, & Katz, 2002; Beckham et al., 1997; Pecukonis, 1996; Schofferman, Anderson, Hines, Smith, & Keane, 1993; Schur et al., 2007; Springer, Sheridan, Kuo, & Carnes, 2007; Yaari, Eisenberg, Adler, & Birkhan, 1999), essa vulnerabilidade muitas vezes é uma questão no tratamento. Esses pacientes com frequência se tornam ansiosos ao extremo após alguns minutos de acompanhamento da respiração, sobretudo se estiverem mantendo os olhos fechados. Nesses casos, a relação entre os efeitos de "contenção" do exercício e seu poder de revelar experiências repudiadas pende demasiado para trazer os conteúdos à consciência.

Como discutido no Capítulo 7, uma resposta a essa sensibilidade é usar exercícios de *mindfulness* para voltar a atenção para o mundo potencialmente avassalador exterior, em vez de para o interior. A meditação caminhando, na qual a atenção é para a sensação dos pés tocando o chão, muitas vezes funciona bem e é compatível com o objetivo de aumentar a atividade física. Da mesma forma, a meditação da natureza, na qual as visões e os sons das árvores, das nuvens, dos pássaros e coisas similares são usados como objetos de percepção, pode cultivar uma sensação de segurança. Os exercícios de ioga, que podem ser praticados atentamente, são outra boa alternativa porque combinam treinamento da flexibilidade com *mindfulness* em movimento.

MECANISMOS DE AÇÃO

Agora que os exercícios de *mindfulness* estão sendo amplamente utilizados para dor crônica, e é cada vez maior a evidência de sua eficácia, pesquisadores começaram a investigar os mecanismos pelos quais esses exercícios poderiam funcionar. Embora os resultados ainda sejam preliminares, eles são interessantes (ver também Capítulo 15).

Uma área de investigação mede o nível de *mindfulness* de pacientes com dor crônica para determinar sua relação com fatores como funcionamento físico, social, cognitivo e emocional, bem como com o uso de medicamentos. Embora existam muitos desafios à medição confiável de *mindfulness* (como o fato de que uma pessoa necessita algum grau de *mindfulness* para perceber se a mente está vagando [Grossman, 2011]), os dados sugerem que níveis mais altos de fato correspondem a melhor funcionamento, principalmente por diminuir a ansiedade relacionada à dor e aos padrões de esquiva e incapacidade (Cho, Heiby, McCracken, Lee, & Moon, 2010; Schutze, Rees, Preece, & Schutze, 2010).

Outro conjunto de estudos investigou como meditadores experientes reagem à dor induzida de forma experimental. A evidência sugere que:

1. meditadores experientes relatam que percebem os estímulos dolorosos como menos desagradáveis do que controles inexperientes (Lutz, McFarlin, Perlman, Salomons, & Davidson, 2013), de modo que o grau de experiência de meditação está inversamente correlacionado às avaliações de desconforto dos meditadores (Brown & Jones, 2010);
2. meditadores experientes relatam tendências mais altas a observar e permanecer não reativos a sensações dolorosas do que controles inexperientes (Grant & Rainville, 2009);
3. o monitoramento aberto (*mindfulness per se*) resulta em uma redução significativa no desconforto da dor entre meditadores experientes, mas não entre iniciantes (Perlman, Salomons, Davidson, & Lutz, 2010); e
4. meditadores experientes, mas não controles inexperientes, têm diminuições significativas na ansiedade de antecipação de dor quando em estado consciente (Gard et al., 2011).

De maneira curiosa, um estudo constatou que, enquanto a concentração aumentava a intensidade da dor para controles inexperientes, isso não ocorria para meditadores mais experientes – sugerindo que o último grupo era capaz de *ficar com* os estímulos dolorosos sem ter uma reação aversiva forte a eles (Grant & Rainville, 2009).

Embora esses estudos sugiram que uma experiência extensiva com a meditação gera maior benefício em lidar com a dor, há evidências de que treinar 20 minutos por dia durante apenas três dias pode reduzir de modo significativo a intensidade da dor e a ansiedade surgida em resposta à sua indução experimental (Zeidan, Gordon, Merchant, & Goolkasian, 2010); de que apenas seis sessões de treinamento de *mindfulness* podem ser suficientes para aumentar a tolerância à dor de modo significativo (Kingston, Chadwick, Meron, & Skinner, 2007); e de que um único período de 20 minutos de meditação amor-bondade pode reduzir de modo significativo a dor da enxaqueca (Tonelli & Wachholtz, 2012).

O mecanismo central sugerido por todos esses estudos corresponde estreitamente à história de Buda sobre as duas flechas. Parece que, ao aceitarmos as sensações dolorosas, em vez de resistir a elas, temê-las ou tentar evitá-las, somos capazes de tolerar maior estimulação com menos sofrimento, seja em relação à dor causada por alguma condição médica, seja em relação àquela induzida no laboratório (Thompson & McCracken, 2011).

Outra linha de pesquisa que desperta interesse examina as regiões cerebrais que são ativadas quando os indivíduos adotam atitudes meditativas diferentes em relação à dor induzida de forma experimental. Os dois componentes da meditação *mindfulness*, *atenção focada* e *monitoramento aberto* (Lutz, Slagter, Dunne, & Davidson, 2008), correspondem ao exercício de concentração no qual repetidamente voltamos a atenção para um único objeto e a *mindfulness per se*, no qual nos abrimos e prestamos atenção a tudo o que surge na consciência. Nessa pesquisa, o monitoramento aberto é entendido como uma forma de "desligamento cognitivo", ou abandono do controle (Gard et al., 2012). Investigadores verificaram que meditadores experientes que foram expostos a estímulos dolorosos enquanto praticavam monitoramento aberto tiveram diminuição de atividade no córtex pré-frontal lateral (CPFl), uma área associada com controle executivo (Grant, Courtemanche, & Rainville, 2011). Além disso, ao mesmo tempo tiveram aumento de ativação na ínsula posterior (Gard et al., 2011; Grant et al., 2011), que se entende estar envolvida no processamento interoceptivo e sensorial (Craig, 2009). Esses achados sugerem que a prática de *mindfulness* diminui a experiência de dor e a ansiedade relacionada a ela por meio do processamento aumentado das próprias sensações dolorosas, junto do desligamento cognitivo que envolve a desistência de tentativas de controle. Pesquisadores parecem ter observado como, em um nível neurobiológico, meditadores experientes se abrem para as sensações dolorosas enquanto desistem de tentar controlá-las e, em consequência, vivenciam menos sofrimento.

É interessante que pelo menos um estudo sugere que meditadores inexperientes têm padrões de ativação cerebral diferentes dos de meditadores experientes. Quando alguns iniciantes tentaram a prática da meditação *mindfulness* na presença de um estímulo doloroso, houve a manifestação de aumento da atividade no CPFl, sugerindo que eles estavam tentando exercer controle cognitivo sobre a dor. Essa estratégia, entretanto, não funcionou muito bem e eles não vivenciaram redução no desconforto da dor ou redução da ansiedade antecipatória, que ocorreram para meditadores experientes (Gard et al., 2011).

OUTROS DISTÚRBIOS PSICOFISIOLÓGICOS

Processos bastante semelhantes à dor lombar crônica mantêm um número notável de outros distúrbios psicofisiológicos. Juntos, eles respondem por uma grande porcentagem de todas as consultas médicas. Tanto a prática de *mindfulness* como seus *insights* associados podem ser eficazes no tratamento dessas condições.

Outros distúrbios de dor e tensão muscular

Os mesmos fatores que causam e perpetuam a dor lombar crônica muitas vezes estão em ação em outros distúrbios relacionados aos músculos e às articulações. Eles incluem sintomas diagnosticados como tendinite, bursite, osteófitos, fascite plantar, síndrome da articulação temporomandibular, lesão por esforço repetitivo, cefaleias crônicas e fibromialgia. Embora muitas dessas síndromes dolorosas possam ser causadas por dano estrutural, lesão ou processos de doença, com frequência elas também são causadas por tensão muscular e/ou atenção ansiosa e vigilante a sensações dolorosas (p. ex., Bendtsen & Fernandez-de-la-Penas, 2011; Litt, Shafer, & Napolitano, 2004).

O processo por meio do qual essas condições se enraízam é paralelo ao ciclo de dor lombar crônica. Ele pode começar com estresse físico ou psicológico. Uma vez que o paciente se torne preocupado, ele começa a se focar na área dolorosa e muitas vezes começa a protegê-la e a abandonar a atividade normal. A preocupação e a frustração se iniciam, e um ciclo de dor se estabelece.

O tratamento para todas essas condições é semelhante. Primeiro, uma avaliação médica competente é necessária para excluir outras causas da dor. Isso é seguido por psicoeducação, que pode ser desafiadora, uma vez que pacientes e profissionais da saúde com frequência supõem que a maioria dessas síndromes dolorosas, como a dor lombar crônica, é causada por dano estrutural ou doença. Em seguida, é solicitado que os pacientes listem suas atividades abandonadas. Elas serão, então, reintroduzidas sistematicamente, começando com aquelas que são mais prazerosas e pouco atemorizantes. A prática de *mindfulness* é, então, utilizada para desenvolver tolerância em relação às sensações dolorosas associadas, para aumentar a percepção de afetos repudiados e para facilitar a desistência de tentar controlar os sintomas.

Distúrbios gastrintestinais e dermatológicos

Como os distúrbios por tensão muscular, supõe-se amplamente que essas condições têm um processo de doença física em sua origem. Embora algumas possam ser causadas por infecções, tumores ou por outros processos fisiológicos, inúmeros casos de gastrite, síndrome do intestino irritável, eczema, psoríase e distúrbios relacionados são causados ou exacerbados por estresse psicológico (Gatchel & Blanchard, 1998). Portanto, não é surpreendente que a prática de *mindfulness* tenha sido promissora em seu tratamento (p. ex., *desconforto gastrintestinal*: Gaylord et al., 2011; Kearney, McDermott, Martinez, & Simpson, 2011; *condição dermatológica*: Kabat-Zinn et al., 1998).

Todos esses distúrbios, com frequência, seguem um padrão semelhante ao de dor lombar crônica. O sintoma inicial pode ser causado por um evento físico, como uma infecção, mas, uma vez que o paciente se torna preocupado com ele, sua preocupação provoca a ativação do sistema de luta-ou-fuga, o que, por sua vez, exacerba ou perpetua o problema. Quanto mais assiduamente um paciente procura tratamento médico, mais preocupado ele se torna em relação a seus sintomas – e, portanto, preso em um círculo vicioso. Quando as intervenções médicas não conseguem aliviar o problema, os mesmos tipos de intervenções psicológicas que estivemos discutindo são com frequência úteis. As estratégias eficazes incluem psicoeducação, automonitoramento de reação psicológica aos sintomas, retorno ao comportamento normal e orientação para elaborar emoções negativas, causadoras de estresse (R. Siegel, 2010).

Como ocorre com os outros distúrbios, a prática de *mindfulness* pode ser bastante útil para desenvolver uma atitude acolhedora e tolerante em relação aos sintomas, bem como para aumentar a consciência emocional e relaxar tentativas de controle contraproducentes. Aqui está um exemplo típico:

> Noah era um executivo de sucesso de 45 anos que entrou em tratamento queixando-se de uma série de sintomas gastrintestinais. Em uma semana ele sofria de inchaço abdominal e náusea, na seguinte era atormentado por constipação alternando-se com diarreia. Nenhuma de suas inúmeras avaliações médicas pôde identificar uma doença ou causa estrutural para o seu sofrimento. Ele tinha tomado muitos medicamentos e tentado dietas restritivas. Cada nova intervenção parecia ser uma promessa, e então fracassava.
>
> Noah monitorava cuidadosamente sua alimentação, procurando correlações entre o que comia e como se sentia. Estava sempre apavorado com a possibilidade de seus sintomas aparecerem em um momento inoportuno, interrompendo seu trabalho ou causando constrangimento. Encontrar uma cura para sua condição tinha se tornado o foco de sua vida.
>
> Começamos com uma explicação como a preocupação em aliviar os sintomas pode contribuir para o estresse psicológico, que, por sua vez, pode causar sintomas. Isso foi seguido por uma introdução à prática de *mindfulness*, com o objetivo de observar pensamentos ansiosos em relação à sua condição. Seus medos catastróficos foram examinados, e ele foi encorajado a fazer um inventário emocional – observar quais emoções eram mais difíceis para ele. Noah realizou os exercícios usando *mindfulness* para "ficar com" seus sintomas, emoções e pensamentos sem tentar corrigi-los.
>
> Visto que Noah geralmente era orientado à ação, no princípio essa abordagem foi difícil para ele. No entanto, com apoio contínuo, Noah foi capaz de ver o quanto sua busca por uma cura tinha sido infrutífera e como a própria busca o havia mantido preocupado com seu sistema gastrintestinal. Com o tempo ele voltou a alimentar-se normalmente,

deixando os sintomas ir e vir como deveriam. Seu desconforto começou a diminuir, e ele começou a perceber que, em muitas áreas de sua vida, um desejo excessivo por controle era a causa de seu sofrimento.

Disfunções sexuais e insônia

Essas condições geralmente também envolvem tentativas contraproducentes de controlar a excitação psicofisiológica. Embora possam ser causadas por um processo de doença física ou uma condição fisiológica, pacientes e profissionais da saúde as identificam mais prontamente como tendo um componente psicológico, de modo que menos persuasão é necessária para tentar intervenções psicológicas. Uma série de tratamentos psicológicos baseados em *mindfulness* e validados empiricamente foi desenvolvida (p. ex., *disfunção sexual*: Brotto et al., 2008; Silverstein et al., 2011; *insônia*: Gross et al., 2011; Ong et al., 2009; Yook et al., 2008).

Disfunção sexual

Os primeiros esforços para tratar disfunção sexual envolveram intervenções psicanalíticas visando à identificação de conflitos neuróticos enraizados no desenvolvimento psicossexual da infância. O campo foi impulsionado de forma considerável pelo trabalho de Masters e Johnson (1966; Masters, 1970) e seus seguidores, que se focaram na ansiedade de desempenho como um fator importante (Singer-Kaplan, 1974).

Considere, por exemplo, o tratamento de disfunção erétil. As intervenções mais eficazes, antes do advento do Viagra, do Cialis e de medicamentos semelhantes, envolviam ajudar os pacientes a parar de lutar contra seus sintomas e focar-se na aceitação. Após excluir possíveis causas físicas, os terapeutas normalmente ajudam os homens a entender que é seu próprio esforço para controlar suas ereções que está criando a ansiedade que interfere em uma resposta física normal. Eles, então, prescrevem que os casais iniciem as preliminares, mas com instruções de não prosseguir para o intercurso. "Se uma ereção se desenvolver, que assim seja. Se não, tudo bem também." O objetivo é prestar atenção às sensações das preliminares no momento presente e abandonar as preocupações sobre conseguir ou manter uma ereção.

A prática de *mindfulness* é bastante adequada para esse tipo de tratamento – na verdade poderíamos considerar o *foco sensorial*, a técnica criada por Masters e Johnson, como prática de *mindfulness* usando o toque sensual como o objeto de percepção. Aprendendo a observar as experiências mentais e físicas ir e vir com aceitação no momento presente, os pacientes aprendem a arte de não controlar sua experiência. Se for praticado primeiro como *mindfulness* formal, poderá generalizar-se satisfatoriamente para exercícios da terapia sexual.

Insônia

A insônia tem recebido muita atenção por parte da comunidade médica, principalmente pela oferta cada vez maior de produtos farmacêuticos. A maioria dos tratamentos não farmacêuticos envolve alguma combinação de terapia do controle de estímulo, educação de higiene do sono, treinamento do relaxamento e terapia de restrição do sono (Smith & Neubauer, 2003; Taylor & Roane, 2010). A terapia do controle de estímulo, a principal intervenção dos distúrbios do sono (Chessen et al., 1999), envolve fazer o paciente reservar a cama apenas para sono ou relações sexuais. Isso significa que, se o paciente ainda estiver acordado 15 ou 20 minutos após se deitar, ele é instruído a sair da cama e a fazer alguma outra coisa até estar sonolento o suficiente para tentar dormir novamente.

A maioria dos pacientes relata que a insônia segue um padrão semelhante ao da disfunção sexual. A ansiedade sobre não dormir leva à excitação, o que impede o sono. Embora alguns programas de tratamento reconheçam esse padrão e empreguem mesmo sugestões paradoxais para "permanecer acordado" (Shoham-Salomon & Rosenthal, 1987), a maioria das intervenções se concentra na meta de conseguir dormir.

As abordagens baseadas em *mindfulness* oferecem uma alternativa que muitos pacientes consideram útil. Primeiro, distúrbios médicos e outros transtornos psiquiátricos são excluídos. Em seguida, as dinâmicas da insônia são revisadas, e a sabedoria de desistir de lutar contra os sintomas é explicada. Então, a prática de *mindfulness* é ensinada aos pacientes, e eles são convidados a tentá-la *em vez* de dormir.

Pessoas que praticam *mindfulness* intensivamente em contextos de retiros percebem um fenômeno interessante – elas necessitam de menos sono. Essa forma de meditação produz alguns dos benefícios restauradores do sono ou torna o sono mais eficiente, reduzindo o tempo que necessitamos ficar dormindo. Uma vez que isso é explicado aos pacientes, a prática pode ser oferecida como uma alternativa que diminui as preocupações sobre adormecer.

Os pacientes são convidados a praticar meditação *mindfulness* tanto durante o dia como na cama, à noite. Pensamentos preocupantes sobre estar cansado no dia seguinte têm permissão para ir e vir. Se a prática traz relaxamento que leva ao sono, o paciente tem uma boa noite de repouso. Se não, ela pode, entretanto, fornecer uma experiência rejuvenescedora, permitindo ao paciente sentir-se mais descansado pela manhã do que se tivesse passado a noite agitado. Em ambos os casos, a luta contra a insônia é abandonada, o que geralmente leva a um padrão de sono mais normal.

É interessante que essa abordagem viola a regra fundamental da terapia do controle de estímulos – reservar a cama apenas para sono e relações sexuais. Contudo, por eliminar a dinâmica central do transtorno, a prática de *mindfulness* pode libertar muitos pacientes da insônia crônica.

RAIOS DE ESPERANÇA

Embora poucas pessoas digam que estão contentes por terem manifestado um distúrbio psicofisiológico, não é raro que os pacientes apreciem as lições que aprenderam por meio de sua recuperação. Em retrospecto, muitas pessoas passam a entender seus sintomas como chamados de despertar, sinais de que suas abordagens à vida estavam de alguma forma desequilibradas. Um número surpreendente de pessoas se torna atraída pela prática de *mindfulness* regular e pelos entendimentos filosóficos com os quais ela tem sido associada ao longo da história.

À medida que o distúrbio se resolve, os pacientes começam a perceber que seu sofrimento origina-se de tentar controlar as coisas que estão fora de seu controle e que eles podem, aos poucos, aprender a se desapegar. A realidade da impermanência de todas as coisas se torna mais clara. Os pacientes podem desenvolver uma valorização da experiência no momento presente, percebendo que é aqui que a vida é realmente vivida. Eles também ganham confiança de que podem aprender a suportar dor tanto emocional como física e de que não precisam mais se apressar para resolvê-la. Alguns ficam tão encantados com sua recuperação que começam a investigar os ensinamentos budistas ou outros relacionados de forma mais profunda. Sua condição médica se torna a porta de entrada para uma dimensão espiritual em suas vidas. E, quando a adversidade se torna uma oportunidade para aprendizagem e crescimento, a vida é imensamente enriquecida.

11

Mindfulness, insight e terapia do trauma

John Briere

> Só nos curamos de um sofrimento depois de
> o haver suportado até ao fim.
> – MARCEL PROUST (1925/2003)

Quando criança, Grace foi negligenciada emocionalmente e abusada sexualmente repetidas vezes. Mais tarde, aos 20 anos, ela se envolveu com um homem que também a tratava muito mal. Quando ele foi preso por molestar uma menina da vizinhança, ela tentou o suicídio e ficou hospitalizada por um curto período de tempo. Muitos anos de terapia ajudaram-na. Agora, na faixa dos 30 anos, ela relata poucos sintomas de estresse pós-traumático, não pensa em suicídio e não toma mais medicamento antidepressivo.

Encaminhada por seu terapeuta, Grace tem frequentado aulas em um centro de meditação há aproximadamente um ano e acabou de completar um curso de terapia cognitiva baseada em *mindfulness*. Ela declara:

> Alguma coisa está acontecendo com a meditação. É difícil explicar, mas às vezes quando eu me dou conta do pouco que eu tenho feito em relação à minha vida ou ao meu peso, eu fico "é, é, é... lero, lero, lero". Apenas deixo os pensamentos soltos. Talvez você nem sempre tenha que se fixar no que está acontecendo em sua mente, às vezes você pode apenas deixá-la fazer o que ela faz, mas dizer: "Alô, mente. Você está no passado, pobre mente, mas

não estamos no passado agora". Meus problemas não acabaram, mas estou começando a pensar que talvez eu não seja o que aconteceu comigo, eu não sou os meus pensamentos. É tipo: "Ei, mente, faça o que quiser. Mas eu não tenho que acreditar no que você está dizendo, pelo menos não o tempo todo".

Ao longo das últimas décadas, os clínicos desenvolveram uma série de terapias para o tratamento de transtorno de estresse pós-traumático (TEPT) e de outras dificuldades relacionadas a trauma. Essas intervenções têm um mérito considerável e melhoraram as vidas de milhares de sobreviventes de trauma. Entretanto, a área ainda está evoluindo, e abordagens novas, possivelmente ainda mais úteis, sem dúvida continuarão a surgir. Após uma breve introdução a trauma e resultados relacionados a trauma, este capítulo descreve uma recente abordagem orientada a *mindfulness* na qual as ideias e os métodos da psicologia budista são integrados com modelos de tratamento modernos para ajudar aqueles que buscam ajuda para sofrimento relacionado a trauma.

O TRAUMA E SEUS EFEITOS

Trauma é geralmente definido como um acontecimento envolvendo morte real ou ameaçada, ferimento grave ou alguma outra ameaça à integridade física (American Psychiatric Association, 2013). Exemplos desses tipos de traumas incluem estupros, desastres, tortura, agressões físicas e acidentes de automóvel graves. As memórias desses eventos traumáticos – bem como suas emoções, cognições e sensações associadas – podem ser rapidamente codificadas no cérebro e então ativadas e revividas em momentos posteriores no tempo como sintomas de TEPT, na forma de *flashbacks*, pensamentos intrusivos, pesadelos e, indiretamente, hiperexcitação (Yehuda, 1998). Esses fenômenos, por sua vez, podem motivar respostas de esquiva cognitiva, emocional e comportamental que são por si só problemáticas.

Além do TEPT, há efeitos do trauma mais complexos, variando de depressão e ansiedade graves a abuso de substâncias, dissociação, problemas de relacionamento, tendência suicida, transtorno de identidade e dificuldades na regulação de estados emocionais (Briere, 2004; Courtois & Ford, 2013). Além disso, alguns impactos do trauma são mais obviamente existenciais (Nader, 2006; Shay, 1995; Thompson & Walsh, 2010). Um veterano de guerra, uma vítima de tortura ou um sobrevivente de abuso sexual, por exemplo, podem emergir do tratamento bem-sucedido para TEPT e, contudo, ainda sofrer de uma profunda perda de significado na vida, de medos de morte, de um senso de desconexão espiritual, de alienação dos outros ou de uma visão de mundo que não inclui mais expectativas de bondade, equidade ou justiça.

Essa gama de respostas ao trauma infelizmente ainda não encontrou uma série equivalente de intervenções eficazes. Embora, por exemplo, a terapia cognitivo-comportamental (TCC) tenha eficácia demonstrada no tratamento de TEPT (Cahill, Rothbaum, Resick, & Follette, 2009; Hembree & Foa, 2003), uma minoria substancial de clientes não vivencia melhora significativa após o tratamento com essa abordagem (Kar, 2011; Schottenbauer, Glass, Arnkoff, Tendick, & Gray, 2008). De forma semelhante, efeitos do trauma mais complexos podem ser resistentes a intervenções psicológicas tradicionais (Courtois & Ford, 2013), e os efeitos existenciais da experiência adversa são raramente tratados por abordagens fundamentadas de forma empírica.

Felizmente, a pesquisa e a prática clínica recentes indicam que pode haver outros caminhos para a resolução de sintomas e sofrimento psicológico, incluindo aqueles associados ao trauma. Um dos mais estudados entre tais métodos é o *mindfulness*. A possibilidade de uma prática espiritual de 2,5 mil anos ajudar no tratamento de sobreviventes de trauma dos dias de hoje é fascinante, especialmente se essa metodologia não apenas reproduz o modo de ação de tratamentos existentes, mas funciona de formas diferentes e fornece benefícios adicionais. Antes de podermos considerar essa abordagem, entretanto, é importante examinar sua antítese – que vem a ser um dos aspectos mais problemáticos do transtorno pós-traumático.

A ESQUIVA E O PARADOXO DA DOR

Quando confrontada com dor emocional, é uma resposta humana comum evitá-la – afastar-se do ambiente, entorpecer-se ou distrair-se ou suprimir a consciência, de modo que o sofrimento não seja esmagador. Na verdade, as respostas de esquiva cognitiva, comportamental e emocional são características do TEPT (American Psychiatric Association, 2013). Contudo, como se vê, essas atividades podem na verdade prolongar, senão intensificar, o sofrimento psicológico. Por exemplo, sobreviventes de trauma que usam drogas ou álcool, dissociam, exteriorizam ou usam negação ou supressão de pensamentos perturbadores são mais propensos a desenvolver problemas e síndromes pós-traumáticos intrusivos e crônicos (p. ex., Briere, Scott, & Weathers, 2005; Cioffi & Holloway, 1993; Gold & Wegner, 1995; Morina, 2007; Pietrzak, Goldstein, Southwick, & Grant, 2011), aparentemente porque o material evitado não pode ser processado e resolvido. Como um professor de zen e psicólogo observa, de forma mais ampla, "O que não podemos conter, não podemos processar. O que não podemos processar, não podemos transformar. O que não podemos transformar nos assombra" (Bobrow, 2007, p. 16).

Essa tendência a envolver-se em comportamentos que sustentam a dor enquanto se tenta, na verdade, evitar estados internos dolorosos ou perturbadores pode ser referida como o *paradoxo da dor* (Briere & Scott, 2012). Em um esforço para remediar a aflição e o sofrimento, podemos fazer coisas que especificamente aumentam, não diminuem, pensamentos e sentimentos indesejados e mesmo os tornam mais crônicos.

Existem muitas razões para as pessoas evitarem estímulos desagradáveis/dolorosos. Algumas o fazem porque são esmagadas pela intensidade do trauma que estão vivenciando, o que pode exceder a sua tolerância psicológica ou neurobiológica para sofrimento (Briere, 2002). Nessas situações, o sobrevivente de trauma é motivado a evitar pensamentos ou sentimentos pós-traumáticos a fim de manter o equilíbrio interno. Por exemplo, uma pessoa sem-teto ou alguém preso à prostituição pode abusar de álcool ou de heroína ou dissociar como forma de entorpecer a dor emocional esmagadora. Outra pessoa pode usar negação ou supressão de pensamentos na tentativa de reduzir a ansiedade associada à percepção de pensamentos ou memórias que geram medo.

Outros aspectos da esquiva são aparentemente de etiologia mais cultural, refletindo certo uso de socialização para lidar com dor emocional e estados desconfortáveis por meio de comportamentos que distraem, suprimem ou entorpecem. Por exemplo, pessoas na sociedade norte-americana cuja dor ou sofrimento se prolonga além de algum período de tempo determinado podem ser aconselhadas pelos outros a "apenas superar", "deixar o passado para trás" ou "ir em frente". As propagandas da mídia com frequência promovem analgésicos ou outros medicamentos para diminuir o desconforto e estimulam a aquisição de coisas como forma de a pessoa se sentir melhor ou tratar inadequações ou insatisfações autopercebidas. A despeito das conclusões da psicologia ocidental (e, como veremos, budista), a mensagem social é muitas vezes a de que a dor, o sofrimento e a insatisfação são coisas ruins que devem ser removidas, medicadas ou, de outro modo, evitadas. A implicação disso é que, uma vez que a pessoa tenha feito coisas para parar de se sentir mal, irá, por definição, se sentir bem.

Entretanto, o oposto com frequência se torna verdade. Em geral, aqueles que são capazes de vivenciar mais diretamente o sofrimento – seja por meio do que nos referimos como *mindfulness*, seja em resposta a psicoterapia, exposição terapêutica ou outras formas de acessar e "sentar-se com" memórias traumáticas – são mais propensos a vivenciar uma redução do sofrimento ao longo do tempo (Foa, Huppert, & Cahill, 2006; Hayes, Strosahl, & Wilson, 2011; Kimbrough, Magyari, Langenberg, Chesney, & Berman, 2010; Thompson & Waltz, 2007). Vários modelos teóricos sugerem que o envolvimento direto da dor psicológica que não é esmagadora permite que a psique dessensibilize e acomode cognitivamente material traumático ou perturbador, até que ele não necessite mais invadir a consciência (Briere, 2002; Horowitz, 1978; Rothbaum & Davis, 2003).

Portanto, o paradoxo da dor significa, em última análise, que, quando em sofrimento, na medida do possível, devemos considerar o exato oposto do que nós ou a sociedade podem querer que façamos: sentir diretamente estados dolorosos e/ou ter pensamentos dolorosos e evitar, de certo modo, a esquiva. Como veremos, a noção zen de "convidar nosso medo para o chá" é fundamental tanto para a abordagem budista como para algumas abordagens ocidentais ao tratamento do trauma. Na medida em que o sobrevivente de trauma pode aprender a aplicar a atenção plena e focada aos produtos da consciência, independentemente de sua valência emocional, ele aparentemente realiza o oposto da esquiva psicológica. Na psicologia budista, essa atividade é referida como *mindfulness*.

MINDFULNESS

Mindfulness pode ser definido como a capacidade aprendida de manter a atenção plena e a abertura à experiência do momento, incluindo fenômenos mentais internos e aspectos interferentes do mundo externo, sem julgamento e com aceitação (ver Capítulo 1). A capacidade de estar atento ao momento presente e de ver a si mesmo, a experiência interna e os outros sem julgamento – em oposição a estar preocupado com aspectos negativos do passado ou com o futuro – parece diminuir sobremaneira o sofrimento psicológico (Kabat-Zinn, 2003).

Cada vez mais clínicos têm integrado *mindfulness* às suas terapias, tanto cognitivo-comportamentais (p. ex., Hayes, Strosahl, et al., 2011; Segal et al., 2002) como psicodinâmicas (p. ex., Bobrow, 2010; Epstein, 2008). De fato, mesmo quando essa forma de meditação não é empregada de maneira específica, outros aspectos da psicologia ou da prática budista (p. ex., compaixão, percepção metacognitiva e valorização de origem dependente, descritos posteriormente neste capítulo) tendem a ser úteis no trabalho com pessoas traumatizadas (Briere, 2012a; Germer & Siegel, 2012; Gilbert, 2009a).

Pesquisa de *mindfulness*

Uma série de diferentes intervenções baseadas em *mindfulness* foi desenvolvida ao longo das últimas décadas. Elas incluem terapia de aceitação e compromisso (TAC; Hayes, Strosahl, et al., 2011), terapia comportamental dialética (TCD; Linehan, 1993a), terapia cognitiva baseada em *mindfulness* (TCBM; Segal et al., 2002), prevenção de recaída baseada em *mindfulness* (PRBM; Bowen, Chawla, & Marlatt, 2011; Marlatt & Gordon, 1985) e redução do estresse baseada em *mindfulness* (REBM; Kabat-Zinn, 1982). Foi demonstrado que uma ou mais dessas intervenções reduzem de modo significativo uma ampla variedade de sintomas e transtornos potencialmente relacionados a trauma, entre eles ansiedade, pânico, depressão, abuso de substância, transtornos alimentares, suicídio, comportamento de autoagressão, baixa autoestima, agressividade, dor crônica e transtorno da personalidade *borderline* (ver revisões de Baer, 2003; Coelho, Canter, & Ernst, 2007; Grossman et al., 2004; Hofmann et al., 2010; Lynch, Trost, Salsman, & Linehan, 2007; e Capítulo 1).

De forma surpreendente, há relativamente poucos estudos empíricos de intervenções de *mindfulness* para sobreviventes de trauma em si, nem muito foco no TEPT, a despeito de considerável discussão teórica na literatura (p. ex., Follette, Palm, & Hall, 2004; Follette & Vijay, 2009; Germer, 2005b; Orsillo & Batten, 2005; Vujanovic, Niles, Pietrefesa, Schmertz, & Potter, 2011; Wagner & Linehan, 2006; Walser & Westrup, 2007). Entretanto, isso está começando a mudar, visto que várias intervenções foram desenvolvidas para crianças sobreviventes de abuso (p. ex., Kimbrough et al., 2010; Steil, Dyer, Priebe, Kleindienst, & Bohus, 2011), e que foi demonstrado que a meditação reduz o estresse pós-traumático em veteranos de guerra (Rosenthal, Grosswald, Ross, & Rosenthal, 2011). A propósito, a página na internet do National Center for PTSD (sigla em inglês para TEPT), do U.S. Department of Veteran Affairs (2011), observa que "achados de pesquisa mostram que *mindfulness* pode ajudar com problemas e sintomas frequentemente vivenciados por sobreviventes. Essa forma de meditação pode ser usada sozinha ou com tratamentos padronizados de eficácia comprovada para TEPT" (*www.ptsd.va.gov/public/pages/mindful-ptsd.asp*).

INTERVENÇÃO

Agrupando a pesquisa de *mindfulness*, a psicologia budista e as perspectivas modernas sobre estresse pós-traumático e esquiva, pode ser possível construir um conjunto dessas perspectivas e tecnologias útil no tratamento de pessoas traumatizadas. As psicologias budista e ocidental reconhecem que dor, doença e morte são inevitáveis, mas também concordam que:

1. variáveis cognitivas (p. ex., necessidade excessiva de controle, expectativas incorretas ou atribuições negativas) podem aumentar os efeitos do trauma;
2. a esquiva de sofrimento pode prolongar e mesmo intensificar o sofrimento psicológico, enquanto
3. maior consciência promove processamento e integração; e
4. maior *insight* para as reações subjetivas/distorcidas à adversidade pode diminuir tais reações (Briere & Scott, 2012).

A maioria dos tratamentos psicológicos para dificuldades relacionadas a trauma se baseia, em algum grau, na noção de transtorno e tratamento do transtorno. Entretanto, pode haver outros caminhos para o bem-estar após uma experiência adversa – aqueles que não apenas proporcionam alívio da dor psicológica, mas também aumentam a consciência e a aceitação do sobrevivente de sua experiência e facilitam sua compreensão de certas realidades da vida e da existência. Na medida em que temos acesso a essas abordagens, seremos capazes de fazer mais do que apoiar a "recuperação" de acontecimentos traumáticos – ou seja, somente um retorno ao estado geral da pessoa antes de o trauma acontecer – com relativamente pouca atenção aos fatores e às disposições contribuintes que já podem ter estado em vigor. Uma abordagem mais ampla sugere, além disso, metas de crescimento, percepção e capacidade – indo, em alguns aspectos, além da sobrevivência.

Treinar *mindfulness*

Embora tenha sido demonstrado que as intervenções baseadas em *mindfulness* listadas neste capítulo são úteis para sintomas e problemas relacionados a trauma, elas têm grandes limitações: com exceção da TAC e, em algum grau, da TCD, elas não são conduzidas no contexto da psicoterapia individual, que é uma modalidade central no trabalho com muitos sobreviventes de trauma gravemente afetados (Pearlman & Courtois, 2005). Intervenções de *mindfulness* baseadas na experiência costumam ocorrer em contextos de grupo e tendem a não ser orientadas clinicamente, focando-se mais no desenvolvimento de habilidades (p. ex., *mindfulness* e a capacidade de meditar) do que em sintomas psicológicos individuais (Baer, 2003). Isso é inteiramente apropriado; grupos de desenvolvimento de habilidades como REBM ou TCBM podem ser coadjuvantes muito úteis no trabalho com pessoas traumatizadas.

Ao mesmo tempo, é improvável que uma pessoa que sofra de alguma combinação das questões e problemas descritos neste capítulo tenha a maior parte de suas necessidades clínicas tratadas exclusivamente por um grupo baseado em *mindfulness* ou por alguma outra prática de meditação. Talvez o mais importante, como indicado pela literatura sobre desfechos de tratamento, descrita posteriormente neste capítulo, seja a relação terapêutica – e a atenção positiva, sintonizada, do terapeuta para com o cliente – que exerce funções importantes na terapia do trauma, as quais não podem ser reproduzidas em uma intervenção de grupo orientada a habilidades. Por fim, visto que a prática de *mindfulness* muita vezes é mais bem aprendida por meio da meditação, que pode ser contraindicada para uma minoria de sobreviventes de trauma, os possíveis impactos da história de trauma do cliente devem ser levados em consideração e monitorados de forma individual, de modo que o sobrevivente não seja afetado de forma adversa.

Nesse contexto, Catherine Scott e eu (Briere & Scott, 2012) sugerimos a abordagem conjunta delineada a seguir.

- *Avaliar a adequação do treinamento de meditação formal.* A experiência sugere que alguns clientes que estão sujeitos a pensamentos intrusivos, *flashbacks*, ruminação ou memórias de trauma facilmente ativadas têm maior risco de vivenciar estresse quando estão meditando (Shapiro, 1992; Williams & Swales, 2004; ver também Capítulo 7), provavelmente porque meditação e *mindfulness* reduzem a esquiva experiencial e fornecem maior exposição à experiência interna, incluindo memórias e estados emocionais dolorosos (Baer, 2003; Hayes, Strosahl, et al., 2011; Treanor, 2011). Além disso, alguns sobreviventes de trauma sofrem de regulação do afeto/capacidades de tolerância reduzidas (Briere, Hodges, & Godbout, 2010; van der Kolk et al., 1996), o que significa que eles podem ter mais probabilidade de serem oprimidos pelo material sensorial e emocional surgido durante a meditação. De forma mais evidente, aqueles que vivenciam psicose, depressão grave, transtorno dissociativo, mania, adição a substâncias, pensamentos suicidas ou propensão à ansiedade induzida por relaxamento (Braith, McCullough, & Bush, 1988) devem evitar treinamento de *mindfulness* baseado em meditação até que esses sintomas ou condições sejam resolvidos ou melhorem.

  Dadas essas preocupações, recomendamos que aqueles indivíduos que estejam considerando a prática de meditação formal no contexto de estresse traumático sejam avaliados de maneira prévia em relação a contraindicações. Na maioria dos casos, não haverá nenhum impedimento psicológico à meditação/treinamento de *mindfulness*, e múltiplos benefícios podem resultar disso. Nos casos restantes, a questão pode nem ser que o indivíduo não possa jamais tentar a meditação, mas, antes, que ela seja tentada apenas quando ele estiver mais estável ou menos debilitado.

Também é possível – embora isso não tenha sido avaliado empiricamente até o momento – que algumas formas de atividade contemplativa sejam menos ativadoras para sobreviventes de trauma do que o treinamento de *mindfulness* formal, como, por exemplo, a meditação de amor-bondade (Salzberg, 1995) ou a ioga (Yoga para Ansiedade e Depressão, 2009). Por essa razão, alguns sobreviventes de trauma podem preferir começar com essas práticas antes, ou em vez, do treinamento de *mindfulness* clássico.

- *Encaminhar aqueles que foram avaliados para um grupo de treinamento de* mindfulness *ou para um centro de treinamento de meditação qualificado.* Essa recomendação poderia ser questionada por alguns daqueles que são qualificados tanto em psicoterapia como em treinamento de *mindfulness*. Entretanto, o treinamento extensivo da técnica durante as sessões de psicoterapia pode ser relativamente ineficaz no caso médio; esse tipo de desenvolvimento de habilidades em geral requer um investimento de tempo significativo, reduzindo, desse modo, a disponibilidade de intervenções focadas no trauma potencialmente mais necessárias. Além disso, os professores de meditação qualificados normalmente dedicaram anos de treinamento e experiência para adquirir habilidades de meditação e *mindfulness*, bem como o conhecimento de como ensiná-las a outros – um conhecimento que pode não estar disponível para o clínico, independentemente de sua própria prática de meditação.

Em algumas circunstâncias, entretanto, o clínico pode ser experiente o bastante para ensinar *mindfulness* e terapia comportamental ao mesmo tempo (p. ex., ver Brach [2012]; Siegel [em processo de publicação]). Mesmo quando isso é verdade, o terapeuta deve considerar de maneira cuidadosa do que o cliente traumatizado necessita mais em cada momento específico do tratamento. Por exemplo, o treinamento da meditação é a melhor opção em determinado momento, ou o cliente requer de modo mais imediato treinamento adicional de regulação do afeto, intervenções cognitivas ou exposição terapêutica titulada? Naturalmente, esse nem sempre é um cenário de tudo ou nada. O terapeuta treinado pode introduzir instrução de meditação ou exercícios de *mindfulness* elementares, mas talvez não demore muito tempo fazendo isso, e/ou pode responder às indagações ou interações do cliente com um estilo terapêutico que seja fundamentado por uma perspectiva consciente (ver Capítulo 1), embora não necessariamente ensinando *mindfulness* de forma direta.

Embora o clínico possa não ser o professor de meditação do cliente, sua experiência com meditação e *mindfulness* é importante. Quando o cliente está fazendo psicoterapia e treinamento de *mindfulness* ao mesmo tempo, o terapeuta experiente em meditação pode monitorar e informar o processo, ajudando o cliente a entender e integrar o que está aprendendo e vivenciando em ambos os domínios, enquanto continua a avaliar a adequação da prática formal ou informal ao longo do tempo.

Em geral, devem ser fornecidas aos candidatos para treinamento de *mindfulness* uma descrição dessa abordagem e informações sobre sua potencial relevância para problemas ou sintomas relacionados a trauma. Uma breve *Nota ao Sobrevivente de Trauma* é apresentada no fim deste capítulo, que pode ser fornecida àqueles clientes para os quais o treinamento dessa técnica seja adequado.

- *À medida que o cliente adquire habilidades de meditação e de* mindfulness, *tais capacidades podem ser convocadas durante psicoterapia focada no trauma*. No mínimo, esse aspecto do tratamento pode envolver o seguinte:
  - *O uso de habilidades de estabilização aprendidas na meditação.* O cliente que é capaz de diminuir sua ansiedade ou hiperexcitação por meio de exercícios de *mindfulness* – por exemplo, prestando atenção à sua respiração e envolvendo o aqui e agora – pode usar essas habilidades para diminuir o estresse quando encontra memórias dolorosas ou ativadores de emoções perturbadoras. De maneira semelhante, as habilidades desenvolvidas que dizem respeito à capacidade de "desapegar" de conteúdo mental intrusivo ou persistente podem ser úteis ao cliente que é propenso a estados cognitivo-emocionais repetitivos ou continuados (Segal et al., 2002). Como observado adiante para percepção metacognitiva, as habilidades de estabilização representam uma forma de regulação do afeto e podem ser úteis em especial àqueles que são facilmente dominados por ansiedade, depressão ou raiva (p. ex., Linehan, 1993a).
  - *Exposição terapêutica.* Vários escritores (p. ex., Baer, 2003; Germer, 2005b; Kabat-Zinn, 2003; Treanor, 2011) observam que a diminuição da esquiva associada com *mindfulness* pode expor o indivíduo a memórias emocionalmente carregadas no contexto de um estado relativamente estabilizado e de uma perspectiva cognitiva não crítica, menos envolvida – um processo que tende a dessensibilizar e contracondicionar tal material e diminuir seu poder de produzir sofrimento (Briere, 2012a). Na sessão de terapia, esse processo pode ser introduzido pedindo-se ao cliente para lembrar de acontecimentos traumáticos e sentir as emoções acompanhantes, enquanto emprega de forma intencional a perspectiva mais consciente possível (Briere

& Scott, 2012).* Na medida em que o cliente pode vivenciar memórias traumáticas com menos julgamento e mais aceitação, seus efeitos tendem a ser menos exacerbados ou agravados por cognições catastróficas, vergonhosas ou relacionadas a culpa, diminuindo, desse modo, seu impacto emocional. As memórias menos perturbadoras, por sua vez, requerem menos esquiva e, portanto, aumentam a exposição e o processamento psicológico.

– *Percepção metacognitiva.* Durante a terapia, o cliente pode ser convidado a considerar seus pensamentos e percepções relacionados ao trauma de um ponto de vista metacognitivo (Segal et al., 2002), vendo-os como "apenas" memórias ou produtos da mente que não são necessariamente reais no contexto atual. Por exemplo, o cliente pode utilizar uma perspectiva metacognitiva quando vivencia *flashbacks*, ou quando preso a cognições especialmente vergonhosas, vendo-os apenas como fenômenos transitórios relacionados ao trauma. Essa habilidade de observar os próprios pensamentos – sem necessariamente identificar-se com eles – aumenta a capacidade de regulação do afeto do cliente. Por exemplo, quando ele reinterpreta a cognição intrusiva apenas como fenômenos históricos armazenados na memória, pode haver menos do que ter medo ou raiva. E, quando o sobrevivente passa a ver os pensamentos e memórias ativados como "fitas antigas" ou "apenas papo de trauma", estratégias de esquiva como autolesão, abuso de substância ou agressão podem tornar-se menos necessárias (Briere & Lanktree, 2011).

– *Surfar o impulso (urge surfing)* é outra forma de percepção metacognitiva encontrada na PRBM (Bowen et al., 2011; Marlatt & Gordon, 1985). Nessa abordagem, o cliente aprende a aplicar habilidades de *mindfulness* a desejos ou impulsos súbitos, muitas vezes relacionados ao trauma de envolver-se em abuso de substâncias ou em atividades para reduzir a tensão. O sobrevivente é incentivado a perceber a necessidade de envolver-se nesses comportamentos como semelhante a surfar uma onda: a necessidade surge pequena, cresce, atinge um pico (com frequência em questão de minutos) e, então, se esvai. Se

---

* Embora o processamento intencional do trauma e a manutenção simultânea de *mindfulness* possam ser esforços um pouco contraditórios (Semple, comunicação pessoal, 3 de novembro de 2011), a indução de estados de *mindfulness* (incluindo ser um participante-observador não crítico das próprias experiências internas) durante o processamento da memória é possível em muitos casos e parece ser útil para diminuir o poder de emoções relacionadas ao trauma quando são ativadas.

puder vivenciar os sentimentos despertados como intrusões de histórias temporárias que podem ser manobradas como uma prancha de *surf* – nem combatidos tampouco atuados – o cliente pode ser capaz de evitar comportamentos problemáticos, seja beber, usar drogas, comer em excesso ou automutilar-se.

PROMOVER O *INSIGHT* EXISTENCIAL

Não é apenas a literatura científica sobre *mindfulness* que sugere um possível papel da psicologia budista no tratamento moderno do trauma. Pode ser útil também aquilo que os budistas chamam de *sabedoria* (Germer & Siegel, 2012), ou, de um ponto de vista mais secular, *insight existencial*. As perspectivas existenciais nem sempre são facilmente incorporadas em uma discussão destinada a clínicos com treinamento acadêmico. Por essa razão, peço a permissão do leitor para mudar de direção nesse momento: considerar aquilo a que os budistas se referem como *dharma*, que é um conceito mais filosófico do que empírico, pelo menos de uma perspectiva ocidental.

Quando Buda descreveu pela primeira vez as "Quatro Nobres Verdades" (Anandajoti, 2010; ver também o Apêndice), ele ofereceu várias proposições de organização. Uma era a de que a vida inevitavelmente inclui dor, perda e trauma, uma vez que coisas ruins acontecem, as pessoas que amamos morrem, e somos frágeis e mortais. Essas angústias inevitáveis eram especialmente evidentes na época de Buda, quando a doença era feroz, guerras e violência eram muito comuns, a pobreza era uma realidade para a grande maioria dos indivíduos – muitos dos quais eram oprimidos por um sistema de castas inflexível – e as pessoas, em geral, não viviam por muito tempo.

Sua segunda proposição era a de que dor e privação não são necessariamente as principais razões para o sofrimento humano duradouro; antes, o sofrimento pode surgir quando acontecimentos adversos desafiam nosso investimento em coisas que não podem durar ou que nunca foram verdadeiras, e respondemos com resistência quando aceitação seria mais útil. Buda não negava que a dor ou a perda ferem, mas afirmava que estados contínuos como ansiedade, depressão, raiva, frustração, obsessão ou ciúme devem-se com frequência a algo mais do que a dor. Ele sustentava que o sofrimento ocorre quando as expectativas e o investimento emocional equivocados das pessoas as impedem de aceitar a natureza transitória e inconstante das coisas. Por exemplo, embora um infarto agudo do miocárdio possa envolver muita dor, ele também pode desafiar poderosamente convicções e expectativas falsas sobre a imortalidade pessoal e – talvez mais tarde, durante a recuperação

– suposições sobre autonomia, segurança financeira, trajetória de vida e noção de vida sem dor ou doença. Esses últimos desafios, e as lutas contra eles, podem ser pelo menos tão devastadores quanto a dor e o terror associados a ter o coração fisicamente ferido.

Portanto, normalmente há duas fontes de sofrimento associadas a qualquer experiência traumática:

1. o próprio acontecimento e a dor que ele produz (incluindo estresse pós-traumático) e
2. o sofrimento associado a tentativas de manter modelos anteriores de si mesmo, dos outros e da base para a felicidade em face da realidade intrusa.

Nesse sentido, um antigo ensinamento budista oferece a parábola de uma pessoa ferida por duas flechas sucessivas (Bhikkhu, 1997). A primeira flecha é a dor objetiva sentida quando se encontra um acontecimento adverso ou um trauma. A segunda flecha é o grau em que a dor desafia expectativas, necessidades, apegos e visões de mundo mantidos há muito tempo e de forma rígida, resultando em resistência e levando a estados mais complexos, os quais Buda chamava de *sofrimento* (ver também Capítulos 10 e 14).

Essa distinção entre dor imediata relacionada ao trauma e sofrimento subsequente levou alguns a sugerir que, enquanto a primeira é inevitável, o segundo é opcional. Embora encorajadora em um nível, essa noção sugere que o sofrimento é responsabilidade nossa – se a pessoa não "escolhe" desejar, amar, necessitar ou possuir e não resiste à perda subsequente, não há sofrimento após acontecimentos adversos. Entretanto, parece provável que todos nós somos, em alguma medida, atormentados pela segunda flecha – é da condição humana valorizar profundamente nossas conexões com os outros, preocupar-nos com nossas posses e planos e esperar o bem-estar continuado para nós mesmos e para nossos entes queridos. A história da segunda flecha de Buda pode nos aconselhar melhor sobre que desejos, necessidades e expectativas têm um lado negativo significativo – eles aumentam os efeitos do trauma e da perda – para não mencionar o sofrimento em geral. E, ainda, isso pode muito bem ser uma troca razoável para a maioria de nós. Por exemplo, a tristeza representa uma interação entre um acontecimento adverso (p. ex., a morte súbita de um ente querido) e um processo natural (nossa necessidade intrínseca e carinho por certas pessoas); nesse contexto, o amor pode produzir grande sofrimento, mas ainda valer a pena. Ainda assim, a psicologia budista pode ajudar o indivíduo de luto a processar sua perda abordando os fatores da segunda flecha (p. ex., culpa, preocupação com controle sobre acontecimentos incontroláveis, necessidade de resistir à consciência do sofrimento ou à não aceitação da mortalidade), a fim de resolver o trauma da perda de forma mais rápida e completa.

Portanto, os ensinamentos de sabedoria da psicologia budista oferecem oportunidades significativas para o cliente tratar mais diretamente as questões da segunda flecha associadas com seu trauma, incluindo convicções e expectativas inexatas em relação a como o mundo realmente funciona e resistência à perda do *status quo* anterior. Esse processo, em geral, ocorre à medida que o cliente explora suposições de vida básicas em conversas com o clínico, bem como na meditação, durante a qual o indivíduo tem a chance de "observar" seus pensamentos e sentimentos enquanto eles inevitavelmente surgem e desaparecem. A revisão de pensamentos e crença inúteis, naturalmente, também é possível por meio da terapia cognitiva clássica. No caso atual, entretanto, o material contestado e potencialmente atualizado é de natureza mais existencial. Entre os aspectos da segunda flecha considerados nesse contexto estão apego, impermanência e origem dependente.

Na psicologia budista, *apego* pode ser definido como a necessidade de agarrar-se a algumas coisas ou confiar e investir excessivamente nelas e em pessoas que, em última análise, não são permanentes. *Impermanência* refere-se ao fato de que todas as coisas, animadas e inanimadas, estão em estado de fluxo e de que nenhuma coisa ou acontecimento dura para sempre, incluindo nossas vidas. Como já foi observado, no budismo, o pensamento é o de que a necessidade de apegar-se a coisas que não duram ou podem nem mesmo existir cria o sofrimento humano. Como resultado, essa perspectiva aconselha contra a preocupação com posses ou *status* social, bem como com ideias, crenças ou percepções rígidas sobre nós mesmos ou os outros, visto que essas coisas e ideias são inevitavelmente insustentáveis e incertas, resultando em eventual crise, perda e infelicidade (Bodhi, 2005; ver também Capítulo 14).

Na medida em que a terapia do trauma e o treinamento de *mindfulness* podem ajudar o cliente a admitir a realidade da impermanência, duas coisas podem acontecer:

1. o cliente pode inicialmente sentir uma angústia associada à diminuição da crença na imortalidade ou na felicidade eterna e, ainda, por fim,
2. aceitar o fato dessas realidades, de modo que os acontecimentos adversos perdem algumas de suas qualidades associadas, tais como sentimentos de abandono, traição, decepção esmagadora ou perda aniquiladora.

Embora os observadores do discurso budista com frequência comentem sobre a aparente natureza sombria de uma perspectiva que está tão preocupada com sofrimento relacionado à impermanência, na realidade, a crescente libertação de crenças centrais falsas e de outros "acidentes esperando acontecer" pode levar a maior estabilidade emocional e aceitação da vida como ela é, bem como a maior apreço pelas coisas no momento, seja o cheiro de café fresco, seja o sorriso de uma criança ou uma rosa. De maneira ainda mais relevante, em muitos casos, o sofrimento advindo da segunda flecha dos sobreviventes de trauma já ocorreu: ele está atualmente vivenciando caos, perda e crise e pode ganhar com os *insights* existenciais que aumentam a aceitação. De fato, na psicologia budista, a adversidade é vista muitas vezes como uma coisa "boa", pelo menos em parte, porque proporciona a oportunidade de contestar crenças inexatas e crescer como resultado de consciência e compreensão mais completas (Chödrön, 2002).

O terceiro aspecto existencial, *origem dependente*, sustenta que todas as coisas originam-se de condições concretas e de causas sustentadas, as quais, por sua vez, se originam de outras causas e condições (Bodhi, 2005). Em outras palavras, todos os acontecimentos ocorrem devido a acontecimentos anteriores: nenhum acontecimento ocorre de forma independente ou isolada. O conceito de origem dependente sugere que atribuições de maldade inerente, inadequação ou mesmo patologia própria ou dos outros podem dever-se a informação insuficiente: se pudéssemos conhecer a lógica do comportamento problemático ou da história dolorosa de determinada pessoa (ou de nós mesmos), seríamos menos propensos a julgar ou a culpar essa pessoa ou nós mesmos (Briere, 2012b).

No caso típico, o clínico poderia incentivar o cliente a explorar seus pensamentos, sentimentos e reações associados a um trauma e dar oportunidades não diretivas para ele considerar os "quês" em torno do acontecimento: O que o cliente acredita em relação à vida antes do trauma? O que, exatamente, dói mais agora, após o trauma em si ter passado? Ao que ele está resistindo que é, todavia, verdade? O que poderia acontecer se ele não resistisse aos sentimentos e pensamentos que vêm e vão? Qual foi a primeira flecha? Qual é a segunda? Quando esse processo ocorre sem pressão do clínico para decidir a respeito de uma versão *versus* outra, no contexto de aceitação e apoio não contingentes, a análise detalhada do cliente pode levar a uma transição lenta

1. de uma visão do *self* como fraco ou patológico para a de alguém que não é "ruim" por causa do que aconteceu e cujas respostas (então e agora) podem ser os efeitos lógicos de traumatização e expectativas violadas; e
2. em alguns casos de vitimização interpessoal, de uma visão do perpetrador como intrinsecamente mau para a de alguém cujo comportamento originou-se de suas próprias predisposições e história adversa.

É importante assinalar que essa segunda noção não significa que o cliente deve, de maneira imediata, ou necessariamente, algum dia "perdoar" o perpetrador, especialmente porque fazê-lo implica que ele não tem direito a sentimentos e pensamentos negativos (Briere, 2012b). De fato, como já foi observado, a pressão social ou pessoal para bloquear ou evitar estados internos indesejados, incluindo raiva e desejo de vingança, pode inibir o processamento psicológico normal necessário à recuperação. Contudo, também é provável que ódio e ressentimento continuados sejam prejudiciais para as pessoas, enquanto estar menos envolvido nesses estados pode melhorar o bem-estar (Dalai Lama & Goleman, 2003).

O TERAPEUTA ATENTO

Não apenas para o cliente de trauma pode ser útil aumentar sua consciência e perspectiva existencial; as capacidades do clínico nessas áreas também são importantes. Um terapeuta que é capaz de concentrar sua atenção no cliente de forma alerta, receptiva e compassiva quase inevitavelmente irá aumentar a qualidade da relação terapêutica (ver Capítulo 3; Siegel, 2007). Uma relação cliente-terapeuta positiva, por sua vez, parece ser o componente geral mais útil do tratamento – superando muitas vezes os efeitos de intervenções terapêuticas específicas (Lambert & Barley, 2001; Lambert & Okishi, 1997; Martin, Garske, & Davis, 2000). Isso é certamente verdadeiro para o sobrevivente de trauma na terapia, onde uma relação positiva pode funcionar tanto como requisito mínimo como intervenção poderosa (Cloitre, Stovall-McClough, Miranda, & Chemtob, 2004; Courtois & Ford, 2013).

Visto que *mindfulness* envolve a capacidade de prestar atenção plena sem julgamento aos fenômenos internos e externos, ele pode ajudar o clínico a manter um grau de sintonia significativo com o cliente (ver Capítulos 3 e 4; Shapiro & Carlson, 2009). Em sua discussão sobre papel de *mindfulness* do terapeuta na relação psicoterápica, Bruce e colaboradores (2010) observam que "por meio dessa prática, um psicoterapeuta passa a se conhecer e a se aceitar cada vez mais, promovendo sua capacidade de conhecer e de aceitar o paciente" (p. 83). Essa *aceitação* não apenas aumenta a capacidade do terapeuta em relação a entender a experiência em curso do paciente; ela pode ajudar o cliente a processar esquemas interpessoais negativos no contexto da atenção cuidadosa.

Quando a sintonia é vivenciada de forma contínua pelo cliente, especialmente se a compaixão do clínico também é evidente, ele pode entrar em uma forma de ativação relacional, envolvendo sistemas psicológicos e neurobiológicos que encorajam a abertura e a conexão, reduzem as expectativas de perigo interpessoal (e, portanto, a defensiva) e aumentam o bem-estar (Gilbert, 2009a; Schore, 1994). Esses sentimentos positivos, suscitados em um contexto interpessoal que, de outro modo, poderia desencadear medo, tendem a contracondicionar o sofrimento relacional, produzindo maior probabilidade de confiança e conexão interpessoal (Briere, 2012a).

O *mindfulness* do terapeuta não apenas permite que ele promova sintonia e compaixão para com o cliente; ele também serve como proteção parcial de sua própria reatividade durante a psicoterapia. Ao facilitar a maior consciência de seus processos internos, a prática de *mindfulness* ajuda o clínico a entender melhor a natureza subjetiva e multideterminada de seus próprios pensamentos, sentimentos, memórias e reações – uma forma da percepção metacognitiva descrita anteriormente. À medida que é mais capaz de reconhecer as respostas emocionais e cognitivas específicas do cliente como fenômenos potencialmente desencadeados – em oposição a originando-se apenas da apresentação clínica atual do indivíduo –, o clínico pode colocá-las na perspectiva apropriada antes que elas resultem em comportamentos contratransferenciais significativos ou, possivelmente, em traumatização indireta.

Neste capítulo, revisamos a pesquisa que indica a prática de *mindfulness* como benéfica para pessoas que sofrem de uma variedade de problemas, sintomas e transtornos, muitos dos quais associados a exposição a acontecimentos adversos. A partir desses achados, mesmo na ausência de pesquisas equivalentes sobre TEPT, o treinamento de *mindfulness* parece ser um coadjuvante útil no tratamento de pelo menos algumas pessoas que sofreram trauma. Também consideramos as formas pelas quais *mindfulness* pode comparar-se a processos que são bem definidos na terapia moderna do trauma ou refleti-los. Tais processos incluem as noções de que a atenção a estados internos dolorosos é uma forma de exposição terapêutica; de que aceitação e percepção metacognitiva geradas por *mindfulness* podem ser consideradas formas de terapia cognitiva; e de que a prática de *mindfulness* do clínico aumenta a sintonia empática e a compaixão e protege da contratransferência, de forma semelhante ao que Rogers (1957), Freud (1912/1961b) e outros descreveram.

Em outros aspectos, entretanto, *mindfulness* e outras expressões da psicologia budista envolvem fenômenos que não se aproximam muito das terapias modernas. Mais do que outras abordagens, essa prática enfatiza o valor de dar atenção regular e contínua à consciência e aos produtos da consciência, muitas vezes alcançada por meio de uma metodologia (meditação) que requer treinamento especial e habilidades de auto-observação. Um efeito colateral da regularidade da prática pode ser o desenvolvimento de sabedoria, ou *insight* existencial, envolvendo uma compreensão mais clara da natureza transitória e da interconectividade de todas as coisas, pessoas e acontecimentos. Embora às vezes desconcertante na primeira avaliação, essa perspectiva pode levar a resultados positivos, entre eles equanimidade, inteligência emocional e compaixão por si mesmo e pelos outros. Dessa forma, as aplicações da psicologia budista aos problemas ocidentais representam mais do que psicotecnologia; elas também servem como um incentivo para juntar-se a uma forma de pensar e ser que é útil para clientes, terapeutas e outros dispostos a envolver-se nesse processo.

Nota ao sobrevivente de trauma

Como muitas outras pessoas, se você está lendo isto, vivenciou alguma coisa em sua vida que o feriu de uma forma importante. Se foi um acidente, uma doença, uma perda significativa ou algo feito de propósito, esse tipo de coisa pode trazer consigo muito sofrimento. Felizmente, você buscou terapia; nem todos fazem isso.

Você provavelmente já ouviu falar de meditação. Talvez já tenha tentado. Geralmente, ela envolve voltar sua atenção para dentro, permitindo que veja a si mesmo sem julgamento. Às vezes, uma boa maneira de fazer isso é perceber sua respiração, ou apenas ficar com ela, sentindo-se inspirar e expirar, deixando-se desacelerar, permitindo aos pensamentos ir e vir sem rotulá-los como bons ou ruins. Você pode aprender a fazer isso em aulas de meditação, que são oferecidas em todas as cidades do mundo.

A meditação pode ensiná-lo a se acalmar, a ser menos reativo e a considerar a si mesmo de forma mais gentil. Ela também pode ajudá-lo a desenvolver *mindfulness* – a capacidade de permanecer mais no aqui e agora, de ser menos afetado pelo passado e de se preocupar menos com o futuro. Uma quantidade razoável de pesquisas e experiências sugere que as habilidades de *mindfulness* podem ser úteis contra os efeitos de trauma. Você poderia perguntar ao seu terapeuta sobre isso, ou procurar no Google as palavras trauma e *mindfulness* para saber mais.

12
Romper o circuito da adição

Judson A. Brewer

> Assim como uma árvore derrubada nasce outra vez
> se a sua raiz estiver firme e inteira, também
> se a raiz do desejo ansioso não for destruída, as dores
> da vida brotarão uma e outra vez.
>
> – BUDA (*Dhammapada*, em Bhikkhu, 2012d)

As adições estão entre as condições humanas mais prejudiciais, afetando de modo significativo a saúde mental, física e econômica de indivíduos, famílias e suas comunidades. Por exemplo, o tabagismo é a causa principal de morbidade e mortalidade evitáveis nos Estados Unidos, e o alcoolismo pode custar até 6% do produto interno bruto de um país (nos Estados Unidos, isso corresponde a 2 dólares toda vez que alguém toma uma bebida). Mas por que as adições são tão prevalentes? Por que os indivíduos, que com frequência podem ver claramente os danos que estão causando a si mesmos e aos outros, não conseguem apagar aquele cigarro ou largar a garrafa? O que os atrai e os mantêm "viciados", e como nós, terapeutas, podemos ajudá-los a se livrar de sua adição?

NASCE UMA ADIÇÃO

Antes de podermos ajudar nossos pacientes a ajudarem a si mesmos, eles e nós devemos entender os fundamentos do processo de adição. Sem essa compreensão básica, podemos, na verdade, perpetuá-lo de maneira inconsciente. Como começam as adições? Elas frequentemente começam com uma simples combinação de uma droga ou comportamento com um estado afetivo. Por exemplo, uma menina vai a uma festa e toma sua primeira bebida alcoólica. Quando ela bebe, poderia perceber que se sente "encaixada", sente a vibração do álcool e se torna menos tímida ou desajeitada e mais à vontade com os outros. Ela acabou de formar uma memória associativa, combinando as boas sensações aumentadas e as sensações desagradáveis diminuídas com o ato de beber álcool. Na próxima vez em que ela estiver em uma festa, provavelmente lembrará o que aconteceu da última vez: "Oh, a última vez em que eu bebi eu me senti muito melhor". Então ela repete o processo bebendo novamente, reforçando, desse modo, a memória associativa que estabelecera. Em poucas palavras, isso é reforço positivo e negativo. Basicamente, o reforço positivo é a soma de um estímulo para aumentar determinado comportamento ou resposta, e o reforço negativo é a remoção de um estímulo aversivo para aumentar determinada resposta (p. ex., alguém bebe quando está nervoso, e o nervosismo passa). É importante ressaltar que, quanto mais frequentemente esse processo de aprendizagem associativa se repete e é reforçado, mais automático ele se torna, até que a menina vai direto para as bebidas em uma festa sem pensar. Com o tempo, ela deve consumir cada vez mais álcool para obter o efeito desejado, uma vez que desenvolve tolerância física à substância. Por fim, ela pode consumir tanto álcool que começa a ter apagões, ressacas debilitantes, e assim por diante. Nessa altura, em outras circunstâncias desafiadoras, ela provavelmente se pega pensando: "Estou realmente estressada – uma cerveja ou um copo de vinho seria muito bom nesse momento". Anos depois, ela se pergunta como se tornou adita ao álcool (ver Figura 12.1).

Esse circuito da adição é notável por diversas razões. Em primeiro lugar, cada ligação no circuito tem sido observada, tanto em estudos com animais como com seres humanos, sugerindo que esse processo é primitivo e, portanto, muitas vezes resistente à manipulação cognitiva (Nargeot & Simmers, 2011; Treat, Kruschke, Viken, & McFall, 2011). Em segundo, ele se alinha extraordinariamente bem com os ensinamentos budistas, dos quais a prática de *mindfulness* é derivada, sobre a natureza do estresse e do sofrimento e sobre como aliviá-los.

ERA BUDA UM TERAPEUTA EM ADIÇÃO?

De acordo com os antigos ensinamentos budistas, na noite de sua iluminação, Buda, tendo passado incontáveis horas em meditação, estava sentado sob uma árvore contemplando as causas e as condições para o surgimento do sofrimento. Ele percebeu que o sofrimento é causado pela fissura (ou, em pali, *tanha* – literalmente, *sede*) e que era por meio da "renúncia, libertação e desapego da-

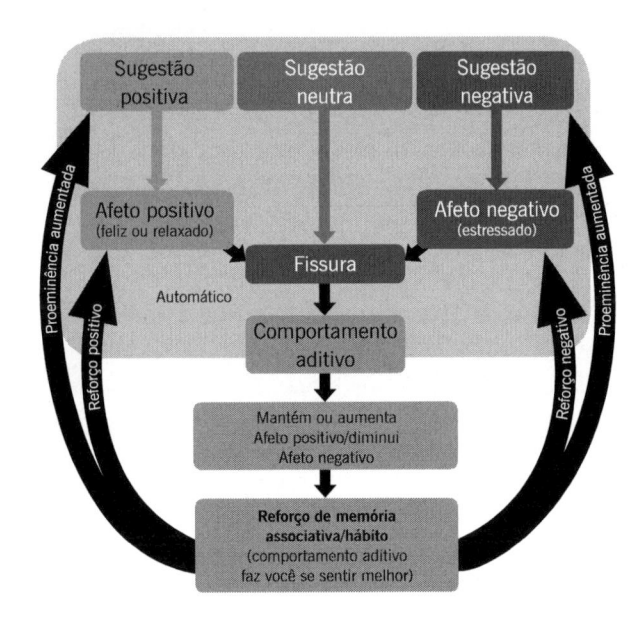

FIGURA 12.1 Circuito aditivo de aprendizagem associativa. Fumar, beber ou usar drogas torna-se associado a afeto positivo e afeto negativo por meio de reforço positivo e reforço negativo. Sugestões que desencadeiam esses estados (setas cinzas) levam a fissura induzida por sugestão, favorecendo esse processo, que se torna automático ao longo do tempo por meio de repetição. Copyright 2011 por Judson A. Brewer. Reimpressa com permissão.

quela própria fissura" que o sofrimento é curado (Bhikkhu, 2011a, p. 76). Essas percepções se tornaram não apenas os fundamentos para os ensinamentos conhecidos como as Quatro Nobres Verdades (ver o Apêndice) como também a base para a compreensão da natureza causal da existência condicionada (i.e., que a percepção de uma experiência pode não ser original daquela experiência, mas, antes, pode iniciar uma reação pré-condicionada que deriva de um processo constituído de uma série de ligações mutuamente interdependentes que foram conectadas de maneira prévia por meio de causa e efeito). Esse é o conceito conhecido como *origem dependente*. Falando de maneira simplificada, quando entramos em contato com certos sinais ambientais (e os pensamentos são incluídos aqui), dependendo de nossas experiências anteriores e das memórias delas, nossos cérebros interpretam esses sinais como agradáveis, desagradáveis ou neutros. Se for agradável, queremos que continue; se desagradável, queremos que pare. O desejo leva a adesão ou apego ao objeto, acontecimento ou comportamento que perpetua o estado prazeroso, dando origem ao "nascimento" de uma identidade em torno do objeto por meio do estabelecimento de uma memória. Se o estado não pode ser mantido (i.e., a "morte" do estado desejado), o que invariavelmente é o caso, uma vez que toda a existência condicionada é não permanente, o estresse e o sofrimento podem surgir novamente. O estresse se realimenta no ciclo, levando à próxima rodada de desejo, apego e existência (vir a ser). Não é surpreendente, portanto, que esse circuito de origem dependente seja denominado *fluxo incessante* (em sânscrito, *samsara*), já que parece não haver uma saída clara uma vez que a pessoa seja apanhada nele (ver Figura 12.2).

Por exemplo, se Jack fuma alguns cigarros com seus amigos porque eles dizem que é legal, ele aprende a associar tabagismo com ser legal. Com o tempo, fumar apenas para ser legal se torna uma dependência física de nicotina. Então, após várias horas sem fumar, o corpo de Jack entra em um estado de abstinência, e seu cérebro interpreta esses sinais corporais como desagradáveis. Ele quer se sentir melhor, fuma um cigarro, e quando a sensação desagradável passa, Jack desenvolve uma identidade própria em torno do cigarro (p. ex., "Quando eu sentir essa sensação desagradável, eu devo fumar e me sentirei melhor"). Seu desconforto alimenta o desejo, que, então, alimenta o comportamento (de fumar), que, por sua vez, alimenta ainda mais o desconforto, e assim por diante. Toda vez que ele fuma com a intenção de aliviar esse sofrimento, ele reforça o ciclo.

Como apagar um incêndio

Os antigos ensinamentos de *mindfulness* sobre origem dependente com frequência utilizam a analogia de uma fogueira para denotar o processo de nasci-

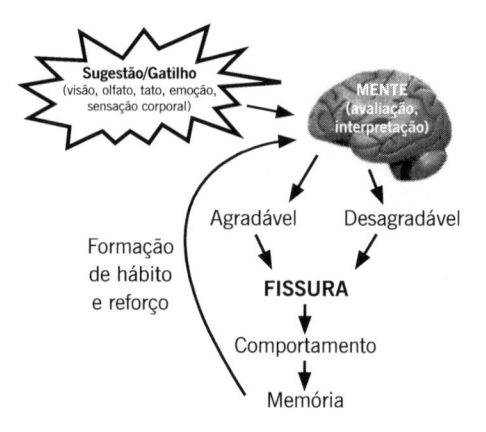

FIGURA 12.2 Primeiros modelos de adição: origem dependente. De Brewer, Bowen e Chawla (2010). Copyright 2011 por Judson A. Brewer. Adaptada com permissão.

mento e existência (vir a ser). Curiosamente, o termo pali *upadana*, muitas vezes traduzido como *apego*, tem uma tradução alternativa que se ajusta à analogia do fogo: combustível ou alimento (DeGraff, 1993). Portanto, no caso de comportamentos aditivos, o nascimento (processo de correspondência associativa) do fogo que se torna o comportamento aditivo é continuamente alimentado pelo circuito de origem dependente. É importante observar esse ponto em relação aos principais tratamentos comportamentais para adições, que têm tido sucesso apenas modesto ao longo dos anos. Esse histórico inexpressivo pode dever-se, em parte, a uma falha em objetivar as ligações centrais no processo de adição, tais como o desejo e o apego/alimento. Normalmente, esses programas se concentram apenas em ensinar os participantes a evitar sugestões ativadoras ou a substituir o tabagismo, a bebida ou as drogas por outras atividades. A esquiva e a substituição provavelmente agem "em torno" do circuito aditivo central, em vez de remover o combustível em si, deixando, desse modo, os indivíduos vulneráveis a recaída (ver Figura 12.3).

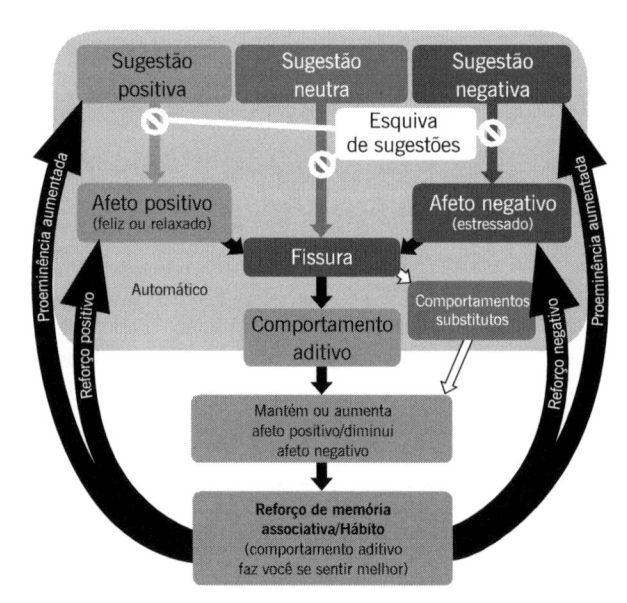

FIGURA 12.3 Limitação dos atuais paradigmas de tratamento para desmontar o circuito de adição. A esquiva de sinalizadores (círculos brancos) diminui a força do estímulo dentro do circuito aditivo (setas pretas), enquanto comportamentos substitutos (setas brancas) circundam o comportamento aditivo visado. Estratégias que ensinam a esquiva de sinalizadores ou comportamentos substitutos não desmontam diretamente o circuito adictivo central (setas pretas), deixando os indivíduos vulneráveis a recaída. Copyright por Judson A. Brewer. Reimpressa com permissão.

Portanto, com esse entendimento de como os processos aditivos se iniciam e são alimentados, como alguém realmente apaga o incêndio? Os ensinamentos budistas são surpreendentemente simples e claros: trazer a atenção plena aos componentes centrais do circuito de adição, um indivíduo pode superar os sentimentos desagradáveis do desejo em vez de alimentar o fogo entregando-se ao comportamento aditivo. Após algum tempo e prática, o fogo se extingue por conta própria, por falta de alimento. É importante ressaltar que essa "simples" percepção consciente é, por definição, livre de julgamento e que pode muitas vezes perpetuar uma adição em vez de extingui-la (Bhikkhu, 2011c). Por exemplo, se alguém usa a força de vontade a partir de um julgamento crítico sobre si mesmo para não fumar (p. ex., "Não devo fazer isso, é ruim para minha saúde"), esse julgamento ("fumar *faz mal*") pode funcionar em curto prazo, mas pode criar ou favorecer outros circuitos de reforço negativo, tais como autojulgamentos ou julgamentos prejudiciais sobre os outros. Além disso, quando as reservas cognitivas são baixas, a força de vontade pode não prevalecer, e a pessoa pode tombar de volta para o tabagismo, a bebida ou o uso de drogas. De outro modo, o treinamento de *mindfulness* visa especificamente às ligações críticas de afeto e desejo no circuito aditivo e, por consequência, trabalha para extinguir o *processo* aprendido por associação, de maneira ideal, apagando as chamas para sempre em vez de apenas dançar em torno delas (Bhikkhu, 2011a, 2011b; Gunaratana, 2002).

O treinamento de *mindfulness* realmente ajuda as pessoas com suas adições?

O treinamento de *mindfulness* foi incorporado a vários tratamentos para adições. (Ver, p. ex., a terapia de aceitação e compromisso [TAC; Hayes, Luoma, Bond, Masuda, & Lillis, 2006] e a prevenção de recaída baseada em *mindfulness* [PRBM; Bowen et al., 2009; Brewer et al., 2009].) Ele também tem sido usado como um "complemento" para outros tratamentos-padrão para adição e tem mostrado sucesso preliminar no tratamento de vários transtornos por uso de substâncias, entre elas álcool, cocaína, opiáceos e outras. Entretanto, até 2009, apenas 1 de 22 estudos publicados que incluíam treinamento de *mindfulness* foi randomizado, e nenhum deles testou esse treinamento como tratamento autônomo. Nos últimos anos, o trabalho contínuo nessa área mostrou algumas promessas. Por exemplo, um programa de PRBM de oito semanas mostrou eficácia preliminar como tratamento suplementar para indivíduos que completaram um programa de tratamento intensivo para transtorno por uso de substâncias hospitalar ou ambulatorial (Bowen et al., 2009). Além disso, a PRBM também foi adaptada para se tornar mais amigável ao usuário em um contexto clínico ambulatorial padrão. Visto que é importante "malhar enquanto o ferro está quente" (trazer os indivíduos para tratamento tão logo eles expressem prontidão), a PRBM foi dividida em dois módulos complementares de quatro semanas; os indivíduos podem entrar em qualquer um deles após uma primeira sessão introdutória individual (Brewer et al., 2009). Esse método não apenas reduz o tempo de espera para indivíduos que desejam iniciar o tratamento (porque eles não esperam pelo início de outro programa de oito semanas, como é padrão para muitos tratamentos baseados em *mindfulness*) como também permite que os pacientes aprendam uns com os outros, uma vez que aqueles que estão acabando de ingressar em seu primeiro módulo do programa podem aprender com os outros pacientes que já têm quatro semanas de treinamento em seu currículo e estão iniciando seu segundo módulo. Essa modalidade tem mostrado eficácia preliminar para dependência de cocaína e álcool (Brewer et al., 2009). De maneira curiosa, os indivíduos que receberam treinamento de *mindfulness* nesse contexto apresentaram mudanças fisiológicas adaptativas no rendimento de seu sistema nervoso autônomo quando desafiados com uma história estressante personalizada, sugerindo que tal treinamento poderia ajudá-los quando eles mais precisam se comparado com um grupo-controle que recebeu terapia cognitivo-comportamental (TCC) "de referência", cujos indivíduos não apresentaram essas mudanças adaptativas.

Um ensaio clínico maior sobre o treinamento de *mindfulness* como tratamento autônomo para tabagismo também mostrou resultados promissores (Brewer, Mallik, et al., 2011). Indivíduos que aprenderam a prática (vs. o programa American Lung Association's Freedom from Smoking – um tratamento de referência para tabagismo) fumaram menos cigarros ao término desse tratamento de quatro semanas e tiveram taxas de abstinência significativamente mais altas nos quatro meses posteriores (31 vs. 6%). Além disso, quanto mais prática em casa os indivíduos no grupo de treinamento de *mindfulness* tinham, melhor eles se saíam. O grupo-controle também realizou atividades, tais como exercícios de relaxamento em casa, como parte de seu tratamento, mas esse tipo de prática não mostrou nenhuma correlação com resultados para tabagismo.

Como sabemos o que o treinamento de *mindfulness* está fazendo para essas pessoas? Os indivíduos do estudo de tabagismo não apenas relataram que se tornaram muito mais conscientes de seu ato de fumar habitual, automático (um indivíduo relatou ter passado de 30 cigarros/dia para menos de 10 em apenas três dias após perceber o quanto ele fumava por hábito); a relação deles com a fissura também parece ter sido afetada. Por que isso é importante? Visto que a fissura é inerentemente desagradável, é natural que impulsione os indivíduos a agir com base nela. Os cérebros das pessoas lhes dizem de uma maneira não muito sutil: "Isso é desagradável, faça alguma coisa quanto a isso *agora*", e quanto mais a fissura não é satisfeita, mais essa sensação corporal desagradável e a autoconversa associada se intensificam.

O treinamento de *mindfulness* ensina que, em vez de fugir do desprazer realizando um comportamento aditivo, a pessoa pode aprender a aceitar o que está acontecendo no exato momento e, paradoxalmente, entrar *dentro* dele para explorar o que a fissura realmente faz com seus corpos, não importa o quanto possa ser desagradável no momento. Por meio dessa abordagem, os indivíduos aprendem que desejos são inerentemente não permanentes e que suas cabeças não vão realmente explodir se eles não se deixarem levar por eles. Eles aprendem que, na verdade, podem superá-los, e cada vez que o fazem, eles ganham mais *insight*, coragem e confiança nos mecanismos de origem dependente: cada vez que alimentam um desejo, ele se fortalece; cada vez que o privam dele, ele enfraquece. É realmente causa e efeito em ação. Especialmente no início, os desejos continuam a surgir (muitas vezes como uma vingança), mas literalmente sentar-se com esses impulsos e fazer uma pausa, em vez de reagir de forma imediata, interrompe tanto o automatismo como a força do circuito de aprendizagem associativa. De fato, indivíduos que receberam treinamento de *mindfulness* para tabagismo mostraram esse exato padrão. Antes do tratamento, eles relataram correlações muito fortes entre os desejos e o número de cigarros que fumaram, mas essas correlações tinham desaparecido no fim do tratamento, quando muitos ainda relataram desejos, mas eles não eram mais associados com o comportamento de fumar.

Portanto, parece que o treinamento de *mindfulness* pode realmente funcionar para ajudar as pessoas a romper os ciclos da adição, e as indicações que temos sobre como ele poderia estar agindo parecem estar diretamente alinhadas com nossas teorias modernas sobre reforço positivo e reforço negativo nas adições.

O treinamento de *mindfulness* realmente muda seu cérebro?

Se estamos procurando desenvolver nossa musculatura, poderíamos seguir um programa de treinamento com um determinado número de flexões abdominais a cada dia. Se os praticarmos de maneira regular, começaremos a ver os efeitos acontecerem, à medida que nossos músculos se tonificam, aumentam e que somos capazes de levantar objetos pesados. Nossos cérebros se comportam exatamente da mesma maneira: quanto mais praticamos uma tarefa mental, melhor a realizamos, seja fazendo palavras cruzadas ou aprendendo a ler. Isso também é verdadeiro para a meditação? O treinamento de *mindfulness* realmente altera o cérebro?

Uma série de estudos científicos documentou várias formas diferentes de o treinamento de *mindfulness* melhorar nossas capacidades mentais, variando de foco de atenção melhorado e menor distração da mente a melhor regulação emocional. Com esses achados, os cientistas também demonstraram que os padrões de atividade do cérebro, e mesmo o tamanho, podem mudar pela prática de meditação (para uma boa revisão sobre o assunto, ver Hölzel, Lazar et al., 2011 e Capítulo 15). Por exemplo, comparamos os padrões de ativação cerebral de meditadores experientes (mais de 10 mil horas de prática de meditação relatada) com os de iniciantes que tinham aprendido a meditar naquela manhã (Brewer, Worhunsky, et al., 2011). De forma curiosa, verificamos que os meditadores experientes eram muito melhores em diminuir a atividade cerebral nas partes do cérebro associadas à distração da mente e ao processamento autorreferencial durante a meditação (p. ex., preocupar-se sobre como alguma coisa irá *me* afetar). Além disso, independentemente do tipo de meditação que faziam – fosse prestar atenção à respiração, desejar o bem dos outros (amor-bondade) ou apenas observar o que surgisse em sua consciência –, ainda desativavam essas regiões. Esse resultado foi interessante, uma vez que sugere que o treinamento de *mindfulness* estava fazendo o que se propunha a fazer: treinar a mente a prestar atenção ao presente de uma forma não autorreferencial. Quando examinamos de forma um pouco mais profunda, também verificamos que os centros de distração mental autorreferencial do cérebro (que foram apelidados *modo padrão*, porque passamos muito tempo ativando-os na vida diária) estavam se comunicando com diferentes regiões cerebrais em meditadores experientes, se comparados aos iniciantes. Quais eram essas outras regiões? Duas proeminentes, chamadas cingulado anterior dorsal e córtex pré-frontal dorsolateral, foram implicadas no automonitoramento e no controle cognitivo, respectivamente. Considerando tudo isso, é possível que meditadores experientes possam estar constantemente "à procura" do "*self*" (via cíngulo anterior dorsal), e, quando ele emerge (via desatenção da mente ou pensamento sobre si mesmo), seus cérebros lhes dizem para voltar à tarefa (via córtex pré-frontal dorsolateral), que é prestar atenção ao momento presente. Isso faz sentido, uma vez que é a intenção do treinamento. De maneira surpreendente, encontramos esse padrão não apenas durante a meditação em praticantes experientes como também quando eles estão apenas deitados no *scanner*, não fazendo nada em particular! Os meditadores experientes parecem ter um modo padrão diferente! Esse achado sugere que, após um pouco de prática consistente, eles tinham desenvolvido um novo hábito: prestar atenção e não ser "sugados" pelo pensamento autorreferencial.

De que forma os achados dessa pesquisa têm relação com adição e com tratamento da adição? Foi demonstrado que as regiões de automonitoramento e controle cognitivo do cérebro são importantes nas adições, e, em alguns casos, a atividade nesses locais pode mesmo prever como as pessoas se sairão no tratamento (Brewer, Worhunsky, Carroll, Rounsaville, & Potenza, 2008). O treinamento de *mindfulness* pode de fato desenvolver a "musculatura mental" nessas regiões cerebrais em pessoas que estão tentando mudar comportamentos aditivos; portanto, elas são capazes de perceber os desejos (fissuras) e os padrões de pensamento autorreferenciais relacionados, o que lhes permite "surfar essa onda" de experiência em vez de serem sugadas por ela.

COMO O TREINAMENTO DE *MINDFULNESS* É REALMENTE ENSINADO A INDIVÍDUOS COM ADIÇÕES?

Uma palavra de cautela: para terapeutas que têm interesse, e podem até mesmo ter uma prática diária de *mindfulness* e meditação, isso tudo pode parecer simples. Mas não é. Em nossa experiência, indivíduos com adições geralmente iniciam tratamento após tentarem parar por conta própria muitas vezes ou quando já experimentaram diferentes tratamentos (p. ex., em média, a pessoa faz de 5 a 7 tentativas antes de parar de fumar); portanto, eles têm pouca tolerância a tratamentos ou terapeutas que não vão ajudá-los *agora*. Por exemplo, em nossos grupos de tabagismo, os pacientes novos quase imediatamente perguntam se nós (os terapeutas) já fumamos (implícito: parem de fumar). Não importa se você é um mestre de *jhana* (em pali: prática de meditação) e pode manter a concentração inabalável durante horas; se você não praticou e aplicou esses ensinamentos de forma muito concreta às causas de sofrimento em sua vida diária, eles não irão confiar em você, e provavelmente você não será capaz de ensinar essa abordagem a eles. É importante considerar honestamente sua motivação e seu próprio nível de prática antes de prosseguir. De outro modo, os pacientes irão "mastigá-lo" e "cuspi-lo" fora, e ninguém irá se beneficiar desses encontros. Portanto, nós encorajaríamos fortemente os terapeutas a acrescentar um pouco de prática pessoal a seus currículos antes de prosseguir.

Na Yale Therapeutic Neuroscience Clinic, onde implementamos programas de treinamento de *mindfulness*, ensinamos a origem dependente já na primeira aula, usando o diagrama da Figura 12.2. Por quê? Aqui, tomamos mais uma sugestão de Buda, que exclamou: "Eu parti em busca da satisfação no mundo. Qualquer que seja a satisfação que existe no mundo, eu a encontrei. Eu vi claramente com sabedoria o quão longe se estende a satisfação no mundo" (Bodhi, 2005, p. 192). Se os indivíduos não veem com clareza o que estão realmente obtendo toda vez que fumam ou bebem, há muito menos esperança de que eles desenvolvam a determinação necessária para superar seus desejos e impulsos (inerentemente desagradáveis) enquanto tentam parar. Conduzindo-os passo a passo por meio do diagrama, usando exemplos que sejam comuns às suas vidas, uma semente é plantada em suas mentes de que sim, toda vez que eles fumam ou usam drogas, estão reforçando esses padrões de hábito aditivos. Também podemos usar analogias para ilustrar esse aspecto, tal como uma criança gritando em um supermercado.

A criança que grita

Quem já viu ou tem uma criança que costuma fazer birra e gritar no supermercado? Com certeza pode ser irritante se você estiver alguns corredores longe, mas imagine ser o pai! Seu filho grita porque quer alguma coisa, e você quer desesperadamente que ele cale a boca. Então você procura no bolso ou na bolsa e encontra um pirulito. Imediatamente o dá a ele. Ele fica feliz por alguns minutos. O que acabou de acontecer? Você criou um hábito, ensinando seu filho a gritar para ganhar pirulitos. Agora ele vai começar a gritar sempre que quiser doces, não apenas no supermercado. Em poucos anos, ele pode ficar obeso e com os dentes cariados por todas as balas que comeu, além de mal educado.

Agora imagine que seus desejos por cigarros ou bebida sejam a criança gritando; as drogas, os pirulitos; e câncer, enfisema ou perda de emprego, a obesidade. Então, o que fazer? Gritar com a sua criança? Amordaçá-la? Essas abordagens poderiam funcionar por um tempo, mas os gritos recomeçariam após o pirulito terminar ou ficariam piores se você amordaçasse a criança (o que é doloroso) sem ter corrigido o motivo pelo qual ela gritava. Amordaçar, nessa analogia, significa tentar resistir aos desejos. Que tal alimentá-la com alguma outra coisa? Poderia ser útil por um tempo, mas também poderia causar outros problemas, uma vez que você não tratou o desejo (p. ex., engordar por ter substituído cigarros por comida).

O que você pode fazer então? Você pode garantir que as necessidades básicas da criança sejam satisfeitas (sua fralda não precisa ser trocada, ela não está com fome ou com frio) e esperar. Amorosa e pacientemente *segure* sua criança (seu desejo) até que ela pare de gritar (seu desejo diminua). Poderia ser desagradável receber olhares de reprovação das outras pessoas no supermercado no início, mas depois de um tempo ela irá parar e aprenderá que não é recompensada por seu comportamento. Portanto, na próxima vez que ela gritar, será menos intenso e mais curto, e na vez seguinte ainda menos intenso e mais curto, até que morra por completo. Agora você tem uma criança bem-educada.

Essa analogia ajuda a ilustrar os componentes centrais do treinamento de *mindfulness*: você pode ignorar o que está acontecendo e esperar que desapareça como mágica, e se você alimenta ou afasta seus desejos, eles apenas ficam mais intensos e mais profundamente arraigados.

Após os indivíduos terem a oportunidade de tentar essa abordagem por alguns dias, começamos a lhes dar instrumentos e técnicas para ajudá-los a superar seus desejos (fissuras). A fim de superá-los, eles precisam permanecer com eles em seus corpos de momento a momento, em vez de se deixarem levar por seus medos por meio de esquiva ou fuga.

Para ajudar a guiar os pacientes, adaptamos um acrônimo popular – *RAIN* – para combinar os componentes de reconhecimento e aceitação de *mindfulness* com técnicas de percepção momento a momento:

RAIN

Podemos aprender a superar as ondas do desejo surfando-as. Em primeiro lugar, você Reconhece que o querer ou desejo está vindo e Relaxa nele. Então, visto que não tem controle sobre sua vinda, Aceite ou permita essa onda como ela é; não a ignore, se distraia ou tente fazer alguma coisa a respeito. Esta é sua experiência. Encontre uma forma que funcione para você, como uma palavra ou frase como "Eu permito", "Certo, aqui vamos nós", "É isso aí" ou, talvez, um simples aceno da cabeça. Para pegar a onda do desejo, você tem de estudá-la de maneira cuidadosa, Investigando-a enquanto ela cresce. Faça isso perguntando: "Do que a mente está consciente agora?" ou "O que está acontecendo no meu corpo neste momento?". Não vá à procura. Veja o que surge de forma mais proeminente. Deixe que venha até você. Finalmente, Note a experiência em seu corpo enquanto a acompanha. Simplifique usando frases curtas ou palavras isoladas, tais como *mal-estar no estômago, sensação crescente, queimação* ou *aperto*. Quando entender melhor o querer, você pode apenas observar: *o querer está ficando mais forte, crescendo no estômago,* ou *querer, querer, querer.* Acompanhe-o até ele ter desaparecido completamente. Se você se distrair, ou a mente se desviar para outra coisa, apenas retorne à investigação repetindo a pergunta: "Do que a mente está consciente agora?". Veja se você pode seguir a onda até ela desaparecer por completo. Vá com ela até a praia.

Se você cair da onda, ou a onda parecer incontrolável, você pode começar a voltar sua atenção a alguma parte segura de seu corpo. Os pés em geral são um bom ponto a tentar. Eles são bastante neutros. Então use "Sinta seus pés" como apoio e leve sua atenção para lá até que o querer/desejo passe. É como se o surfista estivesse mergulhando sob a onda e se preparando para a próxima.

- Reconheça/Relaxe no que está surgindo (p. ex., desejo).
- Aceite/Acolha este momento (use sua frase – "Certo, aqui vamos nós!"; "Eu permito").
- Investigue a experiência perguntando: "O que está acontecendo em meu corpo neste exato momento?".
- Note o que está acontecendo.

Como parte desse trabalho, ensinamos os indivíduos a acordar toda manhã e definir uma aspiração para trabalhar seus desejos e seu uso de drogas. Começamos diferenciando aspiração de desejo, visto que um *desejo* de parar pode perpetuar o próprio incêndio que um indivíduo está desejando apagar. Analogias simples, como a de *sustentação generosa* do desejo de trabalhar uma ânsia (aspiração) *versus agarrar-se a* alguma coisa de maneira realmente firme e esperar que ela aconteça (desejo), podem ajudar a ilustrar diferenças simples e fundamentais entre os dois. Escolher as palavras de maneira cuidadosa também pode ser útil aqui; usar afirmações como "Eu posso trabalhar meus desejos" ou "Posso praticar RAIN quando tenho um desejo de fumar ou de beber" costuma ser mais útil do que "Eu quero parar".

Também incentivamos os indivíduos a aprender e a usar a meditação de amor-bondade durante todo esse processo. O amor-bondade (*metta*) é uma prática maravilhosa que pode ajudá-los a desenvolver concentração, bem como a promover a autoaceitação e a aceitação dos outros. Essa atitude para consigo mesmo é extremamente importante no tratamento de um transtorno por uso de substâncias (e de outras adições comportamentais), uma vez que as pessoas frequentemente iniciam o uso de drogas e álcool para escapar de um passado psicologicamente traumático e sofrem julgamento severo de si mesmas e dos outros devido a suas adições. Se os indivíduos aprendem a aceitar a si mesmos como são no momento, o amor-bondade pode ajudá-los a desenvolver uma base estável e sólida a partir da qual se pode trabalhar tanto com os estados afetivos negativos que em suas vidas desencadeiam o uso como com os desejos/fissuras quando eles surgem.

Após algumas semanas aprendendo a estabelecer aspirações diárias, praticando a varredura corporal e o amor-bondade e tornando-se familiarizado com o uso de RAIN para superar os desejos, ajudamos, então, os indivíduos a integrar essas abordagens de maneira mais uniforme. Começamos a salientar (se eles já não tiverem compreendido isso por si mesmos) como as aspirações podem nos alinhar com nossas metas de sermos felizes, saudáveis e harmoniosos com nosso ambiente (i.e., não sofrer e não causar sofrimento aos outros). Nós os ajudamos a ver como os impulsos e os desejos de usar drogas/álcool nos impedem de alcançar essas metas. Nesse sentido, analogias de viagem podem ser úteis:

Permaneça na estrada

Imagine que você está em Connecticut e quer ir para a Califórnia. Você pega o carro e segue para oeste na estrada. Mas logo o impulso de parar no McDonald's aparece, então para um pouco para se alimentar. Depois disso, você volta à estrada e vê uma placa para a Flórida. Você começa a pensar: "Hmmm, eu nunca estive na Disney World. Vou parar na Flórida no caminho...". Se você ficar seguindo todo impulso que aparecer, nunca vai chegar ao seu destino. E, quanto mais longe você vai sem despertar para a situação (i.e., sem ter consciência de seus impulsos e das ações resultantes), mais se afasta do seu caminho. Entretanto, toda vez que percebe seus impulsos, os anota ("Oh, esse desejo de novo") e os supera em vez de se deixar levar por eles, você é mais capaz de permanecer na estrada e finalmente chegar ao seu destino. Quanto mais você despertar para a situação e responder de forma consciente, mais ímpeto cria e mais cedo chega lá.

Juntando todos esses pontos, os indivíduos podem aprender a

1. perceber um impulso
2. usar isso como um sino de *mindfulness* para lembrá-los de qual é sua aspiração e
3. retomar o caminho usando exercícios como RAIN ou amor-bondade no momento

Nesse sentido, eles percebem o momento em que seu carro se desviou do curso (percebem o desejo), giram o volante para retomá-lo (aspiração) e pisam no acelerador (prática de RAIN ou de amor-bondade). Uma vez que o ímpeto se cria, é impossível pará-los!

Um dos benefícios que nós e nossos pacientes temos percebido quanto a treinar indivíduos em *mindfulness* para ajudá-los com suas adições é que essa prática naturalmente se espalha para suas vidas diárias. Um mecânico de automóveis corpulento disse-me de maneira tímida ao fim do tratamento que o amor-bondade era sua prática favorita, pois, além de ajudá-lo a parar de beber, ela o ajudou muito no trabalho para lidar com seu chefe arrogante (seu pai). Uma mulher relatou que era capaz de aceitar sentimentos extremamente negativos relacionados ao fato de ter encontrado seu irmão morto, enforcado dentro de um armário. De maneira não surpreendente, visto que ruminação e outros padrões de pensamento autorreferenciais são comuns tanto nas adições como em outras condições simultâneas, como ansiedade e depressão, o treinamento de *mindfulness* pode ser tão útil quanto um tratamento de diagnóstico duplo (Brewer, Bowen, Smith, Marlatt, & Potenza, 2010).

Durante séculos, nós, seres humanos, temos lidado com estresse e sofrimento, tanto em nossas vidas diárias como devido a adições. Com sua atenção às dinâmicas do desejo e ao processo de origem dependente, o treinamento de *mindfulness* visa alcançar o núcleo desse sofrimento, erradicando-o ou deixando o fogo queimar completamente. É surpreendente o quanto nossas visões modernas do processo de adição (apoiadas por estudos de pesquisa) são semelhantes àquilo que Buda observou: que o desejo é a causa de sofrimento, e, nos tornando desencantados e nos desapegando desse próprio desejo, encontramos alívio de nossa condição. O treinamento de *mindfulness* está apenas começando a ser usado por psicoterapeutas para ajudar pessoas com adições a sair de seus ciclos aditivos. O trabalho preliminar parece promissor, embora estudos futuros sejam necessários para confirmar esses sucessos iniciais e vinculá-los ainda mais a mecanismos de mudança psicológicos e neurobiológicos.

13

Trabalhar com crianças

Trudy A. Goodman

> Tente ser consciente e deixar as coisas seguirem seu curso natural. Então sua mente se tornará tranquila em qualquer ambiente, como uma límpida lagoa na floresta. Todos os tipos de animais raros e maravilhosos virão beber na lagoa, e você verá claramente a natureza de todas as coisas. Você verá muitas coisas estranhas e maravilhosas ir e vir, mas você estará tranquilo.
> – ACHANN CHAH (Chah, Kornfield, & Breiter, 1985)

Mente de principiante é uma expressão da tradição zen para as qualidades de *mindfulness*: abertura, receptividade e prontidão para aprender. A prática de *mindfulness* cultiva os estados de interesse e espontaneidade relaxada nos quais os principiantes na vida – as crianças – nasceram. As crianças vivem em um país diferente. Como terapeutas, temos de atravessar uma fronteira cultural natural para nos conectarmos com elas, e cultivar nossa própria mente de principiante pode nos ajudar a fazê-lo. Este capítulo explora como a prática de *mindfulness* pode ajudar os clínicos a se conectar com crianças que vão à psicoterapia, discute sua aplicabilidade na terapia familiar e na orientação dos pais e oferece formas de ensiná-la às crianças.

RELACIONAR-SE *MINDFULLY* COM AS CRIANÇAS

O que é único em relação à terapia infantil orientada a *mindfulness*? É a intenção e a maior capacidade de retornar ao momento presente, repetidamente, com atenção plena, sem julgamento, a fim de permanecer com a experiência da criança e nossa própria experiência.

O desafio de trabalhar com crianças

As crianças não se comunicam da mesma forma que os adultos. Muitos de seus pensamentos e sentimentos são expressos de maneira não verbal, por meio do brinquedo e de gestos corporais. A prática de *mindfulness* pelo psicoterapeuta facilita a comunicação com as crianças, porque aumenta a consciência não verbal. Os momentos de *mindfulness* são instantâneos, pré-verbais, momentos pré--conceituais de visão clara. A prática nos ensina a abrir nossos sentidos, a estar atento ao que está acontecendo no momento, em vez de envolver-se em pensamentos discursivos ou conversas *sobre* a experiência.

Nossa definição operacional de *mindfulness* – percepção da experiência presente com aceitação compassiva – fornece um ponto de vista útil para se relacionar com crianças. Esses indivíduos são mais propensos que os adultos a viver no momento presente – na verdade, são notoriamente confundidos por concepções adultas de tempo e sequência. Lembrei-me disso quando estava tratando uma família com uma filha de 13 anos. Quando sua mãe lhe contou uma história sobre ela mesma quando criança, a filha respondeu: "Mamãe, não sei como você pode viver assim no passado! Tudo o que eu penso e faço é agora!". A prática de *mindfulness* aumenta a capacidade de nos relacionarmos de forma empática com a consciência do momento presente de uma criança por *nos* ajudar a perceber a vida como uma série contínua de momentos presentes. Ela nos ajuda a ficar menos presos a conceitos de tempo e a nos sintonizarmos melhor com a forma como as crianças percebem a vida.

Devido à intensidade de seus apegos, e porque os adultos estão trabalhando continuamente para socializá-las, as crianças são muito sensíveis à aceitação ou à desaprovação dos outros. Portanto, a *aceitação* também é fundamental para a conexão com elas. O aspecto de *mindfulness* que é não crítica e compassiva, aceitar o que é – que entende sem avaliar –, cria uma atmosfera necessária de segurança emocional e confiabilidade na sala de terapia.

As crianças também são excepcionalmente ansiosas para retornar repetidamente a suas atividades escolhidas. A repetição de brincadeiras, que pode ser algo transformacional e prazeroso para uma criança, pode ser enervante e tedioso para o terapeuta. A prática de *mindfulness* pode ajudá-lo a manter interesse suficiente para perceber mudanças sutis em sequências lúdicas repetitivas e a permanecer emocionalmente conectado à criança.

Essa prática também nos dá a oportunidade de saber profundamente, muitas vezes em um lampejo de *insight* não verbal, o que está acontecendo com a criança. O mundo delas é diferente do nosso; podemos entrar nele com *mindfulness*, permanecendo muito presente com o que está acontecendo no momento. Nossos pacientes infantis podem nos fazer perceber quando nos tornamos *desa*tentos, talvez por meio de seu mau comportamento ou afastamento. As crianças, com suas mentes de principiantes, nos ensinam sobre a qualidade de nossa presença.

A presença terapêutica

Presença terapêutica refere-se a mais do que estar na companhia física de outra pessoa. Refere-se a uma sensação de estar com outra pessoa, de *mindfulness na relação* (ver Capítulo 5). O oposto da presença terapêutica são a distração ou a preocupação. As crianças são especialmente sensíveis ao fato de os adultos estarem ou não emocionalmente envolvidos com elas. A experiência de estar sozinho na companhia física de outra pessoa pode ser quase tão solitária quanto a de ser deixado sozinho.

> Cari, uma paciente de 18 anos de idade, ficou desconcertada após assistir a um vídeo de sua mãe segurando-a quando ela tinha aproximadamente 6 meses de idade. No vídeo, Cari estava no colo de sua mãe, sendo balançada sobre seus joelhos. Tanto Cari como sua mãe estavam de frente para sua tia, que segurava a câmera. Sua mãe se inclinava sobre Cari e a abraçava, sorria para ela e fazia cócegas, então voltava a conversar com sua irmã. Cari ficou estranhamente perturbada por essa cena aparentemente benigna. Ela achava que sua mãe tinha sido alheia a ela como bebê enquanto conversava e a balançava de uma forma mecânica. As interações de sua mãe pareciam intrusivas, motivadas pela necessidade de fazer contato e reafirmar-se.

Embora fisicamente presente, Cari sentia que sua mãe era ausente no sentido emocional. Eu ensinei a Cari como meditar; nossa experiência compartilhada de *mindfulness* criou um campo compassivo de presença psicoterápica atenta, no qual ela podia perceber um paralelo entre o sentimento de ser emocionalmente invadida por sua mãe e os padrões que observava em sua meditação. Pensamentos ansiosos se precipitavam em sua consciência quando ela estava em um estado mental calmo, prendiam sua atenção e a tiravam de um estado de pacífica presença, do mesmo modo que sua mãe tinha feito no vídeo.

A experiência de Cari ilustra dois pontos. Primeiro, mostra como a atenção gentil do terapeuta – sua presença psicoterápica – pode ajudar crianças a perceber sua própria experiência de uma maneira nova. A paciente levou esse *insight* um passo além, vendo como a qualidade da atenção de um pai ou mãe pode moldar a forma como uma criança presta atenção à sua própria experiência (Bluth & Wahler, 2011). Segundo, vemos como a prática de *mindfulness* pode aumentar a cognição social em geral; de fato, os circuitos neurais usados para a sintonia intrapessoal podem ser os mesmos que aqueles usados de forma interpessoal (Siegel, 2007). Cari e eu acreditamos que sua própria prática de *mindfulness* lhe permitiu perceber o legado dos estados mentais de sua mãe mais corretamente.

Essa atenção plena aumentada também se aplica ao terapeuta durante a psicoterapia. A percepção dos movimentos de sua própria mente durante o tratamento pode ajudá-lo a aprender muito sobre a experiência interior de uma criança: afastar-se e ficar perto, estar presente ou estar ausente, sentir-se abandonada ou abandonar.

Presença em caos

> Quando Carlos, 9 anos, chegou ao meu consultório, perguntou: "Este é um lugar para crianças que se odeiam?". Ele rapidamente confidenciou que, na verdade, ele se odiava. Carlos não foi capaz de esperar para me conhecer antes de ficar absorvido em uma brincadeira dramática e selvagem. Os temas que surgiam eram violentos e explicitamente sexuais. Tanto seu desprezo de estar em uma sala com uma pessoa desconhecida como a franqueza desinibida de sua brincadeira eram desconcertantes.

Em um momento da primeira sessão, nós dois tínhamos um fantoche nas mãos e estávamos nos arrastando de barriga pelo chão, deslizando devagar em seu jogo. Ele subitamente olhou para mim e perguntou incrédulo: "Este é o seu trabalho?". Apesar de seu senso de humor, percebi que, para Carlos, a linha entre real e faz de conta não era clara. Sua capacidade de entrar e sair da fantasia era estonteante, e eu estava começando a me sentir inundada por todo o material emocional emergindo em seu brinquedo. Quando estava com Carlos, eu sentia um caos interior e um redemoinho de pensamentos e sentimentos esmagadores.

A prática de *mindfulness* ajudou a concentrar minha atenção no meio do turbilhão de impressões da sessão. Com três inspirações e expirações, estabilizei minha mente e reconheci que meu próprio estado caótico era reflexo do de Carlos. Eu senti sua intensa necessidade de entender seu mundo – que por fim se tornou nossa agenda clínica.

Decidi introduzir um exercício de *mindfulness* que nos ajudasse. Eu suspeitei que ele poderia se beneficiar da mesma técnica que eu havia utilizado para me desembaraçar de seu caos emocional. Desenvolvemos um jogo chamado *três respirações*, no qual paparíamos o que estivéssemos fazendo, sempre que quiséssemos, para explorar como ele estava se sentindo, de maneira suave e lenta. Carlos gostou do controle que isso deu à nossa interação e à sua própria experiência no momento. Ele também aprendeu a usar cada vez mais palavras para sentimentos vulneráveis e difíceis. Dessa forma, o menino começou a se beneficiar da sua atenção plena de sua vida interior tumultuada, e eu fui capaz de permanecer mais conectada a ele.

Essa qualidade da mente, que poderíamos chamar de *presença autêntica*, mindfulness *na relação,* ou *presença terapêutica*, envolve estar consciente das flutuações de nossa própria atenção enquanto estamos emocionalmente envolvidos com um paciente. Thomson (2000) sugere que "a presença autêntica [...] deve sentar-se em algum lugar entre terapeuta e cliente" (p. 546). Isso significa que podemos estar abertos e receptivos à experiência do paciente, mas simultaneamente permanecer alerta de que o drama é um jogo da consciência. A prática de *mindfulness* permite que o terapeuta esteja envolvido de forma compassiva, embora desembaraçado da experiência do paciente. Podemos entrar e sair de nossas próprias reações e aprender com o que nosso corpo está sentindo, com o que nossa mente está fazendo, sem perder a conexão com o paciente. O processo é mais sutil com crianças do que com adultos, porque as interações com elas são menos verbais e estruturadas; devemos permanecer alerta e receptivos à experiência visceral, pré-conceitual. Ela requer maior refinamento de nossa atenção.

Presença na desconexão

Manter-se alerta é algo que vem naturalmente desde que estejamos apreciando nossa experiência e ela permaneça interessante. Entretanto, experiências desagradáveis também ocorrem com regularidade na terapia, e nossa atenção muitas vezes começa a se desviar em resposta. O cultivo de *mindfulness* nos ajuda a distinguir os padrões de conexão e desconexão que ocorrem no consultório (Safran et al., 2011).

> Maria, uma estudante de 6º ano, foi encaminhada à terapia por sua escola devido a retraimento social e passividade emocional. Embora doce e obediente, a menina era tão emocionalmente desligada na terapia quanto era emocionalmente ausente na sala de aula. Demonstrava desinteresse pela maioria das coisas, inclusive por sua aparência física, o que em geral é uma

preocupação obrigatória na idade dela. Seu cabelo não estava lavado, e ela parecia negligente consigo mesma de modo geral.

Era difícil permanecer presente na sala com Maria devido ao seu embotamento emocional e à incapacidade de envolver-se em conversar. A despeito de minha intenção de estar presente com ela na terapia, a tentação de me abstrair, de planejar ou devanear, era quase irresistível. Às vezes, eu me encontrava temendo nossas sessões. Todos os meus esforços para retornar, repetidamente, à presença e à atenção não pareciam tornar mais viva nossa conexão. Com frequência eu me sentia exausta após nossas sessões.

Após seis longas horas de terapia sem brilho, passadas com consciência da desconcertante sensação de alguma coisa faltando na relação com Maria – e disposta a explorá-la –, compartilhei minha perturbação com seus pais. Algumas semanas mais tarde, recebi um telefonema em minha casa, pela manhã, do pai de Maria. Ele me disse que tinha-se envolvido sexualmente com sua filha. Descreveu o entorpecimento emocional e o desejo que o tinham levado a buscar aquele tipo de conforto nela. Ele racionalizou que seu comportamento poderia compensar a negligência da mãe de Maria com a menina, mas aparentemente não tinha consciência de seu próprio papel naquela negligência. Eu reconheci sua coragem em me contar sobre o que tinha acontecido.

Maria tinha dado um jeito de estar presente para si mesma e para os outros. Ela estava vivendo em um semblante dissociado, sonhador, ser uma colegial normal, cumprindo seus deveres, sem nem mesmo saber o que estava de fato errado. Minhas reações – querer sair, assegurar-me de estar com ela – refletiam os sentimentos da menina com dolorosa precisão. Descobri depois que a própria mãe de Maria tinha sido vítima de abuso, e meu sentido de desconexão da mesma forma refletia o afastamento emocional difuso da mãe. O *mindfulness* de conexão e desconexão pode ser às vezes abertamente revelador se estivermos dispostos a nos deter nele e permitir que revele suas verdades.

Nossa intenção de retornar ao momento presente com curiosidade e atenção, apesar de como possamos nos sentir, é uma habilidade essencial quando se trabalha com pacientes que estão suportando sofrimento sem palavras. As crianças, especialmente, levam suas lutas à terapia de forma não verbal. O que é confuso ou opaco para o terapeuta por fim se tornará interessante e claro se ele tiver a franca intenção de retornar a isso repetidamente. A atenção plena pode ir a qualquer lugar, explorando todos os cantos, independentemente de nossa estrutura de referência teórica. A questão é: "O que está acontecendo aqui, agora, na minha experiência e na experiência do meu paciente?".

Mente de principiante

> Há muitas possibilidades na mente do principiante, mas poucas na do perito.
>
> – SHUNRYU SUZUKI (1973)

Muitos professores amam trabalhar com principiantes porque eles estão ávidos para aprender, fazem perguntas excelentes, são curiosos e geralmente receptivos à informação e à experiência. Que alegria! Nossos pacientes infantis estão buscando a mesma receptividade em seus terapeutas. O terapeuta pode me entender, me conhecer, ser paciente e gentil o suficiente para sentir minha luta e reconhecer meus pontos fortes? O terapeuta gosta de estar comigo? Quando o terapeuta pode atender uma criança com mente de principiante, ambos ficam livres das noções preconcebidas consolidadas no diagnóstico da criança ou na história familiar, e ele pode atender com interesse para ver como é apenas estar juntos.

> Leni, uma menina de 3 anos com bochechas rosadas e cabelos presos em rabo de cavalo, foi encaminhada a mim por um pediatra bem conhecido que tinha levantado a possibilidade de ela ter autismo. Seus pais, assustados, queriam uma segunda opinião. Quando me encontrei com a menina pela primeira vez, seu olhar desviado, seu silêncio e sua disposição a deixar sua mãe sem olhar para trás pareciam apoiar o diagnóstico. Ela não estava pronta para me conhecer ou para responder a minhas perguntas; na verdade, parecia me ignorar. Quando Leni entrou comigo na sala de brinquedos, sentou-se e pintou uma figura de uma menina sentada no banco traseiro de um carro grande e cinza sendo conduzido sozinho por uma rua, cercado por neve caindo.
>
> Sob outros aspectos também, Leni comunicava como era seu mundo. Suas brincadeiras eram repetitivas, ela perseverava verbalmente, e seus comportamentos não eram nem de acolhida, nem de rejeição. Entretanto, quando eu trazia minha atenção plena para o momento e me tornava atenta a todas as impressões de sentido que estavam ocorrendo no campo de minha percepção, havia uma sensação da presença dessa menina e uma leve conexão. Eu sentia sua presença na forma de sua diligência, sua energia, sua ansiedade e sua teimosia. Leni suscitava aquelas mesmas qualidades dentro de mim. Sua mãe confirmou que aquelas eram algumas características de sua personalidade.

Tornou-se evidente, ao longo do tempo, que Leni manifestava elementos de autismo de alto funcionamento, conforme o *Manual diagnóstico e estatístico de transtornos mentais* (DSM-5). Embora o diagnóstico fosse crucial para obter serviços adequados durante seus anos escolares, o foco da terapia estava em os pais da menina e eu desenvolvermos um entendimento empático e uma conexão com ela, escondida atrás de sua neurologia atípica. As necessidades de Leni podiam ser tratadas de maneira flexível por esse entendimento consciente, mais sintonizado.

Quando procuramos a pessoa por atrás do diagnóstico, a disposição a *não saber* é uma condição prévia para a descoberta (ver Capítulo 3). Diferentemente dos principiantes verdadeiros, terapeutas experientes podem tirar conclusões de forma prematura devido à confiança excessiva ou à ansiedade do não saber. Como terapeutas, precisamos refrear essa tendência e aprender a repousar calmamente em meio à incerteza, com paciência e equanimidade. Eu tentei manter em suspenso minha compreensão diagnóstica, a fim de que ela não interferisse na tarefa de fazer uma conexão autêntica e calorosa com a individualidade e a experiência de Leni. A prática de *mindfulness* pode ser útil nesse sentido; ela treina o praticante a suspender a *interpretação (construção) cognitiva (cognitive construing)*, para usar o termo de Delmonte (1986).

Terapeutas infantis em treinamento muitas vezes precisam saber que é correto apenas ser calorosamente receptivo, sentar-se e estar com uma criança, relaxado em relação àquilo que ainda será revelado. Considerar nossos conceitos e teorias de forma leve nos permite fazer uma jornada de descoberta conjunta com a criança. É uma colaboração na qual nossos pensamentos sobre o tratamento são desenfatizados em favor do *senso de sentir* (Gendlin, 1996) da conexão. O senso de sentir muda momento a momento, exatamente como a própria criança. Quando o clínico novato pede orientação sobre como pensar durante a sessão, a resposta é: "Não muito". Se nós sentimos o momento com a criança, confiamos que a compreensão nos ocorrerá naturalmente quando necessitarmos dela.

Um trabalho recente no campo emergente da neurobiologia interpessoal indica os mecanismos pelos quais um indivíduo influencia outro (Iacoboni, 2008; Siegel, 2007). Uma vez observada essa influência, entendemos alguma coisa sobre como nossa mente de principiante é uma dádiva para as crianças. Quando abandonamos nossas preconcepções, elas ficam livres para se aproximar e habitar nosso espaço relaxado de abertura e receptividade. Nosso próprio estado pacífico de ser convida à sua calma e permite que elas "venham como são", sem faltar nenhuma parte. Todas as criaturas assustadoras, inaceitáveis, "estranhas e maravilhosas" que vivem na psique da criança são atraídas para a "tranquila lagoa na floresta" de nossa receptividade cordial (Chah et al., 1985, p. vi).

Consciência pré-verbal

Experiências difíceis ocorrem para todas as crianças antes que elas tenham a capacidade de falar. Os traços dessas experiências estão enterrados nos corpos e nos sentimentos delas. Mesmo para adultos, os resultados de experiências traumáticas são muitas vezes bastante pré-verbais. Por meio da percepção consciente, compassiva, os clínicos podem ajudar a integrar experiências pré-verbais que foram banidas da consciência. A prática de *mindfulness*, especialmente com os componentes de aceitação e autocompaixão (Germer, 2009), podem tornar segura a emergência de experiências difíceis, como animais saindo de maneira silenciosa e cautelosa da floresta. Com familiaridade e conforto na esfera pré-verbal da experiência, o terapeuta pode permanecer tranquilamente conectado com o sofrimento da criança.

> Jason, um menino desgrenhado de 5 anos de idade, com grandes olhos castanhos, já tinha sido expulso de todos os programas pré-escolares nos quais tinha sido matriculado. Ele estava ingressando em um programa escolar terapêutico quando o conheci, momento em que eram impostos limites ao seu comportamento na nova escola. Jason gritava, gemia, agitava os braços e, às vezes, desmaiava. Ele testemunhara muitas vezes sua mãe ser espancada por seu namorado que vivia com eles e, naturalmente, era incapaz de protegê-la. Sua mãe aumentava o problema alternando reações aos ataques de Jason, culpa passiva e ameaças verbais de: "rasgar [a ele] membro por membro". Tanto Jason quanto sua mãe se sentiam impotentes e fora de controle.

Em seu jogo de fantasia na terapia, Jason podia ser tanto um herói que salvava as pessoas quanto um super-homem que podia subjugar qualquer bandido furioso. Contudo, seu tamanho pequeno e a vulnerabilidade de um menino de 5 anos eram sentidos de forma aguda. O sentimento de desautorização e enfraquecimento causado pelos limites impostos em sua nova escola levava a erupções de medo e raiva. Desse modo, eu escolhi uma nova abordagem com ele. Como seria contê-lo com firmeza e ternura, sem raiva ou reatividade, em resposta às suas tormentas? Essa abordagem teve um efeito profundo. Sua raiva se esgotou, e ele chorou baixinho, permitindo-se ser embalado e confortado enquanto sentia sua dor quase insuportável.

Quando Jason aprendeu a colocar seu terror em palavras, revelou que tinha medo de que seus braços e pernas caíssem. Esse medo ecoava as ameaças de sua mãe de rasgá-lo membro por membro. No "país" onde as crianças vivem, as palavras são literalmente engolidas. O menino tinha medo de que eu fosse arrancar seus braços e pernas em retaliação à sua raiva. Pouco a pouco, ele aprendeu a dizer a diferença entre seus medos e a realidade. Aprendeu que seus braços e pernas estavam firmemente presos ao seu corpo e que, quando sua terapeuta interrompesse seus ataques de raiva, ela não iria machucá-lo. Os ataques de Jason diminuíram.

A maior parte do tratamento de Jason era não verbal. Ele era positivamente afetado por meus esforços de permanecer consciente de sua luta sem julgamento e de permanecer amorosamente conectada durante todo o curso de seus acessos dolorosos. De modo surpreendente, ele passou a se reconhecer em outros meninos quando *eles* tinham ataques de raiva, e procurava oportunidades de ser gentil e consolador.

Mindfulness na presença de emoções fortes requer prática – não anos e anos, mas algum período de prática regular com a intenção de ser receptivo. Como lembrete de minha própria intenção de ser consciente, mantenho uma citação na parede do meu consultório:

> Por estar em atenção plena, observando-se, com a intenção de compreender, em vez de julgar, com plena aceitação de tudo o que possa surgir, simplesmente porque existe, permitimos que o profundo venha à superfície e enriqueça nossa vida e nossa consciência... Esse é o grande trabalho de conscientização (Maharaj, 1997, p. 112).

As crianças não habitam de forma plena o mundo verbal, e os adultos às vezes se apegam a ele firmemente. Os adultos têm tendência a impedir a experiência de uma criança oferecendo explicações ou soluções verbais. Com a prática de *mindfulness*, essa esfera perceptual pré-verbal pode se tornar um local de repouso seguro e compassivo para o psicoterapeuta, uma ponte para ajudar uma criança com palavras bondosas.

O MOMENTO PRESENTE

O trabalho terapêutico sempre ocorre no aqui e agora. As reflexões de Daniel Stern (2003) sobre o *momento presente* na psicoterapia soam como uma descrição da prática de *mindfulness*.

> Não há distância no tempo. [O momento] é direto – não transmitido e reformulado por palavras. [...] Os momentos de encontro fornecem algumas das experiências mais nodais para mudança na psicoterapia. Eles são com frequência os momentos mais lembrados, [...] que mudaram o curso da terapia (p. 57).

Embora Stern sugira que nos falta uma teoria de tais momentos, a psicologia budista elaborou em grande detalhe as muitas nuanças do momento presente e as formas de manter a conexão momento a momento compassiva tanto com os conteúdos da consciência como com o processo de mudança.

O momento presente é excepcionalmente fugaz. Quando conceituamos uma experiência do momento, ela já se foi. Com *mindfulness*, nos aproximamos cada vez mais do simples surgir e passar da experiência pré-verbal no momento presente. Esse tipo de saber, que é intuitivo, está no coração da nossa sabedoria inata.

Pesquisadores clínicos filmaram as interações entre bebês e pais e observaram faíscas de microcomunicações indo e vindo entre os dois indivíduos com velocidade de 10 vezes por segundo (Beebe & Lachmann, 1998; Tronick, 1989). O bebê lança o olhar, a mãe responde; sua resposta é refletida pelo bebê, que molda a próxima resposta da mãe, e assim por diante. A chamada e a resposta mútuas e recíprocas acontecem de forma tão rápida que não podem ser acompanhadas pelo olho consciente de observador. A percepção do momento presente nos leva mais perto para ver esse processo não verbal, sutil, e, desse modo, torna mais fácil entrar e participar no mundo da criança.

Como um terapeuta entra em uma relação de tal sutileza? Um terapeuta que está sintonizado emocionalmente com o paciente infantil provavelmente participa nessas microcomunicações mais com percepção intuitiva, participativa, do que com conhecimento objetivo, conceitual. Um sentido de conexão e entendimento pode ser resultado de uma corrente de percepções recíprocas que é demasiado fugaz para ser acompanhada de forma consciente. Quando essa sintonia é forte, o terapeuta está plenamente atento ao paciente e absorvido no "fluxo" momento a momento. Por meio de sintonia emocional e presença autêntica, terapeutas eficazes estão envolvidos de maneira plena em momentos presentes fugazes, sucessivos, indefinidos.

Com algumas crianças, chamar explicitamente a atenção para o momento presente facilita o tratamento:

> Maggie, 9 anos, foi um desafio para mim. Ela tinha consultado anteriormente, sem sucesso, dois clínicos experientes. Ela era emocionalmente desligada, muitas vezes importunada na escola (onde as crianças a chamavam de *cabeça podre*) e muito sensível a críticas. Maggie travava uma batalha com seus pais por meio de sua recusa em fazer a lição de casa todos os dias. Não ajudava que seu irmão mais novo fosse um excelente aluno e muito popular na escola. Seus pais não sabiam como ajudar Maggie a se sentir menos vitimada, irritada e solitária.

Veterana de terapia antes dos 9 anos de idade, Maggie era hiperalerta a qualquer coisa que cheirasse a psicologia. Depreciativa e distante, ela desviava cada flecha de minha tentativa terapêutica tendo um acesso de raiva, seguido por um silêncio sombrio.

No final de uma tarde de inverno, Maggie e eu nos sentamos uma de frente para a outra no chão do meu consultório sob a luz de uma lâmpada. Eu queria me conectar, mas fiquei frustrada de uma forma que era muito familiar para a própria Maggie. O silêncio era tenso e intranquilo. Meus pensamentos se desviaram para a janela. Era o crepúsculo, um daqueles momentos silenciosos quando o mundo todo se torna de um azul profundo. Eu senti a paz profunda da meditação. Espontaneamente, virei-me para Maggie e disse de maneira suave: "Olhe, está tudo azul lá fora". Ela olhou. Perguntei se ela algum dia já tinha percebido esse crepúsculo azul. Ela ficou curiosa, atenta de uma maneira nova. Foi um momento de encontro, de presença e paz. Por um breve momento "presente", entramos no mundo uma da outra. Como Stern (2003) escreve, "Assim que um momento presente chega, todo o resto é descartado e cada parceiro fica com ambos os pés no agora. O 'estar presente' preenche o tempo e o espaço" (p. 54).

Um ano depois, ensinei a Maggie como praticar *mindfulness*, sentada no alto de um trono imaginário, concentrada no fluxo e no refluxo da respiração, movendo-se suavemente por meio do corpo. Ela aprendeu a se sentar calmamente, confiante e absorvida, por 10 minutos inteiros, percebendo seus sentimentos e todas as histórias que eles contam, indo e vindo, aparecendo e desaparecendo, enquanto ela permanecia firme lá. Ela entendeu que nem sempre tinha de acreditar em seus pensamentos; ela podia escolher deixá-los ser, deixá-los ir. Ela praticava em seu quarto, sentada com as pernas cruzadas sobre sua cama, e encontrava um refúgio no momento presente. Parafraseando Achaan Chah novamente, Maggie encontrou a tranquila lagoa na floresta, onde todas as suas coisas selvagens, assustadoras, inaceitáveis, podiam sair e beber em abundância. As crianças podem aprender que todas as suas "criaturas estranhas e maravilhosas" podem coexistir de forma pacífica no mesmo coração jovem.

Brincar

Crianças pequenas representam e expressam simbolicamente o que estão pensando e sentindo em sua própria linguagem – a linguagem do brinquedo. Cultivando *mindfulness*, os terapeutas podem se tornar mais qualificados na atenção e desenvolver outras qualidades que são integrais à ludoterapia bem-sucedida (Landreth, 2002).

O espaço de brincar é íntimo e imediato. Brincando, as crianças exploram, recriam, refazem e reelaboram acontecimentos de vida esmagadores e emoções intoleráveis em experiências que elas possam assimilar. Enquanto brincam, elas podem ser grandes e poderosas, podem controlar seu mundo e projetar o jogo de modo a sempre ganhar e nunca ficar de fora ou perder. As crianças podem criar uma distância curativa de acontecimentos perturbadores ou traumáticos fazendo-os acontecer a outros e controlando seu desfecho.

> Hilary, 6 anos, foi hospitalizada devido a uma cirurgia para corrigir um defeito cardíaco congênito. Bem depois de recuperar-se, ela ainda tinha pesadelos e estava urinando na cama. Na ludoterapia, a menina organizou um jogo de "hospital", no qual uma frota de médicos rugia em suas motocicletas (ela tinha medo de motocicletas) para espetar agulhas em seus pequenos pacientes. "Vamos, vamos, não chore", Hilary confortava os pacientes. Ela também garantia que todos os pacientes se recuperassem totalmente das agulhadas e sondas, como tinha acontecido com ela.

Na segurança e na proteção do brinquedo testemunhado por sua terapeuta, Hilary assumiu o controle de uma situação na qual ela tinha anteriormente se sentido vitimada e assustada. Ela recuperou seu senso de competência e parou de urinar na cama.

Para os terapeutas entrarem na arena do brincar, devem estar dispostos a abandonar por algum tempo seus modos lógicos, lineares e verbais de pensar e expressar-se. Os clínicos podem desenvolver um conforto com a intimidade emocional infantil do brincar por meio da percepção íntima de sua própria experiência subjetiva.

O brincar é essencial para todas as pessoas. Os adultos diferenciam trabalho de lazer, em geral chamando de trabalho a atividade que fazemos por uma meta extrínseca (p. ex., dinheiro), e atividade de lazer, por suas vantagens intrínsecas. Trabalhar é *fazer*, com um olhar para o futuro, e brincar é *ser* – atividade espontânea, sincera no momento presente. A absorção no brincar, como na meditação, com frequência aumenta a energia: a atenção é consciente, unificada e concentrada. (Talvez por isso as crianças tenham tanta energia!)

Quando o trabalho, incluindo a prática clínica, se torna lazer, descobrimos que temos muito mais energia no fim do dia. Repousar no mundo esquecido da infância – fresco, imediato, espontâneo, totalmente alerta, imerso na realidade do aqui e agora – pode ser um tipo de treinamento de *mindfulness* para nossas mentes adultas. Podemos nos sentir revigorados e renovados por trabalhar, brincar e estar com nossos jovens pacientes. As crianças podem tornar-se professores poderosos no desenvolvimento da presença consciente.

TERAPIA FAMILIAR

Muitas das habilidades terapêuticas discutidas aqui são tão relevantes para a terapia familiar quanto para a terapia infantil individual. Um objetivo da maioria das terapias familiares é aumentar a compreensão mútua entre as crianças e seus pais. A prática de *mindfulness* pode apoiar esse trabalho aumentando a capacidade do terapeuta de relacionar-se com as crianças e compreendê-las.

Um grande desafio para o terapeuta familiar é ser imparcial em relação aos membros da família, embora permanecendo sintonizado de forma empática com cada um deles. Isso pode ser particularmente difícil durante momentos de intensa emoção ou conflito. A capacidade de tolerar afetos poderosos, de permanecer presente em meio ao caos e de estar atento a detalhes da comunicação não verbal ajuda o terapeuta de família a navegar nessas águas tumultuosas.

A mente de principiante é especialmente útil no tratamento familiar. É quase impossível planejar sessões familiares de maneira efetiva. Estar em uma sala com várias pessoas, cada uma com sua própria história e seus planos, introduz tantas variáveis que nossa única esperança está em confiar que seremos capazes de responder de forma criativa e com inteligência a tudo o que ocorre. O conforto em estar com fenômenos novos, variáveis, momento a momento que a prática de *mindfulness* traz é uma ajuda real para os terapeutas nessas circunstâncias.

Como abordo adiante, para membros da família que estão dispostos, realmente praticar *mindfulness* juntos também pode proporcionar um apoio para seu crescimento e desenvolvimento.

ORIENTAÇÃO DOS PAIS

Não é surpresa que o grau de *mindfulness* dos pais tenha influência sobre a eficácia parental. A sintonia emocional dos pais é essencial para o crescimento e o desenvolvimento de uma criança. Vários estudos sistemáticos exploraram o impacto dessa prática sobre a atividade parental (Bögels, Lehtonen, & Restifo, 2010; Coatsworth, Duncan, Greenberg, & Nix, 2009; Duncan, Coatsworth, & Greenberg, 2009; Goodman, Greenland, & Siegel, 2011; Singh et al., 2010; van der Oord, Bögels, & Pejnenburg, 2012), e há interesse geral crescente na ação parental consciente, o que é evidenciado pelo rápido crescimento de publicações populares (Kabat-Zinn & Kabat-Zinn, 1998; Kaiser Greenland, 2010; Kramer, 2004; Miller, 2006; Napthali, 2003; Placone, 2011; Rogers, 2005; Roy, 2007; Willard, 2010) e pela proliferação de programas de treinamento para os pais. Como podemos entender a influência do *mindfulness* sobre a atividade parental?

A ação parental é inerentemente desafiadora. Às vezes, os pais estão irritados com seus filhos ou alienados deles, dificultando seu relacionamento com eles de forma empática. Outras vezes, os pais hesitam em estabelecer os limites necessários por relutância em tolerar a desconexão ou a tensão que em geral se segue. A maioria das intervenções de orientação parental se concentra em uma dessas dificuldades, em aumentar a capacidade de relacionamento empático dos pais com seus filhos (p. ex., Faber & Mazlish, 1999; Green, 2001) ou em aumentar sua capacidade de estabelecer consequências claras e consistentes para o comportamento (p. ex., Barkley & Benton, 1998; Patterson, 1977). Os psicólogos do desenvolvimento geralmente concordam que a atividade parental eficaz envolve encontrar um equilíbrio ideal entre essas estratégias (i.e., fornecer habilmente amor e limites).

Pais que praticam *mindfulness* relatam com frequência que a técnica os ajuda a fortalecer essas duas dimensões centrais da ação parental. Pelas razões discutidas anteriormente no contexto da terapia infantil, essa prática permite presença suave, percepção de conexão e desconexão, abertura à comunicação verbal da criança e capacidade de unir-se a ela no brincar – tudo isso ajuda as crianças a vivenciar o amor e a compreensão dos pais de forma mais plena.

Igualmente importantes são a perspectiva e a paciência cultivadas pela prática de *mindfulness*. Muitos pais relatam que têm grande dificuldade para responder com sabedoria ao mau comportamento de seus filhos, reagindo, em vez disso, muitas vezes por reflexo. O pai cansado que é contrariado por um filho de 2 anos no supermercado, ou que é derrotado em uma discussão com um adolescente, pode reagir com raiva – embora ele ou ela saiba que isso será contraproducente. Mesmo pais que nunca chegariam ao conhecimento dos serviços de proteção à criança com frequência cometem esses pequenos "crimes parentais". A prática de *mindfulness* pode ajudar os pais a lidar com conflito e com sua própria reatividade emocional e a estabelecer limites adequados de forma mais hábil.

Observar as crianças crescer é ser confrontado com a evidência de mudança constante, de impermanência na infância e na própria vida. Estar consciente da impermanência pode permitir que os pais tolerem a perda da conexão que acontece quando se estabelece um limite difícil ou a crescente independência de seus filhos. Essa tolerância oferece mais lastro aos pais, mais coragem para enfrentar perda, frustração ou decepção com compreensão sábia.

Foi demonstrado que ensinar aos pais como observar e se comunicar com seus filhos pequenos de forma consciente e empática aumenta o apego seguro, o desenvolvimento cognitivo e a regulação das emoções (Cohen et al., 1999; Cohen, Lojkasek, Muir, Muir, & Parker, 2002; Fonagy & Target, 1997; Grienenberger, Slade, & Kelly, 2005). Cam base nesses achados, uma série de programas de "atividade parental consciente" explícita está sendo desenvolvida. Por exemplo, um programa de ação parental consiste em encontros de grupo semanais nos quais os pais se envolvem em um período formal de observação silenciosa, de

20 a 30 minutos, e são incentivados a perceber os detalhes do comportamento de seus filhos, bem como a qualidade das interações criança-adulto. Reynolds (2003) descreve essa abordagem: "Os pais são encorajados a abrandar-se internamente ao ritmo da vida da criança, a fim de poderem perceber os mínimos detalhes da experiência de seu bebê – e separar suas próprias respostas emocionais e as respostas dele" (p. 364). Relatos anedóticos iniciais sugerem que o programa aumenta a percepção e a compreensão dos pais sobre o comportamento de seus bebês.

A prática de *mindfulness* ajuda as pessoas a ver que toda sua experiência é uma série de momentos variáveis e que seus pensamentos e mesmo seu sentido de identidade são contingentes, influenciados por inumeráveis condições transitórias. Essa percepção nos ajuda a levar menos as coisas para o lado pessoal, uma perspectiva que é absolutamente essencial para a boa atividade parental. Tornar-se mais consciente permite que os pais reconheçam as necessidades de seu filho em vez de reagir de modo instintivo por ofensa pessoal ou orgulho. Uma perspectiva menos pessoal reforça ainda mais a capacidade de tolerar emoção intensa à medida que os pais começam a enxergar a universalidade de sua situação: "Oh, é assim que deve ser um ser humano reduzido ao desespero por uma criança de 2 anos", ou "Isso é o que é ser pai ou mãe em fase de frustração com seus adolescentes". A consciência compassiva é a melhor forma de *estar com* afetos intensos.

É mais fácil para os terapeutas explicar estratégias de ação parental alternativas do que é para os pais implementá-las. As reações parentais habituais, automáticas, carregadas de emoção tendem a ser bastante persistentes e resistentes a mudança. Por levar consciência compassiva ao momento presente, a prática de *mindfulness* pode ajudar os pais a parar para ver os passos que levam a suas respostas. Eles podem parar para observar seus sentimentos em resposta ao comportamento de seus filhos, observar suas intenções de reagir automaticamente com mais autocompaixão e, desse modo, responder a seus filhos com mais sabedoria. Essa pausa proporciona um momento de muita importância, no qual é preciso considerar alternativas com bondade e clareza. A pausa pode nem mesmo envolver parar tudo tanto quanto um redirecionamento momentâneo da atenção do *mindfulness interior* (Analayo, 2003) para o que está acontecendo externamente. Por exemplo, Goodman e colaboradores (2012) sugerem:

> Se estamos fatiando cenouras de modo atento, e um filho pede atenção, nossa consciência pode mudar da experiência pessoal interior, focada na cenoura, para o ambiente interpessoal externo (prestar atenção ao filho), e o pedido de nosso filho se torna apenas outra expressão de como a vida é, infinitamente mudando sua forma e aparência (p. 299).

A prática de *mindfulness*, portanto, tem um papel valioso na orientação parental por ajudar os pais a

1. ser mais compassivos e amorosos com seus filhos
2. ver seu próprio comportamento de maneira mais objetiva e
3. estabelecer limites de maneira mais hábil

Essa prática pode assumir a simples forma de pedir aos pais para observar como as emoções se manifestam em seus corpos quando eles estão com seus filhos. Quando se dão conta de que estão ficando agitados em resposta a eles, pode-se mostrar aos pais como acompanhar sua respiração ou prestar atenção ao seu ambiente físico. Para aqueles receptivos à ideia, a prática de *mindfulness* pode tornar-se uma atividade familiar.

EXERCÍCIOS DE *MINDFULNESS* PARA CRIANÇAS

Mágica *mindful*

O que é mágico em relação a *mindfulness*? Podemos mover nossa atenção para cima, para baixo, para os lados – para onde quisermos. Podemos imaginar coisas (fingir que são reais!) e brincar em nossas mentes. E podemos fazer isso sozinhos ou com amigos. Isso é a mágica que usamos para coisas boas, como se sentir seguro, feliz, em paz e livre. Quando nos sentimos seguros e felizes, queremos que todos que amamos e com quem nos importamos – e todos no mundo inteiro, incluindo todas as plantas e animais – estejam em paz e felizes também.

Corpo mágico

Este exercício para a felicidade e o bem-estar de nossos corpos é facilmente adaptável para pré-escolares; basta torná-lo mais curto e simplificar as palavras. Para crianças mais velhas, ele pode ser prolongado, acrescentando-se mais detalhes (pescoço, ombros, braços, mãos, dedos, direita, esquerda, etc.). As crianças podem praticá-lo deitadas, quando acordam de manhã, antes de irem dormir ou sentadas de maneira confortável a qualquer hora. Você pode fechar seus olhos ou deixá-los abertos, da maneira que o ajudar a se sentir mais relaxado.

- Comece inspirando e expirando com a barriga três vezes, sentindo como cada respiração se move dentro de seu corpo, enchendo seu peito e sua barriga, sentindo como a respiração suavemente volta para o ar em torno de você.
- Então, de forma mágica, leve sua atenção à sua maravilhosa cabeça. Como é bom ter uma cabeça! Observe todas as coisas que pode fazer com sua cabeça, acenar

sim, balançar não, pensar e aprender com seu cérebro. Diga silenciosamente para você mesmo: "Que minha cabeça possa ser feliz".
- Com a mágica de *mindfulness*, você pode mover sua atenção em torno de seu rosto. Aprecie todas as coisas incríveis que seu rosto faz, seus olhos enxergando, o nariz cheirando, sua boca provando, falando, cantando, sorrindo, gargalhando, chorando... agora deseje: "Que meu rosto possa ser feliz".
- Movendo sua mágica consciente para seus braços e mãos, você pode senti-los relaxar. Braços e mãos são verdadeiramente mágicos; eles podem jogar todos os tipos de jogos, cuidar de vesti-lo e alimentá-lo. Você pode abraçar, dar as mãos, esticar e acenar. Como uma forma de dizer obrigado, deseje: "Que meus braços e mãos sejam felizes".
- Sinta sua inspiração encher seu peito e sua barriga, sinta a expiração relaxar e deixar tudo sair. Você pode ser consciente de como seu coração bate e sua respiração respira dia e noite, saudável e forte. Sua respiração e seus batimentos cardíacos o acompanham em cada momento de sua vida, dormindo ou acordado. "Que meu coração possa ser feliz."
- De forma mágica, mova sua atenção para suas pernas e pés. Você pode agradecer-lhes por levá-lo a todo lugar que deseja ir, por correr, saltar, sentar, pedalar, dançar, chutar, ficar de pé, deitar para descansar. "Que minhas pernas e pés possam ser felizes."
- Se seu corpo está doendo ou se você não está se sentindo bem, pode usar a mágica de *mindfulness* para levar sua atenção para tudo o que precisa de um pouco de amor. Lembre que seu corpo sabe como ficar melhor – você realmente tem um corpo mágico! Você pode desejar: "Que eu esteja bem e feliz".

Tapete mágico

A prática de *mindfulness* pode ajudá-lo a encontrar um lugar seguro dentro de você, mesmo quando as coisas lá fora são assustadoras. Aqui está como encontrar esse lugar seguro usando o tapete mágico de *mindfulness*.

- Feche os olhos e sente-se tranquilamente por um momento. Imagine que você está sentado sobre um tapete mágico. Imagine que o tapete mágico pode fazê-lo flutuar no céu claro, ensolarado e quente. Mesmo se estiver nublado ou chuvoso, acima das nuvens, o sol está brilhando. Imagine-se sentado em seu tapete, flutuando acima das nuvens. Não tenha pressa. Sinta a paz de olhar para baixo, para o seu mundo, do alto, acima de tudo. Veja como tudo parece minúsculo daqui de cima.
- Agora peça para seu tapete mágico levá-lo de volta à terra e pousar em um lugar seguro. Esse lugar seguro poderia ficar no canto de uma sala ou sob uma árvore, ou em um esconderijo secreto, ou em qualquer lugar onde você se sinta protegido, aconchegado, seguro, abrigado, acolhido. Imagine-se pousando suavemente lá, como ele parece, o quanto você quer estar lá. Sinta como é bom estar seguro e protegido. Sinta como seu corpo pode relaxar nesse lugar seguro, como sua mente pode estar em paz. Você sempre pode ir para esse lugar seguro. Você pode imaginar-se levando seu brinquedo favorito ou convidando um bom amigo para voar até lá no tapete mágico com você. Para ainda mais segurança, você pode imaginar tantos leões guardiões ou fadas madrinhas ou ninjas do lado de fora quantos necessitar para prote-

ger seu espaço. Repouse nesse espaço protegido por um momento até você saber que pode estar seguro e forte.
- Agora você está quase pronto para o tapete mágico carregá-lo de volta. Enquanto se apronta para ir, imagine-se levando esse lugar seguro com você. Com *mindfulness* você pode esconder esse local seguro em qualquer lugar, no seu bolso, mesmo em algum lugar dentro do seu coração. Encontre um lugar dentro de você no qual possa se sentir tranquilo, protegido, seguro e aconchegado. A prática de *mindfulness* o ajuda a lembrar seu próprio local seguro especial, onde você pode se sentir bem mesmo quando coisas difíceis acontecem. E *mindfulness* não teme, mesmo quando as coisas são assustadoras; quando você está apavorado, seu *mindfulness* apenas sabe e entende.
- Deixe o tapete mágico levá-lo de volta em segurança. Você pode subir a qualquer momento que você lembrar e voar para seu lugar seguro novamente. E, agora que você voltou, a prática de *mindfulness* o ajudará a lembrar que você carrega a proteção e a segurança de seu lugar especial sempre dentro de si mesmo.

Felicidade mágica: como ser feliz aqui, agora

O que me faz feliz?*

Materiais: revistas velhas com figuras, tesoura, cola, lápis de cor, marcadores, giz colorido, tinta e papel.

Podemos dizer que existem dois tipos de felicidade: a felicidade de comer doces e a felicidade da paz interior. Um vem de guloseimas, como um brinquedo novo ou um pedaço de bolo. O outro tipo de felicidade vem de uma mente cheia de paz, como quando você se sente completamente amado por seus adultos.

O primeiro tipo de felicidade não dura... o segundo tipo de felicidade é mais genuíno, mais amplo e mais profundo, como um oceano.

Faça uma colagem das diferentes coisas que o fazem feliz, como, por exemplo, tomar um sorvete ou abraçar. Se você não puder encontrar uma figura, desenhe. Quando tiver terminado, faça duas listas: felicidade de curto prazo e felicidade de longo prazo. A que lista pertence cada um de seus tipos de felicidade? Em uma nova folha de papel, faça um desenho maior de seu exemplo de felicidade favorito.

Siga estas três etapas:

1. Apreciar as coisas que me fazem feliz.
2. Perceber quando estou triste.
3. Depois, quando eu não estiver mais triste, pensar sobre o que me deixou triste, tentar entender e mudar.

---

* Este exercício foi reimpresso a partir de *Planting Seeds: Practicing Mindfulness with Children* (2011), por Thich Nhat Hanh e Plum Village Community, com permissão de Parallax Press, Berkeley, Califórnia. *www.parallax.org*.

Bola mágica: desejos para o mundo*

Esta é uma variação da meditação de amor-bondade, na qual as crianças são incentivadas a oferecer seus desejos amáveis para outras pessoas. As crianças fingem que estão criando uma bola enorme e a enchendo com seus desejos amáveis para outras pessoas e para o mundo. Quando todos tiveram uma chance de adicionar seus desejos à bola de faz de conta, o grupo representa por mímica que está lançando a bola para o céu e então imagina que ela flutuará ao redor do mundo levando desejos amáveis para todos, em todo os lugares. Lembre-se: encorajar os estudantes a enviar esses desejos não é o mesmo que encorajá-los a mudar a forma como eles se sentem em relação a alguém, ou a gostar de alguém que eles não gostam. É oferecer uma oportunidade de imaginar um mundo mais afetuoso, mais acolhedor e mais seguro. Enviar desejos amáveis é um dos vários exercícios que oferecem uma experiência direta da conexão mente-corpo. Eles perceberão que existe uma diferença entre como seus corpos ficam quando eles estão se sentindo generosos e desejando o bem aos outros comparado com o modo como seus corpos ficam quando eles estão irritados ou chateados.

- Agache com as mãos para a frente (em um círculo, se estiver com um grupo) como se estivesse segurando uma grande bola. Imagine como a bola se parece, qual sua cor, etc.
- Peça que cada criança expresse um desejo amável para alguém ou para o mundo e finja colocá-lo dentro da bola. Um por um, desejos podem ser adicionados. Enquanto a bola imaginária cresce, finja seguir uma bola maior e mais pesada.
- Quando todos os desejos estiverem na bola, conte até três, finja lançá-la para o céu e dê adeus a ela. Imagine que a bola está levando os desejos para a pessoa escolhida e/ou para todos no mundo.

A prática de *mindfulness* e o trabalho clínico com crianças nutrem-se mutuamente. Ambos nos ensinam a entrar em uma sensação percebida do mundo das crianças, onde somos livres para não levar tão a sério nossas ideias, para nos desembaraçarmos de padrões familiares de reatividade emocional e para nos conectarmos com nossa ludicidade, criatividade e abertura inatas. Ao cultivar a presença por meio da prática de *mindfulness*, podemos desenvolver uma atenção mais vívida e sincera à experiência da criança e à nossa própria experiência. Ao estabelecer a intenção de estar atento, presente e aberto, os terapeutas e os pais podem aprender a reunir-se com as crianças onde elas vivem – nesse momento precioso, relacional, transformador, que é o único momento que temos.

---

* Este exercício foi reimpresso com permissão de Susan Kaiser Greenland, que criou o Inner Kids e o Inner Kids Mindful Awareness Program para crianças, adolescentes e suas famílias, e é autora de *The Mindful Child* (2010).

Parte IV

Passado, presente e promessa

Embora os exercícios de *mindfulness* possam ser extremamente úteis para tratar uma ampla variedade de condições clínicas, esse não era seu propósito original. Eles se destinavam, em vez disso, a ocasionar uma transformação radical da consciência humana – libertação do sofrimento inerente à condição humana. O Capítulo 14 volta ao passado para explorar os *insights* centrais da psicologia budista e como os exercícios de *mindfulness* se encaixam no entendimento dessa tradição do sofrimento e do seu alívio. O Capítulo 15 avança para o mundo científico moderno e apresenta uma revisão da rápida expansão do nosso conhecimento sobre a neurobiologia dessa prática e de nossa capacidade de mudar o cérebro funcional e estruturalmente. Por fim, o Capítulo 16 aponta para o futuro na medida em que investiga os paralelos entre a psicologia positiva e os *insights* psicológicos budistas sobre como nós e nossos pacientes poderíamos viver vidas mais ricas e mais significativas.

14

As raízes de *mindfulness*

Andrew Olendzki

> Vida, pessoa, prazer e dor: isso é tudo que é unido em um único evento mental, um momento que acontece rapidamente.
>
> – BUDA (*Maha Niddesa*, citado em Olendzki, 1998)

Estudos empíricos estão demonstrando a utilidade da prática de *mindfulness* para aliviar problemas psicológicos e físicos, e pesquisadores estão começando a identificar os ingredientes essenciais dessa prática em contextos clínicos. Pode parecer inteiramente desnecessário ligar *mindfulness* às suas raízes históricas e filosóficas, mas o entendimento antigo vai significativamente além do que em geral é considerado na psicoterapia moderna. Portanto, pode ser útil examinar o contexto histórico da prática e o sistema de pensamento subjacente ao que chamamos agora de psicologia budista.

A prática de prestar atenção cuidadosa aos detalhes da experiência presente de um indivíduo é provavelmente tão antiga quanto a própria humanidade. Fazê-lo de forma deliberada e estruturada, entretanto, parece ter raízes particularmente fortes nas tradições religiosas da Índia antiga. Foi nas florestas e planícies ao longo das margens dos rios Indo e Ganges que as pessoas começaram a explorar as nuanças da experiência perceptual usando métodos que um cientista moderno poderia reconhecer como empíricos, experimentais e reproduzíveis – a despeito de serem inteiramente introspectivos. Realizado ao longo dos últimos quatro milênios, esse programa de autoestudo produziu uma ciência descritiva da mente e do corpo que desperta cada vez mais o interesse de pensadores contemporâneos.

Insights antigos sobre o funcionamento da experiência humana são preservados nas tradições hindu e budista, cada uma delas deixando um legado rico de material psicológico sofisticado. A psicologia teórica budista, em particular, articula um modelo de consciência humana que parece extraordinariamente pós-moderno, baseado em uma visão de processo de sistemas não centralizados, interdependentes para processar dados dos sentidos e construir identidade. Sua psicologia aplicada está ancorada na prática da meditação, que pode variar de *mindfulness*, por meio de vários estágios de concentração, a *insights* profundamente transformadores que podem reestruturar de maneira fundamental a organização da mente e do corpo. A forma mais básica e acessível das artes meditativas da Índia antiga, referida neste livro como *meditação mindfulness*, está começando a ter um efeito significativo sobre uma ampla variedade de profissões científicas e terapêuticas contemporâneas.

ORIGENS ANTIGAS

Uma visão única da condição humana

Cada uma à sua própria maneira, as escolas de pensamento budista e hindu compartilham a visão de que a existência humana está centrada em um nódulo de percepção consciente, mais ou menos identificado como uma alma, que está incorporado em um aparato sensorial produzindo experiência tanto prazerosa como dolorosa. A natureza dessa existência é falha pelo fato de a dor ser inevitável, o prazer duradouro ser inalcançável, e os seres humanos terem capacidade limitada para ver a si ou ao seu mundo de forma clara. A morte não fornece a solução para esse dilema existencial que chamavam *dukkha* (traduzido livremente do pali como *sofrimento*), porque acreditavam que uma pessoa apenas flui de uma vida para outra sem descanso. Cada vez, a pessoa irá encontrar doença, dor, envelhecimento e morte. A agenda religiosa da Índia antiga foi organizada em torno da libertação da alma desses ciclos de renascimento e sofrimento e, no processo, do alcance de uma forma de profunda onisciência.

Isso tudo é muito interessante para nós hoje; devido à ênfase na percepção e na experiência direta, os problemas apresentados por essas tradições antigas, e as soluções oferecidas para eles, têm uma orientação psicológica familiar. Diferentemente das religiões ocidentais dominantes, que são baseadas em uma linha histórica e vêm equipadas com sistemas de crença específicos, o budismo e seus contemporâneos eram muito mais agnósticos em relação às questões de revelação metafísica e focados, em vez disso, na experiência interior do praticante.

Não existe uma explicação religiosa particular sobre o motivo de os seres humanos encontrarem-se firmados em uma existência insatisfatória caracterizada por sofrimento, e não há ninguém que possa ser chamado para socorrê-los. Todavia, por meio do exame cuidadoso da situação, eles podem começar a entender como seu sofrimento é causado e podem, portanto, aprender como trabalhar para desfazer as condições que estão criando o desconforto. Nessas tradições, o sofrimento psicológico e o sofrimento existencial são entendidos como tendo suas origens em impulsos e reflexos humanos básicos, que são, em sua maior parte, inconscientes e, portanto, aparentemente além do controle da pessoa. Mas eles podem, na verdade, ser revelados, as respostas podem ser modificadas, e é possível reprogramar a mente e o corpo de maneira substancial para evitar deficiências instintuais. O que é necessário é uma transformação psicológica radical.

Todas as primeiras escolas compartilham a visão de que os seres humanos participam ativamente nas voltas infinitas dessa roda da vida insatisfatória por meio de uma combinação de desejo e ignorância. *Desejo* é a compulsão profunda de perseguir o prazer e evitar a dor, e *ignorância* refere-se à natureza inconsciente e irrefletida da maioria de nossas atitudes e suposições sobre a natureza das coisas. Juntos, eles condicionam como construímos nossa realidade, oscilando de um momento para outro, tentando, geralmente com sucesso apenas limitado, satisfazer uma série de necessidades egoístas e de curto prazo.

A importância da experiência

A tradição intelectual ocidental adota a racionalidade para governar a natureza humana insubmissa. Esse viés racional pode ser visto em sistemas jurídicos sofisticados e elaborados, na filosofia social e na psicologia. Nas tradições asiáticas antigas, os instrumentos racionais e conceituais que tanto valorizamos no Ocidente são vistos muitas vezes como empregados apenas para racionalizar e justificar o que somos impulsionados a fazer, em vez de oferecer ajuda suficiente para entendermos de forma correta nossa situação. Portanto, racionalizar não era visto como uma prática que oferecesse muita ajuda. As antigas verdades reveladas, tão valorizadas pelas tradições ocidentais, também eram desacreditadas, porque não havia garantia de que o primeiro da fila de homens cegos repassando a tradição tinha realmente conhecido ou visto alguma coisa em sua própria experiência direta. Outro conjunto de instrumentos era necessário para desvendar os emaranhados de corpo e mente que mantinham a alma escrava do sofrimento, e é aí que a ioga, o ascetismo e a meditação se tornaram veículos cruciais para a autoexploração e a autotransformação.

A ioga, em seu contexto original, envolvia disciplina, a união de corpo e mente, a ligação de ambos à vontade e a fixação da vida humana a um propósito mais elevado de descoberta. Envolvia (e ainda pode envolver, dependendo do praticante) ascetismo e meditação, cada um deles trabalhando para afrouxar os laços que amarram a alma ao sofrimento. O ascetismo trata o desejo privando a mente e o corpo do que eles desejam desesperadamente. Na prática da restrição, pode-se provar o sabor do desejo, virá-lo e examinar sua textura e expor o controle que ele tem sobre o organismo psicofísico. A meditação tem mais a ver com aprender a observar e a ser agudamente consciente do que se manifesta na mente e no corpo momento a momento. Aperfeiçoando uma experiência cada vez mais aguçada do presente, a prática da meditação esclarece os processos que são de outro modo invisíveis por sua sutiliza ou negligenciados por sua onipresença. Todas essas técnicas de exploração experiencial foram desenvolvidas e cultivadas ao longo de muitos séculos, e o conhecimento que elas geraram sobre o funcionamento da mente e do corpo cresceu de maneira proporcional.

A meditação tem muito em comum com o empreendimento científico da observação empírica. Apenas considera-se os dados da experiência fenomenológica da maneira mais objetiva possível, usando o aparato da percepção introspectiva direta em vez do microscópio ou do telescópio. Até recentemente, a meditação não era passível de mensuração externa. Entretanto, ela é, por natureza, experimental, na medida em que se observa cuidadosamente o efeito de várias mudanças internas e externas na experiência, e suas técnicas e achados demonstram ser mais ou menos reproduzíveis por quem se compromete com seus rigores. É por isso que essas práticas não são tão estranhas e exóticas para o pesquisador da psicologia moderna e que as ciências antigas da mente e do corpo estão sendo convidadas a contribuir para a investigação contemporânea da consciência e do comportamento humano.

A CONSTRUÇÃO DA EXPERIÊNCIA

O surgimento da consciência

As práticas contemplativas da Índia antiga deram origem a uma forma muito diferente de ver aquilo a que em geral nos referimos como o *self* e o *mundo*. O sentido de identidade que todo indivíduo desenvolve e a noção que cada um tem do mundo no qual está inserido são considerados pela tradição budista um projeto de construção elaborado. É uma edificação tão complexa e matizada que exige anos de desenvolvimento cuidadoso e grande quantidade de energia e atenção para mantê-la no lugar. O nosso é um universo de macroconstrução, no qual os dados que afloram continuamente dos sentidos e dos processamentos internos variados são canalizados para estruturas e organizados em esquemas que suportam uma esfera de significado inteiramente sintética – uma realidade virtual.

A mente é um órgão de construção do mundo que reconstrói um cosmos do caos de dados que fluem através dos sentidos em velocidade vertiginosa. A partir da idade mais precoce possível, os seres humanos têm de aprender como fazer isso, e a maior parte do desenvolvimento da infância envolve atravessar (em alguma ordem razoável, espera-se) vários estágios de crescente complexidade e, presumivelmente, de adaptação, durante os quais a criança aprende a perceber o mundo como povoado de objetos estáveis que podem ser conhecidos com precisão. É um processo delicado, e muita coisa pode dar errado. Embora a construção gradual da identidade que ocorre ao longo da vida seja um assunto bem estudado na psicologia do desenvolvimento, a tradição budista tem consideravelmente mais a dizer sobre como a construção do mundo também pode ser vista como algo que ocorre de maneira constante, acontecendo a cada momento.

O processo pelo qual a consciência é construída envolve uma série de componentes (ver Figura 14.1). De acordo com a análise budista clássica, a unidade mais elementar de experiência discernível é um momento de *contato* entre um órgão dos sentidos, um objeto de sentido e a consciência desse objeto. A união desses três fatores, cada um deles produto de um processo inteiro, desencadeia um incidente sintético de cognição humana, um episódio de discernimento sensorial, um evento de "saber" que forma o núcleo em torno do qual a existência humana consciente é sobreposta. A *consciência* é, portanto, um fenômeno emergente, condicionado, manifestando-se em uma série de ocorrências momentâneas simultaneamente como o agente, o instrumento e a atividade de percepção (Bodhi, 2000).

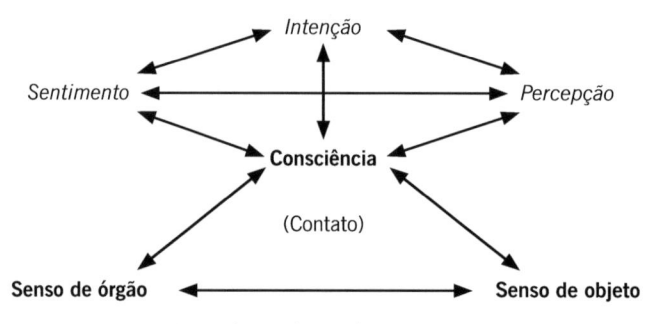

FIGURA 14.1. A construção interdependente da experiência.

O modo de surgimento da experiência consciente é codeterminado pela natureza do órgão e pelo objeto de sua percepção, com o qual ele é interdependente. Chamamos de *visão* quando o olho é usado para distinguir um objeto visível, de *audição* quando o ouvido está envolvido na percepção de um som, e, dependendo dos outros apoios sensoriais, a consciência pode se manifestar como *olfato, paladar, tato* ou *pensamento*. O último é, na verdade, muito mais diversificado do que aquilo que em geral abrange e inclui qualquer evento mental que já não esteja incluído em uma das outras cinco modalidades sensoriais. De acordo com a análise budista, tudo o que somos capazes de vivenciar surge em uma dessas seis formas, e nosso mundo inteiro de experiência é tecido com os fios dessas simples unidades de percepção.

De considerável interesse para o filósofo, senão para o psicólogo, é que nessa visão nenhum dos três elementos de contato é ontologicamente primário; nenhum tem um papel privilegiado e duradouro. Presume-se que o mundo material subjacente aos objetos dos sentidos seja irrelevante para a análise da situação humana em um instante de consciência: os órgãos não estão a serviço de uma entidade que está "tendo" a experiência, e a consciência não é algo que pode existir, exceto no instante em que está sendo estabelecida. A mente não pode ser reduzida à matéria nesse modelo, e nem a materialidade é meramente uma projeção dela. Antes, cada uma é uma faceta igualmente importante de um único organismo psicofísico, que, por sua vez, não *existe* tanto quanto *ocorre*. O pensamento budista inicial tem pouco interesse nas especulações conceituais sobre tais questões, preferindo, em vez disso, unir-se a uma fenomenologia empírica rigorosa. O que é possível realmente ver se desenrolando sob a análise do momento é considerado como algo muito mais interessante e útil do que a teorização a partir de abstrações.

Percepção e sentimento

O momento de contato entre órgãos, objetos e consciência é a semente em torno da qual uma manifestação da mente mais complexa se cristaliza. Também surgindo junto com esses três estão a percepção, o sentimento e a intenção. Na psicologia budista, esses termos têm significados únicos e precisos.

Percepção envolve uma série de funções associativas que são aprendidas de forma gradual ao longo do tempo e fortemente condicionadas por fatores como língua e cultura. Ela fornece informações avaliativas sobre como o indivíduo considera e interpreta a experiência do momento; tudo o que é visto é *visto como* alguma coisa; portanto, toda experiência visual é automaticamente processada à luz de um entendimento anterior.

Nesse sentido, a percepção não é o registro passivo do mundo recebido por meio dos sentidos e representado precisamente na consciência. Na verdade, é um processo criativo de construção e categorização, baseado em experiência passada e na aplicação de categorias herdadas de múltiplas fontes. Em consequência, não é apropriado dizer que percebemos precisamente o que é dado; o ato da percepção muitas vezes vai além dos dados presentes nos sentidos, possivelmente omitindo detalhes ou inserindo informações faltantes. A percepção também é influenciada por estados instintivos; quando estamos com fome, somos mais propensos a notar restaurantes do que quando não estamos. Essa perspectiva é familiar à psicologia perceptual ocidental.

Esse processo oferece um grau de eficácia, embora, como os budistas diriam, à custa de considerável distorção e projeção. O aspecto criativo da percepção ocorre sem nossa percepção consciente de que trazemos mais para a experiência sensorial do que recebemos (Bruner, 1973). O mesmo acontece com todos os outros sentidos, entre eles a percepção de toda experiência cognitiva não sensorial, tal como sonhar, planejar e imaginar. A construção reflexiva da percepção é tão onipresente a toda atividade mental quanto é para cada momento de experiência sensorial.

Sentimento é uma palavra usada no vocabulário técnico budista para referir-se ao tom afetivo associado a cada objeto de sentido ou de cognição. Ao conhecimento bruto que está por baixo de cada momento de experiência também é acrescentado um tom hedônico, de modo que tudo o que é visto é *visto como* agradável, desagradável ou neutro. Esse tom de sentimento também é uma parte natural e automática do processamento de todo objeto conhecido em qualquer um dos seis modos de saber (visão, audição, olfato, paladar, tato ou pensamento) e torna-se inextricavelmente ligado à forma como um momento é construído.

Em alguns casos, a clareza ou a força dessa carga é baixa, em cuja ocasião diz-se que o tom de sentimento não é agradável nem desagradável, mas, mesmo quando os sentimentos são neutros, eles desempenham um papel importante na textura do momento. Esse processo também ocorre em geral fora da consciência, mas torna-se um objeto de atenção na meditação.

Para resumir: a experiência é vista até agora como incluindo cinco fatores interdependentes – um órgão, um objeto, a consciência, a percepção e o sentimento, os quais surgem e declinam na visão do meditador atento.

O papel da intenção

Mais um elemento psicologicamente importante – o da *intenção* – também é acrescentado a esse modelo de fatores que surgem de maneira contínua. A intenção envolve a atitude tomada em relação ao que está acontecendo na experiência; é a postura intencional que a pessoa adota em um determinado momento. A palavra é usada não no sentido do objetivo para o qual a ação é dirigida, mas, antes, da *qualidade emocional da mente* no momento que aquela ação é iniciada. Enquanto os outros fatores estão contribuindo principalmente para o nosso *conhecimento* do que está acontecendo internamente ou no ambiente, a intenção é mais relacionada àquilo que estamos *fazendo* no que diz respeito a isso. Enquanto os objetos aparecem para os órgãos de percepção e mal sejam percebidos pela consciência, e enquanto a percepção e o sentimento têm mais a ver com moldar a significância subjetiva do objeto, a intenção é uma função mais ativa e criativa que tem um grande impacto sobre como a experiência do momento é organizada e apresentada pela mente.

A intenção pode ter uma manifestação ativa, por exemplo, em um momento de apego ou aversão à experiência presente, uma postura intencional de aceitar ou resistir ao que está acontecendo. Colocado de outra forma, a intenção é o fator que responde às qualidades agradáveis ou desagradáveis da experiência tentando retê-la e perpetuá-la, ou rejeitá-la ou terminá-la. Esse é o princípio do prazer, descrito por Freud (1920/1961d), em ação microscópica.

A intenção também se manifesta como ação quando atividades do corpo, da fala e da mente são iniciadas – consciente ou inconscientemente – pela escolha ou decisão de agir de uma forma ou de outra. Uma *disposição a responder*, de forma comportamental ou mental, a circunstâncias de modo característico ou padronizado é uma expressão de uma influência sutil e passiva da intenção. Em termos psicológicos ocidentais, disposições se assemelham a traços e são aprendidas por experiência. Também poderíamos chamá-las de comportamentos aprendidos, respostas condicionadas ou características de personalidade.

De acordo com a psicologia budista, uma pessoa é continuamente moldada por suas ações anteriores e suas disposições resultantes. A personalidade é composta de grupos dessas disposições, estabelecidas e regularmente modificadas ao longo de uma vida inteira, e é da experiência desses padrões acumulados que as intenções, as percepções e os sentimentos no momento seguinte são moldados.

Toda ação é, portanto, condicionada por todas as ações anteriores e tem um efeito sobre todas as ações subsequentes. Na Índia antiga, a palavra em sânscrito para esse processo é *karma*. A grande roda da vida, por meio da qual os seres sencientes "fluem" (como eles concebiam o mecanismo de renascimento) de uma vida para outra, também funciona no microcosmo: os seres fluem de um momento para outro, continuamente formados por *selves* anteriores e, por sua vez, formando e reformando-se ao seu mundo em cada novo momento. Assim é o renascimento em termos psicológicos: cada momento é criado novamente a partir das condições de acontecimentos anteriores. Interpretado como ocorrendo entre vidas ou entre momentos, a noção budista de renascimento envolve a *reformulação* perpétua da identidade em vez da reemergência de uma entidade fixa sugerida pela palavra *reencarnação*.

O *SELF*

A construção do *self*

Podemos ver, a partir desse panorama básico da psicologia budista, que uma pessoa é considerada um processo de sistemas dinâmicos em contínuo desdobramento, respondendo a variações no ambiente e reformulando-se perpetuamente à medida que constrói uma ordem significativa a partir dos dados externos e internos de cada momento. Mecanismos estão em operação para aprender com a experiência e para reter informações, e essas estruturas estabilizam-se ao longo do tempo de modo que cada pessoa adquire um conjunto de características único. Algumas propriedades desse sistema inteiro mudam de forma muito rápida, em geral como resposta a alguns estímulos surgidos recentemente, enquanto outros elementos do caráter mudam muito pouco ou de forma muito gradual.

Embora esse processo seja fundamentalmente impessoal, à medida que tal sistema se torna complexo o suficiente, a palavra *self* começa a ser aplicada, trazendo toda uma nova dimensão ao modelo. Contanto que o organismo psicofísico possa ser visto como um processo complexo mas impessoal, a pessoa é capaz de manter algum distanciamento intelectual e emocional. Mas, quando do o *self* aflora na experiência como uma entidade existencial – quando os subsistemas passam a ser erroneamente percebidos como *pertencendo* a alguém ou como *propriedade* de uma pessoa –, então o organismo começa a responder de algumas formas muito diferentes.

De acordo com a análise budista clássica, a aplicação do termo *self* é um equívoco que causa considerável dificuldade desnecessária. Grande parte desse equívoco tem suas raízes na própria forma como a mente evoluiu para processar informações. Ela necessariamente distorce a realidade de maneira importante e em três diferentes níveis de escala: percepção, pensamento e visão.

Para começar, a mente obtém informações de um fluxo ininterrupto de fenômenos apresentando-se nas portas dos sentidos. A percepção consiste em grupos de dados fixos extraídos dessa experiência de fluxo perpétuo, o que equivale a construir momentos de aparente estabilidade a partir de um mundo inerentemente instável. Na terminologia budista, a mente está criando artificialmente momentos de permanência virtual a partir de um universo intrinsecamente não permanente. Trata-se de uma distorção reproduzida em níveis mais elevados de processamento. Os pensamentos, operações de nível mais elevado construídas sobre esses grupos de percepções, também consistem em imagens e conceitos desconexos, e as visões ou convicções são um conjunto adicional de atitudes e hábitos da mente interrompidos de modo arbitrário.

A forma mais importante de distorção fundamental em relação ao modo como nossa mente opera envolve criar a noção de *self* a partir do que é essencialmente um processo impessoal. Individualidade é a expressão de um tipo particular de visão distorcida, uma situação que se desenvolve gradualmente a partir das percepções errôneas básicas para a moldagem de conjuntos inteiros de pensamentos mal informados e, por fim, para um sistema de crenças profundamente enraizado que é imposto a todas as outras percepções e pensamentos. Nesse ponto, vemos novamente um padrão autorreforçador cíclico. As percepções dão origem a pensamentos, que se cristalizam em convicções e que, então, influenciam a percepção.

Quando o sistema opera de maneira ideal, permite crescimento, aprendizagem e transformação. No entanto, quando ele é fundamentalmente mal informado, também pode dar origem a uma considerável quantidade de delusão. E é isso o que os budistas dizem que está acontecendo no caso da crença onipresente na individualidade como uma categoria definidora da psicologia humana. Eles não negariam que padrões estáveis nesse sistema de processamento de informação proporcionam uma função útil – talvez mesmo crucial – na organização da experiência. O problema, porém, surge quando o *self* construído se torna o princípio organizador maior, quando ele é irrealisticamente investido com qualidades que não possui por natureza e, mais importante, quando ele se torna o modo em torno do qual comportamentos mal-adaptativos se aglutinam. O *self* passa a ser vivenciado como um elemento central e dominante da vida psíquica, confundindo o que é uma série de padrões contingentes em constante fluxo com uma entidade duradoura.

O *self* como uma causa de sofrimento

A incompreensão da natureza do *self* dá origem a sofrimento porque molda nossa resposta a experiências prazerosas e desagradáveis. Embora prazer e dor sejam parte natural da experiência de cada momento, o *desejo* reflexivo pela continuidade do prazer ou pela cessação da dor introduz um elemento diferente, ausente na origem, nos elementos mais básicos da experiência. O desejo é essencialmente a expressão de uma tensão entre o que está acontecendo e a intenção da pessoa de maximizar a gratificação do princípio do prazer. É esse movimento da mente que procura que o momento seguinte seja diferente do presente.

Se estou adaptado a uma temperatura ambiente de 21 graus, por exemplo, e a temperatura cai para 10 graus, um *sentimento* de desconforto pode surgir. Essa é a forma de o meu corpo expressar seu estado atual de desequilíbrio. Agora, um desejo poderia também surgir dessa situação, manifestado em eu *querer* muito estar mais aquecido, restaurar o sentimento de prazer que vem com estar em equilíbrio com o ambiente.

É aqui que meu nível de compreensão faz uma grande diferença. Se minha compreensão é desenvolvida o suficiente para perceber como tudo isso é apenas o desenrolar natural de causa e efeito em um sistema psicofísico despersonalizado, o frio é meramente frio; não há expectativa de que ele seja de outra forma. Além disso, a presença do frio não é uma ofensa pessoal. O desconforto em relação à temperatura pode persistir, mas o desejo de que ela seja diferente (i.e., o sofrimento), não. Essa qualidade atenciosa, mas desapaixonada, é descrita com frequência como *equanimidade*, uma atitude da mente capaz de incluir tanto prazer como dor, sem ser conduzido por eles à *ação* do desejo. Na falta de equanimidade e compreensão, eu poderia, em vez disso, ser forçado a satisfazer meu desejo a qualquer custo, uma atitude a que os budistas se referem como *apego* ou *avidez*.

Grande parte de nossa experiência cotidiana é colorida pelo apego, um processo tão perigoso quanto comum, por inúmeras razões. Primeiro, há a qualidade de compulsão ou de ser levado à ação sem escolha consciente. Sem a serenidade mental de escolher agir de outro modo, estamos em um ciclo de respostas condicionadas, respondendo de forma pouco diferente do modo como um animal ou uma máquina poderiam responder. Nós perdemos nossa humanidade, nossa capacidade de agir livremente e com consciência.

Além disso, a necessidade premente de satisfazer o desejo, seja na busca de prazer, seja na esquiva de dor, pode nos levar a negligenciar as necessidades e os direitos dos outros quando eles estão em conflito com os nossos. Levando o primeiro exemplo a um extremo, poderíamos estocar combustível e aumentar a temperatura do termostato independentemente de quanto combustível está disponível para os outros, ou poderíamos até mesmo despojar uma pessoa mais fraca de suas roupas à força para nos mantermos aquecidos.

Por fim, o comportamento de apego reforça o construto de individualidade. No momento da avidez por alguma coisa ou de afastar alguma coisa, o *self* como agente é criado. Esse *self* vivencia-se como o originador e beneficiário dessa ação. Um objeto desejado é rotulado *meu* no ato de adquiri-lo, enquanto um objeto repelido ou rejeitado é definido na mente da pessoa como *não meu*.

Em ambos os casos, o mundo da experiência torna-se intensamente personalizado.

A partir desse *insight*, os budistas estão, na verdade, oferecendo uma revolução copernicana à nossa compreensão de individualidade e identidade. Não é que uma pessoa *existe* (uma afirmação que muitas vezes passa sem ser examinada) e então pode identificar-se com certos objetos, ideias e assim por diante. Antes, a pessoa, concebida como um *self* individual com uma identidade particular, é *criada* em um ato momentâneo de identificação. E, com uma *visão* de individualidade baseando e moldando toda a experiência, uma pessoa se torna motivada a criar a si mesma a cada momento. Um sentido de *self* é projetado para toda a experiência. A solidez e a coerência do *self* são aparentes, surgindo de inumeráveis instantes de autoconstrução, exatamente como a aparente realidade de um filme surge da ilusão de continuidade gerada por inúmeros quadros individuais da película.

O *self* nasce e morre, eleva-se e passa, momento a momento, sempre que a pessoa deseja ou se apega à satisfação de desejos. Contudo, toda vez que um desejo é satisfeito, outro surgirá, sugerindo que um sentido significativo de paz ou realização pode nunca ocorrer. Essa é a etiologia do sofrimento na psicologia budista. A palavra budista *dukkha*, mencionada anteriormente, é o termo que denota tal sofrimento ou insatisfação, uma falha fundamental no sistema operacional mente-corpo e, portanto, na condição humana.

Identificação com o *self*

Quando confundimos o *self* transitório e construído com alguma coisa duradoura e central, nós o reforçamos ainda mais em nossa tendência não examinada a perceber que toda a experiência está acontecendo "comigo". Isso é agravado pelo uso que fazemos dele como critério de valor; ou seja, um acontecimento é julgado bom se eu o desejo, e ruim se eu não o desejo. Devido à forma como cada momento carrega um tom de sentimento específico, dificilmente há um momento que não seja tão julgado. O mundo torna-se dividido em bom *para mim* e ruim *para mim*. Tão ocupados estamos moldando o mundo na luz refratada por nossos desejos que deixamos de vê-lo como ele é, intimista, embora impessoal.

A análise budista descreve o *self* como um construto que aflora com as condições necessárias e que passa quando essas condições estão ausentes. Ele não permanece. Entretanto, quando passamos a considerar o *self* de maneira equivocada como de algum modo mais real e duradouro do que ele é, temos outro problema em nossas mãos. Passamos grande parte de nossas vidas tentando nos fortalecer, defender e engrandecer, temendo que o fracasso em fazê--lo resulte em nossa aniquilação.

Desse ponto de vista, as defesas, tão bem descritas na primeira literatura psicanalítica, não são mobilizadas tanto contra o conhecimento consciente das pulsões instintivas, mas, antes, para apoiar a ilusão do *self*. Teóricos tão diferentes como Alfred Adler (1927/2002), Ernest Becker (1973) e Erving Goffman (1971) discutiram como o impulso de manter a autoestima é um motivo primário na vida psicológica e social. As pessoas com frequência buscam psicoterapia devido à natureza ilusória de alcançar a autoestima. Calibramos nossa autoestima pela comparação constante com os outros e avaliamos as coisas e as pessoas a partir da consideração de elas apoiarem ou contestarem nossa identidade construída. Como resultado, podemos nos sentir empobrecidos em face da abundância. Os outros podem se tornar "objetos parciais", julgados por seu valor para nosso sentido de *self*. Quando os outros se tornam despersonalizados dessa maneira, o caminho está aberto para a crueldade social.

Dada a enorme valorização do *self* na cultura ocidental, não é surpresa que os transtornos de identidade sejam tão prevalentes. De um ponto de vista budista, esses transtornos são meros exageros de um equívoco fundamental sobre quem somos.

MINDFULNESS E A CURA DE SOFRIMENTO

Buda caracterizava-se como um médico cujas principais tarefas eram identificar os males que afligiam a humanidade, descobrir suas causas, usar esse conhecimento para ver como eles podem ser curados e estabelecer um programa por meio do qual cada pessoa pudesse encontrar o bem-estar. Ele demonstrou todos esses passos primeiro em si mesmo. De acordo com a tradição, o príncipe Sidhartha tornou-se Buda em uma noite na qual ele finalmente viu de forma clara como a mente e o corpo criam seu próprio sofrimento e, assim, foi capaz de transformar-se de tal modo que o sofrimento terminou completamente para ele. Curado, ele então passou a ajudar outros.

Mesmo o caminho de desenvolvimento mais antigo articulado na tradição budista clássica é muito rico e variado. Entendia-se que as pessoas têm forças e fraquezas diferentes, capacidades diferentes e encontram-se em uma ampla variedade de circunstâncias mundanas. Buda entendeu, como qualquer médico entenderia, que o processo de cura envolve muito mais do que apenas remédios. A compreensão e a cooperação do paciente, o nível de cuidado e o apoio disponível dos outros, além de fatores ambientais como nutrição, repouso e tempo, desempenham papéis importantes na determinação do sucesso do tratamento. Portanto, embora a nomeação da doença, a identificação de suas causas e os elementos centrais de sua cura sejam todos elementos da tradição bastante padronizados, o número de formas de proceder para efetuar essa cura é muito variável. Cada geração parece desenvolver um programa mais adequado para seu próprio ambiente. Foi isso o que permitiu ao budismo adaptar-se a tantas culturas diferentes ao longo de dois milênios e meio.

O ponto de partida para o programa de cura prescrito por Buda é a meditação *mindfulness*. Ela não efetuará a cura inteiramente por conta própria, mas nenhum progresso real na direção do bem-estar pode ocorrer sem ela. Visto que o sofrimento é construído a cada momento de formas reflexivas e irrefletidas, em primeiro lugar é preciso ser capaz de esclarecer alguma coisa do processo. Enquanto um ser humano saudável está se esforçando para criar e manter a edificação conceitual de identidade pessoal na maior parte do tempo, a meditação *mindfulness* nos convida a prestar atenção apenas ao campo dos fenômenos, ao *que aflora* ao nível do imediatismo sensorial e cognitivo. Os fenômenos irão aparecer ou aflorar em qualquer uma das cinco "portas" de sentidos – olhos, ouvidos, nariz, língua e corpo –, ou irão aflorar como objetos de percepção na própria "porta da mente". A capacidade de estar consciente desses dados como *fenômenos*, em vez de como os objetos de nosso mundo conceitualmente construído, exige muito treinamento e prática.

Nossos reflexos e instintos são inteiramente direcionados a negligenciar os detalhes da nova experiência a fim de reforçar os projetos em curso ao macronível de construção. Em termos mais simples, estamos tão envolvidos no quadro mais amplo de metas, estratégias e na validação de suposições e sistemas de crenças que temos o hábito de nos referir aos detalhes sensoriais e cognitivos como *meios para um fim*. A meditação *mindfulness* gradualmente nos ensina a considerar essa corrente contínua de experiência com textura como um *fim em si mesma*. O objetivo não é destruir completamente o mundo convencional que construímos, mas colocá-lo em sua perspectiva adequada. Aprendendo a ver esse nível de aparências cruas, de outro modo negligenciado, começamos a revelar o *processo* de construção da identidade e da própria construção do mundo, em vez de permanecermos inteiramente focados no *produto* desse processo.

A prática de *mindfulness* ajuda a reverter nossa tendência a antecipar o momento seguinte, a nos apressar para o nível de macroconstrução. Trazendo a atenção deliberada e continuada para o campo dos próprios fenômenos, treinamos a mente para habitar o espaço mais aberto e informe da experiência recém-surgida. A mente naturalmente se inclinará para seus vários projetos de construção (pensamentos, memórias, planos, fantasias, etc.), mas, enquanto ela o faz, somos capazes de ver de forma mais clara *que* ela está fazendo e *como* ela está fazendo. Observando o movimento dos fenômenos decorrentes para a criação do pensamento, começamos a revelar a natureza altamente construída da experiência. Desse ponto de partida de consciência elevada da atividade da mente no momento presente, uma variedade de opções para aprendizagem e crescimento se torna acessível. Um programa de transformação detalhado foi estabelecido na literatura budista inicial (Nanamoli & Bodhi, 1995) e tem sido continuamente elaborado por séculos de tradição.

TREINAMENTO DE *MINDFULNESS* CLÁSSICO

Mindfulness de corpo

Na tradição clássica, *mindfulness* é cultivado por meio de sua aplicação sistemática a quatro objetos gerais. O primeiro é o corpo. A atenção cuidadosa às sensações físicas que afloram com a respiração, por exemplo, produzirá um conjunto de fenômenos sempre presentes, mas continuamente variáveis, a observar. A qualidade da atenção exercida sobre essas sensações variáveis é gradualmente aprofundada à medida que a prática se desenvolve. A inspiração sozinha poderia, a princípio, parecer acompanhada por apenas algumas sensações perceptíveis no nariz, no abdome, ou quando as roupas se movimentam contra a pele, mas, à medida que a habilidade aumenta, tende-se a perceber cada vez mais. Em pouco tempo, uma única inspiração, ainda que extremamente breve, poderia parecer preenchida com todo um universo de fenômenos físicos matizados, cada um, com sua própria textura.

O mesmo aumento da perspicácia pode ser direcionado para o corpo enquanto ele assume diferentes posições: sentado, de pé, deitado ou caminhando. Cada uma delas fornece seu próprio universo de sensações únicas, um panorama infinito para exploração fenomenológica. Também centrado no corpo, *mindfulness* poderia desenvolver-se pela observação de objetos físicos enquanto nos movimentamos em meio à variedade de comportamentos normais como comer, beber, dormir ou acordar. Ou se poderia aumentar a própria capacidade de distinguir as manifestações físicas naturais de resistência, movimento e temperatura, os quais os budistas identificam como os componentes básicos de toda sensação física.

Outro exercício é "varrer" o corpo com a percepção consciente, do topo da cabeça às solas dos pés, identificando a sensação em cada um dos diferentes componentes do corpo. O objetivo em todos esses casos é tornar-se e permanecer consciente apenas das sensações físicas que afloram através de uma das portas dos sentidos, a "porta do corpo", sem reverter para visão, audição, pensamento ou para qualquer um dos outros modos de experiência.

Mindfulness de sentimento

Mindfulness também pode ser aplicado a tons de sentimento. Aqui, o praticante traz a atenção para a qualidade agradável ou desagradável de cada experiência. Ele requer e desenvolve a capacidade de distinguir uma sensação corporal, por exemplo, do sentimento que aflora junto com ela. A pessoa se torna capaz de discriminar sensações físicas que surgem no joelho, por exemplo, pelo profundo incômodo ou mesmo dor que está surgindo com elas. O *toque* da sensação corporal é um fenômeno; a *dor* desse toque é outro. A meditação *mindfulness* clássica busca estimular esse nível de precisão.

O mesmo é verdadeiro também em relação a objetos mentais surgindo na mente. Cada memória, pensamento ou imagem será acompanhado por um tom de sentimento que é *agradável, desagradável* ou *neutro*. Mesmo quando o tom de sentimento não é determinado facilmente sob análise como particularmente agradável ou desagradável (como no caso do sentimento neutro), ainda está proporcionando uma sensação contínua, palpável para todos os modos de experiência que podem ser distinguidos pelo meditador hábil. A temperatura na sala de meditação, por exemplo, quando vivenciada pelos receptores nervosos na pele, pode não parecer muito quente ou muito fria, mas pode, entretanto, produzir uma corrente constante de tons de sentimento. A capacidade de desvendar essas duas vertentes da experiência – um objeto conhecido por meio de uma porta de sentido e o tom de sentimento acompanhando o objeto – começa a revelar o movimento inquieto da mente e contribui para um entendimento profundo de sua natureza construída.

Mindfulness da mente

Quando a própria mente se torna o objeto de meditação *mindfulness*, o observador é convidado a perceber se tal momento particular de consciência é ou não acompanhado por uma das três causas principais de sofrimento, ou construtos intencionais aflitivos: cobiça, raiva ou delusão. Em um determinado momento, a mente ou é apanhada por um ou mais deles ou não é, e isso é alguma coisa da qual pode-se aprender a ter consciência. Cobiça e raiva são os dois polos do desejo, os intensos *querer* ou *não querer* de um objeto, enquanto a delusão é uma forma intensa do equívoco básico que concede ao desejo o seu poder sobre nós.

Por exemplo, quando é detectado desconforto corporal porque se permanece imóvel em uma posição sentada por um período de tempo, pode-se perceber a crescente resistência à informação sensorial que está sendo recebida do corpo. Pode-se quase sentir o gosto da insatisfação aumentando, do "querer que as sensações físicas desagradáveis desapareçam" ou se transformem em outra coisa. No momento seguinte, pode-se vivenciar a mesma situação sob outro ângulo, o "querer que sensações físicas agradáveis surjam" no corpo. Pode ser muito difícil distinguir quando o "não querer sensações desagradáveis" termina e quando o "querer sensações agradáveis" começa a surgir e a substituir o primeiro. Explorar a textura dessa ambiguidade, ainda que ela possa se manifestar como confusão, é do que se trata a prática de *mindfulness* da mente, e ela contribui para uma inteligência fenomenológica cada vez maior.

Ainda em outro momento, subsequente, o meditador pode muito bem vivenciar a constatação de que tanto o querer como o não querer são apenas voltas dos mecanismos de resposta habitual da mente, subsequentes ao contato com certas sensações físicas no contexto de certas atitudes. Tal *insight* menor, mas significativo, poderia ser acompanhado por um retorno à percepção das sensações físicas, recontextualizando de forma que permita maior equanimidade ou menos investimento pessoal. Essa mudança na atitude poderia ser acompanhada por um suspiro físico ou mental, um relaxamento atento adicional do corpo e uma nova decisão de olhar para a experiência de forma cuidadosa, embora paciente, qualquer que seja o modo em que ela esteja realmente surgindo. Por meio do olhar da equanimidade, a qualidade do querer ou não querer está temporariamente ausente da mente, e a textura desse estado também pode ser examinada.

Nesse breve exemplo, pode-se ter a consciência de como a mente é a princípio, afligida com aversão, desejo e confusão e, então, após um momento de *insight*, como a mente se manifesta sem essas aflições. Ao investigar o surgimento dessas atitudes da mente na experiência, a prática de *mindfulness* entra em um estágio avaliativo que tem o potencial de transformar. A pessoa poderia apenas perceber sem julgamento as variadas texturas das sensações físicas e mesmo os episódios alternados de prazer e dor; mas, quando a pessoa vê um momento de mente aversiva seguido por um momento de mente não aversiva, ou um momento de *insight* claro após inumeráveis momentos de obscurecimento, ela não pode deixar de perceber o contraste.

Não se trata de decidir conceitualmente que um é saudável e o outro não pois é exatamente esse o tipo de *pensamento sobre* a experiência que é contraproducente para o processo. Antes, a pessoa desenvolve uma compreensão intuitiva, como uma manifestação de *insight* ou sabedoria, sobre o efeito relativo de um estado da mente ou outro. Ainda estamos inequivocamente mais na esfera da fenomenologia descritiva do que no nível mais elevado de compreensão cognitiva.

Mindfulness de objetos mentais

Um quarto fundamento sobre o qual a prática de *mindfulness* pode ser estabelecida é referido como *mindfulness de objetos mentais ou de fenômenos mentais*. Aqui, a pessoa traz a mesma qualidade de percepção matizada daquilo que aflora ao conteúdo real da experiência mental. Contudo, uma vez que estamos agora no auge do caminho transformador do *mindfulness*, não é apenas uma questão de estar atento a tudo o que surge e desaparece na mente. Existe um plano detalhado, seguindo os ensinamentos primários da psicologia budista, do que procurar e de como trabalhar no sentido de abandonar os fatores que inibem a compreensão, embora cultivando os fatores que a aumentam.

Os cinco impedimentos

Primeiro, existem cinco *impedimentos*, ou obstáculos, à clareza da mente que se pode observar como presentes, ausentes ou aflorando na mente quando eles não estavam presentes. São eles o desejo sensorial, a aversão, a letargia-torpor, a inquietação-preocupação e a dúvida. Pode-se também tomar consciência de uma atitude de ausência de apego a esses estados mentais, que os fará desaparecer, e de uma postura intencional para com tais fenômenos, que inibirá seu ressurgimento no futuro. Cada um desses cinco passos pode ser aplicado a cada um dos cinco impedimentos. Quando se pratica *mindfulness* dessa forma particular, essas cinco qualidades da mente irão diminuir e até cessar, mesmo que de forma temporária, e, como resultado, a mente se tornará consideravelmente mais clara. Trazer o foco da percepção para o primeiro impedimento de desejo sensorial, por exemplo, serve para revelar o reflexo inato do aparelho sensorial de buscar estimulação. Em sentido experimental, isso se apresenta como um querer sutil que é a base de todas as seis capacidades sensoriais humanas. Trabalhar de forma consciente para abandonar tal postura de ser programado para estimulação sensorial, mesmo temporariamente, pode trazer abertura mental para o momento que permite uma maior variedade de respostas.

Os cinco agregados

Em seguida, o esquema clássico traz consciência para os próprios cinco *agregados* da experiência: forma material, sensação, percepção, consciência e formações mentais (referidas anteriormente como *intenções* e *disposições*). Aqui, o exercício é apenas estar consciente dessas vertentes da experiência combinada e perceber como cada uma delas surge e passa continuamente. Essa tipologia quíntupla da experiência é a forma budista de enfraquecer a tendência habitual de materializar a identidade pessoal. A tradição entende que as pessoas rotineiramente assumem a existência de um agente unificado (o que vê, o que sente, o que pensa) subjacente ao fluxo da experiência. Redirecionar a atenção para cada uma dessas cinco categorias tem o efeito, aos poucos, de enfatizar o fluxo da própria experiência em vez da construção de um sentido sintético de unidade. Os dados fenomenológicos apenas revelam que visão, sentimento e pensamento ocorrem; invocar o rótulo de um agente substantivo (o *self* para quem está acontecendo) é desnecessário e injustificado.

Seis sensos de esferas

Seguindo esse foco, temos cada um dos seis *sensos de esferas*, ou portas dos sentidos, como objetos de percepção consciente. Nesse caso, o meditador observa, para usar o primeiro exemplo, o olho, ou órgão de percepção, e também a forma visual, ou objeto de percepção. Estes são referidos como a manifestação interna e a manifestação externa do campo sensorial. Além disso, o praticante de *mindfulness* também percebe fenomenologicamente como o desejo aflora junto com cada um dos sensos de esferas. O desejo não é algo geral; no modelo momentâneo da experiência construída, o desejo sempre se manifestará por um objeto mental ou físico específico.

Compreender a forma como qualquer instante de desejo é dependente e emerge de determinada experiência sensorial é um *insight* importante produzido por esses exercícios de percepção. Tendo visto isso, o praticante está, então, em posição de perceber, como com os impedimentos, como o abandono do apego por esse desejo facilitará seu desaparecimento e como atitudes podem ser expressas e repetidas de modo que ajudarão a impedir seu surgimento no futuro.

Sete fatores de iluminação

De grande importância para a forma tradicional de meditação *mindfulness* é a consciência dos sete fatores positivos no crescimento em direção à sabedoria.

Estes são chamados de sete *fatores de iluminação*, e incluem *mindfulness*, investigação de fenômenos, energia, alegria, serenidade, concentração e equanimidade (ver Capítulo 4 para uma descrição dessas qualidades aplicadas à psicoterapia). Como antes, a pessoa é conduzida a apenas observar se cada um desses fenômenos está presente ou ausente em determinado momento de consciência, e, quando não estão presentes, para ver como eles às vezes surgem. Entretanto, diferentemente de *mindfulness* dos impedimentos, o objetivo não é abandonar esses fatores mentais, mas cultivá-los. Novamente, pode haver compreensão intuitiva do efeito benéfico que cada um desses estados mentais tem sobre a mente e o corpo no momento, e pode-se aprender que tipo de postura intencional desenvolverá esses fatores.

Cada um desses estados específicos apoia os outros, de modo que conduzir a atenção da pessoa de forma cuidadosa por meio dessa lista transformará gradualmente sua mente em direção a maior sabedoria e compreensão. Mais uma vez, a prática de *mindfulness* é o primeiro passo, e, quando a simples presença da mente nos fenômenos ocorrendo no momento amadurece, ela naturalmente levará a um profundo interesse no ir e vir de estados mentais. À medida que cada um é investigado de forma mais profunda, dará origem à energia e ao entusiasmo naturais que se transformam em um profundo sentimento de alegria que parece igualmente estabelecido no corpo e na mente. A alegria é efervescente, aparentemente borbulhando de fontes profundas, mas será aos poucos temperada por serenidade. Uma não substitui a outra, mas o que então sucede é o estado paradoxal de energia tranquila. Aqui, a mente está tanto em paz quanto alerta; ela está calma, relaxada e à vontade, mas agudamente consciente, sem esforço, do surgimento e da passagem dos fenômenos. A serenidade traz maior *concentração*, definida como um foco ou unidirecionado da mente que naturalmente irá se fixar em um objeto de cada vez (ver Capítulo 1), mas com tal habilidade que pode processar de forma consciente inumeráveis *bits* de dados de forma muito rápida. Por fim, à medida que cada um desses fatores preenche e completa o outro, uma profunda equanimidade da mente, abrangendo todas essas qualidades, torna-se estabelecida. Nesse estado, dizem os budistas, a pessoa é capaz de superar, mesmo que por um tempo, os efeitos ofuscantes e deformantes do desejo e da má compreensão sobre a construção da experiência momento a momento.

UMA FERRAMENTA PARA OS NOSSOS TEMPOS

Esse é um breve panorama de como *mindfulness* pode ser entendido e desenvolvido no contexto tradicional da prática budista clássica. A finalidade para a qual a prática é dedicada é nada menos do que a transformação completa e radical do organismo psicofísico humano. Essa transformação pode ser modesta no princípio, envolvendo momentos ocasionais de *insight* das próprias motivações, de libertação do domínio de algum condicionamento ou de refúgio da investida constante de egoísmo e desejo. Esses momentos, porém, são cumulativos e aos poucos ganham impulso, à medida que mais e mais padrões subjacentes de nosso processo psicológico tornam-se revelados.

Mindfulness leva a *insight*, e este, à sabedoria. O tipo de *insight* a que nos referimos nesse contexto não é o conceitual de nossa narrativa pessoal, mas um vislumbre mais visceral e intuitivo da natureza condicionada, construída, instável e impessoal de nossa vida mental e física. É um *insight* que afrouxa os laços do apego e abre o coração a um contexto mais amplo do que o meramente autorreferencial. Quando padrões inconscientes de comportamento se tornam expostos à luz da percepção consciente por meio da prática de *mindfulness*, eles perdem muito de seu poder de nos enganar e forçar. A própria forma como os dados dos sentidos são organizados a cada momento na construção de uma personalidade e de uma visão de mundo começa a mudar. Por fim, episódios recorrentes de *insight* contribuirão para alterações da mente mais permanentes, um processo que os budistas referem como o *aprofundamento da sabedoria*. Esse tipo de *insight* nos transforma profundamente.

Em seu ponto de culminação mais distante, a realização da iluminação (*nirvana*, em sânscrito), a cobiça, a raiva e a delusão são eliminadas por completo. Uma pessoa ainda está construindo a experiência momento a momento por meio dos órgãos dos sentidos e da percepção e vivencia tanto prazer como dor. A diferença é que o prazer não dará origem ao desejo por mais prazer, e a dor não será recebida com aversão, resistência ou negação. A ação, portanto, não é mais motivada por sofreguidão em busca de satisfação, e a identidade como um nó em torno do qual o comportamento autointeressado é organizado já não é construída. Uma pessoa move-se pelo mundo respondendo de forma adequada aos acontecimentos à medida que eles surgem, e sua vida torna-se uma expressão das intenções mais altruístas de generosidade (não cobiça), bondade (não raiva) e compreensão (não delusão).

Resta-nos uma imagem de uma pessoa que é satisfeita em qualquer circunstância, livre de condicionamento involuntário e de forma alguma levada à ação por compulsão. Essa pessoa aceita a constante variabilidade do mundo, não espera mais gratificação além da satisfação de certas necessidades contextuais (p. ex., comer e beber quando apropriado, mas sem apego), não exerce nenhuma reivindicação de propriedade sobre nenhum objeto ou elemento da experiência e, talvez mais importante, não sofre sob a delusão narcisista de identidade pessoal inflada. Tal visão do potencial humano sugere a transformação do organismo psicofísico para um estágio de desenvolvimento mais elevado.

Uma vez que a prática de *mindfulness* está sendo usada como uma intervenção psicoterapêutica, poderíamos prever que, com o tempo, a forma de entender os objetivos da terapia será ampliada para abranger uma visão maior do que é possível e a possibilidade de um tipo de satisfação mais profunda.

15
A neurobiologia de *mindfulness*

Sara W. Lazar

> Semeie um pensamento, e você colhe um ato;
> Semeie um ato, e você colhe um hábito;
> Semeie um hábito, e você colhe um caráter;
> Semeie um caráter, e você colhe um destino.
> – PROVÉRBIO INGLÊS DO SÉCULO XIX

Por mais de 2 mil anos tem sido afirmado que a meditação pode produzir uma vasta gama de benefícios para o corpo e para a mente. Apenas recentemente, entretanto, a comunidade científica começou a desvendar as inúmeras alterações que ocorrem enquanto se está meditando, tais como diminuições nos hormônios do estresse e aumentos nos marcadores biológicos associados com relaxamento físico.

Além dos efeitos imediatos da meditação, os praticantes também relatam vivenciar alterações características, de mais longa duração. Embora a sensação de calma e clareza que surge durante a meditação sentada formal tenda a diminuir durante o dia, os praticantes muitas vezes relatam que a meditação matinal os ajuda a enfrentar de maneira mais eficaz situações difíceis, a ter mais empatia e compaixão, a ter melhor memória e a prestar mais atenção. Cientistas começaram a testar essas afirmações, e existem agora boas evidências de pesquisa apoiando algumas delas, particularmente a capacidade aumentada de prestar atenção e experiências mais frequentes de compaixão. Entretanto, ainda não está claro como essa prática poderia levar a tais efeitos generalizados e, em particular, quais mecanismos neurais podem estar na base dessas mudanças benéficas. Este capítulo explora como a prática da meditação afeta o cérebro e como essas alterações cerebrais podem, por sua vez, levar a benefícios de longa duração.

NEUROPLASTICIDADE

Antes de mergulharmos na estrutura e na função do cérebro, primeiro precisamos entender o comportamento humano de um ponto de vista neural. Neste capítulo, eu uso a palavra *comportamento* significando qualquer ação do corpo ou da mente. Sob essa égide, os aspectos da experiência humana que os meditadores afirmam que podem ser alterados com a prática, como as respostas emocionais, a atenção ou a intenção, são todos definidos como comportamentos. E, de um ponto de vista neural, todos esses comportamentos são produto da *atividade* do cérebro, que é dependente da *estrutura* cerebral (ver Figura 15.1).

A estrutura cerebral pode ser vagamente definida como qualquer coisa relacionada com a forma como os neurônios se comunicam entre si, variando do número de conexões entre os neurônios à quantidade de neurotransmissores que são liberados entre eles. Geralmente, os neurocientistas acreditam que, a fim de existir uma mudança de longa duração no comportamento, deve haver uma mudança correspondente na estrutura cerebral. Essa possibilidade de mudança é chamada de *neuroplasticidade*. Por exemplo, enquanto você lê as palavras neste livro, os neurônios no seu cérebro estão processando a informação visual em conceitos e os compreendendo de várias formas. Isso é *atividade* cerebral. A fim de armazenar a informação para uso posterior, em algum lugar do cérebro os neurônios precisam mudar alguma coisa em relação a como eles se comunicam entre si (i.e., a estrutura). Nós, na verdade, ainda não entendemos tal processo, mas sabemos que uma série de eventos leva a mudanças que resultam na formação de uma memória. Se você tentar lembrar amanhã o que você acabou de ler, os neurônios irão disparar e produzir um surto de atividade cerebral, e você lembrará essas ideias. Quando um comportamento é repetido muitas vezes, como trazer a atenção de volta para o momento presente durante a prática de meditação, a cascata de atividade cerebral correspondente muda de forma gradual, e o padrão é codificado de modo diferente de comportamentos aleatórios. A estrutura do cérebro mudou, e esse novo padrão agora dirige o comportamento. É assim que os hábitos se formam.

Estrutura ⇌ Atividade ⇌ Comportamento

FIGURA 15.1 A inter-relação entre estrutura cerebral, atividade e comportamento.

A neuroplasticidade também está no coração do processo terapêutico. Por exemplo, se um paciente deprimido vai consultar um clínico, este poderia prescrever medicamento antidepressivo, que irá alterar a estrutura cerebral do paciente (p. ex., os receptores que recapturam a serotonina). O medicamento irá alterar a quantidade ou o tipo de comunicação entre os neurônios, o que ocasionará alterações no comportamento, ou seja, um humor menos deprimido. De modo semelhante, um psicoterapeuta poderia contestar algumas das convicções e inseguranças do paciente ou incentivá-lo a olhar para as situações de um ponto de vista diferente. Quando as técnicas de terapia de conversa são bem-sucedidas, há alguma mudança na estrutura cerebral que acompanha a mudança na perspectiva ou na atitude. Goldapple e colaboradores (2004) fornecem um exemplo interessante desse tipo de mudança com pacientes que sofrem de depressão maior.

Agora vamos considerar a meditação. Usando a estrutura descrita anteriormente, podemos postular que, embora envolvido na prática da meditação, o cérebro deve exibir um padrão específico de atividade que é diferente da atividade cerebral normal. Com a prática repetida, devem ocorrer mudanças na estrutura cerebral que estão relacionadas àquela prática. Essas alterações na estrutura devem, então, sustentar os padrões alterados de atividade cerebral, mesmo quando a pessoa não está meditando. A seguir, consideramos as evidências que foram publicadas até agora em apoio a cada um desses passos.

ATIVIDADE CEREBRAL DURANTE A MEDITAÇÃO

Começamos examinando o que acontece no cérebro durante a meditação. De um ponto de vista da neurociência cognitiva, ela é uma tarefa altamente heterogênea e multifacetada, envolvendo tanto um foco intenso de concentração como uma abertura a experiências sensoriais, emoções e pensamentos. Além disso, algumas técnicas de meditação, como meditação de amor-bondade (*metta*, em pali), incorporam visualização e/ou esforços para produzir estados mentais específicos. De forma consistente com essa noção, pesquisadores começaram a identificar redes neurais específicas que acreditam que estejam na base de diferentes formas de meditação. Uma desvantagem para esses estudos é que eles muitas vezes variavam de modo significativo no modelo e no tipo de meditação estudado, tornando difícil, em alguns casos, comparar os resultados. Entretanto, vários achados consistentes começaram a surgir.

Um dos achados mais consistentes é a desativação de uma rede de regiões cerebrais denominada *rede em modo padrão* (RMP; Bærensten et al., 2010; Brewer, Worhunsky, et al., 2011; Hasenkamp, Wilson-Mendenhall, Duncan, &

Barsalou, 2012). Inúmeros estudos demonstraram a presença de certas redes de regiões cerebrais que permanecem ativas durante o repouso, no qual realizam tarefas de "manutenção interna" básicas que são necessárias para o funcionamento normal. A mais proeminente delas é a RMP, que se supõe desempenhar um papel central na criação e na manutenção do *self autobiográfico*, ou seja, funções de apoio que criam o sentido de *self* e de identidade. Também existe a hipótese de que essa rede gere pensamentos espontâneos enquanto a mente vagueia e de que esteja envolvida em inúmeras condições psiquiátricas e neurológicas, entre elas doença de Alzheimer e autismo. Sua desativação é consistente com a meditação como um estado de atenção focada caracterizado por mínimo desvio mental e atividade autorreferencial.

Esses estudos também revelaram que as regiões cerebrais importantes para atenção, determinação da importância e controle cognitivo eram mais ativas durante períodos de meditação do que durante o repouso (Brewer, Worhunsky, et al., 2011; Hasenkamp et al., 2012; Tang et al., 2009). Brewer, Worhunsky e colaboradores (2011) demonstraram, ainda, que a RMP era mais conectada (i.e., estava mais "em sincronia") com essas áreas de controle cognitivo, o que é consistente com a ideia de que durante a meditação há mais monitoramento momento a momento e controle do próprio estado mental da pessoa, que pode ajudar a diminuir a incidência dos desvios da mente. Hasenkamp e colaboradores demonstraram que a atividade em uma subregião da RMP, o córtex pré-frontal ventromedial (CPFvm), era inversamente correlacionada com a quantidade de experiência de meditação, sugerindo que ela pode permitir um desengajamento mais rápido ou mais eficiente dos processos cognitivos facilitados por essa região.

De modo semelhante, em um estudo com monges tibetanos, Brefczynski-Lewis, Lutz, Schaefer, Levinson e Davidson (2007) demonstraram que os monges tinham consideravelmente menos atividade no córtex cingulado anterior (CCA) durante a meditação se comparados a controles que tinham meditado durante uma semana. O CCA com frequência está associado a dirigir a atenção, portanto poderia ser esperado que meditadores mais experientes mostrassem maior ativação do que meditadores iniciantes. Em contrapartida, visto que meditadores mais experientes muitas vezes relatam que podem manter períodos de atenção ininterrupta por mais tempo do que meditadores iniciantes, isso pode resultar em menos necessidade de atividade no CCA. Quando Hölzel e colaboradores (2007) tentaram reproduzir esses resultados usando praticantes de meditação de *insight* leigos experientes, verificaram que esses participantes mostravam *mais* atividade no CCA comparados com não meditadores. Essa discrepância pode resultar do fato de Brefczynski-Lewis e colaboradores terem testado monges altamente treinados, enquanto Hölzel e colaboradores testaram praticantes leigos, cuja capacidade de manter a atenção é sem dúvida menos desenvolvida que a dos monges.

Outra região ativada durante a meditação em monges tibetanos é a ínsula anterior (Brefczynski-Lewis et al., 2007; Lutz, Greischar, Perlman, & Davidson, 2009). Essa estrutura está associada com interocepção, bem como com equilíbrio e detecção da frequência cardíaca e respiratória. Ela também foi proposta como região-chave envolvida no processamento de sensações corporais transitórias, contribuindo, desse modo, para nossa experiência de *individualidade* (Craig, 2009). Uma hipótese para a ativação aumentada da ínsula durante a meditação é que isso reflete a atenção cuidadosa do meditador às sensações internas que afloram e passam. A região desempenha um papel fundamental nas respostas afetivas à dor (Casey, Minoshima, Morrow, & Koeppe, 1996), bem como em emoções geradas internamente (Rieman et al., 1997).

ALTERAÇÕES NA ESTRUTURA CEREBRAL QUE OCORREM COMO RESULTADO DA PRÁTICA

Consideramos, agora, a estrutura cerebral. A imagem de ressonância magnética (IRM) é como uma câmera gigante, e existem dois tipos de imagens diferentes que podem ser obtidos: funcional e estrutural. As imagens de RM *funcional* (IRMf) capturam imagens em qualquer parte do cérebro que esteja ativa em tempo real. Quando alguém está envolvido em uma determinada tarefa, podemos observar na varredura que partes do cérebro estão ativas durante a tarefa em relação ao resto ou a outras tarefas. Em contrapartida, as imagens de RM *estrutural* revelam quanta substância cinzenta ou branca está presente em diferentes partes do cérebro. Isso revela informações sobre como o cérebro é interligado (cabeado) e, portanto, fornece evidências de que a prática de meditação pode levar a alterações duradouras na forma como o cérebro trabalha.

Em 2005, conduzimos um estudo que examinou a estrutura cerebral de 20 praticantes leigos de meditação theravada e de 15 indivíduos de controle que foram comparados com os meditadores por gênero, idade, educação e raça, mas não tinham experiência na prática de meditação (Lazar et al., 2005). Investigamos a estrutura cerebral calculando a espessura da substância cinzenta de cada pessoa. *Substância cinzenta* refere-se às partes do cérebro onde os neurônios comunicam-se uns com os outros e onde o "pensamento" e a atividade neural realmente acontecem, enquanto *substância branca* refere-se às partes do cérebro que são compostas principalmente de fibras de longa distância carregando informações de uma parte do cérebro para outra.

A pergunta central que fizemos foi: a substância cinzenta muda como resultado da prática de meditação? Fomos levados a essa indagação por diversos estudos que compararam grupos específicos de pessoas e encontraram diferenças na substância cinzenta. Um estudo examinou indivíduos bilíngues e verificou que aqueles que aprendem uma segunda língua quando crianças têm significativamente mais substância cinzenta em regiões cerebrais associadas à linguagem quando comparados com aqueles que aprendem uma segunda língua quando adolescentes, ou com indivíduos que falam apenas uma língua. De modo semelhante, outro estudo verificou que músicos profissionais têm mais substância cinzenta do que músicos amadores em áreas do cérebro relacionadas com capacidade musical e que amadores têm mais substância cinzenta do que pessoas sem nenhum treinamento musical. Em cada um desses estudos, a quantidade de substância cinzenta estava correlacionada com proficiência ou experiência (Gaser & Schlaug, 2003; Mechelli et al., 2004). Os resultados dessa pesquisa nos levaram à hipótese de que também deve haver diferenças nos cérebros dos nossos indivíduos, os quais tinham praticado meditação por muitos anos.

Os meditadores de longo prazo tinham espessura cortical aumentada na ínsula anterior e no córtex sensorial, regiões envolvidas na observação de sensações físicas internas e externas, respectivamente. A ínsula foi uma das regiões que se revelou ativa durante a meditação, aspecto que discutimos anteriormente (Brefczynski-Lewis et al., 2007). Dada a ênfase na observação de estímulos sensoriais que ocorre durante a meditação, o espessamento nessas regiões é consistente com relatos subjetivos de prática de *mindfulness*. De forma curiosa, a diminuição do volume da ínsula anterior foi fortemente implicada em diversas psicopatologias, entre elas transtorno de estresse pós-traumático (TEPT), ansiedade social, fobias específicas e esquizofrenia (Crespo-Facorro et al., 2000; Etkin & Wager, 2007; Phillips, Drevets, Rauch, & Lane, 2003; Wright et al., 2000). Também foi verificado que a ínsula é ativa nos monges quando eles estão envolvidos em exercícios de compaixão (Lutz, Greischar, et al., 2009). As regiões do córtex frontal, uma área dedicada à tomada de decisões e ao processamento cognitivo, também eram maiores nos meditadores. É bem conhecido que essa parte do cérebro normalmente diminui em espessura à medida que envelhecemos. Curiosamente, quando traçamos o diagrama da espessura cortical de cada pessoa nessa região em comparação com sua idade, o gráfico sugeriu que a meditação poderia ajudar a desacelerar ou mesmo prevenir esse declínio normal na espessura relacionado à idade.

Vários outros estudos examinaram a estrutura da substância cinzenta em praticantes de longo prazo (Grant et al., 2011; Hölzel et al., 2008; Leung et al., 2012; Luders, Toga, Lepore, & Gaser, 2009; Luders et al., 2012; Pagnoni & Cekic, 2007; Vestergaard et al., 2009). Cada um dos estudos relatou resultados diferentes, entretanto; talvez porque os grupos de pesquisa utilizou indivíduos que praticavam diferentes linhas de meditação budista, tiveram diferentes critérios para quanto tempo os indivíduos precisavam ter praticado ou variaram em relação à idade dos indivíduos que foram incluídos. Cada um desses fatores pode influenciar os resultados. Além disso, cada estudo utilizou métodos ligeiramente diferentes para analisar a substância cinzenta, e sabe-se que cada método é sensível a diferentes aspectos de estrutura dessa substância. Portanto, é difícil comparar os resultados diretamente.

A despeito dessas diferenças, três regiões cerebrais foram identificadas em pelo menos dois estudos, dando credibilidade adicional aos achados. Essas três regiões são a ínsula anterior direita, o giro temporal inferior esquerdo e o hipocampo. O lobo temporal inferior esquerdo, que foi identificado em três estudos (Hölzel et al., 2008; Leung et al., 2012; Luders et al., 2009), está envolvido na criação do sentido de atuação. O hipocampo desempenha um papel central na memória e também foi implicado na regulação das emoções. O hipocampo é a única parte do cérebro que gera novos neurônios ao longo de toda a nossa vida. Entretanto, níveis excessivos de cortisol, um hormônio esteroide que é liberado em resposta a estresse, são tóxicos para essas células e podem impedir que novos neurônios sejam gerados. Esses estudos de neuroimagem com meditadores sugerem que a prática de meditação pode ter o potencial de prevenir os efeitos prejudiciais do estresse sobre o cérebro, o que tem implicações importantes para inúmeras condições psicológicas nas quais a estrutura e a função do hipocampo são importantes, tais como depressão e TEPT.

Uma ressalva importante sobre os achados estruturais discutidos até agora é que todos os estudos empregaram praticantes de meditação de longo prazo. Portanto, as diferenças observadas poderiam dever-se a outras diferenças de estilo de vida entre os grupos, como, por exemplo, dieta vegetariana, ou poderiam existir antes da decisão dos indivíduos de começar a meditar. Entretanto, alguns dos estudos (Hölzel et al., 2007; Lazar et al., 2005; Leung et al., 2012) encontraram correlações entre quantidade de substância cinzenta e quantidade de prática de meditação, fornecendo evidência indireta de que essas regiões são resultado de meditação, e não um achado falso.

Para tratar essas questões, recentemente testamos se tipos semelhantes de mudanças ocorrem em pessoas que estão apenas começando a meditar (Hölzel et al., 2010; Hölzel, Carmody, et al., 2011). Recrutamos indivíduos do Center for Mindfulness in Medicine, em Worcester, Massachusetts, que estavam interessados em se submeter ao programa de redução do estresse baseada em *mindfulness* (REBM) de oito semanas. Esse programa altamente estruturado se concentra em treinar os participantes nos exercícios centrais de *mindfulness* e de meditação. Realizamos varreduras de IRM antes de os participantes ingressarem no curso e após seu término e comparamos os dados de imagem coletados com um grupo-controle da lista de espera. Encontramos alterações da substância cinzenta em quatro regiões: no hipocampo, em uma região chamada córtex cingulado posterior (CCP), em uma região chamada junção temporal-parietal (JTP) e em parte do cerebelo. A substância cinzenta na ínsula também estava aumentada, embora a diferença não fosse estatisticamente significativa quando comparada com o grupo-controle.

Como foi discutido anteriormente, o hipocampo é fundamental à aprendizagem e à memória e foi identificado em inúmeros estudos da estrutura e da função cerebrais relacionadas com meditação. O CCP é parte da RMP e desempenha um papel central na criação e na compreensão do contexto no qual um estímulo ou acontecimento ocorre e também na determinação da relevância daquele estímulo para o *self*. Como também já foi discutido, a atividade no CCP *diminui* durante a meditação (Brewer, Worhunsky et al., 2011; Hasenkamp et al., 2012). Embora encontrar quantidades aumentadas de substância cinzenta em uma região com atividade diminuída pareça contrário ao esperado, esse não é um achado incomum, uma vez que a relação entre estrutura e função pode ser complexa. A substância cinzenta alterada apenas reflete uma mudança da arquitetura neural nessa área, o que, presumimos, apoia o funcionamento alterado.

A terceira região com densidade da substância cinzenta aumentada foi a JTP, que desempenha um papel central na empatia e na compaixão (Decety & Michalska, 2010). A JTP também parece desempenhar um papel central na mediação da perspectiva de primeira pessoa de estados corporais (Arzy, Thut, Mohr, Michel, & Blanke, 2006; Blanke et al., 2005). Déficits na região estão associados a experiências extracorpóreas (Blanke & Arzy, 2005), sugerindo que alterações na substância cinzenta aí localizadas poderiam estar por trás do sentido aumentado de incorporação como resultado do treinamento da meditação.

Além de encontrarmos regiões de substância cinzenta aumentada, também encontramos diminuição da densidade da substância cinzenta da amígdala, que estava correlacionada com mudança nos níveis de percepção do estresse (Hölzel et al., 2010; ver Figura 15.2). A amígdala é bem conhecida por desempenhar um papel central na excitação emocional e na mediação de respostas fisiológicas a ameaças. Quanto maior a diminuição nos níveis de estresse de um participante após REBM, menos densa era a amígdala. Esse achado tem um importante paralelo com estudos conduzidos em ratos (Mitra, Jadhav, McEwen, Vyas, & Chattarji, 2005). Nesses experimentos, verificou-se que a amígdala dos animais tinha-se tornado *mais densa* após eles serem colocados em uma situação de vida estressante. Os pesquisadores, então, colocaram os ratos de volta em um ambiente não estressante. De forma curiosa, mesmo quando eles os testa-

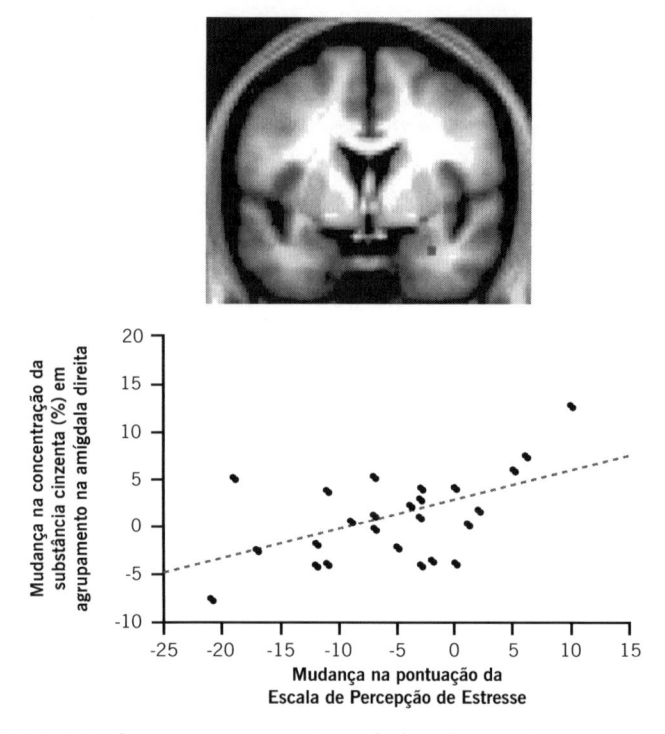

FIGURA 15.2 Mudança no estresse está correlacionada a mudança na substância cinzenta da amígdala. Dados de Hölzel et al. (2010). Copyright 2010 pela Oxford University Press.

ram novamente três semanas mais tarde, a amígdala permaneceu mais densa, e os animais se comportaram como se ainda estivessem em situação de estresse. O ambiente deles retornou a um estado pacífico, mas não seus cérebros ou seu comportamento. Essa era a situação oposta para nossos indivíduos. Após a intervenção de *mindfulness* de oito semanas, suas vidas ainda eram as mesmas; eles ainda tinham os mesmos empregos estressantes e as mesmas pessoas difíceis em suas vidas. O ambiente deles não tinha mudado, mas seus cérebros e *seu relacionamento com seu ambiente* tinha. O tamanho diminuído da amígdala é um reflexo dessa mudança interna.

Infelizmente, não sabemos exatamente o que causa essas mudanças na substância cinzenta. No hipocampo, pode ser que mais neurônios estejam sendo criados, uma vez que sabemos que neurônios são formados no hipocampo, embora a magnitude da mudança observada sugira que outros fatores também estejam contribuindo. Para as outras regiões cerebrais, o mecanismo de mudança é incerto. Aumentos nos números de conexões entre os neurônios poderiam estar contribuindo para as mudanças.

A IRM também pode ser usada para examinar a estrutura da substância branca do cérebro, que consiste dos tratos de fibras longas entre as duas extremidades de um neurônio. Experimentos recentes sugerem que a prática de meditação promove aumentos nos traços de substância branca em regiões cerebrais semelhantes onde as alterações da substância cinzenta estão ocorrendo (Kang et al., em processo de impressão; Luders, Clark, Narr, & Toga, 2011; Tang et al., 2010, 2012). Esse aumento na densidade do trato de substância branca é consistente com a interpretação de que as alterações na substância cinzenta devem-se a alterações no número de conexões entre os neurônios, uma vez que as fibras que conectam os neurônios com frequência se esticam a grandes distâncias. Estudos com animais sugerem que outros mecanismos também poderiam contribuir para alterações na substância cinzenta, entre eles aumentos no número de células auxiliares (chamadas *astrócitos*) ou aumentos no diâmetro dos vasos sanguíneos. Uma alteração em qualquer um desses componentes neurais é consistente com neuroplasticidade e com a aquisição de novas informações ou comportamentos.

Para resumir, alterações estruturais foram encontradas em regiões cerebrais que são importantes para a regulação das emoções, a empatia e o processamento autorreferencial. Além disso, alterações nos níveis de estresse ocasionadas por meditação *mindfulness* estavam correlacionadas a alterações na densidade da substância cinzenta da amígdala. Esses dados proporcionam informações importantes em relação a como a meditação funciona e acrescentam evidências neurais consideráveis às afirmações dos meditadores de que a prática melhora seu humor, sua capacidade de regular as emoções e, em particular, sua capacidade de lidar com situações estressantes quando não estão meditando. A prática regular da meditação literalmente reformula o nosso cérebro, levando a alterações duradouras na função neural.

ALTERAÇÕES NA ATIVIDADE CEREBRAL QUANDO NÃO MEDITANDO

Consideramos agora a evidência em favor dessa última parte do modelo operante mostrado na Figura 15.1, ou seja, a evidência de que a prática frequente da meditação deve levar a alterações na atividade cerebral ao longo do dia durante a realização de outras tarefas, não apenas enquanto se medita. Ao longo dos últimos anos, um conjunto cada vez maior de evidências começou a demonstrar essas alterações. Um benefício da prática da meditação muitas vezes citado é a diminuição da reatividade às nossas próprias experiências emocionais. Diversos estudos com indivíduos saudáveis demonstraram que a atividade na amígdala, a região cerebral mais estreitamente associada à excitação emocional, é com frequência inversamente correlacionada à atividade nas regiões de *controle executivo* do córtex pré-frontal (p. ex., o CCA e o córtex pré-frontal dorsolateral), sugerindo que essas regiões frontais desempenham um papel importante na regulação das emoções (Ochsner, Bunge, Gross, & Gabrieli, 2002).

Diversos estudos buscaram explorar essa rede de regulação de emoções em praticantes de meditação. Estudos que exploraram os efeitos longitudinais do treinamento de meditação de curto prazo (de 1 a 8 semanas) em iniciantes encontraram diminuições na atividade da amígdala em resposta a uma variedade de estímulos afetivos, incluindo imagens emocionalmente evocativas (Desbordes et al., 2012; Taylor et al., 2011), expressões faciais (Hölzel et al., 2013) e autoconvicções negativas (Goldin & Gross, 2010). De forma curiosa, o único desses estudos que relatou um aumento concomitante nas regiões executivas frontais utilizou apenas uma semana de treinamento de meditação (Taylor et al., 2011). Os outros estudos, que usaram os programas de treinamento de *mindfulness* de oito semanas, não encontraram alteração nas regiões executivas frontais, sugerindo que o treinamento da meditação fornece um mecanismo novo para regular a função da amígdala. De fato, um dos relatos (Hölzel et al., 2013) encontrou conectividade *aumentada* entre a amígdala e uma sub-região do córtex pré-frontal dorsolateral que se acredita monitorar (mas não alterar) a atividade a amígdala, sugerindo que a regulação descendente típica da reatividade emocional por meio do córtex pré-frontal foi substituída por uma resposta neural menos reativa.

No entanto, estudos com praticantes de meditação de longo prazo encontraram diferenças ainda mais pronunciadas nas respostas neurais a estímulos afetivos. Estudos que empregaram imagens afetivas revelaram que meditadores zen experientes percebiam essas imagens como menos intensas enquanto estavam em estado de *mindfulness* do que em repouso, mas isso ocorria sem *nenhuma* regulação descendente da amígdala e sem atividade aumentada nas áreas pré-frontais moduladoras do cérebro (Taylor et al., 2011). Outros estudos com praticantes zen experientes revelaram que, comparados com controles, os meditadores têm menos atividade nas regiões cerebrais responsáveis pelo raciocínio conceitual durante uma tarefa de decisão léxica, sugerindo elaboração e reatividade emocional reduzidas aos estímulos (Pagnoni, Cekic, & Guo, 2008).

Diversos estudos usaram dor leve ou sons desagradáveis induzidos de maneira experimental para explorar como a prática da meditação pode alterar a resposta emocional de um indivíduo a estímulos desagradáveis. Esses estudos demonstraram que meditadores de longo prazo classificam a intensidade do estímulo de forma semelhante aos controles, mas têm classificações autorrelatadas de desagrado significativamente reduzidas (Gard et al., 2012; Grant et al., 2011; Lutz et al., 2013; Perlman et al., 2010). Muito importante é o fato de que essas alterações foram acompanhadas por ativação cerebral aumentada em áreas sensoriais, inclusive na ínsula, e ativação diminuída em áreas de controle executivo, avaliativas e relacionadas às emoções (córtex pré-frontal, amígdala e hipocampo). Esses dados refletem mais uma diminuição no controle cognitivo do que uma diminuição na sensação dolorosa em si. Em um dos estudos, a sensibilidade mais baixa à dor nos meditadores foi bastante previsível pela dissociação entre a atividade nas áreas pré-frontais cognitivo-avaliativas e as áreas dolorosas sensoriais (Grant et al., 2011). Essa dissociação pode corresponder ao substrato neural da capacidade dos meditadores para perceberem os estímulos dolorosos de forma mais neutra. Tais achados neurais alterados são consistentes com as instruções do treinamento de *mindfulness* para "apenas perceber o que está acontecendo" e "deixar as coisas serem como são". Farb e colaboradores (2007) também demonstraram atividade aumentada nas regiões sensoriais, inclusive na ínsula, durante o processamento experiencial de estímulos afetivos após treinamento de *mindfulness*. Esses achados têm implicações fascinantes no uso da prática de *mindfulness* para tratar dor crônica (ver Capítulo 10).

Além de demonstrar alterações na atividade cerebral durante tarefas, estudos recentes também demonstraram atividade cerebral alterada associada ao treinamento de *mindfulness* durante o repouso simples. Como discutido anteriormente, a RMP é o conjunto principal de regiões cerebrais que parece estar ativo durante o repouso; acredita-se que ela desempenhe um papel central na criação do sentido de *self* e de identidade, e ela é entendida como mais ativa durante desvios da atenção. O CCP, que é desativado durante a meditação (Brewer, Worhunsky, et al., 2011; Hasenkamp et al., 2012) e é uma das áreas com densidade da substância cinzenta alterada após REBM (Hölzel, Carmody, et al., 2011), é um eixo central da RMP. Diversos estudos demonstraram que praticantes de meditação de longo prazo têm conectividade aumentada entre as regiões que pertencem a esse conjunto (Brewer, Worhunsky, et al., 2011; Hasenkamp & Barsalou, 2012; Jang et al., 2011; Taylor et al., 2013). Alterações em outras redes do estado de repouso foram identificadas em iniciantes após suas participações em REBM (Kilpatrick et al., 2011). Vários dos estudos com praticantes experientes também demonstraram que a atividade dentro da RMP é associada de forma mais intensa a outras redes durante o repouso, em particular às redes associadas a atenção e controle executivo (Bærentsen et al., 2010; Brewer, Worhunsky, et al., 2011; Hasenkamp & Barsalou, 2012; Pagnoni et al., 2008), o que, segundo foi sugerido, reflete a capacidade aumentada de manter a atenção, libertar-se de distrações e passar menos tempo com a mente vagando, mesmo quando não meditando.

De maneira curiosa, esses achados são o oposto do que é visto na doença de Alzheimer ou no autismo, nos quais foi relatada conectividade diminuída dentro da RMP (Brier et al., 2012). Nessas doenças, as diferenças na conectividade estão relacionadas a sintomas clínicos que muitas vezes são profundos. O fato de a experiência de meditação estar associada a alterações de magnitude semelhante, mas de direção oposta, tem implicações na natureza profunda das mudanças que podem estar ocorrendo com a prática da meditação.

Este capítulo forneceu um panorama da literatura neurobiológica recente sobre meditação *mindfulness* e das evidências de neuroplasticidade relacionadas a ela. Os dados relatados nessa literatura fornecem *insights* importantes sobre como a meditação funciona e acrescentam evidências consideráveis às afirmações dos meditadores de que a prática melhora seu humor, sua capacidade de regular as emoções e, em particular, sua capacidade de lidar com situações estressantes. Essa revisão, entretanto, reflete apenas a ponta do *iceberg*, na medida em que ainda há muito a aprender sobre como tais alterações cerebrais levam às inumeráveis mudanças que os meditadores relatam. Em particular, a maioria das pesquisas neurais feitas até agora se concentraram na REBM e na meditação de consciência da respiração. Há inúmeras técnicas de meditação, e precisamos entender melhor as semelhanças e as diferenças, tanto neurológicas como clínicas, dos diferentes tipos de práticas.

Com frequência me perguntam: "Esses dados estão nos dizendo que as pessoas devem meditar para tornar seus cérebros maiores?" ou "Estou envelhecendo – devo meditar para meu cérebro parar de encolher?". Embora nossos dados mostrem que o cérebro muda com a prática da meditação, é importante lembrar que aprender *qualquer* tarefa nova levará a mudanças em seu cérebro. A questão desses dados refere-se a entender melhor como a meditação pode estar funcionando. Entretanto, tenho ouvido de muitos professores de meditação que, quando as pessoas vêm para as aulas pela primeira vez, elas com frequência são um pouco céticas. Os alunos perguntam: "Isso realmente está fazendo alguma coisa por mim?" ou "Eu preciso praticar por muitos anos para obter os benefícios positivos da meditação?". Uma utilidade dos dados é ajudar a remover essas dúvidas em torno da eficácia da prática de meditação e *mindfulness*, em oposição a apresentar as alterações cerebrais como a meta principal da prática.

Vou deixá-los com um *koan* (parábola) zen: "Com a intenção de comprar ferro, eles obtiveram ouro". Em meu próprio caso, comecei a praticar ioga como uma forma de fisioterapia para dor no joelho. Eu não acreditava em nenhuma das afirmações cognitivas ou sobre saúde que o professor fazia, mas, após poucas semanas, percebi que havia muito mais na prática da ioga que apenas uma forma de reabilitar meu joelho. Essa é uma experiência comum para aqueles que vão a práticas de ioga e meditação. Eles começam buscando a redução do estresse, ou para aumentar o tamanho de seu cérebro, ou para trazer algum outro benefício palpável para suas vidas – mas começam a perceber que os exercícios fazem muito mais: enriquecem suas vidas em aspectos inesperados e os ajudam de formas que eles nem sabiam que precisavam ser ajudados.

# 16
Psicologia positiva e o caminho bodhisattva

Charles W. Styron

> Iluminado significa despertar para a bondade fundamental que está aqui, no centro de nossa humanidade. A sociedade é a expressão natural dessa bondade. Ela se manifesta como uma conexão natural entre os seres que é vivenciada como amabilidade. Portanto, uma sociedade iluminada é uma associação atenta e amável com os outros.
>
> – SAKYONG JAMPAL TRINLEY DRADUL (2012)

A psicologia positiva não é nova. Embora ela tenha-se tornado uma disciplina formal em 1998, quando Martin Seligman a escolheu como tema de sua gestão como presidente da American Psychological Association, Abraham Maslow (1954) criou o termo na década de 1950. Entretanto, ele também estava atrasado para a festa – muito atrasado. Como este capítulo irá mostrar, os princípios mais importantes da psicologia positiva são, na verdade, muito antigos. Em alguns aspectos, a psicologia positiva está servindo vinho velho em garrafas novas, apoiando empiricamente o que se conhece de forma experiencial há mais de dois milênios.

Todo mundo quer ser feliz, e a psicologia positiva adota a visão de que o cultivo do bem-estar humano é tão importante quanto tratar seus males e patologias. Dalai Lama mesmo disse que o propósito da vida humana é ser feliz

(Dalai Lama & Cutler, 1998), e, de fato, a meditação *mindfulness* tem como centro a conquista do bem-estar. A psicologia positiva e a meditação *mindfulness*, portanto, têm aspirações muito semelhantes.

Desde os tempos antigos tem havido muitas práticas que facilitam a jornada em direção à felicidade. Nos primórdios da psicologia budista (*theravada*), a meditação *mindfulness* foi concebida como um meio de superar a dor inevitável da vida. Na psicologia budista posterior (*mahayana* e *vajrayana*), perceber a *natureza búdica* – o que Chogyam Trungpa (1984) mais recentemente chamou de "bondade fundamental" (ver p. 29-33) – tornou-se um foco. Vislumbres desse estado levam ao desejo de trazê-lo mais plenamente à experiência cotidiana por meio da prática sistemática e disciplinada.

A integração do antigo com o novo nunca é fácil, e, ao tentarmos fazê-lo aqui, existe o risco de enfraquecermos a sabedoria antiga para exortarmos o entendimento moderno. Em contrapartida, também existe o risco contrário de aceitarmos alegações experienciais de longa data com base na fé sem evidência objetiva. O empirismo é o paradigma dominante para validar nossa compreensão do mundo no presente, mas, como David Deutsch (2011) salienta de forma tão eloquente, ele é uma construção intelectual como qualquer outra perspectiva filosófica anterior foi. Precisamos trabalhar com os instrumentos científicos disponíveis para nós, mas precisamos fazê-lo com cautela, ao mesmo tempo honrando e respeitando o que nossos antecessores nos transmitiram de suas explorações interiores.

OS TRÊS PILARES DE PSICOLOGIA POSITIVA

Seligman (2002) postulou originalmente três caminhos principais para a conquista da felicidade:

1. o cultivo de emoções positivas (inclusive a experiência do prazer),
2. compromisso e envolvimento com situações, tarefas e atividades, e
3. significado ou propósito na busca – mais recentemente, ele revisou sua formulação, acrescentando os elementos referidos como
4. relacionamentos positivos e
5. realização ou conquista de um objetivo.

Ele também mudou seu objetivo principal de "felicidade" – que ele agora caracteriza como a restrita "entidade de satisfação com a vida" – para o mais abrangente e robusto "construto do bem-estar" (2011, p. 15). *Bem-estar* também é a expressão preferida neste capítulo. Além disso, à medida que examinamos a possibilidade de integrar a psicologia positiva e a prática de *mindfulness*, nos concentraremos nos três elementos originais de Seligman devido à sua ampla aceitação no campo.

Cultivar emoções positivas

Passado

O primeiro elemento para a conquista do bem-estar trata da emoção positiva e é dividido em três partes, pertencentes ao passado, ao futuro e ao presente. Na busca por experiências emocionais positivas do nosso passado, a interpretação torna-se imensamente importante. Embora o passado não possa ser desfeito, reformular como pensamos sobre ele pode produzir resultados benéficos. Praticar a gratidão, por exemplo, oferece um retorno forte sobre o investimento. Em um estudo na University of Pennsylvania, Seligman (2003; Seligman, Steen, Park, & Petersen, 2005) verificou que escrever uma carta de gratidão para uma pessoa importante do passado produziu melhoras palpáveis em relação ao bem-estar, e esses efeitos persistiram por até seis meses. Lambert, Fincham, Stillman e Dean (2009) também documentaram "que sentimentos mais fortes de gratidão estão associados a materialismo mais baixo" (p. 32). Embora consideravelmente mais desafiador, escrever cartas de perdão produz resultados semelhantes.

Embora a gratidão seja quase sempre apreciada e eleve o relacionamento no qual ela é expressa, o mesmo não se pode dizer do perdão. Às vezes o perdão é mais eficaz como transformação interna, e a meditação *mindfulness* pode desempenhar um papel importante no alcance de um estado interior em que ela é possível. Por exemplo, a meditação nos ajuda a superar a "disponibilidade heurística" (Kahneman, 2011, p. 8), que é uma tendência forte e inconsciente a fazer julgamentos intuitivos *rápidos* derivados de pensamentos que são altamente prevalentes em nosso fluxo mental (p. ex., vingança) em vez de utilizar avaliações refletidas, mais comedidas, *lentas*, da experiência (p. ex., perdão). Outras formas por meio das quais a meditação pode ajudar a promover o perdão são:

1. desgastar a borda afiada da emoção negativa por meio de exposição repetitiva
2. gradualmente nos descentralizar da emoção negativa e considerarmos nossa própria dor de forma desapaixonada e
3. abraçar nossa interconexão inerente com aqueles que intencional ou involuntariamente nos causaram dor

Snyder, Lopez e Pedrotti (2011) detalham um caminho semelhante para o perdão em seu livro sobre psicologia positiva. Os pacientes tendem a responder bem a exercícios de gratidão e perdão porque dão expressão a sentimentos importantes que podem nunca antes ter sido articulados. Esses exercícios podem até mesmo ser benéficos quando direcionados à própria pessoa (McCarthy, 2012; Snyder et al., 2011).

Futuro

Vivenciar emoções positivas em relação ao futuro é tão importante quanto fazê-lo pelo passado, embora sempre que projeções do futuro sejam cogitadas, a ansiedade seja muitas vezes iminente. A prática de *mindfulness* pode ajudar aqui também. Na meditação, podemos testemunhar a capacidade quase ilimitada da mente para produzir pensamentos catastróficos. O processo meditativo de libertar-se suavemente desses pensamentos negativos pode ser bastante benéfico, embora possa consumir um pouco mais de tempo sobre a almofada. Reformular pensamentos catastróficos em termos realistas, usando instrumentos cognitivo-comportamentais, pode proporcionar mais alívio, mas é muito mais fácil dar esse passo quando começamos a nos libertar dos pensamentos. Nada se iguala à prática da meditação para facilitar tal processo, nos mostrando que pensamentos são pensamentos, não fatos. Reunir a disciplina de *mindfulness* com a prática da psicologia positiva de argumentação cognitiva (Seligman, 2003), portanto, pode reformular poderosamente nossos sentimentos sobre o futuro.

Presente

Finalmente, chegamos ao presente e ao papel do prazer. O prazer é um componente importante do bem-estar, mas pontos de definição pessoais limitam o bem-estar conquistado apenas pelo prazer (Lucas, Clark, Georgellis, & Diener, 2003). De acordo com Sonya Lyubomirsky (2007), para qualquer indivíduo, cerca de 50% do potencial para a felicidade é hereditário, 10% é devido a circunstâncias externas, e 40% pode ser afetado diretamente pelo modo como pensamos e pelo que fazemos. A experiência do prazer, portanto, está vinculada aos nossos traços pessoais. O prazer em si mesmo também está vinculado ao fenômeno conhecido como *rotina hedonista* (Ryan & Deci, 2001; Seligman, 2002). Isso se refere à tendência a nos habituarmos rapidamente a mudanças significativas em nossas vidas. Infelizmente, a habituação de fato acontece de forma mais rápida em resposta a mudanças positivas do que a mudanças negativas (Lyubomirsky, 2007). A pesquisa demonstrou que a habituação a ganhar na loteria pode ocorrer dentro de um ano (Brickman, Coates, & Janoff-Bulman, 1978), e a saciedade com uma sobremesa doce ocorre dentro de minutos. Embora o prazer seja um parceiro limitado e não muito confiável na busca do bem-estar duradouro, ele ainda é um motivador muito poderoso.

Na busca pelo prazer, a meditação *mindfulness* revela-se uma aliada potente e inesperada. A meditação leva à *gratificação*, que é a satisfação que resulta do esforço consciente (Seligman, 2002), mais do que do prazer obtido de forma passiva. A meditação também contribui para a capacidade de estar *no* momento presente em vez de envolto em pensamentos sobre o passado e o futuro. Estar no presente, descobre-se, é um elemento-chave do prazer. Killingsworth e Gilbert (2010) empregaram uma metodologia de amostragem de experiência usando a tecnologia do *smartphone*, que revelou que as mentes dos participantes vagavam 46,9% do tempo – não pensar sobre o que estavam fazendo. Também foi verificado que uma mente focada no presente era um melhor preditor da felicidade dos participantes do que a atividade na qual eles estavam envolvidos. Como qualquer um que tenha alguma prática de *mindfulness* regular irá confirmar, a vida é nitidamente mais prazerosa quando se está mais presente. Por meio do cultivo de uma mente relaxada, suavemente focada, a meditação aumenta o prazer permitindo-nos "saborear" nossas experiências agradáveis (Snyder et al., 2011). Saborear, entretanto, é mais um subproduto não planejado da meditação do que uma de suas metas formuladas.

Meditadores dedicados de longo prazo parecem ter uma notável capacidade de apreciar as coisas mais simples, exibindo uma atitude de alegria em relação a todos os aspectos da vida. A pesquisa neurocientífica contemporânea está confirmando essa impressão. Por exemplo, uma varredura com tomografia por emissão de pósitrons (TEP) de um monge que tinha praticado meditação por muitos anos mostrou ativação do córtex pré-frontal esquerdo – uma área associada com emoção positiva – muito mais significativa do que de indivíduos de controle (Davidson & Harrington, 2001). Efeitos significativamente menos pronunciados, mas semelhantes, foram exibidos por indivíduos que tinham praticado apenas oito semanas de meditação *mindfulness* (Davidson et al., 2003).

Experiências emocionais positivas do passado, do futuro e do presente nos lembram que a vida é boa. A prática da meditação leva essa percepção um passo adiante. O tempo sobre a almofada quase sempre nos lembra que a vida é boa, e isso acontece, paradoxalmente, *mesmo quando ela não é*. É aqui que começamos a provar a essência do que as tradições budista chamam de *natureza Budha* – a experiência inegável, intangível, mas absolutamente real da bondade inerente em todos os fenômenos. Não é particularmente lógico, mas está lá como alicerce. É o que nos faz continuar mesmo quando tudo o mais parece estar desmoronando. Também é, provavelmente, o que levou Wittgenstein, filósofo positivista bastante pessimista, a proclamar em seu leito de morte que tudo tinha sido "maravilhoso, absolutamente maravilhoso" (Seligman, 2003).

Envolver e servir a outros

Vamos voltar agora ao cerne da psicologia positiva: envolvimento pleno com situações, tarefas, atividades e servir de forma significativa a outros. Embora um considerável bem-estar possa ser vivenciado por meio de práticas que aumentam as emoções positivas no passado, no presente e no futuro, há limitações, e em nenhuma parte essas limitações são mais aparentes do que na experiência fugaz do prazer. Em contrapartida, o bem-estar alcançado por meio do envolver-se e servir ao outro é relativamente ilimitado. Ele não é limitado por pontos de definição pessoal, saciedade ou arrependimento sobre o passado e ansiedade sobre o futuro. O envolver-se e o servir ao outro de forma significativa, portanto, assumem um papel dominante no empreendimento global da psicologia positiva e estão intimamente associados ao exercício do que Peterson e Seligman (2004) chamam de *forças de assinatura*. Para enfatizar esse ponto, Snyder e colaboradores (2011) intitularam seu excelente livro *Positive Psychology: The Scientific and Pratical Explorations of Human Strengths*.

Forças de assinatura são conjuntos de habilidades que são inerentemente fortes e familiares para um determinado indivíduo. Desse modo, Peterson e Seligman afirmam que o envolvimento e o significado materializam-se plenamente na nossa vida apenas quando os empregamos com muita liberalidade. O conjunto completo de forças que esses pesquisadores identificam envolve a gama de atividades humanas e inclui recursos como coragem, amor, humanidade e temperança – 24 ao todo. Embora todas sejam familiares, cada indivíduo descobrirá que várias forças de assinatura são companheiras frequentes e próximas, enquanto outras permanecerão mais distantes e desafiadoras. As forças de assinatura são definidas como aquelas contribuições normalmente mais prevalentes, produtivas e fáceis para a condução bem-sucedida de nossas atividades. Elas são os modos de expressão ou ação nos quais uma determinada pessoa tem melhor desempenho – mais bem comparado a todos os outros desempenhos que aquela mesma pessoa poderia ter, não quando comparada aos outros. Portanto, *cada pessoa* tem uma coleção de forças de assinatura. Convenientemente, existe uma ferramenta na internet que ajuda a identificar as forças de assinatura da pessoa por meio de uma avaliação de escolha forçada. Ela é chamada Virtues in Action (VIA) Survey of Character Strengths e pode ser encontrada em *www.authentichappiness.sas.upenn.edu/default.aspx* (Seligman, 2004).

Envolver-se, o segundo elemento para a conquista do bem-estar, ocorre quando vários componentes se reúnem em um indivíduo: as forças de assinatura, uma atividade ou projeto adequado ao exercício daquelas forças, um aspecto de desafio, uma ausência de pressão de tempo excessiva e um grau de paixão ou interesse. É importante que o nível de habilidade na força identificada corresponda ao nível de dificuldade associado à atividade. Habilidade excessiva levará a tédio, enquanto desafio excessivo levará a ansiedade ou preocupação (Snyder et al., 2011); portanto, algum desafio é necessário para manter as coisas interessantes. De fato, o bastante conhecido professor de zen Ezra Bayda (2010) diz: "Não podemos ser verdadeiramente felizes *até que* nossa vida seja difícil" (p. 85).

Quando estamos envolvidos em uma atividade que exige esforço e também estamos qualificados para realizá-la, um grau de absorção ocorre. Mihaly Csikszentmihaly (1991) identificou essa absorção como uma experiência ideal denominada *fluxo*. O fluxo é a marca do envolvimento máximo – perdemos a consciência do tempo, trabalhamos sem esforço, permanecemos focados com facilidade e desempenhamos a tarefa com naturalidade.

Embora o fluxo sem restrições marque o auge do envolvimento, não é necessário fluxo para uma satisfação significativa. O fluxo ocorre em um *continuum*, e entrar nele, mesmo modestamente, é sempre a alternativa preferível. O pré-requisito real para a satisfação na vida é o exercício de nossas forças de assinatura. Não há limites de tempo para a expressão delas – podemos ficar envolvidos por horas, dias, semanas ou mesmo anos. Também não importa qual venha a ser a força específica, embora algumas (p. ex., a curiosidade) possam ser mais facilmente postas em ação do que outras (p. ex., a coragem).

Conforme definido originalmente por Seligman (2002), *envolvimento* distingue-se de servir de forma significativa a outros, em primeiro lugar, pela intenção. O envolvimento surge na busca de objetivos pessoais, enquanto o significado encontra expressão quando se está "usando [nossas] forças de assinatura a serviço de alguma coisa maior do que [nós mesmos]" (p. 249). Entretanto, uma vez que forças e virtudes têm a ver com nossas interações com outras pessoas na maior parte do tempo, a fronteira entre envolver-se e servir a outro de forma significativa muitas vezes é obscura.

Virtude

O campo da psicologia positiva concentrava-se originalmente na conquista individual do bem-estar. A referência a relacionamentos *interpessoais* foi com frequência sugerida por Seligman (2002, 2004) e outros na literatura inicial, mas a ênfase permaneceu na conquista da felicidade por meio do esforço individual. Embora a felicidade em si ainda seja, no fim das contas, vivenciada e medida de forma empírica em nível individual, grande parte da literatura relativamente recente sobre psicologia positiva tem sido consideravelmente de natureza mais social. Embora existam muitas explicações para essa nova ênfase interpessoal na psicologia positiva, a razão principal é o papel importante da virtude.

Como já foi observado, Peterson e Seligman (2004) identificaram 24 forças de caráter em seu trabalho referencial *Character Strengths and Virtues* (*Forças e Virtudes do Caráter*). Elas foram destiladas de um exame exaustivo das principais tradições espirituais, étnicas e culturais do mundo. (Esse é um trabalho em andamento, admitido pelos próprios autores.) As 24 forças são agrupadas sob seis virtudes abrangentes: sabedoria, coragem, humanidade, justiça, temperança e transcendência. Todas as grandes tradições do mundo, eles afirmam, constataram que o bem-estar é um produto da prática dessas seis virtudes específicas (ou virtudes muito semelhantes a elas). Esse conjunto, além disso, tenta envolver a esfera total de expressão humana positiva. A ideia de que a prática da virtude leva ao bem-estar, naturalmente, não é uma surpresa para a maioria de nós (ver Capítulo 6). Podemos tê-la estudado em uma aula de filosofia sobre Aristóteles, ouvido falar sobre ela em qualquer de muitas tradições religiosas, ou ela pode ter sido inspirada em nós por nossos pais e professores. A busca da virtude é tão familiar, de fato, que podemos ter-nos tornado um pouco acostumados com isso.

Ao tornarem a prática da virtude central à psicologia positiva, Peterson e Seligman nos trazem de volta a um terreno familiar. Embora possamos ter esperado por alguma coisa mais nova, mais excitante e menos exigente, percebemos com essa prática que não temos de começar de novo a partir do zero. Podemos continuar nossas jornadas, em muitos casos, sem nem sequer pular um passo. Felizmente, as evidências empíricas que apoiam a prática da virtude começaram a acumular-se, e elas podem nos inspirar ainda mais (Frederickson, 2003, 2009; Frederickson & Branigan, 2005). Em nossa cultura cética, não existem pequenas questões, e, no trabalho clínico, formular o que um paciente está fazendo em termos de virtude ou aspiração inerente é difícil de superar.

À luz dos fundamentos da psicologia positiva discutidos até agora, a centralidade de praticar a virtude para alcançar o bem-estar e a recente tendência pró-social na literatura da psicologia positiva fazem muito sentido (ver também o Capítulo 6). A virtude, descobre-se, é tanto socialmente determinada como socialmente construída, assim como são muitas das forças que lhe conferem particular expressão. Ela aparece na relação com outros seres vivos. Não é surpresa, portanto, que muito da literatura recente tenha uma perspectiva relacional, e Seligman identificou também a esfera das relações positivas como um elemento novo em sua reformulação da psicologia positiva. Em suas teleaulas de oito semanas, Peterson (2007, 2008) dedicou quase metade do tempo a temas abertamente sociais. Para chamar atenção à questão interpessoal, Peterson e Park (2007) resumem o impulso da psicologia positiva com a frase: "As outras pessoas importam" (p. 172). Peterson (2007b) acrescenta, de modo semelhante: "Se você vai fazer algo, faça-o com outra pessoa". As outras pessoas não apenas importam, como eles dizem; elas importam muito, e faríamos bem incluindo-as tão frequentemente quanto possível em nossas atividades. Estendendo essas duas expressões, finalmente, poderíamos acrescentar uma terceira: "Se você vai fazer algo, faça-o *para* outra pessoa". Retornaremos a esse ponto de vista e à sua lógica em breve.

O caminho mahayana

A tradição budista mahayana (em sânscrito: *maha* = grande, *yana* = caminho) enfatiza o trabalhar em benefício de outros. Em termos operacionais, isso se reduz à prática das seis *paramitas*, ou as seis perfeições. *Paramita* é um termo em sânscrito que significa "o que foi além" ou "o que é mais excelente". *Param* significa "outro lado" ou "outra margem do rio", enquanto *ita* significa "alcançar". *Paramita*, portanto, significa "alcançar o outro lado" e refere-se à ação transcendente de ir além de nossas preocupações pessoais, egoístas.

As *paramitas* são *metavirtudes* que transcendem as concepções comuns de virtude porque são praticadas sem apego do ego, com alguma percepção de vazio e não *self*, conforme descrito nos Capítulos 2 e 14. Naturalmente, isso não é fácil para a maioria das pessoas e funciona melhor quando cogitado mais como uma aspiração do que como uma realidade. As *paramitas* são, na verdade, praticadas simultaneamente na maioria das vezes, mas em geral são apresentadas em uma determinada ordem. Ela são (com seus nomes em sânscrito):

1. Generosidade (*dana*) – dar sem esperar reconhecimento, sem apego.
2. Disciplina (*sila*) – praticar o comportamento ético; abster-se de causar dano.
3. Paciência (*ksanti*) – tolerância incondicional; esperar sem um objetivo em mente.

4. Esforço (*virya*) – entusiasmo, energia, atividade salutar por si só.
5. Meditação (*samadhi*) – equilíbrio mental difuso, surgindo de uma mente em paz.
6. Sabedoria (*prajna*) – percepção inata, discriminante, surgindo de dentro.

Perceba que as *paramitas* têm uma semelhança inquietante com as virtudes abrangentes catalogadas em *Character Strengths and Virtues*, de Peterson e Seligman. Uma comparação das seis *paramitas* com as seis virtudes é mostrada abaixo, com avaliações de sua comparabilidade entre parênteses.

PARAMITA	PSICOLOGIA POSITIVA	VIRTUDE
Generosidade	(geralmente equivalente)	Humanidade
Disciplina	(geralmente equivalente)	Temperança
Esforço	(moderadamente comparável)	Coragem
Paciência	(levemente comparável)	Justiça
Meditação	(praticamente equivalente)	Transcendência
Sabedoria	(praticamente idêntica)	Sabedoria

A ausência de um ajuste perfeito nesse ponto realmente não importa – minha questão é mostrar a notável harmonia entre as *paramitas* e as virtudes da psicologia positiva. Essa compatibilidade faz muito sentido, naturalmente, porque as virtudes foram identificadas por sua proeminência recorrente em um grande número de tradições. Uma delas, sem dúvida, foi a tradição budista mahayana.

De modo geral, a prática mahayana pode ser descrita como trabalhar consistentemente em benefício de outros, e, até certo ponto, essa é uma disciplina que muitos de nós praticamos em nossas vidas diárias. As palavras operativas aqui são *até certo ponto*, entretanto, porque a prática mahayana é bastante ambiciosa. Ao iniciar oficialmente essa caminhada, um praticante de meditação normalmente toma o *Voto de Bodhisattva* na presença de seu professor. O voto é bastante poético e deriva de uma longa apresentação por Shantideva, um sábio budista do século VIII, chamada *Bodhicaryavatara* (1979, p. 685-763). Lê-se em parte:

> Assim como a terra e outros elementos, juntos do espaço,
> provêm, eternamente, de muitas maneiras, sustento
> aos incontáveis seres sencientes.
> Possa eu de todas as maneiras me tornar sustento
> aos seres sencientes

Até os limites do espaço, até que todos tenham alcançado
o nirvana.
— Liturgia Matinal para Estudantes de Mahayana
(Nalanda Translation Committee, 2004, p. 6-7)

Esse voto é extremamente ambicioso, portanto permanece uma aspiração – *trilhar o caminho do bodhisattva*. *Bodhi* (em sânscrito) significa "iluminado", e *sattva* significa "seres", portanto, *caminho do bodhisattva* significa "caminho dos seres iluminados". Isso é o que fazemos, supostamente, se estamos de fato despertos, conscientes de nosso lugar no mundo. É uma declaração interessante, sem dúvida, mas por que ela foi feita, afinal?

A resposta parece paradoxal, pelo menos inicialmente. Os praticantes de *mindfulness* descobriram, ao longo dos últimos 2,5 anos, que trabalhar em benefício de outros é na verdade um caminho muito mais afortunado e eficaz para o bem-estar do que perseguir apenas nossos próprios interesses. Lembre-se, no entanto, de que a questão aqui é o *bem-estar*. O caminho do *bodhisattva* leva ao bem-estar; pode ou não levar a prazer, consagração, riqueza ou fama. A pesquisa contemporânea demonstrou, além disso, que conquistas terrenas, convencionalmente valorizadas como as que acabamos de mencionar, têm pouca correlação, se tiverem, com felicidade duradoura (Lyubomirsky, 2007). O impulso do *bodhisattva* é bastante promissor, portanto, porque nos apresenta um desafio sobre como conduzir nossas vidas. O desafio é difícil, e em um mundo complexo, pode exigir um compromisso bem sintonizado entre objetivos e aspectos práticos.

Muitos praticantes ocidentais consideram o ideal do *bodhisattva* um pouco asfixiante, e um pouco de cautela é essencial para aqueles que escolhem praticá-lo. No pensamento budista, o contexto e a intenção associados a nossas ações são extremamente importantes; desse modo, para percorrer esse caminho, é necessário estar o mais livre possível de expectativas. Servir aos outros sob coação porque é esperado que se faça é drasticamente diferente de o fazer por escolha e com frequência leva a ressentimentos poderosos, compreensíveis. Trilhar esse caminho prematuramente ou com entusiasmo excessivo também pode produzir efeitos contrários. É como correr uma maratona – exige muito treinamento, ritmo, resistência e, acima de tudo, um desejo de fazê-lo. Angela Duckworth pesquisou a autodisciplina de forma extensiva em crianças e adolescentes, e Seligman cita o trabalho dela longamente em sua discussão do elemento da conquista no desenvolvimento do bem-estar. Ela sem dúvida concluiria que o caminho do *bodhisattva* requer considerável força de caráter e determinação (Duckworth, 2007, palestra, 29 de março de 2012; Seligman, 2011).

O servir a outros de forma significativa implica o uso de forças de assinatura para propósitos maiores do que nossas preocupações pessoais. Erik Erikson

(1950) referiu-se a essa atividade como a prática do estágio de vida da *generatividade*. Ele postulou que, sem ela, não podemos chegar ao fim de nossas vidas com um sentimento de *integridade* – seu estágio final. Os mahayanistas vão mais além; eles dizem que, sem a prática disseminada do altruísmo, é impossível ser plenamente vivo e desperto.

As ações pró-sociais podem ser contagiosas: elas tendem a produzir comportamentos semelhantes naqueles que as estão observando. Isso é conhecido como *elevação* na psicologia positiva (Algoe & Haidt, 2009; Cox, 2010; Landis et al., 2009; Steger, Kashdan, & Oishi, 2008; Vianello, Galliani, & Haidt, 2010). A elevação foi estudada ao lado da admiração e da gratidão. Algoe e Haidt (2009) verificaram que a "elevação" (uma resposta à excelência moral) motiva comportamento pró-social e associativo, a gratidão motiva melhores relacionamentos com benfeitores, e a admiração motiva o autoaperfeiçoamento" (p. 105). A elevação surge quando testemunhamos uma ação virtuosa, e ela motiva os outros a unir-se à campanha para uma estrutura social mais forte e mais humana. Essas são atividades que empreendedores sociais como os da Ashoka Innovators for the Public (*www.ashoka.org*) visam explicitamente em países desenvolvidos ao redor do mundo enquanto buscam envolver outros na busca por abordagens inovadoras para problemas aparentemente intratáveis. Tal atividade tem de ser estimulada, entretanto – sempre deve existir uma centelha. A centelha é uma pessoa agindo de forma altruísta, por um propósito maior do que ela própria, empregando forças de assinatura em benefício dos outros.

O contexto clínico, por fim, oferece possibilidades sem paralelo para praticar e modelar o servir a outros de forma significativa – ele pode ser uma porta de entrada para a conexão altruísta. Quando falhamos, podemos ressaltar nossa falha, desculpar-nos por ela e até rir um pouco disso com nosso paciente se o humor da sala permitir. A notícia um pouco ruim em meio a tudo isso é que é muito desafiador manter um servir significativo a outros de forma consistente – trilhar o caminho do *bodhisattva*. A notícia absolutamente boa é que temos incontáveis oportunidades para fazê-lo.

Construir uma sociedade iluminada

Em seu livro excepcionalmente perspicaz sobre a Guerra do Afeganistão, Sebastian Junger (um jornalista que fazia a cobertura do conflito) ressalta que soldados não treinados, na presença de perigo moderado, são muito mais propensos a descompensar do que soldados bem treinados em situações extremas (Junger, 2010). O treinamento é fundamental para combater adversários externos, o que sabemos por intuição, bem como por experiência, mas, na verdade, não é menos importante na comunicação diária que conduzimos com nossas próprias mentes. Isso é algo que geralmente *não* reconhecemos. Sem algum treinamento em uma disciplina meditativa, por exemplo, a parte reflexiva, lenta, de nossas mentes perderá a batalha que travamos internamente momento a momento ao longo do dia contra nossa reatividade instintual (Kahneman, 2011). Na maior parte do tempo, além disso, nós nem sequer saberemos por que essa luta ocorre largamente fora da consciência normal. É por meio da disciplina meditativa que somos capazes de resolver esses conflitos de forma consciente e transformar nossas mentes em aliadas (Sakyong, 2003). Somos, então, capazes de compartilhar nossas melhores intenções com sinceridade a partir da comunidade global em vez de duvidar delas e mantê-las em grande parte para nós mesmos.

De acordo com o professor budista tibetano Sakyong Jampal Thinley Dradul (2012), uma *sociedade iluminada* coloca a bondade em seu centro e a considera inerente a todos os indivíduos como seu primeiro princípio, sua força de assinatura principal. Essa aspiração é ao mesmo tempo elevada e bastante comum e faz eco à sensibilidade de Janet Surrey (ver o Capítulo 5) e de outros que apelam por um modelo de *mindfulness* mais relacional. Mais importante, entretanto, é que uma sociedade iluminada é aquela na qual os indivíduos fundamentalmente não sentem vergonha de quem eles são e não hesitam de maneira instintiva em sua avaliação dos outros. É uma ordem social que aspira a realizar seu potencial máximo. Uma vez que ela é composta de indivíduos que reconhecem sua bondade fundamental, ela também é inerente e incondicionalmente boa, a despeito de qualquer confusão que possa, em casos isolados, afligi-la. Por fim, uma sociedade iluminada é aquela na qual os indivíduos praticam o relacionamento significativo quando são capazes de fazê-lo; eles *fazem* coisas uns para os outros. Aqui está um exercício nesses moldes que todos podem tentar.

Uma lista *bodhisattva* de tarefas
- Escolha uma semana em sua agenda regular – todos os 7 dias.
- Inicie a semana na segunda-feira.
- Faça uma lista das coisas que você vai fazer por alguém a cada dia.
  - Você pode fazer coisas para muitas pessoas ou para apenas algumas – você decide.
  - Se não for alguma coisa *por* outra pessoa, deixe fora da lista.
  - Podem ser pequenas coisas que você faz rotineiramente por alguém.
  - Faça-as conscientemente. Faça a contagem de entradas – exclua as descartadas.
- Não deixe nenhum dia vago.
- Vise a dois ou três itens por dia.
- Não tenha mais de um dia com apenas um item na lista.
- Distribua os itens, colocando-os em horários diferentes do dia.

- Trate sábado e domingo como você trataria qualquer outro fim de semana – faça alguma coisa mais ambiciosa ou demorada.
- Registre as coisas na lista como você registraria em qualquer outra lista de tarefas.
- Antes de dormir, reflita por alguns minutos sobre suas atividades do dia.
- Anote o que funcionou melhor.
- Perdoe-se pelo que você não fez.
- Nas semanas seguintes, integre aos poucos os itens do *bodhisattva* em suas listas de afazeres comuns.

Toda sociedade encontra um modo de acertar o equilíbrio entre necessidades pessoais e atendimento aos outros. Uma sociedade iluminada apenas inclina a balança um pouco na direção do *servir de forma significativa a outros*, reconhecendo que o bem-estar é mais provável quando as forças de seus cidadãos estão engajadas de forma ativa. Embora ambiciosa em seu âmbito, esse tipo de sociedade desenvolve um cidadão de cada vez. É aquela na qual o despertar para o jogo espontâneo da nossa mente é tanto valorizado como cultivado e onde os indivíduos são um pouco menos propensos a serem sequestrados pelos padrões habituais. O bem-estar é profuso como o efeito colateral fortuito de viver com a consciência de que a felicidade das outras pessoas é essencial para a nossa própria felicidade. É aquela onde a bondade é comum e não particularmente digna de notícia e onde a iluminação real, embora altamente valorizada, não é nem necessária, nem esperada. É, por fim, uma visão de comunidade na qual o cultivo de atitudes positivas e o de *mindfulness* podem crescer juntos – uma comunidade que está ao nosso alcance se nós simplesmente tivermos a coragem de alcançá-la.

> Se você quer ser feliz hoje, faça outra pessoa feliz;
> Se você quer ser feliz amanhã, faça outra pessoa feliz hoje;
> Se você quer ser feliz indefinidamente, aceite um mínimo
> de dificuldade em sua vida com equanimidade e coloque os
> outros em primeiro lugar.

Apêndice

Glossário de termos em psicologia budista

Andrew Olendzki

OS DOIS TIPOS DE MEDITAÇÃO

Muitas formas diferentes de meditação são praticadas nas tradições budista e não budista da Ásia. As duas práticas mais predominantes nos primeiros ensinamentos de Buda são:

1. **Concentração** (serenidade, *samatha*, em pali; atenção focada). Focar a mente em um único objeto com exclusão de outros objetos promove a concentração, ou um modo de função mental *unidirecionado*. Quando pensamentos ou sensações causam distração, a pessoa deixa de dar atenção àqueles objetos e suavemente retorna a percepção para o objeto de experiência principal (p. ex., a respiração, uma palavra ou frase). Quando a mente se fixa em um determinado aspecto do campo fenomenal, ganha serenidade, estabilidade e poder.
2. **Mindfulness** (visão interior, *vipassana*, em pali; monitoramento aberto). Na meditação *mindfulness*, a pessoa permite que a percepção se mova de um objeto para outro à medida que estímulos se apresentam na experiência. Quando essa prática é realizada de forma sustentada, leva a *insight* da construção subjetiva da experiência e das três características da existência.

AS TRÊS CARACTERÍSTICAS DA EXISTÊNCIA

Interpretadas como três atributos fundamentais da condição humana, as três características da existência normalmente têm sua compreensão obscurecida por distorções da percepção, do pensamento e da visão e são reveladas por meio da investigação cuidadosa e disciplinada da experiência. A compreensão (*insight*) dessas características contribui para a sabedoria.

1. **Impermanência** (*anicca*, em pali). A corrente de consciência que compõe o fluxo subjetivo de percepção humana – e consequentemente do mundo construído pela mente – é, na verdade, composta de episódios muito breves de atividade cognitiva que surgem e passam com grande rapidez. De forma mais geral, refere-se à observação de que todos os fenômenos condicionados são transitórios.
2. **Sofrimento** (*dukkha*, em pali). Essa palavra é usada de maneira muito ampla e existencial na tradição budista. Refere-se não apenas à inevitabilidade de dor física, ferimento, doença, envelhecimento e morte, mas também à angústia psicológica mais sutil resultante da insaciabilidade fundamental do desejo. Não conseguir o que se quer, ter de enfrentar o que não se quer e confusão sobre desejos conflituosos são todos englobados pela palavra *sofrimento*.
3. **Não self** (*anatta*, em pali). Sempre uma fonte de perplexidade para os ocidentais, a compreensão budista do não *self* não nega que existem padrões de personalidade únicos e mais ou menos estáveis que se desenvolvem ao longo de toda a existência de uma pessoa. Antes, ela ressalta que esses padrões são *apenas* padrões de condicionamento e comportamentos aprendidos e que eles não têm nenhuma essência ou crença numinoso. O pressuposto reflexivo de *posse* de pensamentos, sentimentos, sensações, etc. (estes são *meus*, este sou *eu*), é injustificado, desadaptativo e fonte de uma série de dificuldades psicológicas.

AS TRÊS RAÍZES INSALUBRES

Estas são as três tendências subjacentes de comportamento humano das quais todas as outras emoções aflitivas são derivadas. Elas poderiam ser concebidas como três crenças primárias que podem se misturar de muitas maneiras diferentes para formar todo o espectro de emoções doentias. Os termos *saudável* e *insalubre* podem referir-se a *estados* de mente ativos; a *comportamentos* do corpo, da fala e da mente; ou a *traços* de caráter que permanecem latentes na mente inconsciente.

1. **Cobiça**. Também conhecida como *desejo, querer* ou *apego*, a cobiça é o impulso de alcançar ou agarrar-se a alguma coisa que é desejável. É uma resposta reflexiva ao tom de sentimento de prazer.
2. **Raiva**. Também referida como *aversão* ou *má vontade*, a raiva envolve rejeitar, negar ou atacar alguma coisa que é vivenciada como indesejável. Ela geralmente é produzida em resposta à dor ou ao desprazer. Cobiça e raiva são as expressões bipolares do desejo.
3. **Delusão**. Também referida como *ignorância* ou *confusão*, a delusão é usada de forma técnica no pensamento budista e denota cegueira para certas facetas da realidade, tais como as três características e a construção de experiência.

AS TRÊS RAÍZES SAUDÁVEIS

1. **Não cobiça**. Essa qualidade da mente é o oposto da cobiça e geralmente se manifesta como generosidade ou renúncia. Ambas envolvem algum grau de não apego e uma suspensão temporária do egoísmo e da necessidade de gratificação.
2. **Não raiva**. O oposto da raiva é a não raiva, uma expressão que inclui tanto amor-bondade, que é uma postura de amabilidade ou boa vontade (ver a seguir), como compaixão, que envolve importar-se profundamente com bem-estar do outro.
3. **Não delusão**. Outras palavras para não delusão incluem *insight, compreensão* ou *sabedoria*. É a sabedoria que é, em última instância, transformadora na psicologia budista; ela envolve a capacidade de ver as coisas de forma clara, como elas realmente são.

OS TRÊS TIPOS DE SENTIMENTOS

A palavra *sentimento* no pensamento budista refere-se mais a um tom hedônico do que às emoções mais complexas que a palavra simboliza na nossa língua. Um dos três tons de sentimentos está sempre presente em cada momento, acompanhando tanto a experiência física como a mental.

1. **Sentimento agradável**. Aflora do contato entre um objeto de sentido e um órgão dos sentidos, um sentimento de prazer pode surgir. É sem-

pre um acontecimento muito breve e muito específico, condicionado pelo sentido particular e por nossa atitude subjacente para com o objeto em particular.
2. **Sentimento desagradável.** Também aflora do contato entre um determinado objeto de sentido e um órgão dos sentidos; trata-se de um sentimento de desprazer ou dor que pode surgir. Tanto o prazer como a dor dão origem a uma resposta de querer ou não querer que a sensação continue. Esse sentimento é distinguível da resposta decorrente.
3. **Sentimento neutro *(nem agradável-nem-desagradável)*.** Às vezes, a atenção cuidadosa revelará uma sensação como agradável ou desagradável, enquanto outras vezes pode-se perceber um tom de sentimento como neutro – nem agradável, nem desagradável.

AS QUATRO NOBRES VERDADES

Um princípio organizador básico da doutrina budista, as quatro verdades ensinadas por Buda são consideradas nobres porque ajudam a elevar nossa compreensão além do nível de resposta automática para a esfera da transformação por meio da sabedoria. Baseadas em uma antiga tradição médica, as verdades podem ser entendidas como análogas a diagnóstico, etiologia, prognóstico e plano de tratamento feitos por um médico para um paciente afligido por uma doença.

1. ***O sofrimento.*** O termo *sofrimento* é usado em um sentido amplo para ressaltar a insatisfação fundamental da condição humana (ver a seção anterior sobre as três características da existência), variando entre o simples desconforto e os desafios existenciais de doença, envelhecimento e a inevitável morte. Muito de nosso esforço é feito no sentido de obscurecer essas verdades, mas, como toda cura, um primeiro passo importante é enfrentar a natureza da aflição com honestidade e coragem.
2. ***A origem do sofrimento.*** Todo sofrimento humano tem uma causa simples e consistente: o desejo. Sempre que existe um desequilíbrio entre o que está aflorando na experiência e o que se *quer* que aconteça, o sofrimento é inevitável.
3. ***O fim do sofrimento.*** Entendendo a interdependência causal desses dois, o sofrimento pode ser levado à extinção apenas pela eliminação do desejo. Pensamentos e sensações desagradáveis ainda podem existir e são, de fato, inevitavelmente parte de toda experiência, mas, mu-

dando nossa atitude de resistência ao que é desagradável, o sofrimento pode ser reduzido e até eliminado.
4. ***O caminho que leva à extinção do sofrimento.*** Muitas estratégias e programas diferentes para pôr fim ao sofrimento foram desenvolvidos ao longo dos 2,5 mil anos do budismo. Tradicionalmente, o programa de cura é articulado como o *Nobre Caminho Óctuplo*.

O NOBRE CAMINHO ÓCTUPLO

Essas oito diretrizes para viver a vida e manter-se no momento presente constituem um contexto ético amplo para o desenvolvimento na tradição budista. A palavra *correto* é usada depois de cada uma não para impor um molde normativo rígido, mas mais no sentido de *apropriado* ou *ajustado às circunstâncias*. Essas oito dimensões são praticadas de modo paralelo, e cada uma apoia e reforça as outras.

1. ***Visão correta.*** Esse é o primeiro elemento na série, mas também o clímax da lista. Próximo do fim da progressão, necessitamos de certa quantidade de confiança nos ensinamentos para colocá-los em prática, assim como precisamos estar apontando na direção correta para que qualquer jornada seja eficaz. No outro extremo do caminho, a visão correta pode ser entendida como o despertar pleno para "ver as coisas como elas realmente são".
2. ***Pensamento correto.*** Na psicologia budista, o *pensamento* é o principal instrumento de transformação. Quando o pensamento é habilmente trabalhado em cada momento, ele orienta a mente com sabedoria para seu estado no momento seguinte e, portanto, como o leme de um navio, pode ser usado para navegar em meio às mudanças do surgir e passar da experiência. Às vezes, também é conhecido como *objetivo correto*.
3. ***Fala correta.*** Visto que as palavras moldam e refletem a qualidade dos pensamentos, torna-se muito importante que nossos hábitos de fala sejam sinceros, prestativos, gentis e livres de egoísmo e de motivos manipuladores. É a palavra usada para cura e educação, e nunca para propósitos prejudiciais ou de divisão.
4. ***Ação correta.*** Tradicionalmente, a ação correta é expressa em termos de viver conforme cinco preceitos éticos: não matar, não roubar, não mentir, não ter má conduta sexual e não consumir substâncias intoxicantes. Cada um desses preceitos é aberto a interpretação mais ou

menos rigorosa, dependendo do nível de compromisso da pessoa (p. ex., para um religioso vs. um leigo).
5. **Modo de vida correto**. Também é entendido tradicionalmente como uma série de restrições éticas sobre o modo de vida de uma pessoa leiga, de modo que culmina no código de vida monástico para monges e freiras. As pessoas leigas devem evitar profissões que envolvem matança, por exemplo, e os mendicantes devem manter suas intenções puras enquanto vagueiam pedindo esmolas.
6. **Esforço correto**. O esforço correto envolve em primeiro lugar o cultivo consciente de estados saudáveis, tanto antes como depois que eles afloram na experiência, e o abandono deliberado de estados insalubres, também tanto antes como depois de sua ocorrência. Ele descreve um nível de higiene mental bastante meticuloso e requer considerável atenção contínua à qualidade da vida interior.
7. **Atenção correta**. Quando a atenção é bem desenvolvida e segue as diretrizes dos fundamentos de *mindfulness* (ver a próxima seção), diz-se que é a *atenção correta*, que significa aplicá-la de forma cuidadosa e equilibrada aos fenômenos à medida que eles aparecem.
8. **Concentração correta**. Exige a aplicação firme da percepção unidirecionada de tempos em tempos, fora das atividades cotidianas, e é particularmente encorajada como instrumento para o desenvolvimento na psicologia budista. A meditação regular é um aspecto fundamental do caminho óctuplo.

OS QUATRO FUNDAMENTOS DA MEDITAÇÃO *MINDFULNESS*

As instruções básicas para o cultivo de *mindfulness* são dadas por essa forma clássica. Cada categoria é considerada um *fundamento*, no sentido de fornecer uma base para a prática daquelas técnicas de treinamento da mente que envolvem estar plenamente consciente, no momento presente, de um objeto sensorial ou um pensamento de cada vez, e de, assim, compreender a natureza variável e essencialmente altruísta da experiência fenomenológica.

1. ***Mindfulness* do corpo**. Começando com sentar-se em um lugar silencioso com as pernas cruzadas e as costas retas, a prática de *mindfulness* inicia-se com a percepção deliberada da respiração, de tranquilizar o corpo e a mente, e com atenção às sensações corporais que surgem junto com as posturas, movimentos e atividades corporais.

2. **_Mindfulness_ de sentimentos.** A prática progride com foco no momento presente, a percepção não conceitual sobre o tom de sentimento que atravessa toda experiência que surge e passa. Seja cada momento acompanhado por um sentimento agradável, desagradável ou neutro, o praticante busca saber, com grande precisão, o tom de sentimento da experiência.
3. **_Mindfulness_ da mente.** Desviando a atenção de sensações corporais e sentimentos para a esfera puramente mental, o meditador é convidado a levar a consciência para a qualidade da mente enquanto ela surge e passa momento a momento. Isso é feito percebendo se qualquer uma das três raízes insalubres (cobiça, raiva e delusão) está presente ou ausente.
4. **_Mindfulness_ de objetos mentais.** Uma investigação ainda mais detalhada e matizada dos eventos mentais envolve perceber a presença, a ausência e a mudança de dinâmica de uma série de outros fatores delineados na psicologia budista: obstáculos, agregados, esferas dos sentidos, fatores de iluminação e nobres verdades. Não é uma análise discursiva desses fatores, mas, antes, uma exploração experiencial e intuitiva da textura da paisagem fenomenal.

AS QUATRO QUALIDADES ILIMITADAS DE CORAÇÃO (*Brahma Viharas*, em pali)

Existem quatro qualidades de coração que são particularmente curativas e que podem ser desenvolvidas com o uso de uma forma de meditação de concentração em cada um dos quatro estados mentais únicos. Essas meditações também são chamadas de *moradas divinas* em um sentido figurativo, na medida em que elas envolvem elevar a mente para estados muito sutis e sublimes. Classicamente, elas são apresentadas por analogia aos sentimentos de uma mãe para com seu filho:

1. **_Amor-bondade_** (*metta*). Como uma mãe sentiria amor-bondade ilimitado por seu bebê recém-nascido, desejando-lhe profundamente saúde e bem-estar, uma pessoa deliberadamente cultiva e desenvolve a mesma qualidade de amor universal e altruísta para com todos os seres, concentrando a mente inabalavelmente em pensamentos como: "Que eles sejam felizes", "Que eles fiquem bem".
2. **_Compaixão_** (*karuna*). Como uma mãe responderia a um filho que está doente ou ferido, assim também um meditador pode intencionalmente desenvolver uma atitude de compaixão que reúne a expe-

riência de sofrimento com o desejo de que todos os seres estejam seguros, protegidos e curados de suas aflições. A compaixão é um estado mental particular que pode ser separado e cultivado por concentração e absorção.

3. **Alegria empática** (*mudita*). A qualidade da mente que responde à boa sorte dos outros com felicidade e boa vontade em vez de com ciúme ou inveja é chamada *alegria empática*. Esse estado, também, pode ser deliberadamente fortalecido pela prática e é semelhante à resposta de uma mãe a seu filho adulto que sai de casa para casar ou seguir sua profissão. Uma perspectiva altruísta é um ingrediente fundamental dessa absorção.

4. **Equanimidade** (*upekkha*). Como uma mãe poderia escutar seu filho adulto relatar suas várias decisões de negócios, não sendo atraída nem repelida por nenhum desfecho em particular contanto que ele esteja saudável e feliz, assim também a tradição descreve o estado mental chamado *equanimidade*. Não se trata de um desapego devido ao distanciamento dos fenômenos nem de uma neutralidade de sentimentos, mas é, antes, um estado avançado de ser capaz de compreender as experiências agradáveis e desagradáveis sem as respostas geralmente condicionadas pelo desejo.

OS SETE FATORES DE ILUMINAÇÃO

Estes sete estados da mente, ou atitudes, são particularmente úteis para obter o tipo de entendimento da experiência que a psicologia budista incentiva; cada fator, portanto, contribui muito para o desenvolvimento da sabedoria. Em algumas formulações do ensinamento, cada um desses fatores fornece a base para o desdobramento natural do seguinte em um processo orgânico de desenvolvimento.

1. **Mindfulness**. Prática de estar plenamente consciente no momento presente, sem autojulgamento ou outras formas de sobreposição linguística e conceitual, do surgimento e desaparecimento dos fenômenos no campo da experiência direta.

2. **Investigação**. Disposição e capacidade de trazer interesse, entusiasmo e atitude de exploração detalhada à experiência. Os estados investigados são o surgimento e o desaparecimento da percepção de objetos sensoriais, objetos mentais e tudo o mais que possa estar se desdobrando no momento.

3. **Energia.** Quando esforço mental é trazido para uma situação, há a aplicação de energia. Não é o esforço ou tensão contraproducente para alcançar um objetivo, mas envolve a aplicação diligente e consistente de esforço em relação ao momento presente.
4. **Alegria.** Com frequência, a mente e o corpo podem se tornar exuberantes e parecer borbulhar de felicidade, contentamento ou emoção. Embora muitas pessoas estejam mais familiarizadas com essa experiência quando ela é induzida de formas insalubres, o valor positivo e transformador da alegria saudável é uma qualidade da mente importante na psicologia budista e deve ser cultivada.
5. **Serenidade.** De igual valor é a serenidade profunda que pode surgir na mente e no corpo quando há ausência de conflito, angústia ou sofrimento. Essa serenidade não é o oposto da alegria, pois as duas podem coexistir facilmente. Em vez de uma tranquilidade que reduz a energia, ela é mais bem descrita como qualidade de luminescência mental, que surge quando a mente se torna unificada, estável e focada.
6. **Concentração.** Como descrito anteriormente, a concentração envolve atenção unidirecionada ao longo do tempo a uma sensação ou objeto específico, com a exclusão dos outros.
7. **Equanimidade.** Também descrita anteriormente, a equanimidade é a qualidade de equilíbrio mental na qual a mente não é nem atraída para um objeto agradável, nem repelida por um objeto desagradável.

Referências

Abramowitz, J. S., Deacon, B. J., & Whiteside, S. P. (2011). *Exposure therapy for anxiety: Principles and practice*. New York: Guilford Press.

Adler, A. (2002). *The collected clinical works of Alfred Adler: Vol 1. The neurotic character* (H. Stein, Ed., & C. Koen, Trans.). San Francisco, CA: Alfred Adler Institutes of San Francisco & Northwestern Washington. (Original work published 1927)

Aggs, C., & Bambling, M. (2010). Teaching mindfulness to psychotherapists in clinical practice: The mindful therapy programme. *Counselling and Psychotherapy Research, 10*(4), 278–286.

Aitken, R. (1984). *The mind of clover: Essays in Buddhist ethics*. New York: North Point Press.

Alexander, F. (1931). Buddhist training as an artificial catatonia. *Psychoanalytic Review, 18*, 129–145.

Algoe, S. B., & Haidt, J. (2009). Witnessing excellence in action: The "otherpraising" emotions of elevation, gratitude, and admiration. *Journal of Positive Psychology, 4*(2), 105–127.

American Psychiatric Association. (2013). *Diagnostic and statistical manual of mental disorders* (5th ed.). Washington, DC: Author.

Analayo. (2003). *Satipatthana: The direct path to realization*. Birmingham, UK: Windhorse.

Anandajoti, B. (2010). *The earliest recorded discourses of the Buddha (from Lalitavistara, Mahākhandhaka & Mahāvastu)*. Kuala Lumpur, Malaysia: Sukhi Hotu.

Arch, J. J., Eifert, G. H., Davies, C., Plumb Vilardaga, J. C., Rose, R. D., & Craske, M. G. (2012). Randomized clinical trial of cognitive behavioral therapy (CBT) versus acceptance and commitment therapy (ACT) for mixed anxiety disorders. *Journal of Consulting and Clinical Psychology, 80*(5), 750–765.

Aronson, H. B. (2004). *Buddhist practice on Western ground: Reconciling Eastern ideals and Western psychology*. Boston: Shambhala.

Arzy, S., Thut, G., Mohr, C., Michel, C. M., & Blanke, O. (2006). Neural basis of embodiment: Distinct contributions of temporoparietal junction and extrastriate body area. *Journal of Neuroscience, 26*(31), 8074–8081.

Asmundson, G. J., Coons, M. J., Taylor, S., & Katz, J. (2002). PTSD and the experience of pain: Research and clinical implications of shared vulnerability and mutual maintenance models. *Revue Canadienne De Psychiatrie, 47*(10), 930–937.

Auerbach, H., & Johnson, M. (1977). Research on the therapist's level of experience. In A. Gurman & A. Razin (Eds.), *Effective psychotherapy: A handbook of research* (pp. 84–102). New York: Pergamon.

Baer, R. A. (2003). Mindfulness training as a clinical intervention: A conceptual and empirical review. *Clinical Psychology: Science and Practice, 10,* 125–143.

Baer, R. A. (2010). Self-compassion as a mechanism of change in mindfulness and acceptance-based treatments In R. Baer (Ed.), *Assessing mindfulness and acceptance processes in clients: Illuminating the theory and practice of change* (pp. 135–153). Oakland, CA: Context Press/New Harbinger.

Baer, R. A., & Krietemeyer, J. (2006). Overview of mindfulness- and acceptance-based treatment approaches. In R. A. Baer (Ed.), *Mindfulness-based treatment approaches: Clinician's guide to evidence base and applications* (pp. 3–27). London, UK: Academic Press.

Bærentsen, K., Stødkilde-Jørgensen, H., Sommerlund, B., Hartmann,T., Damsgaard-Madsen, J., Fosnæs, M., et al. (2010). An investigation of brain processes supporting meditation. *Cognitive Process, 11*(1), 57–84.

Bandura, A. (1986). *Social foundations of thought and action: A social cognitive theory.* Englewood Cliffs, NJ: Prentice Hall.

Banks, A. (2010). *The neurobiology of connecting* (Work in Progress). Wellesley, MA: Stone Center Working Paper Series.

Barkley, R. A., & Benton, C. M. (1998). *Your defiant child: Eight steps to better behavior.* New York: Guilford Press.

Barlow, D. (2004). *Anxiety and its disorders: The nature and treatment of anxiety and panic* (2nd ed.). New York: Guilford Press.

Barnard, L., & Curry, J. (2011). Self-compassion: Conceptualizations, correlates, and interventions. *Review of General Psychology, 15*(4), 289–303.

Barnouw, V. (1973). *Culture and personality* (rev. ed.). Homewood, IL: Dorsey Press.

Batchelor, S. (1997). *Buddhism without beliefs.* New York: Riverhead Books.

Bayda, E. (with Bartok, J.). (2005). *Saying yes to life (even the hard parts).* Boston: Wisdom.

Bayda, E. (2010). *Beyond happiness: The Zen way to true contentment.* Boston: Shambhala.

Bechara, A., & Naqvi, N. (2004). Listening to your heart: Interoceptive awareness as a gateway to feeling. *Nature Neuroscience, 7,* 102–103.

Beck, A. T. (1972). *Depression: Causes and treatment.* Philadelphia: University of Pennsylvania Press.

Beck, A. T. (1976). *Cognitive therapy and the emotional disorders.* New York: International Universities Press.

Becker, E. (1973). *The denial of death.* New York: Free Press.

Beckham, J. C., Crawford, A. L., Feldman, M. E., Kirby, A. C., Hertzberg, M. A., Davidson, J. R., et al. (1997). Chronic posttraumatic stress disorder and chronic pain in Vietnam combat veterans. *Journal of Psychosomatic Research, 43*(3), 379–389.

Beebe, B., & Lachmann, F. (1998). Co-constructing inner and relational processes: Self and mutual regulation in infant research and adult treatment. *Psychoanalytic Psychology, 15*(4), 480–516.

Beecher, H. K. (1946). Pain in men wounded in battle. *Annals of Surgery, 123*(1), 96–105.

Bell, D. C. (2001). Evolution of care giving behavior. *Personality and Social Psychology Review, 5,* 216–229.

Bendtsen, L., & Fernandez-de-la-Penas, C. (2011). The role of muscles in tension-type headache. *Current Pain and Headache Reports, 15*(6), 451–458.

Benson, H. (1975). *The relaxation response.* New York: Morrow.

Bhikkhu, T. (Trans.). (1997). Sallatha Sutta: The Arrow (SN 36.6). Retrieved December 27, 2011, from *www.accesstoinsight.org/tipitaka/sn/sn36/sn36.006.than.html.*

Bhikkhu, T. (2011a). Dhammacakkappavattana sutta: Setting in motion the wheel of truth (SN 56.11) (T. Bhikkhu, Trans.). Retrieved October 7, 2011, from *www.accesstoinsight.org/ tipitaka/sn/sn56/sn56.011.than.html.*

Bhikkhu, T. (2011b). Paticca-samuppada-vibhanga sutta: Analysis of dependente co-arising (SN 12.2) (T. Bhikkhu, Trans.). Retrieved June 17, 2011, from *www.accesstoinsight.org/tipitaka/sn/sn12/sn12.002.than.html*.

Bhikkhu, T. (2011c). Satipatthana sutta: Frames of reference (MN 10) (T. Bhikkhu, Trans.). Retrieved June 14, 2011, from *www.accesstoinsight.org/tipitaka/mn/mn.010.than.html*. Archived at *www. webcitation. org/5sOcjl76K*.

Bhikkhu, T. (Ed.). (2012a). Anguttara Nikaya, 10:108. In *Beyond coping: A study guide on aging, illness, death, and separation*. Valley Center, CA: Metta Forest Monastery. Retrieved March 4, 2012, from *www.accesstoinsight. org/lib/study/beyondcoping/index.html*.

Bhikkhu, T. (2012b). Dhammapada: Tanhavagga [Craving] (338) (SN 56.11) (T. Bhikkhu, Trans.). Retrieved October 17, 2012, from *www.accesstoinsight. org/tipitaka/kn/dhp/dhp.24.than.html*.

Bhikkhu, T. (2012c). Sallatha Sutta [The Arrow] (T. Bhikku, Trans.). In *Samyutta Nikaya* XXXVI6 (chap.). Retrieved January 18, 2012, from *www.accesstoinsight.org/canon/sutta/samyutta/sn36-006.html#shot*.

Bhikkhu, T. (Trans.). (2012d). Upaddha Sutta: Half (of the Holy Life). Retrieved November 2, 2012, from *www.accesstoinsight.org/tipitaka/sn/sn45/sn45.002.than.html*.

Bickman, L. (1999). Practice makes perfect and other myths about mental health services. *American Psychologist, 54*(11), 965–979.

Biegel, G. M., Brown, K. W., Shapiro, S. L., & Schubert, C. M. (2009). Mindfulness-based stress reduction for the treatment of adolescent psychiatric outpatients: A randomized clinical trial. *Journal of Consulting and Clinical Psychology, 77*(5), 855–866.

Bien, T. (2006). *Mindful therapy: A guide for therapists and helping professionals*. Boston: Wisdom.

Bigos, S. J., Battie, M. C., Spengler, D. M., Fisher, L. D., Fordyce, W. E., Hansson, T. H., et al. (1991). A prospective study of work perceptions and psychosocial factors affecting the report of back injury. *Spine, 16*(1), 1–6.

Bigos, S. J., Bowyer, O. R., Braen G. R., Brown, K., Deyo, R., Haldeman, S., et al. (1994). *Acute low back problems in adults. Clinical practice guideline no. 14* (AHCPR publication no. 95-0642). Rockville, MD: U.S. Department of Health and Human Services, Public Health Service, Agency for Health Care Policy and Research.

Bion, W. (1967). Notes on memory and desire. *Psychoanalytic Forum, 2*, 271–280.

Birne, K., Speca, M., & Carlson, L. (2010). Exploring self-compassion and empathy in the context of mindfulness-based stress reduction (MBSR). *Stress and Health, 26*, 359–371.

Bishop, S. R., Lau, M., Shapiro, S., Carlson, L., Anderson, N. D., Carmody, J., et al. (2004). Mindfulness: A proposed operational definition. *Clinical Psychology: Science and Practice, 11*(3), 230–241.

Blanke, O., & Arzy, S. (2005). The out-of-body experience: Disturbed self processing at the temporo-parietal junction. *The Neuroscientist, 11*(1), 16–24.

Blanke, O., Mohr, C., Michel, C. M., Pascual-Leone, A., Brugger, P., Seeck, M., et al. (2005). Linking out-of-body experience and self processing to mental own-body imagery at the temporoparietal junction. *Journal of Neuroscience, 25*(3), 550–557.

Bluth, K., & Wahler, R.G. (2011). Does effort matter in mindful parenting? *Mindfulness, 2*, 175–178.

Bobrow, J. (2007). Tending, attending, and healing. *Psychologist–Psychoanalyst, 27*, 16–18.

Bobrow, J. (2010). *Zen and psychotherapy: Partners in liberation*. New York: Norton.

Boccio, F. (2004). *Mindfulness yoga*. Somerville, MA: Wisdom.

Bodhi, B. (Ed.). (2000). *A comprehensive manual of Abhidhamma*. Seattle, WA: BPS Pariyatti Editions.

Bodhi, B. (2005). *In the Buddha's words: An anthology of discourses from the Pali Canon*. Boston: Wisdom.

Boellinghaus, I., Jones, F., & Hutton, J. (in press). The role of mindfulness and loving-kindness meditation in cultivating self-compassion and otherfocused concern in health care professionals. *Mindfulness*.

Bögels, S., Lehtonen, A., & Restifo, K. (2010). Mindful parenting in mental health care. *Mindfulness, 1*(1), 107–120.

Bohart, A., Elliot, R., Greenberg, L., & Watson, J. (2002). Empathy. In J. C. Norcross (Ed.), *Psychotherapy relationships that work: Therapist contributions and responsiveness to patients* (pp. 89–108). Oxford, UK: Oxford University Press.

Bohlmeijer, E., Prenger, R., Taal, E., & Culjpers, P. (2010). The effects of mindfulness-based stress reduction therapy on mental health of adults with a chronic medical disease: A meta-analysis. *Journal of Psychosomatic Medicine, 68*(6), 539–544.

Bond, T. (2000). *Standards and ethics for counseling in action.* London, UK: Sage Publishing.

Boorstein, S. (1994). Insight: Some considerations regarding its potential and limitations. *Journal of Transpersonal Psychology, 26*(2), 95–105.

Boorstein, S. (2012, Fall). Medicine for the brain, dharma for the mind: An interview with Sylvia Boorstein. *Inquiring Mind.* Retrieved from www.inquiringmind.com/Articles/MedicineForTheBrain.html.

Borkovec, T. D., Alcaine, O. M., & Behar, E. (2004). Avoidance theory of worry and generalized anxiety disorder. In D. S. Mennin, R. G. Heimberg, & C. L. Turk (Eds.), *Generalized anxiety disorder: Advances in research and practice* (pp. 77–108). New York: Guilford Press.

Borkovec, T. D., & Sharpless, B. (2004). Generalized anxiety disorder: Bringing cognitive-behavioral therapy into the valued present. In S. C. Hayes, V. M. Follette, & M. M. Linehan (Eds.), *Mindfulness and acceptance: Expanding the cognitive-behavioral tradition* (pp. 209–242). New York: Guilford Press.

Bowen, S., Chawla, N., Collins, S. E., Witkiewitz, K., Hsu, S., Grow, J., et al. (2009). Mindfulness-based relapse prevention for substance use disorders: A pilot efficacy trial. *Substance Abuse, 30*(4), 295–305.

Bowen, S., Chawla, N., & Marlatt, G.A. (2011). *Mindfulness-based relapse prevention for addictive behaviors: A clinician's guide.* New York: Guilford Press.

Brach, T. (2003). *Radical acceptance: Embracing your life with the heart of a Buddha.* New York: Bantam Dell.

Brach, T. (2012a). Mindful presence: A foundation for compassion and wisdom. In C. K. Germer & R. D. Siegel (Eds.), *Wisdom and compassion in psychotherapy: Deepening mindfulness in clinical practice* (pp. 35–47). New York: Guilford Press.

Brach, T. (2012b). *True refuge: Finding peace and freedom in your own awakened heart.* New York: Bantam Books.

Brach, T. (2013). *True refuge: Three gateways to a fearless heart.* New York: Bantam.

Braehler, C., Gumley, A., Harper, J., Wallace, S., Norrie, J., & Gilbert, P. (in press). Exploring change processes in compassion-focused therapy in psychosis: Results of a feasibility randomized controlled trial. *British Journal of Clinical Psychology*

Braith, J. A., McCullough, J. P., & Bush, J. P. (1988). Relaxation-induced anxiety in a subclinical sample of chronically anxious subjects. *Journal of Behavior Therapy and Experimental Psychiatry, 3*, 193–198.

Brefczynski-Lewis, J. A., Lutz, A., Schaefer, H. S., Levinson, D. B., & Davidson, R. J. (2007). Neural correlates of attentional expertise in long-term meditation practitioners. *Proceedings of the National Academy of Sciences of the United States of America, 104*(27), 11483–11488.

Breines, J. G., & Chen, S. (2012). Self-compassion increases self-improvement motivation. *Personality and Social Psychology Bulletin, 38*, 1133–1143.

Brewer, J. A., Bowen, S., & Chawla, N. (2010). *Mindfulness training for addictions.* Unpublished manuscript.

Brewer, J. A., Bowen, S., Smith, J. T., Marlatt, G. A., & Potenza, M. N. (2010). Mindfulness-based treatments for co-occurring depression and substance use disorders: What can we learn from the brain? *Addiction, 105*(10), 1698–1706.

Brewer, J. A., Mallik, S., Babuscio, T. A., Nich, C., Johnson, H. E., Deleone, C. M., et al. (2011). Mindfulness training for smoking cessation: Results from a randomized controlled trial. *Drug and Alcohol Dependence, 119*(1–2), 72–80.

Brewer, J. A., Sinha, R., Chen, J. A., Michalsen, R. N., Babuscio, T. A., Nich, C., et al. (2009). Mindfulness training and stress reactivity in substance abuse: Results from a randomized, controlled stage I pilot study. *Substance Abuse, 30*(4), 306–317.

Brewer, J. A., Worhunsky, P. D., Carroll, K. M., Rounsaville, B. J., & Potenza, M. N. (2008). Pretreatment brain activation during Stroop task is associated with outcomes in cocaine-dependent patients. *Biological Psychiatry, 64*(11), 998–1004.

Brewer, J. A., Worhunsky, P. D., Gray, J. R., Tang, Y. Y., Weber, J., & Kober, H. (2011). Meditation experience is associated with differences in default mode network activity and connectivity. *Proceedings of the National Academy of Sciences of the United States of America, 108*(50), 20254–20259.

Brickman, P., Coates, D., & Janoff-Bulman, R. (1978). Lottery winners and accident victims: Is happiness relative? *Journal of Personality and Social Psychology, 36*(8), 917–927.

Brier, M. R., Thomas, J. B., Snyder, A. Z., Benzinger, T. L., Zhang, D., Raichle, M. E., et al. (2012). Loss of intranetwork and internetwork resting state functional connections with Alzheimer's disease progression. *Journal of Neuroscience, 32*(26), 8890–8899.

Briere, J. (2002). Treating adult survivors of severe childhood abuse and neglect: Further development of an integrative model. In J. E. Myers et al. (Eds.), *The APSAC handbook on child maltreatment* (2nd ed., pp. 175–202). Newbury Park, CA: Sage.

Briere, J. (2004). *Psychological assessment of adult posttraumatic states: Phenomenology, diagnosis, and measurement* (2nd ed.). Washington, DC: American Psychological Association.

Briere, J. (2012a). When people do bad things: Evil, suffering, and dependente origination. In A. Bohart, E. Mendelowitz, B. Held, & Kirk Schneider (Eds.), *Humanity's dark side: Explorations in psychotherapy and beyond* (pp. 141–156). Washington, DC: American Psychological Association.

Briere, J. (2012b). Working with trauma: Mindfulness and compassion. In C. K. Germer & R. D. Siegel (Eds.), *Wisdom and compassion in psychotherapy* (pp. 265–279). New York: Guilford Press.

Briere, J., Hodges, M., & Godbout, N. (2010). Traumatic stress, affect dysregulation, and dysfunctional avoidance: A structural equation model. *Journal of Traumatic Stress, 23*, 767–774.

Briere, J., & Lanktree, C. B. (2011). *Treating complex trauma in adolescentes and young adults*. Thousand Oaks, CA: Sage.

Briere, J., & Scott, C. (2012). *Principles of trauma therapy: A guide to symptoms, evaluation, and treatment* (2nd ed.). Thousand Oaks, CA: Sage.

Briere, J., Scott, C., & Weathers, F. W. (2005). Peritraumatic and persistente dissociation in the presumed etiology of PTSD. *American Journal of Psychiatry, 162*, 2295–2301.

Brotto, L. A., Basson, R., & Luria, M. (2008). A mindfulness-based group psychoeducational intervention targeting sexual arousal disorder in women. *Journal of Sexual Medicine, 5*(7), 1646–1659.

Brown, C. A., & Jones, A. K. (2010). Meditation experience predicts less negative appraisal of pain: Electrophysiological evidence for the involvement of anticipatory neural responses. *Pain, 150*(3), 428–438.

Brown, C. A., & Jones, A. K. (in press). Psychobiological correlates of improved mental health in patients with musculoskeletal pain after a mindfulnessbased pain management program. *Clinical Journal of Pain*.

Brown, K., & Ryan, R. (2003). The benefits of being present: Mindfulness and its role in psychological well-being. *Journal of Personality and Social Psychology, 84*(4), 822–848.

Broyd, S., Demanuele, C., Debener, S., Helps, S., James, C., & Sonuga-Barke, E. (2009). Default--mode brain dysfunction in mental disorders: A systematic review. *Neuroscience and Biobehavior Reviews, 33*(3), 279–296.

Bruce, A., Young, L., Turner, L., Vander Wal, R., & Linden, W. (2002). Meditation-based stress reduction: Holistic practice in nursing education. In L. Young & V. Hayes (Eds.), *Transforming health promotion practice: Concepts, issues, and applications* (pp. 241–252). Victoria, BC, Canada: Davis.

Bruce, N., Manber, R., Shapiro, S., & Constantino, M. J. (2010). Psychotherapist mindfulness and the psychotherapy process. *Psychotherapy Theory, Research, Practice, Training, 47*(1), 83–97.

Bruner, J. (1973). *Beyond the information given: Studies in the psychology of knowing*. New York: Norton.

Buber, M. (1970). *I and thou* (W. Kaufmann, Trans.). New York: Charles Scribner's Sons.

Buhr, K., & Dugas, M. J. (2006). Investigating the construct validity of intolerance of uncertainty and its unique relationship with worry. *Journal of Anxiety Disorders, 20*, 222–236.

Burgmer, M., Petzke, F., Giesecke, T., Gaubitz, M., Heuft, G., & Pfleiderer, B. (2011). Cerebral activation and catastrophizing during pain anticipation in patients with fibromyalgia. *Psychosomatic Medicine, 73*(9), 751–759.

Burns, D. (1999). *The feeling good handbook*. New York: Penguin Putnam.

Burns, J. W. (2000). Repression predicts outcome following multidisciplinar treatment of chronic pain. *Health Psychology: Official Journal of the Division of Health Psychology, American Psychological Association, 19*(1), 75–84.

Burns, J. W., Quartana, P. J., Gilliam, W., Matsuura, J., Nappi, C., & Wolfe, B. (2012). Suppression of anger and subsequent pain intensity and behavior among chronic low back pain patients: The role of symptom-specific physiological reactivity. *Journal of Behavioral Medicine, 35*(1), 103–114.

Buser, T., Buser, J., Peterson, C., & Serydarian, D. (2012). Influence of mindfulness practice on counseling skills development. *Journal of Counselor Preparation and Supervision, 4*(1), 20–45.

Cahill, S. P., Rothbaum, B. O., Resick, P. A., & Follette, V. M. (2009). Cognitive behavioral therapy for adults. In E. B. Foa, T. M. Keane, M. J. Friedman, & J. A. Cohen (Eds.), *Effective treatments for PTSD: Practice guidelines from the International Society for Traumatic Stress Studies* (pp. 139–222). New York: Guilford Press.

Campbell, J. (1995). *Reflections on the art of living: A Joseph Campbell companion*. New York: Harper Perennial.

Carmody, J. (2009). Evolving conceptions of mindfulness in clinical settings. *Journal of Cognitive Psychotherapy, 23*(3), 270–280.

Carmody, J., Baer, R., Lykins, E., & Olendzki, N. (2009). An empirical study of the mechanisms of mindfulness in a mindfulness-based stress reduction program. *Journal of Clinical Psychology, 65*, 613–626.

Carmody, J., Crawford, S., Salmoirago-Blotcher, E., Leung, K., Churchill, L., & Olendzki, N. (2011). Mindfulness training for coping with hot flashes: Results of a randomized trial. *Menopause, 18*(6), 611–620.

Carr, L., Iacoboni, M., Dubeau, M.C., Mazziotta, J. C., & Lenzi, G. L. (2003). Neural mechanisms of empathy in humans: A relay from neural systems for imitation to limbic areas. *Proceedings of the National Academy of Sciences of the United States of America, 100*(9), 5497–5502.

Carson, J. W., Carson, K. M., Gil, K. M., & Baucom, D. H. (2004). Mindfulness-based relationship enhancement. *Behavior Therapy, 35*(3), 471–494.

Carter, C. (1998). Neuroendocrine perspectives on social attachment and love. *Psychoneuroendocrinology, 23*, 779–818.

Casey, K. L., Minoshima, S., Morrow, T. J., & Koeppe, R. A. (1996). Comparison of human cerebral activation pattern during cutaneous warmth, heat pain, and deep cold pain. *Journal of Neurophysiology, 76*(1), 571–581.

Cassidy, E. L., Atherton, R. J., Robertson, N., Walsh, D. A., & Gillett, R. (2012). Mindfulness, functioning, and catastrophizing after multidisciplinary pain management for chronic low back pain. *Pain, 153*(3), 644–650.

Center for Mindfulness in Medicine, Health Care, and Society. (2012). Dear Friend of the Center. Retrieved September 23, 2012, from *www.umassmed. edu/cfm/appeal/index.aspx.*

Chah, A., Kornfield, J., & Breiter, P. (1985). *A still forest pool: The insight meditation of Achaan Chah.* Wheaton, IL: Theosophical Publishing House.

Chen, K., Berger, C., Manheimer, E., Forde, D., Magidson, J., Dachman, L., et al. (2012). Meditative therapies for reducing anxiety: A systematic review and meta-analysis of randomized controlled trials. *Depression and Anxiety, 29,* 545–562.

Chessen, A. L., Anderson, W. M., Littner, M., Davila, D., Hartse, K., Johnson, S., et al. (1999). Practice parameters for the nonpharmacologic treatment of chronic insomnia. *Sleep, 22,* 1128–1133.

Chiesa, A., Calati, R., & Serretti, A. (2011). Does mindfulness training improve cognitive abilities?: A systematic review of neuropsychological findings. *Clinical Psychology Review, 31,* 449–464.

Childs, D. (2007). Mindfulness and the psychology of presence. *Psychology and Psychotherapy: Theory, Research, and Practice, 80*(3), 367–376.

Cho, S., Heiby, E. M., McCracken, L. M., Lee, S. M., & Moon, D. E. (2010). Pain-related anxiety as a mediator of the effects of mindfulness on physical and psychosocial functioning in chronic pain patients in Korea. *Journal of Pain, 11*(8), 789–797.

Chödrön, P. (2001). *Tonglen.* Halifax, NS, Canada: Vajradhatu.

Chödrön, P. (2002). *The places that scare you: A guide to fearlessness in difficult times.* Boston: Shambhala.

Chödrön, P. (2007). *Practicing peace in times of war.* Boston: Shambhala.

Chou, R., Qaseem, A., Snow, V., Casey, D., Cross, J. T., Shekelle, P., et al. (2007). Diagnosis and treatment of low back pain: A joint clinical practice guideline from the American College of Physicians and the American Pain

Society. *Annals of Internal Medicine, 147*(7), 478–491.

Christensen, A., & Jacobson, N. (2000). *Reconcilable differences.* New York: Guilford Press.

Christopher, J., Chrisman, J., Trotter-Mathison, M., Schure, M., Dahlen, P., & Christopher, S. (2011). Perceptions of the long-term influence of mindfulness training on counselors and psychotherapists: A qualitative inquiry. *Journal of Humanistic Psychology, 51*(3), 318–349.

Christopher, J., & Maris, J. (2010). Integrating mindfulness as self-care into counseling and psychotherapy training. *Counseling and Psychotherapy Research, 10*(2), 114–125

Chung, C. Y. (1990). Psychotherapist and expansion of awareness. *Psychotherapy and Psychosomatics, 53*(1–4), 28–32.

Cigolla, F., & Brown, D. (2011). A way of being: Bringing mindfulness into individual therapy. *Psychotherapy Research, 21*(6), 709–721.

Cioffi, D., & Holloway, J. (1993). Delayed costs of suppressed pain. *Journal of Personality and Social Psychology, 64,* 274–282.

Cisler, J. M., & Koster, E. H. (2010). Mechanisms of attentional biases towards threat in anxiety disorders: An integrative review. *Clinical Psychology Review, 30,* 203–216.

Clark, D., Fairburn, C., & Wessely, S. (2008). Psychological treatment outcomes in routine NHS services: A commentary on Stiles et al. (2007). *Psychological Medicine, 38,* 629–634.

Cloitre, M., Stovall-McClough, K. C., Miranda, R., & Chemtob, C. M. (2004). Therapeutic alliance, negative mood regulation, and treatment outcome in child abuse-related posttraumatic stress disorder. *Journal of Consulting and Clinical Psychology, 72,* 411–416.

Coatsworth, J.D., Duncan, L. G., Greenberg, M. T., & Nix R. (2009). Changing parents' mindfulness, child management skills, and relationship quality with their youth: Results From a randomized pilot intervention trial. *Journal of Child and Family Studies, 19*(2), 203–217.

Cocoran, K., Farb, N., Anderson, A., & Segal, Z. (2010). Mindfulness and emotion regulation: Outcomes and possible mediating mechanisms. In A. Kring & D. Sloan (Eds.), *Emotion regulation and psychopathology: A transdiagnostic approach to etiology and treatment* (pp. 339–355). New York: Guilford Press.

Coelho, H. F., Canter, P. H., & Ernst, E. (2007). Mindfulness-based cognitive therapy: Evaluating current evidence and informing future research. *Journal of Consulting and Clinical Psychology, 75*, 1000–1005.

Cohen, N., Lojkasek, M., Muir, E., Muir, R., & Parker, C. (2002). Six-month follow-up of two mother–infant psychotherapies: Convergence of therapeutic outcomes. *Infant Mental Health Journal, 23*(4), 361–380.

Cohen, N., Muir, E., Lojkasek, M., Muir, R., Parker, C., Barwick, M., et al. (1999). Watch, wait, and wonder: Testing the effectiveness of a new approach to mother–infant psychotherapy. *Infant Mental Health Journal, 20*(4), 429–451.

Cohen-Katz, J., Wiley, S., Capuano, T., Baker, D., Kimmel, S., & Shapiro, S. (2005). The effects of mindfulness-based stress reduction on nurse stress and burnout, Part II: A quantitative and qualitative study. *Holistic Nursing Practice, 19*, 26–35.

Collum, E., & Gehart, D. (2010). Using mindfulness meditation to teach beginning therapists therapeutic presence: A qualitative study. *Journal of Marital and Family Therapy, 36*(3), 347–360.

Cosley, B., McCoy, S., Saslow, L., & Epel, E. (2010). Is compassion of others stress buffering?: Consequences of compassion and social support for physiological reactivity. *Journal of Experimental Social Psychology, 46*, 816–823.

Courtois, C. A., & Ford, J. D. (2013). *Treatment of complex trauma: A sequenced, relationshp-based approach guide*. New York: Guilford Press.

Cox, K. S. (2010). Elevation predicts domain-specific volunteerism 3 months later. *Journal of Positive Psychology, 5*(5), 333–341.

Cozolino, N. (2010). *The neuroscience of psychotherapy: Healing the social brain*. New York: Norton.

Craig, A. D. (2009). How do you feel—now?: The anterior insula and human awareness. *Nature Reviews Neuroscience, 10*(1), 59–70.

Craig, C., & Sprang, G. (2010). Compassion satisfaction, compassion fatigue, and burnout in a national sample of trauma treatment specialists. *Anxiety, Stress, and Coping, 23*(3), 31–339.

Craigie, M. A., Rees, C. S., & Marsh, A. (2008). Mindfulness-based cognitive therapy for generalized anxiety disorder: A preliminary evaluation. *Behavioural and Cognitive Psychotherapy, 36*, 553–568.

Cramer, H., Haller, H., Lauche, R., & Dobos, G. (2012). Mindfulness-based stress reduction for low back pain: A systematic review. *BioMed Central: Complementary and Alternative Medicine, 12*, 162.

Craske, M. G., & Barlow, D. H. (2008). Panic disorder and agoraphobia. In D. H. Barlow (Ed.), *Clinical handbook of psychological disorders: A step-by-step treatment manual* (4th ed., pp. 1–64). New York: Guilford Press.

Cree, M. (2010). Compassion focused therapy with perinatal and mother–infant distress. *International Journal of Cognitive Therapy, 3*(2), 159–171.

Crespo-Facorro, B., Kim, J., Andreasen, N. C., O'Leary, D. S., Bockholt, H. J., & Magnotta, V. (2000). Insular cortex abnormalities in schizophrenia: A structural magnetic resonance imaging study of first-episode patients. *Schizophrenia Research, 46*(1), 35–43.

Crits-Chrisopth, P., & Gibbons, M. B. (2003). Research developments on the therapeutic alliance in psychodynamic psychotherapy. *Psychoanalytic Inquiry, 23*(2) 332–349.

Crits-Christoph, P., Gibbons, M., & Hearon, B. (2006). Does the alliance cause good outcome?: Recommendations for future research on the alliance. *Psychotherapy: Theory, Research, Practice, Training, 43*(3), 280–285.

Crocker, J., & Canevello, A. (2008). Creating and undermining social support in communal relationships: The role of compassionate and self-image goals. *Journal of Personality and Social Psychology, 95*, 555–575.

Crombez, G., Vlaeyen, J. W., Heuts, P. H., & Lysens, R. (1999). Painrelated fear is more disabling than pain itself: Evidence on the role of pain-related fear in chronic back pain disability. *Pain*, *80*(1–2), 329–339.

Csikszentmihalyi, M. (1991). *Flow: The psychology of optimal experience*. New York: HarperCollins.

Dahlsgaard, K., Peterson, C., & Seligman, M. (2005). Shared virtue: The convergence of valued human strengths across culture and history. *Review of General Psychology, 9*(3), 203–213.

Dalai Lama, XIV. (1999). *Ethics for the new millennium*. New York: Riverhead Books.

Dalai Lama, XIV. (2000). *Transforming the mind*. New York: Thorsons/Element. Retrieved February 19, 2011, from *www.dalailama.com/teachings/training-the-mind/verse-7*.

Dalai Lama, XIV. (2003). *Lighting the path: The Dalai Lama teaches on wisdom and compassion*. South Melbourne, Australia: Thomas C. Lothian.

Dalai Lama, XIV. (2005a, November 12). Op-Ed: Our faith in science. *New York Times*. Retrieved from *www.nytimes.com/2005/11/12/opinion/12dalai.html?pagewanted=all&_r=1&*.

Dalai Lama, XIV. (2005b, November 12). *Science at the crossroads*. Presentation at the annual meeting of the Society for Neuroscience, Washington, DC. Retrieved February 5, 2011, from *www.dalailama.com/messages/buddhism/science-at-the-crossroads*.

Dalai Lama, XIV. (2010, May 25). Many faiths, one truth. *New York Times*, Op-Ed., p. A27.

Dalai Lama, XIV, & Cutler, H. C. (1998). *The art of happiness*. New York: Riverhead Books.

Dalai Lama, XIV, & Goleman, D. (2003). *Destructive emotions: How can we overcome them? A scientific dialogue with the Dalai Lama*. New York: Bantam Books.

Dalrymple, K. L., & Herbert, J. D. (2007). Acceptance and commitment therapy for generalized social anxiety disorder: A pilot study. *Behavior Modification, 31*, 543–568.

Darwin, C. (2010). *The works of Charles Darwin, Vol. 21: The descent of man, and selection in relation to sex (part one)*. New York: New York University Press. (Original work published 1871)

Dass, R. (1971). *Be here now*. New York: Crown.

Daubenmier, J., Kristeller, J., Hecht, F., Maninger, N., Kuwata, M., Jhaveri, K., et al. (2011). Mindfulness intervention for stress eating to reduce cortisol and abdominal fat among overweight and obese women: An exploratory randomized controlled study. *Journal of Obesity, 2011*, 651936.

Davidson, R. J. (2004). Well-being and affective style: Neural substrates and biobehavioural correlates. *Philosophical Transactions of the Royal Society, 359*, 1395–1411.

Davidson, R. J. (2009, May 1). *Neuroscientific studies of meditation*. Paper presented at the Harvard Medical School's conference Meditation and Psychotherapy: Cultivating Compassion and Wisdom, Boston, MA.

Davidson, R. J. (2012). The neurobiology of compassion. In C. K. Germer & R. D. Siegel (Eds.), *Wisdom and compassion in psychotherapy: Deepening mindfulness in clinical practice* (pp. 111–118). New York: Guilford Press.

Davidson, R. J., & Harrington, A. (2001). *Visions of compassion: Western scientists and Tibetan Buddhists examine human nature*. Oxford, UK: Oxford University Press.

Davidson, R. J., Kabat-Zinn, J., Schumacher, J., Rosenkranz, M., Muller, D., Santorelli, S. F., et al. (2003). Alterations in brain and immune function produced by mindfulness meditation. *Psychosomatic Medicine, 65*(4), 564–570.

Davis, D. M., & Hayes, J. A. (2011). What are the benefits of mindfulness?: A practice review of psychotherapy-related research. *Psychotherapy, 48*(2), 198–208.

Davis, J. H. (2011, November). What feels right about right action? *Insight Journal*. Barre Center for Buddhist Studies, Barre, MA.

Decety, J. (2006). Human empathy through the lens of social neuroscience. *Scientific World Journal, 6*, 1146–1163.

Decety, J. (2011). The neuroevolution of empathy. *Annals of the New York Academy of Sciences, 1231*, 35–45.

Decety, J., & Cacioppo, J. (2011). *The Oxford handbook of social neuroscience*. New York: Oxford University Press.

Decety, J., & Jackson, P. (2004). The functional architecture of human empathy. *Behavioral and Cognitive Neuroscience Reviews, 3*, 71–100.

Decety, J., & Meyer, M. (2008). From emotion resonance to empathic understanding: A social developmental neuroscience account. *Development and Psychopathology, 20*, 1053–1080.

Decety, J., Michalska, K. J. (2010). Neurodevelopmental changes in the circuits underlying empathy and sympathy from childhood to adulthood. *Developmental Science, 13*(6), 886–899.

DeGraff, G. (1993). *Mind like fire unbound: An image in the early buddist discourses* (4th ed.). Valley Center, CA: Metta Forest Monastery.

Deikman, A. (2001). *Spirituality expands a therapist's horizons*. Retrieved July 6, 2004, from *www.buddhanet.net/psyspir3.htm*.

Delmonte, M. (1986). Meditation as a clinical intervention strategy: A brief review. *International Journal of Psychosomatics, 33*(3), 9–12.

Depue, R. A., & Morrone-Strupinsky, J. V. (2005). A neurobehavioral model of affiliative bonding. *Behavioral and Brain Sciences, 28*, 313–395.

Desbordes, G., Negi, L., Pace, T., Wallace, A., Raison, C., & Schwartz, E. (2012). Effects of mindful--attention and compassion meditation training on amygdala response to emotional stimuli in an ordinary, non-meditative state. *Frontiers in Human Neuroscience, 6*, 292.

Deutsch, D. (2011). *The beginning of infinity: Explanations that transform the world*. New York: Viking Press.

Devettere, R. J. (1993). Clinical ethics and happiness. *Journal of Medical Philosophy, 18*, 71–89.

Deyo, R. A, Rainville, J., & Kent, D. L. (1992). What can the history and physical examination tell us about low back pain? *Journal of the American Medical Association, 268*(6), 760–765.

Dickinson, E. (1872). Dickinson/Higginson correspondence: Late 1872. *Dickinson Electronic Archives*. Institute for Advanced Technology in the Humanities (IATH), University of Virginia. Retrieved July 21, 2004, from *http://jefferson.village.virginia.edy/cgi-bin/AT-Dickinsonsearch.cgi*.

Didonna, F. (Ed.). (2009). *Clinical handbook of mindfulness*. New York: Springer.

Dodson-Lavelle, B. (2011, July 21). *Cognitive-based compassion training (CBCT)*. Paper presented at the Max-Planck Institute for Human and Cognitive Brain Sciences conference, "How to Train Compassion," Berlin, Germany.

Duckworth, A. (2007). Grit: Perseverance and passion for long-term goals. *Journal of Personality and Social Psychology, 92*(6), 1087–1101.

Duncan, B., Hubble, M., & Miller, S. (1997). *Psychotherapy with "impossible" cases: The efficient treatment of therapy veterans*. New York: Norton.

Duncan, B., & Miller, S. (2000). *The heroic client: Doing client-centered, outcome-informed therapy*. San Francisco, CA: Jossey-Bass.

Duncan, L. G., Coatsworth, J. D., & Greenberg, M. T. (2009). A model of mindful parenting: Implications for parent–child relationships and prevention research. *Clinical Child and Family Psychology Review, 12*, 255–270.

Duncan, L. G., Moskowitz, J., Neilands, T., Dilworth, S., Hecht, F., & Johnson, M. (2012). Mindfulness-based stress reduction for HIV treatment side effects: A randomized, wait-list controlled trial. *Journal of Pain and Symptom Management, 43*(2), 161–171.

Dunn, E.W., Aknin, L.B., & Norton, M.I. (2008). Spending money on others promotes happiness. *Science, 319*, 1687–1688.

Ehlers A. A. (1995). 1-year prospective study of panic attacks: Clinical course and factors associated with maintenance. *Journal of Abnormal Psychology, 104*, 164–172.

Eisenberger, N.I., & Lieberman, M. D. (2004). Why rejection hurts: A common neural alarm system for physical and social pain. *Trends in Cognitive Sciences, 8,* 294–300.

Ekman, P. (2010). Darwin's compassionate view of human nature. *Journal of the American Medical Association, 303*(6), 557–558.

Eliot, T. S. (1930). *Ash Wednesday, the waste land and other poems* (1934). New York: Harcourt.

Elliot, R., Bohart, A., Watson, J., & Greenberg, L. (2011). Empathy. *Psychotherapy, 48*(1), 43–49.

Ellis, A. (1962). *Reason and emotion in psychotherapy.* New York: Lyle Stuart. Epstein, M. (1995). *Thoughts without a thinker.* New York: Basic Books.

Epstein, M. (2008). *Psychotherapy without the self: A Buddhist perspective.* New Haven, CT: Yale University Press

Erikson, E. H. (1950). *Childhood and society.* New York: Norton.

Etkin, A., & Wager, T. (2007). Reviews and overviews functional neuroimaging of anxiety: A meta-analysis of emotional processing in PTSD, social anxiety disorder, and specific phobia. *American Journal of Psychiatry, 164,* 1476–1488.

Evans, S., Ferrando, S., Findler, M., Stowell, C., Smart, C., & Haglin D. (2008). Mindfulness-based cognitive therapy for generalized anxiety disorder. *Journal of Anxiety Disorders, 22,* 716–721.

Excuriex, B., & Labbé, E. (2011). Health care providers' mindfulness and treatment outcomes: A critical review of the literature. *Mindfulness, 2*(3), 242–253.

Faber, A., & Mazlish, E. (1999). *How to talk so kids will listen and listen so kids will talk.* New York: Avon.

Fadiga, L., Fogassi, L., Pavesi, G., & Rizzolatti, G. (1995). Motor facilitation during action observation: A magnetic stimulation study. *Journal of Neurophysiology, 73,* 2608–2611.

Farb, N .A., Anderson, A. K., Mayberg, H., Bean, J., McKeon, D., & Segal, Z. V. (2010). Minding one's emotions: Mindfulness training alters the neural expression of sadness. *Emotion, 10*(1), 25–33.

Farb, N., Segal, Z., & Anderson, A. (in press). Mindfulness meditation training alters cortical representations of interoceptive attention. *Social Cognitive and Affective Neuroscience.*

Farb, N. A., Segal, Z. V., Mayberg, H., Bean, J., McKeon, D., Fatima, Z., et al. (2007). Attending to the present: Mindfulness meditation reveals distinct neural modes of self-reference. *Social Cognitive and Affective Neuroscience, 2*(4), 313–322.

Farber, B. A., & Doolin, E. M. (2011). Positive regard and affirmation. In J. C. Norcross (Ed.), *Psychotherapy relationships that work: Evidence-based responsiveness* (2nd ed.). New York: Oxford University Press.

Farchione, T., Fairholme, C., Ellard, K., Boisseau, C., Thompson-Hollands, J., Carl, J., et al. (2012). Unified protocol for transdiagnostic treatment of emotional disorders: A randomized controlled trial. *Behavior Therapy, 43*(3), 666–678.

Feldman, C. (2001). *The Buddhist path to simplicity: Spiritual practice for everyday life.* London, UK: HarperCollins.

Feldman, C., & Kornfield, J. (1991). *Stories of the spirit, stories of the heart.* New York: HarperCollins.

Feldman, C., & Kuyken, W. (2011). Compassion in the landscape of suffering. *Contemporary Buddhism, 12*(1), 143–155.

Fields, R. (1992). *How the swans came to the lake: The narrative history of Buddhism in America.* Boston: Shambhala.

Figley, C. (2002). Compassion fatigue: Psychotherapists' chronic lack of selfcare. *Journal of Clinical Psychology, 58,* 1433–1441.

Fjorback, L., Arendt, M., Ornbol, E., Fink, P., & Walach, H. (2011). Mindfulness-based stress reduction and mindfulness-based cognitive therapy: A systematic review of randomized controlled trials. *Acta Psychiatrica Scandinavica, 123*(2), 102–119.

Flanagan, O. (2011, October 6). *Buddhist ethics naturalized: Contemporary perspectives on Buddhist ethics*. Presentation given at Columbia University conference, New York, NY.

Flor, H., Turk, D. C., & Birbaumer, N. (1985). Assessment of stress-related psychophysiological reactions in chronic back pain patients. *Journal of Consulting and Clinical Psychology, 53*(3), 354–364.

Foa, E. B., Franklin, M., & Kozak, M. (1998). Psychosocial treatments for obsessive–compulsive disorder: Literature review. In R. Swinson, M. Anthony, S. Rachman, & M. Richter (Eds.), *Obsessive–compulsive disorder: Theory, research, and treatment* (pp. 258–276). New York: Guilford Press.

Foa, E. B., Huppert, J. D., & Cahill, S. P. (2006). Emotional processing theory: An update. In B.O. Rothbaum (Ed.), *Pathological anxiety: Emotional processing in etiology and treatment* (pp. 3–24). New York: Guilford Press.

Follette, V. M., Palm, K. M., & Hall, M. L. R. (2004). Acceptance, mindfulness, and trauma. In S. C. Hayes, V. M. Follette, & M. M. Linehan (Eds.), *Mindfulness and acceptance: Expanding the cognitive--behavioral tradition* (pp. 192–208). New York: Guilford Press.

Follette, V.M., & Vijay, A. (2009). Mindfulness for trauma and posttraumatic stress disorder. In F. Didonna (Ed.), *Clinical handbook of mindfulness* (pp. 299–317). New York: Springer.

Fonagy, P., & Target, M. (1997). Attachment and reflective function: Their role in self-organization. *Development and Psychopathology, 9*(4), 679–700.

Forsyth, J., & Eifert, G. (2008). *The mindfulness and acceptance workbook for anxiety: A guide to breaking free from anxiety, phobias, and worry using acceptance and commitment therapy*. Oakland, CA: New Harbinger.

Fox, S. D., Flynn, E., & Allen, R. H. (2011). Mindfulness meditation for women with chronic pelvic pain: A pilot study. *Journal of Reproductive Medicine, 56*(3–4), 158–162.

Frank, J. (1961). *Persuasion and healing: A comparative study of psychotherapy*. London, UK: Oxford University Press.

Fraser, R. D., Sandhu, A., & Gogan, W. J. (1995) Magnetic resonance imaging findings 10 years after treatment for lumbar disc herniation. *Spine, 20*(6), 710–714.

Fredrickson, B. L. (2003). The value of positive emotions. *American Scientist, 91*, 330–335.

Fredrickson, B. L. (2009). *Positivity: Top-notch research reveals the 3 to 1 ratio that will change your life*. New York: Three Rivers Press.

Fredrickson, B. L. (2012). Building lives of compassion and wisdom. In C. K. Germer & R. D. Siegel (Eds.), *Wisdom and compassion in psychotherapy: Deepening mindfulness in clinical practice* (pp. 48–58). New York: Guilford Press.

Fredrickson, B. L., & Branigan, C. (2005). Positive emotions broaden the scope of attention and thought–action repertoires. *Cognition and Emotion, 19*(3), 313–332.

Fredrickson, B. L., Cohn, M. A., Coffey, K. A., Pek, J., & Finkel, S. M. (2008). Open hearts build lives: Positive emotions, induced through loving-kindness meditation, build consequential personal resources. *Journal of Personality and Social Psychology, 95*, 1045–1062.

Freud, S. (1961a). Beyond the pleasure principle. In J. Strachey (Ed. & Trans.), *The standard edition of the complete psychological works of Sigmund Freud* (Vol. 18, pp. 1–64). London, UK: Hogarth Press. (Original work published 1920)

Freud, S. (1961b). Civilization and its discontents. In J. Strachey (Ed. & Trans.), *The standard edition of the complete psychological works of Sigmund Freud* (Vol. 21, pp. 57–145). London, UK: Hogarth Press. (Original work published 1930)

Freud, S. (1961c). Mourning and melancholia. In J. Strachey (Ed. & Trans.), *The standard edition of the complete psychological works of Sigmund Freud* (Vol. 14, pp. 237–260). London, UK: Hogarth Press. (Original work published 1917)

Freud, S. (1961d). Recommendations to physicians practicing psychoanalysis. In J. Strachey (Ed. & Trans.), *The standard edition of the complete psychological works of Sigmund Freud* (Vol. 21, pp. 111–120). London, UK: Hogarth Press. (Original work published 1912)

Freud, S., & Breuer, J. (1961). Studies on hysteria. In J. Strachey (Ed. & Trans.), *The standard edition of the complete psychological works of Sigmund Freud* (Vol. 2, pp. 19–305). London, UK: Hogarth Press. (Original work published 1895)

Fromm, E., Suzuki, D. T., & DeMartino, R. (1960). *Zen Buddhism and psychoanalysis*. New York: Harper & Row.

Galantino, M., Baime, M., Maguire, M., Szapary, P., & Farrer, J. (2005). Association of psychological and physiological measures of stress in health-care professionals during an 8-week mindfulness meditation program: Mindfulness in practice. *Stress and Health: Journal of the International Society for the Investigation of Stress, 21*(4), 255–261.

Gard, T., Hölzel, B. K., Sack, A. T., Hempel, H., Lazar, S. W., Vaitl, D., et al. (2012). Pain attenuation through mindfulness is associated with decreased cognitive control and increased sensory processing in the brain. *Cerebral Cortex, 22*(11), 2692–2702.

Gardner, H. (1983). *Frames of mind*. New York: Basic Books.

Garland, E. L., Fredrickson, B. L., Kring, A. M., Johnson, D. P., Meyer, P. S., & Penn, D. L. (2010). Upward spirals of positive emotions counter downward spirals of negativity: Insights from the broaden-and-build theory and affective neuroscience on the treatment of emotion dysfunction and deficits in psychopathology. *Clinical Psychology Review, 30*, 849–864.

Garland, E. L., Gaylord, S. A., & Fredrickson, B. L. (2011). Positive reappraisal mediates the stress--reductive effects of mindfulness: An upward spiral process. *Mindfulness, 2*, 59–67

Garland, E. L., Gaylord, S. A., Palsson, O., Faurot, K., Douglas Mann, J., & Whitehead, W. E. (2011). Therapeutic mechanisms of a mindfulness-based treatment for IBS: Effects on visceral sensitivity, catastrophizing, and affective processing of pain sensations. *Journal of Behavioral Medicine, 35*(6), 591–602.

Gaser, C., & Schlaug, G. (2003). Brain structures differ between musicians and non-musicians. *Journal of Neuroscience, 23*(27), 9240–9245.

Gatchel, R. J., & Blanchard, E. B. (Eds.). (1998). *Psychophysiological disorders: Research and clinical applications*. Washington, DC: American Psychological Association.

Gaylord, S. A., Paisson, O. S., Garland, E. L., Faurot, K. R., Coble, R. S., Mann, J. D., et al. (2011). Mindfulness training reduces the severity of irritable bowel syndrome in women: Results of a randomized controlled trial. *American Journal of Gastoenterology, 106*, 1678–1688.

Geller, S., & Greenberg, L. (2002). Therapeutic presence: Therapists' experience of presence in the psychotherapy encounter in psychotherapy. *Person Centered and Experiential Psychotherapies, 1*(1–2), 71–86.

Geller, S., & Greenberg, L. (2012). *Therapeutic presence: A mindful approach to effective therapy*. Washington, DC: American Psychological Association.

Gendlin, E. T. (1996). *Focusing-oriented psychotherapy: A manual of the experiential method*. New York: Guilford Press.

Germer, C. K. (2005a). Anxiety disorders: Befriending fear. In C. K. Germer, R. D. Siegel, & P. R. Fulton (Eds.). *Mindfulness and psychotherapy* (pp. 152–172). New York: Guilford Press.

Germer, C. K. (2005b). Teaching mindfulness in therapy. In C. K. Germer, R. D. Siegel, & P. R. Fulton (Eds.), *Mindfulness and psychotherapy* (pp. 113–129). New York: Guilford Press.

Germer, C. K. (2009). *The mindful path to self-compassion: Freeing yourself from destructive thoughts and emotions*. New York: Guilford Press.

Germer, C. K. & Siegel, R. D. (Eds.). (2012). *Wisdom and compassion in psychotherapy: Deepening mindfulness in clinical practice*. New York: Guilford Press.

Geschwind, N., Peeters, F., Drukker, M., van Os, J., & Wichers, M. (2011). Mindfulness training increases momentary positive emotions and reward experience in adults vulnerable to depression: A randomized controlled trial. *Journal of Consulting and Clinical Psychology, 79*(5), 618–628.

Gilbert, B. D., & Christopher, M. S. (2009). Mindfulness-based attention as a moderator of the relationship between depressive affect and negative cognitions. *Cognitive Therapy and Research, 34*, 514–521.

Gilbert, P. (Ed.). (2005). *Compassion: Conceptualisations, research and use in psychotherapy.* London, UK: Routledge.
Gilbert, P. (2009a). *The compassionate mind: A new approach to life's challenges.* Oakland, CA: New Harbinger Press.
Gilbert, P. (2009b). Introducing compassion focused therapy. *Advances in Psychiatric Treatment, 15,* 199–208.
Gilbert, P. (2010a). Compassion focused therapy. *International Journal of Cognitive Therapy, 3,* 95–210.
Gilbert, P. (2010b). *Compassion focused therapy: The CBT distinctive features series.* London, UK: Routledge.
Gilbert, P. (2010c). An introduction to compassion focused therapy in cognitive behavior therapy. *International Journal of Cognitive Therapy, 3*(2), 97–112.
Gilbert, P., McEwan, K., Matos, M., & Rivis, A. (in press). Fears of compassion: Development of three self-report measures. *Psychology and Psychotherapy.*
Gilbert, P., & Proctor, S. (2006). Compassionate mind training for people with high shame and self-criticism: Overview and pilot study of a group therapy approach. *Clinical Psychology and Psychotherapy, 13,* 353–379.
Gilligan, C. (1982). *In a different voice.* Cambridge, MA: Harvard University Press.
Godfrin, K. A., & van Heeringen, C. (2010). The effects of mindfulness-based cognitive therapy on recurrence of depressive episodes, mental health and quality of life: A randomized controlled study. *Behaviour Research and Therapy, 48,* 738–746.
Goffman, E. (1971). *Relations in public.* New York: Harper Colophon.
Gold, D. B., & Wegner, D. M. (1995). Origins of ruminative thought: Trauma, incompleteness, nondisclosure, and suppression. *Journal of Applied Social Psychology, 25,* 1245–1261.
Goldapple, K., Segal, Z., Garson, C., Lau, M., Bieling, P., Kennedy, S., et al. (2004). Modulation of cortical–limbic pathways in major depression. *Archives of General Psychiatry, 61,* 34–41.
Goldenberg, D. L., Kaplan, K. H., Nadeau, M. G., Brodeur, C., Smith, S., & Schmid, C. H. (1994). A controlled study of a stress-reduction, cognitivebehavioral treatment program in fibromyalgia. *Journal of Musculoskeletal Pain, 2,* 53–66.
Goldin, P., & Gross, J. (2010). Effects of mindfulness-based stress reduction (MBSR) on emotion regulation in social anxiety disorder. *Emotion, 10*(1), 83–91.
Goldstein, J. (2010, May 7). *The meditative journey: Meditation and psychotherapy – refining the art.* Presentation given at Harvard Medical School conference, Cambridge, MA.
Goodman, T., Greenland, S.K., & Siegel, D. J. (2012). Mindful parenting as a path to wisdom and compassion. In C. K. Germer & R. D. Siegel (Eds.), *Wisdom and compassion in psychotherapy* (pp. 295–310). New York: Guilford Press.
Goss, K., & Allen, S. (2010). Compassion focused therapy for eating disorders. *International Journal of Cognitive Therapy, 3*(2), 141–158.
Grant, J. A., Courtemanche, J., Duerden, E. G., Duncan, G. H., & Rainville, P. (2010). Cortical thickness and pain sensitivity in Zen meditators. *Emotion, 10*(1), 43–53.
Grant, J. A., Courtemanche, J., & Rainville, P. (2011). A non-elaborative mental stance and decoupling of executive and pain-related cortices predicts low pain sensitivity in Zen meditators. *Pain, 152*(1), 150–156.
Grant, J. A., & Rainville, P. (2009). Pain sensitivity and analgesic effects of mindful states in Zen meditators: A cross-sectional study. *Psychosomatic Medicine, 71*(1), 106–114.
Greason, P. B., & Cashwell, C. S. (2009). Mindfulness and counseling self-efficacy: The mediating role of attention and empathy. *Counselor Education and Supervision, 49*(1), 2–19.
Green, R. (2001). *The explosive child: A new approach for understanding and parenting easily frustrated, chronically inflexible children.* New York: HarperCollins.

Greenberg, L. S. (2010). *Emotion-focused therapy (theories of psychotherapy)*. Washington, DC: American Psychological Association.

Greenberg, L. S., & Safran, J.D. (1987). *Emotions in psychotherapy*. New York: Guilford Press.

Greenland, S. K. (2010). *The mindful child: How to help your kid manage stress and become happier, kinder, and more compassionate*. New York: Free Press.

Greeson, J. (2009). Mindfulness research update: 2008. *Complementary Health Practice Review, 14*(1), 10–18.

Gregg, J., Callaghan, G., Hayes, S., & Glenn-Lawson, J. (2007). Improving diabetes self-management through acceptance, mindfulness, and values: A randomized controlled trial. *Journal of Consulting and Clinical Psychology, 75*(2), 336–343.

Grepmair, L., Mietterlehner, F., Loew, T., Bachler, E., Rother, W., & Nickel, N. (2007). Promoting mindfulness in psychotherapists in training influences the treatment results of their patients: A randomized, double-blind, controlled study. *Psychotherapy and Psychosomatics, 76*, 332–338.

Grienenberger, J., Slade, A., & Kelly, K. (2005). Maternal reflective functioning, mother–infant affective communication, and infant attachment: Exploring the link between mental states and observed caregiving behavior in the intergenerational transmission of attachment. *Attachment and Human Development, 7*(3), 299–311.

Gross, C. R., Kreitzer, M. J., Reilly-Spong, M., Wall, M., Winbush, N. Y., Patterson, R., et al. (2011). Mindfulness-based stress reduction versus pharmacotherapy for chronic primary insomnia: A randomized controlled clinical trial. *Explore: The Journal of Science and Healing, 7*(2), 76–87.

Gross, J. J. (2002). Emotion regulation: Affective, cognitive, and social consequences. *Psychophysiology, 39*, 281–291.

Grossman, P. (2011). Defining mindfulness by how poorly I think I pay attention during everyday awareness and other intractable problems for psychology's (re)invention of mindfulness: Comment on Brown et al. (2011). *Psychological Assessment, 23*(4), 1034–40; discussion 1041–1046.

Grossman, P., Niemann, L., Schmidt, S., & Walach, H. (2004). Mindfulnessbased stress reduction and health benefits: A meta-analysis. *Journal of Psychosomatic Research, 57*, 35–43.

Grossman, P., Tiefenthaler-Gilmer, U., Raysz, A., & Kesper, U. (2007). Mindfulness training as an intervention for fibromyalgia: Evidence of postintervention and 3-year follow-up benefits in well--being. *Psychotherapy and Psychosomatics, 76*(4), 226–233.

Gumley, A., Braehler, C., Laithwaite, H., MacBeth, A. & Gilbert, P. (2010). A compassion focused model of recovery after psychosis. *International Journal of Cognitive Therapy, 3*(2), 186–201.

Gunaratana, B. (2002). *Mindfulness in plain English*. Somerville, MA: Wisdom.

Gurman, S., & Messer, A. (2011). *Essential psychotherapies: Theory and practice* (3rd ed.). New York: Guilford Press.

Gusnard, D., & Raichle, M. (2001). Searching for a baseline: Functional imaging and the resting human brain. *Nature Reviews: Neuroscience, 2*, 685–694.

Guzman, J., Esmail, R., Karjalainen, K., Malmivaara, A., Irvin, E., & Bombardier, C. (2001). Multidisciplinary rehabilitation for chronic low back pain: Systematic review. *British Medical Journal, 323*, 1186–1187.

Gyatso, T. (2005, November 12). Our faith in science. *New York Times*, Op-Ed. Retrieved February 23, 2012, from www.nytimes.com/2005/11/12/opinion/12dalai.html?pagewanted=all.

Halifax, J. (1993). The road is your footsteps. In T. N. Hanh (Ed.), *For a future to be possible: Commentaries on the five wonderful precepts* (pp. 143–147). Berkeley, CA: Parallax Press.

Hall, H., McIntosh, G., Wilson, L., & Melles, T. (1998). Spontaneous onset of back pain. *Clinical Journal of Pain, 14*(2), 129–133.

Hanh, T. N. (1976). *The miracle of mindfulness*. Boston: Beacon Press.

Hanh, T. N. (1992). *Peace is every step: The path of mindfulness in everyday life*. New York: Bantam Books.

Hanh, T. N. (1998). *The heart of the Buddha's teachings*. Berkeley, CA: Parallax Press.

Hanh, T. N. (2003). *Joyfully together: The art of building a harmonious community*. Berkeley, CA: Parallax Press.

Hanh, T. N. (2007). *For a future to be possible: Buddhist ethics for everyday life*. Berkeley, CA: Parallax Press.

Hanson, R., & Mendius, R. (2009). *Buddha's brain: The practical neuroscience of happiness, love, and wisdom*. Oakland, CA: New Harbinger.

Harris, R., & Hayes, S. (2009). *ACT made simple: An easy-to-read primer on acceptance and commitment therapy*. Oakland, CA: New Harbinger.

Harris, S. (2006, March). Killing the Buddha. *Shambala Sun*. Retrieved on February 23, 2012 from www.shambhalasun.com/index.php?option=com_content&task=view&id=2903&Itemid=0.

Hart, S. (2010). *The impact of attachment*. New York: Norton.

Hartranft, C. (2003). *The yoga-sutra of Pantajali*. Boston: Shambhala.

Hasenkamp, W., & Barsalou, L. W. (2012). Effects of meditation experience on functional connectivity of distributed brain networks. *Frontiers in Human Neuroscience, 6*, 38.

Hasenkamp, W., Wilson-Mendenhall, C. D., Duncan, E., & Barsalou, L. W. (2012). Mind wandering and attention during focused meditation: A finegrained temporal analysis of fluctuating cognitive states. *NeuroImage, 59*(1), 750–760.

Hatcher, R. (2010). Alliance theory and measurement. In J. Muran & J. Barber (Eds.), *The therapeutic alliance: An evidence-based guide to practice* (pp. 7–28). New York: Guilford Press.

Hayes, S. (2002a). Acceptance, mindfulness, and science. *Clinical Psychology: Science and Practice, 9*(1), 101–106.

Hayes, S. (2002b). Buddhism and acceptance and commitment therapy. *Cognitive and Behavioral Practice, 9*, 58–66.

Hayes, S. (2011). Open, aware, and active: Contextual approaches as an emerging trend in the behavioral and cognitive therapies. *Annual Review of Clinical Psychology, 7*(1), 141–168.

Hayes, S. C., Follette, V. M., & Linehan, M. (2011). *Mindfulness and acceptance: Expanding the cognitive-behavioral tradition*. New York: Guilford Press.

Hayes, S. C., Luoma, J. B., Bond, F. W., Masuda, A., & Lillis, J. (2006). Acceptance and commitment therapy: Model, processes and outcomes. *Behaviour Research and Therapy, 44*(1), 1–25.

Hayes, S. C., Strosahl, K .D., & Wilson, K. G. (1999). *Acceptance and commitment therapy: An experiential approach to behavior change*. New York: Guilford Press.

Hayes, S. C., Strosahl, K. D., & Wilson, K. G. (2011). *Acceptance and commitment therapy: The process and practice of mindful change* (2nd ed.). New York: Guilford Press.

Hayes, S. C., Wilson, K. G., Gifford, E. V., Follette, V. M., & Strosahl, K. (1996). Experimental avoidance and behavioral disorders: A functional dimensional approach to diagnosis and treatment. *Journal of Consulting and Clinical Psychology, 64*(6), 1152–1168.

Hayes, S., & Smith, S. (2005). *Get out of your mind and into your life: The new acceptance and commitment therapy*. Oakland, CA: New Harbinger.

Hayes, S., Strosahl, K., & Houts, A. (Eds.). (2005). *A practical guide to acceptance and commitment therapy*. New York: Springer.

Hayes-Skelton, S. A., Roemer, L., & Orsillo, S. M. (in press). A randomized clinical trial comparing an acceptance-based behavior therapy to applied relaxation for generalized anxiety disorder. *Journal of Consulting and Clinical Psychology*.

Hein, G., & Singer, T. (2008). I feel how you feel but not always: The empathic brain and its modulation. *Current Opinion in Neurobiology, 18*(2), 153–158.

Hembree, E. A., & Foa, E. B. (2003). Interventions for trauma-related emotional disturbances in adult victims of crime. *Journal of Traumatic Stress, 16*, 187–199.

Henley, A. (1994). When the iron bird flies: A commentary on Sydney Walter's "Does a systemic therapist have Buddha nature?" *Journal of Systemic Therapies, 13*(3), 50–51.

Hermans, D., Craske, M. G., Mineka, S., & Lovibond, P. F. (2006). Extinction in human fear conditioning. *Biological Psychiatry, 60*, 361–368.

Hick, S., & Bien, T. (Eds.). (2010). *Mindfulness and the therapeutic relationship*. New York: Guilford Press.

Hill, C., & Updegraff, J. (2012). Mindfulness and its relationship to emotion regulation. *Emotion, 12*(1), 81–90.

Hillman, J. (2003). Foreword. In Heraclitus, *Fragments* (pp. xi–xviii). New York: Penguin Classics.

Hoffman, C., Ersser, S., Hopkinson, J., Nicholis, P., Harrington, J., & Thomas, P. (2012). Effectiveness of mindfulness-based stress reduction in mood, breast- and endocrine-related quality of life, and well-being in stage 0–III breast cancer: A randomized, controlled trial. *Journal of Clinical Oncology, 12*, 1335–1342.

Hofmann, S., Grossman, P., & Hinton, D. (2011). Loving-kindness and compassion meditation: Potential for psychological interventions. *Clinical Psychology Review, 31*, 1126–1132.

Hofmann, S., Sawyer, A., Witt, A., & Oh, D. (2010). The effect of mindfulnessbased therapy on anxiety and depression: A meta-analytic review. *Journal of Clinical and Consulting Psychology, 78*(2), 169–183.

Hofmann, S. G., & Smits, J. J. (2008). Cognitive-behavioral therapy for adult anxiety disorders: A meta-analysis of randomized placebo-controlled trials. *Journal of Clinical Psychiatry, 69*, 621–632.

Hollis-Walker, L., & Colosimo, K. (2011). Mindfulness, self-compassion, and happiness in non-meditators: A theoretical and empirical examination. *Personality and Individual Differences, 50*(2), 222–227.

Hölzel, B. K., Carmody, J., Evans, K. C., Hoge, E. A., Dusek, J. A., Morgan, L., et al. (2010). Stress reduction correlates with structural changes in the amygdala. *Social Cognitive and Affective Neuroscience, 5*, 11–17.

Hölzel, B. K., Carmody, J., Vangel, M., Congleton, C., Yerramsetti, S. M., Gard, T., et al. (2011). Mindfulness practice leads to increases in regional brain gray matter density. *Psychiatry Research: Neuroimaging, 191*, 36–42.

Hölzel, B.K., Hoge, E.A., Greve, D.N., Gard, T., Creswell, J.D., Brown, K.W., et al. (2013). *Neural mechanisms of symptom improvements in generalized anxiety disorder following mindfulness meditation training*. Manuscript accepted for publication.

Hölzel, B. K., Lazar, S. W., Gard, T., Schuman-Olivier, Z., Vago, D. R., & Ott, U. (2011). How does mindfulness meditation work?: Proposing mechanisms of action from a conceptual and neural perspective. *Perspectives on Psychological Science, 6*(6), 537–559.

Hölzel, B. K., Ott, U., Gard, T., Hempel, H., Weygandt, M., Morgen, K., et al. (2008). Investigation of mindfulness meditation practitioners with voxel-based morphometry. *Social Cognitive and Affective Neuroscience, 3*, 55–61.

Hölzel, B. K., Ott, U., Hempel, H., Hackl, A., Wolf, K., Stark, R., et al. (2007). Differential engagement of anterior cingulate and adjacent medial frontal cortex in adept meditators and non-meditators. *Neuroscience Letters, 421*(1), 16–21.

Horney, K. (1945). *Our inner conflicts: A constructive theory of neurosis*. New York: Norton.

Horowitz, M. J. (1978). *Stress response syndromes*. New York: Jason Aronson.

Horvath, A., Del Re, A., Flückiger, C., & Symonds, D. (2011). Alliance in individual psychotherapy. In J. C. Norcross (Ed.), *Psychotherapy relationships that work: Therapist contributions and responsiveness to patients* (2nd ed.). New York: Oxford University Press.

Huppert, J., Bufka, L., Barlow, D., Gorman, J., & Shear, M. (2001). Therapists, therapist variables, and cognitive-behavioral therapy outcome in a multicenter trial for panic disorder. *Journal of Consulting and Clinical Psychology, 65*, 747–755.

Iacoboni, M. (2008). *Mirroring people*. New York: Farrar, Giroux & Strauss.

Immordino-Yang, M., McColl, A., Damasio, H., & Damasio, A. (2009). Neural correlates of admiration and compassion. *Proceedings of the National Academy of Sciences of the United States of America, 106*(19), 8021–8026.

Irving, J., Dobkin, P., & Park, J. (2009). Cultivating mindfulness in health care professionals: A review of empirical studies of mindfulness-based stress reduction (MBSR). *Complementary Therapies in Clinical Practice, 15*, 61–66.

Iyengar, B. K. S. (1966). *Light on yoga*. New York: Schocken Books.

James, H., & Chymis, A. (2004). *Are happy people ethical people?: Evidence from North America and Europe* (Working paper No. AEWP, 2004). Columbia, MO: University of Missouri, Department of Agricultural Economics.

James, W. (2007). *The principles of psychology* (Vol. 1). New York: Cosimo. (Original work published 1890)

Jang, J. H., Jung, W. H., Kanga, D. H., Byuna, M. S., Kwonc, S. J., Choid, C. H., et al. (2011). Increased default mode network connectivity associated with meditation. *Neuroscience Letters, 487*, 358–362.

Jensen, M. C., BrantZawadzki, M. D., Obucowski, N., Modic, M. T., Malkasian, D., & Ross, J. S. (1994). Magnetic resonance imaging of the lumbar spine in people without back pain. *New England Journal of Medicine, 331*(2), 69–73.

Jha, A., Krompinger, J., & Baime, M. (2007). Mindfulness training modifies subsystems of attention. *Cognitive, Affective, & Behavioral Neuroscience, 7*(2), 109–119.

Jimenez, S. S., Niles, B. L., & Park, C. L. (2010). A mindfulness model of affect regulation and depressive symptoms: Positive emotions, mood regulation expectancies, and self-acceptance as regulatory mechanisms. *Personality and Individual Differences, 49*, 645–650.

Jinpa, T., Rosenberg, E., McGonigal, K., Cullen, M., Goldin, P., & Ramel, W. (2009). *Compassion cultivation training (CCT): An eight-week course on cultivating compassionate heart and mind*. Unpublished manuscript. The Center for Compassion and Altruism Research and Education, Stanford University, Stanford, CA.

Johnson, J., Germer, C., Efran, J., & Overton, W. (1988). Personality as a basis for theoretical predilections. *Journal of Personality and Social Psychology, 55*(5), 824–835.

Jordan, J. V. (1991). Empathy and self boundaries. In J. V. Jordon, A. G. Kaplan, J. B. Miller, I. P. Stiver, & J.L. Surrey (Eds.), *Women's growth in connection: Writings form the Stone Center* (pp. 67–80). New York: Guilford Press.

Jordan, J. V., Kaplan, A. G., Miller, J. B., Stiver, I. P., & Surrey, J. L. (1991). *Women's growth in connection: Writings from the Stone Center*. New York: Guilford Press.

Joseph, S., Dalgleish, D., Williams, R., Yule, W., Thrasher, S., & Hodgkinson, P. (1997). Attitudes towards emotional expression and post-traumatic stress in survivors of the Herald of Free Enterprise disaster. *British Journal of Psychology, 36*, 133–138.

Jung, C. (2000). Psychological commentary. In W. Y. Evans-Wentz, *The Tibetan book of the dead* (pp. xxxv–lii). London: Oxford University Press. (Original work published 1927)

Junger, S. (2010). *War*. New York: Twelve. Kabat-Zinn, J. (1982). An outpatient program in behavioral medicine for chronic pain patients based on the practice of mindfulness meditation: Theoretical considerations and preliminary results. *General Hospital Psychiatry, 4*, 33–47.

Kabat-Zinn, J. (1990). *Full catastrophe living: Using the wisdom of your body and mind to face stress, pain, and illness*. New York: Dell.

Kabat-Zinn, J. (1994). *Wherever you go, there you are*. New York: Hyperion.

Kabat-Zinn, J. (2002, Winter). At home in our bodies. *Tricycle: The Buddhist Review.*

Kabat-Zinn, J. (2003). Mindfulness-based interventions in context: Past, present, and future. *Clinical Psychology: Science and Practice, 10*(2), 144–156.

Kabat-Zinn, J. (2005). *Coming to our senses: Healing ourselves and the world through mindfulness.* New York: Hyperion.

Kabat-Zinn, J. (2011). *Mindfulness for beginners: Reclaiming the presente moment—and your life.* Louisville, CO: Sounds True.

Kabat-Zinn, M., & Kabat-Zinn, J. (1998). *Everyday blessings: The inner work of mindful parenting.* New York: Hyperion.

Kabat-Zinn, J., Lipworth, L., & Burney, R. (1985). The clinical use of mindfulness meditation for the self-regulation of chronic pain. *Journal of Behavioral Medicine, 8*(2), 163–190.

Kabat-Zinn, J., Wheeler, E., Light, T., Skillings, Z., Scharf, M. J., Cropley, T. G., et al. (1998). Influence of a mindfulness meditation-based stress reduction intervention on rates of skin clearing in patients with moderate to severe psoriasis undergoing phototherapy (UVB) and photochemotherapy (PUVA). *Psychosomatic Medicine, 50*, 625–632.

Kahneman, D. (2011). *Thinking fast and slow.* New York: Farrar, Straus & Giroux.

Kaiser Greenland, S. (2010). *The mindful child: How to help your kid manage stress and become happier, kinder, and more compassionate.* New York: Free Press.

Kang, D., Jo, H. J., Jung, W. H., Kim, S. H., Jung, Y., & Choi, C. (in press). The effect of meditation on brain structure: Cortical thickness mapping and diffusion tensor imaging. *Social Cognitive and Affective Neuroscience.*

Kaplan, K. H., Goldenberg, D. L., & Galvin-Nadeau, M. (1993). The impact of a meditation-based stress reduction program on fibromyalgia. *General Hospital Psychiatry, 15*(5), 284–289.

Kar, N. (2011). Cognitive behavioral therapy for the treatment of post-traumatic stress disorder: A review. *Neuropsychiatric Disease and Treatment, 7*, 167–181.

Karlson, H. (2011). How psychotherapy changes the brain. *Psychotherapy Update, 28*(8). Retrieved September 23, 2012, from *www.psychiatrictimes. com/display/article/10168/1926705.*

Kazantzis, N., & Dattilio, F. M. (2010). Definitions of homework, types of homework, and ratings of the importance of homework among psychologists with cognitive behavior therapy and psychoanalytic theoretical orientations. *Journal of Clinical Psychology, 66*(7), 758–773.

Kearney, D. J., McDermott, K., Martinez, M., & Simpson, T. L. (2011). Association of participation in a mindfulness programme with bowel symptoms, gastrointestinal symptom-specific anxiety and quality of life. *Alimentary Pharmacology and Therapeutics, 34*(3), 363–373.

Kearney, M., Weininger, R., Vachon, M., Harrison, R., & Mount, B. (2009). Self-care of physicians caring for patients at the end of life: Being connected . . . "a key to my survival." *Journal of the American Medical Association, 301*(11), 1155–1165.

Keltner, D. (2009). *Born to be good: The science of a meaningful life.* New York: Norton.

Keltner, D., Marsh, J., & Smith, J. (2010). *The compassionate instinct.* New York: Norton.

Keng, S., Smoski, M., & Robins, C. J. (2011). Effects of mindfulness on psychological health: A review of empirical studies. *Clinical Psychology Review, 31*, 1041–1056.

Kerr, C. F., Josyula, K., & Littenberg, R. (2011). Developing an observing attitude: An analysis of meditation diaries in an MBSR clinical trial. *Clinical Psychology and Psychotherapy, 18*, 80–93.

Kesebir, P., & Diener, E. (2008). In defense of happiness: Why policymakers should care about subjective well-being. In L. Bruni, F. Comin, & M. Pugno (Eds.), *Capabilities and happiness* (pp. 60–80). New York: Oxford University Press.

Keysers, C. (2011). *The empathic brain.* Amsterdam, Netherlands: Social Brain Press.

Khazan, I. (2013). *The clinical handbook of biofeeback: A guide for training and practice with mindfulness.* New York: Wiley.

Killingsworth, M. A., & Gilbert, D. T. (2010). A wandering mind is an unhappy mind. *Science, 330*, 932.

Kilpatrick, L. A., Suyenobu, B. Y., Smith, S. R., Bueller, J. A., Goodman, T., Creswell, J. D., et al. (2011). Impact of mindfulness-based stress reduction training on intrinsic brain connectivity. *NeuroImage, 56*, 290–298.

Kim, D., Wampold, B., & Bolt, D. (2006). Therapist effects in psychotherapy: A random effects modeling of the NIMH TDCRP data. *Psychotherapy Research, 16*, 161–172.

Kim, J., Kim, S., Kim, J., Joeng, B., Park, C., Son, A., et al. (2011). Compassionate attitude towards others' suffering activates the mesolimbic neural system. *Neuropsychologia, 47*, 2073–2081.

Kimbrough, E., Magyari, T., Langenberg, P., Chesney, M. A., & Berman, B. (2010). Mindfulness intervention for child abuse survivors. *Journal of Clinical Psychology, 66*, 17–33.

Kingston, J., Chadwick, P., Meron, D., & Skinner, T. C. (2007). A pilot randomized control trial investigating the effect of mindfulness practice on pain tolerance, psychological well-being, and physiological activity. *Journal of Psychosomatic Research, 62*(3), 297–300.

Kleinman, A., Kunstadter, P., Alexander, E., Russell, G., & James, L. (Eds.). (1978). *Culture and healing in Asian societies: Anthropological, psychiatric and public health studies*. Cambridge, MA: Schenkman.

Klimecki, O., Leiberg, S., Lamm, C., & Singer, T. (in press). Functional neural plasticity and associated changes in positive affect. *Cerebral Cortex.*

Klimecki, O., & Singer, T. (2011). Empathic distress fatigue rather than compassion fatigue?: Integrating findings from empathy research in psychology and social neuroscience. In B. Oakley, A. Knafo, G. Madhavan, & D. S. Wilson (Eds.), *Pathological altruism* (pp. 368–384). New York: Oxford University Press.

Kocovski, N. L., Laurier, W., & Rector, N. A. (2009). Mindfulness and acceptance-based group therapy for social anxiety disorder: An open trial. *Cognitive and Behavioral Practice, 16*, 276–289.

Koerner, K., & Linehan, M. (2011). *Doing dialectical behavior therapy: A practical guide*. New York: Guilford Press.

Kohut, H. (1977). *The restoration of the self*. New York: International University Press.

Kolden, G. G., Klein, M. H., Wang, C. C., & Austin, S. B. (2011). Congruence/genuineness. *Psychotherapy, 48*(1), 65–71.

Kolts, R. (2011). *The compassionate mind approach to managing your anger*. London, UK: Constable & Robinson.

Kori, S.H., Miller, R.P., & Todd, D.D. (1990). Kinesiophobia: A new view of chronic pain behavior. *Pain Management, 3*, 35–43.

Koszycki, D., Benger, M., Shlik, J., & Bradwejn, J. (2007). Randomized trial of a meditation-based stress reduction program and cognitive behavior therapy in generalized social anxiety disorder. *Behaviour Research and Therapy, 45*, 2518–2526.

Kramer, G. (2007). *Insight dialogue: The interpersonal path to freedom*. Boston: Shambhala.

Kramer, G., Meleo-Meyer, F., & Turner, M. L. (2008). Cultivating mindfulness in relation: Insight dialogue and the interpersonal mindfulness program. In S. Hick & T. Bien (Eds.), *Mindfulness and the therapeutic relationship* (pp. 195–214). New York: Guilford Press.

Kramer, J. (2004). *Buddha mom*. New York: Penguin.

Krasner, M., Epstein, R., Beckman, H., Suchman, A., Chapman, A., Mooney, C., et al. (2009). Association of an educational program in mindful communication with burnout, empathy, and attitudes among primary care physicians. *Journal of the American Medical Association, 302*, 1284–1293.

Kristeller, J. L., & Wolever, R. (2011). Mindfulness-based eating awareness training for treating binge eating disorder: The conceptual foundation. *Eating Disorders, 19*(1), 49–61.

Krüger, E. (2010). *Effects of a meditation-based programme of stress reduction on levels of self-compassion*. Unpublished master's thesis, School of Psychology, Bangor University, Wales, UK.

Kurtz, R. (1990). *Body-centered psychotherapy: The Hakomi method*. Mendecino, CA: LifeRhythm.

Kuyken, W., Byford, S., Taylor, R. S., Watkins, E., Holden, E., White, K., et al. (2008). Mindfulness-based cognitive therapy to prevent relapse in recurrent depression. *Journal of Consulting and Clinical Psychology, 76*(6), 966–978.

Kuyken, W., Watkins, E., Holden, E., White, K., Taylor, R. S., Byford, S., et al. (2010). How does mindfulness-based cognitive therapy work? *Behavior Research and Therapy, 48*, 1105–1112.

Lambert, M. J., & Barley, D. E. (2001). Research summary on the therapeutic relationship and psychotherapy outcome. *Psychotherapy, 38*, 357–361.

Lambert, M. J., & Ogles, B. (2004). The efficacy and effectiveness of psychotherapy. In M. Lambert (Ed.), *Bergin and Garfield's handbook of psychotherapy and behavior change* (5th ed., pp. 139–193). New York: Wiley.

Lambert, M. J., & Okishi, J. C. (1997). The effects of the individual psychotherapist and implications for future research. *Clinical Psychology: Science and Practice, 4*, 66–75.

Lambert, N. M., Fincham, F. D., Stillman, T. F., & Dean, L. R. (2009). More gratitude, less materialism: The mediating role of life satisfaction. *Journal of Positive Psychology, 4*(1), 32–42.

Lamott, A. (1993). *Operating instructions: A journal of my son's first year*. New York: Pantheon.

Landis, S. K., Sherman, M. F., Piedmont, R. L., Kirkhart, M. W., Rapp, E. M., & Bike, D. H. (2009). The relation between elevation and self-reported prosocial behavior: Incremental validity over the five-factor model of personality. *Journal of Positive Psychology, 4*(1), 71–84.

Landreth, G. (2002). *Play therapy: The art of the relationship*. New York: Brunner-Routledge.

Langer, A., Cangas, A., Salcedo, E., & Fuentes, F. (2012). Applying mindfulness therapy in a group of psychotic individuals: A controlled study. *Behavioural and Cognitive Psychotherapy, 40*(1), 105–109.

Law, N. (2008, March 31). Scientists probe meditation secrets. *BBC News Online*. Retrieved from http://news.bbc.co.uk/2/hi/health/7319043.stm.

Lazar, S. W., Kerr, C. E., Wasserman, R. H., Gray, J. R., Greve, D. N., Treadway, M. T., et al. (2005). Meditation experience is associated with increased cortical thickness. *NeuroReport, 16*(17), 1893–1897.

Lazarus, A. (1993). Tailoring the therapeutic relationship, or being an authentic chameleon. *Psychotherapy, 30*, 404–407.

Lee, D. (1959). *Freedom and culture*. Englewood Cliffs, NJ: Prentice-Hall.

Lee, R., & Martin, J. (1991). *Psychotherapy after Kohut: A textbook of selfpsychology*. Hillsdale, NJ: Analytic Press.

Lee, T., Leung, M., Hou, W., Tang, J., Yin, J., So, K., et al. (2012). Distinct neural activity associated with focused-attention meditation and lovingkindness meditation. *PLoS One, 7*(8), e40054.

Leeuw, M., Goossens, M. E., Linton, S. J., Crombez, G., Boersma, K., & Vlaeyen, J. W. (2007). The fear-avoidance model of musculoskeletal pain: Current state of scientific evidence. *Journal of Behavioral Medicine, 30*(1), 77–94.

Leiblich, A., McAdams, D., & Josselson, R. (2004). *Healing plots: The narrative basis of psychotherapy*. Washington, DC: American Psychological Association.

Leichsenring, F. (2001). Comparative effects of short-term psychodynamic psychotherapy and cognitive behavioural therapy in depression: A meta-analytic approach. *Clinical Psychology Review, 21*, 401–419.

Leung, M. K., Chan C. C., Yin J., Lee C. F., So K. F., & Lee T. M. (2012). Increased gray matter volume in the right angular and posterior parahippocampal gyri in loving-kindness meditators. *Social Cognitive and Affective Neuroscience, 8*(1), 34–39.

Levine, S., & Levine, O. (1995). *Embracing the beloved: Relationship as a path of awakening*. New York: Doubleday.

Levitt, J. T., Brown, T. A., Orsillo, S. M., & Barlow, D. H. (2004). The effects of acceptance versus suppression of emotion on subjective and psychophysiological response to carbon dioxide challenge in patients with panic disorder. *Behavior Therapy, 35*, 747–766.

Lewis, T., Amini, F., & Lannon, R. (2001). *A general theory of love*. New York: Random House.

Linehan, M. M. (1993a). *Cognitive-behavioral treatment of borderline personality disorder*. New York: Guilford Press.

Linehan, M. M. (1993b). *Skills training manual for treating borderline personality disorder*. New York: Guilford Press.

Linehan, M. M. (2009, May 2). *Radical compassion: Translating Zen into psychotherapy*. Presentation given at the Harvard Medical School conference Meditation and Psychotherapy: Cultivating Compassion and Wisdom, Cambridge, MA.

Linton, S. J. (1997). A population-based study of the relationship between sexual abuse and back pain: Establishing a link. *Pain, 73*(1), 47–53.

Litt, M. D., Shafer, D., & Napolitano, C. (2004). Momentary mood and coping processes in TMD pain. *American Psychological Association, 23*(4), 354–362.

Liu, X., Wang, S., Chang, S., Chen, W., & Si, M. (in press). Effect of brief mindfulness intervention on tolerance and distress of pain induced by coldpressor task. *Stress Health*.

Lovibond, P., Mitchell, C., Minard, E., Brady, A., & Menzies, R. (2009). Safety behaviours preserve threat beliefs: Protection from extinction of human fear conditioning by an avoidance response. *Behaviour Research and Therapy, 47*, 716–720.

Lowens, I. (2010). Compassion focused therapy for people with bipolar disorder. *International Journal of Cognitive Therapy, 3*(2), 172–185.

Luborsky, L., Crits-Christoph, P., McLellan, T., Woody, G., Piper, W., & Imber, S. (1986). Do therapists vary much in their success?: Findings from four outcome studies. *American Journal of Orthopsychiatry, 51*, 501–512.

Luborsky, L., Rosenthal, R., Diguer, L., Andrusyna, T., Berman, J., Levitt, J., et al. (2002). The dodo bird is alive and well—mostly. *Clinical Psychology: Science and Practice, 9*(1), 2–12.

Lucas, R. E., Clark, A. E., Georgellis, Y., & Diener, E. (2003). Reexamining adaptation and the set point model of happiness: Reactions to changes in marital status. *Journal of Personality and Social Psychology, 84*(3), 527–539.

Luders, E., Clark, K., Narr, K. L., & Toga, A.W. (2011). Enhanced brain connectivity in long-term meditation practitioners. *NeuroImage, 57*, 1308–1316.

Luders, E., Thompson, P. M., Kurth, F., Hong, J.-Y., Phillips, O.R., Wang, Y. (in press). Global and regional alterations of hippocampal anatomy in longterm meditation practitioners. *Human Brain Mapping*.

Luders, E., Toga, A. W., Lepore, N., & Gaser, C. (2009). The underlying anatomical correlates of long-term meditation: Larger hippocampal and frontal volumes of gray matter. *NeuroImage, 45*(3), 672–678.

Lutz, A., Brefczynski-Lewis, J., Johnstone, T., & Davidson, R. (2008). Regulation of the neural circuitry of emotion by compassion meditation: Effects of meditative expertise. *PLoS ONE, 3*(3), e1897.

Lutz, A., Greischar, L. L., Perlman, D. M., & Davidson, R. J. (2009). BOLD signal in insula is differentially related to cardiac function during compassion meditation in experts vs. novices. *NeuroImage, 47*(3), 1038–1046.

Lutz, A., Greischar, L., Rawlings, N., Ricard, M., & Davidson, R. (2004). Long-term meditators self-induce high-amplitude synchrony during mental practice. *Proceedings of the National Academy of Sciences of the United States of America, 101*, 16369–16373.

Lutz, A., McFarlin, D. R., Perlman, D. M., Salomons, T. V., & Davidson, R. J. (2013). Altered anterior insula activation during anticipation and experience of painful stimuli in expert meditators. *NeuroImage, 64*, 538–546.

Lutz, A., Slagter, H. A., Dunne, J. D., & Davidson, R. J. (2008). Attention regulation and monitoring in meditation. *Trends in Cognitive Sciences, 12*(4), 163–169.

Lutz, A., Slagter, H. A., Rawlings, N., Francis, A., Greischar, L., & Davidson, R. (2009). Mental training enhances attentional stability: Neural and behavioral evidence. *Journal of Neuroscience, 29*, 13418–13427.

Lynch, T. R., Trost, W. T., Salsman, N., & Linehan, M. M. (2007). Dialectical behavior therapy for borderline personality disorder. *Annual Review of Clinical Psychology, 3*, 181–205.

Lyubomirsky, S. (2007). *The how of happiness: A scientific approach to getting the life you want.* New York: Penguin Press.

Ma, S. H., & Teasdale, J. D. (2004). Mindfulness-based cognitive therapy for depression: Replication and exploration of differential relapse prevention effects. *Journal of Consulting and Clinical Psychology, 72*, 31–30.

Magid, B. (2002). *Ordinary mind: Exploring the common ground of Zen and psychotherapy.* Somerville, MA: Wisdom.

Maharaj, N. (1997). *I am that: Talks with Sri Nisargadatta* (M. Frydman, Trans.). New York: Aperture.

Maharishi Mahesh Yogi. (2001). *Science of being and art of living: Transcendental meditation.* New York: Plume. (Original work published 1968)

Mahasi Sayadaw. (1971). *Practical insight meditation: Basic and progressive stages.* Kandy, Sri Lanka: Forest Hermitage.

Marlatt, G. A., & Donovan, D. M. (2007). *Relapse prevention: Maintenance strategies in the treatment of addictive disorders* (2nd ed.). New York: Guilford Press.

Marlatt, G. A., & Gordon, J. R. (1985). *Relapse prevention: Maintenance strategies in the treatment of addictive behaviors.* New York: Guilford Press.

Martin, D. J., Garske, J. P., & Davis, M. K. (2000). Relation of the therapeutic alliance with outcome and other variables: A meta-analytic review. *Journal of Consulting and Clinical Psychology, 68*, 438–450.

Martin-Asuero, A., & Garcia-Banda, G. (2010). The mindfulness-based stress reduction program (MBSR) reduces stress-related psychological distress in healthcare professionals. *Spanish Journal of Psychology, 13*(2), 897–905.

Mascaro, J., Rilling, J., Negi, L., & Raison, C. (2013). Pre-existing brain function predicts subsequent practice of mindfulness and compassion meditation. *Neuroimage, 60*, 35–42.

Maslow, A. H. (1954). *Motivation and personality.* New York: Harper.

Maslow, A. H. (1966). *The psychology of science: A reconnaissance.* New York: Harper & Row.

Mason, M., Norton, M., Van Horn, J., Wegner, D., Grafton, S., & Macrae, C. (2007). Wandering minds: The default netowrk and stimulus-independent thought. *Science, 315*(5810), 393–395.

Masters, W. H. (1970). *Human sexual inadequacy.* New York: Little, Brown.

Masters, W. H., & Johnson, V. E. (1966). *Human sexual response.* Philadelphia, PA: Lippincott, Williams & Wilkins.

May, C., Burgard, M., Mena, M., Abbasi, I., Bernhardt, N., Clemens, S., et al. (2011). Short-term training in loving-kindness meditation produces a state, but not a trait, alteration of attention. *Mindfulness, 2*(3), 143–153.

May, R. (1967). *The art of counseling.* New York: Abingdon Press.

Mayer, T. G., Gatchel, R. J., Mayer, H., Kishino, N. D., Keeley, J., & Mooney, V. (1987). A prospective two-year study of functional restoration in industrial low back injury: An objective assessment procedure. *Journal of the American Medical Association, 258*(13), 1763–1767.

McCarthy, K. (2012). *Self gratitude and personal success.* Retrieved November 3, 2012, from *http://ezinearticles.com/?Self-Gratitude-and-Personal-Success&id=800893*.

McCollum, E., & Gehart, D. (2010). Using mindfulness meditation to teachbeginning therapists therapeutic presence: A qualitative study. *Journal of Marital and Family Therapy, 36*(3), 347–360.

McCown, D., Reibel, D., & Micozzi, M. (2011). *Teaching mindfulness. A practical guide for clinicians and educators.* New York: Springer.

McGrath, P. A. (1994). Psychological aspects of pain perception. *Archives of Oral Biology, 39*(Suppl.), 55S–62S.

McKay, K., Imel, Z., & Wampold, B. (2006). Psychiatrist effects in the psychopharmacological treatment of depression. *Journal of Affective Disorders, 92*, 287–290.

McKim, R. D. (2008). Rumination as a mediator of the effects of mindfulness: Mindfulness-based stress reduction with a heterogenous community sample experiencing anxiety, depression, and/or chronic pain. *Dissertation Abstracts International: Section B: Sciences and Engineering, 68,* 7673.

McWilliams, N. (2011). *Psychoanalytic psychotherapy: A practitioner's guide.* New York: Guilford Press.

Mechelli, A., Crinion, J. T., Noppeney, U., O'Doherty, J., Ashburner, J., Frackowiak, R. S., et al. (2004). Neurolinguistics: Structural plasticity in the bilingual brain. *Nature, 431,* 757.

Mehling, W. E., Hamel, K. A., Acree, M., Byl, N., & Hecht, F. M. (2005). Randomized, controlled trial of breath therapy for patients with chronic lowback pain. *Alternative Therapies in Health and Medicine, 11*(4), 44–52.

Melzack, R., & Wall, P. D. (1965). Pain mechanisms: A new theory. *Science, 150*(699), 971–979.

Mennin, D. S., & Fresco, D. M. (2010). Emotion regulation as an integrative framework for understanding and treating psychopathology. In A. M. Kring & D. M. Sloan (Eds.), *Emotion regulation and psychopathology: A transdiagnostic approach to etiology and treatment* (pp. 356–379). New York: Guilford Press.

Meyer, B., Pilkonis, P., Krupnick, J., Egan, M., Simmens, S., & Sotsky, S. (2002). Treatment expectancies, patient alliance, and outcome: Further analyses from the National Institute of Mental Health Treatment of Depression Collaborative Research Program. *Journal of Consulting and Clinical Psychology, 70*(4), 1051–1055.

Michalak, J., Burg, J., & Heidenreich, T. (2012). Don't forget your body: Mindfulness, embodiment, and the treatment of depression. *Mindfulness, 3*(3), 190–199.

Michelson, S. E., Lee, J. K., Orsillo, S. M., & Roemer, L. (2011). The role of values-consistent behavior in generalized anxiety disorder. *Depression and Anxiety, 28,* 358–366.

Miller, J. B., & Stiver, I. P. (1997). *The healing connection: How women form relationships in therapy and in life.* Boston: Beacon Press.

Miller, K. (2006). *Momma Zen: Walking the crooked path of motherhood.* Boston: Shambhala.

Miller, S., Duncan, B., & Hubble, M. (1997). *Escape from Babel: Toward a unifying language for psychotherapy practice.* New York: Norton.

Mitra, R., Jadhav, S., McEwen, B. S., Vyas, A., & Chattarji, S. (2005). Stress duration modulates the spatiotemporal patterns of spine formation in the basolateral amygdala. *Proceedings of the National Academy of Sciences of the United States of America, 102*(26), 9371–9376.

Molino, A. (Ed.). (1998). *The couch and the tree.* New York: North Point Press.

Mongrain, M., Chin, J., & Shapira, L. (2010). Practicing compassion increases happiness and self--esteem. *Journal of Happiness Studies, 12,* 963–981.

Monteiro, L., Nuttal, S., & Musten, F. (2010). Five skillful habits: An ethics-based mindfulness intervention. *Counseling and Spirituality, 29*(1), 91–104.

Moore, A., & Malinowski, P. (2009). Meditation, mindfulness, and cognitive flexibility. *Consciousness and Cognition, 18,* 176–186.

Moore, P. (2008). Introducing mindfulness to clinical psychologists in training: An experiential course of brief exercises. *Journal of Clinical Psychology in Medical Settings, 15*(4), 331–337.

Morgan, S. P. (2005). Depression: Turning toward life. In C. K. Germer, R. D. Siegel, & P. R. Fulton (Eds.), *Mindfulness and psychotherapy* (pp. 130–151). New York: Guilford Press.

Morina, N. (2007). The role of experiential avoidance in psychological functioning after war-related stress in Kosovar civilians. *Journal of Nervous and Mental Disease, 195*, 697–700.

Morita, S. (1998). *Morita therapy and the true nature of anxiety-based disorders: Shinkeishitsu*. Albany, NY: State University of New York Press. (Original work published 1928)

Morone, N. E., Rollman, B. L., Moore, C. G., Li, Q., & Weiner, D. K. (2009). A mind–body program for older adults with chronic low back pain: Results of a pilot study. *Pain Medicine, 10*(8), 1395–1407.

Morrison, I., Lloyd, D., DiPellegrino, G., & Roberts, N. (2008). Vicarious responses to pain in anterior cingulate cortex: Is empathy a multisensory issue? *Cognitive, Affective, and Behavioral Neuroscience, 4*(2), 270–278.

Murphy, S. (2002). *One bird, one stone*. New York: Renaissance Books. Murray, C., & Lopez, A. (1998). *The global burden of disease: A comprehensive assessment of mortality and disability from disease, injuries and risk factors in 1990 and projected to 2020*. Boston: Harvard University Press.

Nader, K. (2006). Childhood trauma: The deeper wound. In J. P. Wilson (Ed.), *The posttraumatic self: Restoring meaning and wholeness to personality* (pp. 117–156). London, UK: Routledge.

Najmi, S., & Wegner, D. M. (2008). Thought suppression and psychopathology. In A. J. Elliot (Ed.), *Handbook of approach and avoidance motivation* (pp. 447–459). New York: Psychology Press.

Nalanda Translation Committee. (2004). Morning liturgy for Mahayana students. In *Bodhisattva vow and practice* (pp. 6–7). Halifax, NS, Canada: Nalanda Translation Committee.

Nanamoli, B. (Trans.) & Bodhi, B. (Ed.). (1995). Bhayabherava Sutta: Fear and dread. In *The middle length discourses of the Buddha* (pp. 102–107). Boston: Wisdom.

Napoli, M., Krech, P., & Holley, L. (2005). Mindfulness training for elementar school students: The Attention Academy. *Journal of Applied School Psychology, 21*(1), 99–125.

Napthali, S. (2003). *Buddhism for mothers: A calm approach to caring for yourself and your children*. Crows Nest, NSW, Australia: Allen & Unwin.

Nargeot, R., & Simmers, J. (2011). Neural mechanisms of operant conditioning and learning-induced behavioral plasticity in *Aplysia. Cellular and Molecular Life Sciences, 68*(5), 803–816.

National Center for Complementary and Alternative Medicine. (2007). Mind–body medicine: An overview. Retrieved November 7, 2012 from: *http://nccam.nih.gov/health/meditation/overview.htm*.

National Center for PTSD, U.S. Department of Veteran Affairs. (2011). Mindfulness practice in the treatment of traumatic stress. Retrieved from *www.ptsd.va.gov/public/pages/mindful-ptsd.asp*.

Neff, K. (2003). The development and validation of a scale to measure selfcompassion. *Self and Identity, 2*(3), 223–250.

Neff, K. (2011). *Self-compassion: Stop beating yourself up and leave insecurity behind*. New York: Morrow.

Neff, K. D. (2012). The science of self-compassion. In C. K. Germer & R. D. Siegel (Eds.). *Wisdom and compassion in psychotherapy: Deepening mindfulness in clinical practice* (pp. 79–92). New York: Guilford Press.

Neff, K. D., & Germer, C. K. (2013). A pilot study and randomized controlled trial of the mindful self-compassion program. *Journal of Clinical Psychology, 69*(1), 28–44.

Neff, K., & Germer, C. (in press). Being kind to yourself: The science of selfcompassion. In T. Singer & M. Bolz (Eds.), *Compassion: Bridging theory and practice*. Leipzig, Germany: Max-Planck Institut.

Neff, K., Kirkpatrick, K., & Rude, S. S. (2007). Self-compassion and its link to adaptive psychological functioning. *Journal of Research in Personality, 41*, 139–154.

Neumann, M., Bensing, J., Mercer, S., Ernstmann, N., Ommen, O., & Pfaff, H. (2011). Analyzing the "nature" and "specific effectiveness" of clinical empathy: A theoretical overview and contribution towards a theory-based research agenda. *Patient Education and Counseling, 74*, 339–346.

Nhat Hanh, Thich. (2011). *Planting seeds: Practicing mindfulness with children*. Berkeley, CA: Parallax Press.

Norcross, J. C. (Ed.). (2001). Empirically supported therapy relationships: Summary report of the Division 29 Task Force. *Psychotherapy, 38*(4).

Norcross, J. C. (Ed.). (2011). *Psychotherapy relationships that work* (2nd ed.). New York: Oxford University Press.

Norcross, J. C., & Beutler, L. (1997). Determining the therapeutic relationship of choice in brief therapy. In J. Butcher (Ed.), *Personality assessment in managed health care: A practitioner's guide* (pp. 42–60). New York: Oxford University Press.

Norcross, J. C., & Lambert, M. (2011). Evidence-based therapy relationships. In J. C. Norcross (Ed.), *Psychotherapy relationships that work* (2nd ed.). New York: Oxford University Press.

Norcross, J. C., & Wampold, B. (2011). Evidence-based therapy relationships: Research Conclusions and Clinical Practices. *Psychotherapy, 48*(1) 98–102.

Nyanaponika, T. (1965). *The heart of Buddhist meditation*. York Beach, ME: Red Wheel/Weiser.

Nyanaponika, T. (1972). *The power of mindfulness*. San Fransisco, CA: Unity Press.

Nyanaponika, T. (1998). *Abhidhamma studies*. Boston: Wisdom. (Original work published 1949)

Nye, N. (1995). Kindness. In *Words under the words* (pp. 42–43). Portland, OR: Eighth Mountain Press.

Ochsner, K. N., Bunge, S. A., Gross, J. J., & Gabrieli, J. D. (2002). Rethinking feelings: An fMRI study of the cognitive regulation of emotion. *Journal of Cognitive Neuroscience, 14*(8), 1215–1229.

Ogden, P., Minton, K., & Pain, C. (2006). *Trauma and the body: A sesnorimotor approach to psychotherapy*. New York: Norton.

Olendzki, A. (Trans.). (1998). Maha Niddesa 1.42. In *Upon the Tip of a Needle. Insight Journal*. Barre, MA: Barre Center for Buddhist Studies.

Olendzki, A. (2010). *Unlimiting mind: The radically experiential psychology of Buddhism*. Somerville, MA: Wisdom.

Olendzki, A. (2011). The construction of mindfulness. *Contemporary Buddhism 12*(1), 55–70.

Olendzki, A. (2012, May 12). *Lovingkindness and compassion: What the Buddha discovered*. Presentation given at Harvard Medical School Meditation and Psychotherapy: Practicing Compassion for Self and Others conference, Cambridge, MA.

Ong, J. C., Shapiro, S. L., & Manber, R. (2009). Mindfulness meditation and cognitive behavioral therapy for insomnia: A naturalistic 12-month follow-up. *Explore, 5*(1), 30–36.

O'Regan, B. (1985). Placebo: The hidden asset in healing. *Investigations: A Research Bulletin, 2*(1), 1–3.

Orlinsky, D., Ronnestad, M., & Willutzki, U. (2004). Fifty years of psychotherapy process–outcome research: Continuity and change. In M. Lambert (Ed.), *Handbook of psychotherapy and behavior change* (5th ed., pp. 307–390). New York: Wiley.

Orsillo, S. M., & Batten, S. (2005). Acceptance and commitment therapy in the treatment of posttraumatic stress disorder. *Behavior Modification, 29*, 95–129.

Orsillo, S. M., & Roemer, L. (2011). *The mindful way through anxiety: Break free from worry and reclaim your life*. New York: Guilford Press.

Pace, T., Negi, L., Adams, D., Cole, S., Sivilli, T., Brown, T., et al. (2009). Effect of compassion meditation on neuroendocrine, innate immune, and behavioral responses to psychosocial stress. *Psychoneuroendocrinology, 34*(1), 87–98.

Padilla, A. (2011). Mindfulness in therapeutic presence: How mindfulness of therapist impacts treatment outcome. *Dissertation Abstracts International: Section B: The Sciences and Engineering, 71*(9-B), 5801.

Pagnoni, G., & Cekic, M. (2007). Age effects on gray matter volume and attentional performance in Zen meditation. *Neurobiology of Aging, 28*(10), 1623–1627.

Pagnoni, G., Cekic, M., & Guo, Y. (2008). "Thinking about not-thinking": Neural correlates of conceptual processing during Zen Meditation. *PLoS ONE 3*(9), e3083.

Paracelsus. (2012). Unsourced quote retrieved November 23, 2012, from *https://en.wikiquote.org/wiki/Paracelsus*.

Patsiopoulos, A., & Buchanan, M. (2011). The practice of self-compassion in counseling: A narrative inquiry. *Professional Psychology: Research and Practice, 42*(4), 301–307.

Patterson, G. (1977). *Living with children: New methods for parents and teachers*. Champaign, IL: Research Press.

Pauley, G., & McPherson, S. (2010). The experience and meaning of compassion and self-compassion for individuals with depression or anxiety. *Psychology and Psychotherapy: Theory, Research, and Practice, 83*, 129–143.

Pearlman, L. A., & Courtois, C. A. (2005). Clinical applications of the attachment framework: Relational treatment of complex trauma. *Journal of Traumatic Stress, 18*, 449–459.

Pecukonis, E. V. (1996) Childhood sex abuse in women with chronic intractable back pain. *Social Work in Health Care, 23*(3), 1–16.

Pennebaker, J. W., Keicolt-Glaser, J. K., & Glaser, R. (1988). Disclosure of traumas and immune function: Health implications for psychotherapy. *Journal of Consulting and Clinical Psychology, 56*(2), 239–245.

Pepper, S. (1942). *World hypotheses*. Berkeley, CA: University of California Press.

Perlman, D. M., Salomons, T. V., Davidson, R. J., & Lutz, A. (2010). Differential effects on pain intensity and unpleasantness of two meditation practices. *Emotion, 10*(1), 65–71.

Perls, F. (2012). *Fritz Perls: The founder of Gestalt therapy*. Retrieved on September 23, 2012, from *www.fritzperls.com/autobiography*.

Peterson, C. (2007). Teleclass teaching: *North of neutral 2: Applications in action*. Bethesda, MD: MentorCoach.

Peterson, C. (2008). Teleclass teaching: *Positive psychology immersion máster class: North of neutral*. Bethesda, MD: MentorCoach.

Peterson, C., & Park, N. (2007). Attachment security and its benefits in context. *Psychological Inquiry, 18*(3), 172–176.

Peterson, C., & Seligman, M. E. P. (2004). *Character strengths and virtues: A handbook and classification*. American Psychological Association: Washington, DC.

Phillips, M. L., Drevets, W. C., Rauch, S. L., & Lane, R. (2003). Neurobiology of emotion perception. I: The neural basis of normal emotion perception. *Biological Psychiatry, 54*(5), 504–514.

Picavet, H. S., Vlaeyen, J. W., & Schouten, J. S. (2002). Pain catastrophizing and kinesiophobia: Predictors of chronic low back pain. *American Journal of Epidemiology, 156*, 1028–1034.

Piet, J., & Hougaard, E. (2011). The effect of mindfulness-based cognitive therapy for prevention of relapse in recurrent major depressive disorder: A systematic review and meta-analysis. *Clinical Psychology Review, 31*(6), 1032–1040.

Piet, J., Hougaard, E., Hecksher, M. S., & Rosenberg, N. K. (2010). A randomized pilot study of mindfulness-based cognitive therapy and group cognitive-behavioral therapy for young adults with social phobia. *Scandinavian Journal of Psychology, 51*, 403–410.

Pietrzak, R. H., Goldstein, R. B., Southwick, S. M., & Grant, B. F. (2011). Personality disorders associated with full and partial posttraumatic stress disorder in the U.S. population: Results from Wave 2 of the National Epidemiologic Survey on Alcohol and Related Conditions. *Journal of Psychiatric Research, 45*, 678–686.

Pinker, S. (2008, January 13). The moral instinct. *New York Times Magazine*, pp. 32–58.

Placone, P. (2011). *Mindful parent, happy child: A guide to raising joyful and resilient children*. Palo Alto, CA: Alaya Press.

Pollak, S. M., Pedulla, T., & Siegel, R. D. (in press). *Sitting together: Essential skills for mindfulness-based psychotherapy*. New York: Guilford Press.

Pope, K., & Vasquez, M. (2011). *Ethics in psychotherapy and counseling: A practical guide*. New Jersey: Wiley.

Porges, S. W. (2011a). *The polyvagal theory: Neurophysiological foundations of emotions, attachment, communication, and self-regulation*. New York: Norton.

Porges, S. W. (2011b, June). *The polyvagal theory for treating trauma* [Video podcast]. [With R. Buczynski]. [Transcript]. Mansfield Center, CT: National Institute for the Clinical Application of Behavioral Medicine. Available at www.stephenporges.com.

Pradhan, E. K., Baumgarten, M., Langenberg, P., Handwerger, B., Gilpin, A. K., Magyari, T., et al. (2007). Effect of mindfulness-based stress reduction in rheumatoid arthritis patients. *Arthritis and Rheumatism, 57*(7), 1134–1142.

Proust, M. (2003). *In search of lost time*. New York: Modern Library. (Original work published 1925)

Raes, F. (2010). Rumination and worry as mediators of the relationship between self-compassion and depression and anxiety. *Journal of Personality and Individual Differences, 48*, 757–761.

Raes, F. (2011). The effect of self-compassion on the development of depression symptoms in a nonclinical sample. *Mindfulness, 2*(1), 33–36.

Rainville, J., Sobel, J., Hartigan, C., Monlux, G., & Bean, J. (1997). Decreasing disability in chronic back pain through aggressive spine rehabilitation. *Journal of Rehabilitation Research and Development, 34*(4), 383–393.

Ramel, W., Goldin, P. R., Carmona, P. E., & McQuaid, J. R. (2004). The effects of mindfulness meditation on cognitive processes and affect in patients with past depression. *Cognitive Therapy and Research, 28*, 433–455.

Raque-Bogdan, R., Ericson, S., Jackson, J., Martin, H., & Bryan, N. (2011). Attachment and mental and physical health: Self-compassion and mattering as mediators. *Journal of Consulting Psychology, 58*(2), 272–278.

Reik, T. (1949). *Listening with the third ear*. New York: Farrar, Stauss.

Reis, D. (2007). Mindfulness meditation, emotion, and cognitive control:Experienced meditators show distinct brain and behaviour responses to emotional provocations. *Dissertation Abstracts International: Section B,69*(6-B), 3869.

Reynolds, D. (2003). Mindful parenting: A group approach to enhancing reflective capacity in parents and infants. *Journal of Child Psychotherapy, 29*(3), 357–374.

Ricard, M. (2010). The difference between empathy and compassion. *HuffPost Living*. Retrieved October 15, 2010, from www.huffingtonpost.com/matthieu-ricard/could-compassion-meditati_b_ 751566.html.

Richards, K., Campenni, C., & Muse-Burke, J. (2010). Self-care and well-being in mental health professionals: The mediating effects of self-awareness and mindfulness. *Journal of Mental Health Counseling, 32*(3), 247–264.

Rimes, K., & Winigrove, J. (in press). Mindfulness-based cognitive therapy for people with chronic fatigue syndrome still experiencing excessive fatigue after cognitive behavior therapy: A pilot randomized study. *Clinical Psychology and Psychotherapy*.

Robinson, M. E., & Riley, J. L. (1999). The role of emotion in pain. In R. J. Gatchel & D. C. Turk (Eds.), *Psychosocial factors in pain: Critical perspectives* (pp. 74–88). New York: Guilford Press.

Roemer, L., & Orsillo, S. M. (2007). An open trial of an acceptance-based behavior therapy for generalized anxiety disorder. *Behavior Therapy, 38*, 72–85.

Roemer, L., & Orsillo, S. M. (2009). *Mindfulness- and acceptance-based behavioral therapies in practice.* New York: Guilford Press.

Roemer, L., Orsillo, S. M., & Salters-Pedneault, K. (2008). Efficacy of an acceptance-based behavior therapy for generalized anxiety disorder: Evaluation in a randomized controlled trial. *Journal of Consulting and Clinical Psychology, 76*(6), 1083–1089.

Rogers, C. R. (1957). The necessary and sufficient conditions of therapeutic personality change. *Journal of Consulting Psychology, 21,* 95–103.

Rogers, C. R. (1961). *On becoming a person: A therapist's view of psychotherapy.* New York: Houghton Mifflin.

Rogers, C. R. (1980). *A way of being.* Boston: Houghton Mifflin.

Rogers, C. R., Gendlin, E., Kiesler, D., & Truax, C. (Eds.). (1967). *The therapeutic relationship and its impact.* Madison, WI: University of Wisconsin Press.

Rogers, S. (2005). *Mindful parenting: Meditations, verses, and visualizations for a more joyful life.* Miami Beach, FL: Mindful Living Press.

Rosenberg, L. (1998). *Breath by breath: The liberating practice of insight meditation.* Boston: Shambhala.

Rosenthal, J. Z., Grosswald, S., Ross, R., & Rosenthal, N. (2011). Effects of transcendental meditation in veterans of Operation Enduring Freedom and Operation Iraqi Freedom with posttraumatic stress disorder: A pilot study. *Military Medicine, 176,* 626–630.

Rosenthal, N. (2012). *Transcendence: Healing and transformation through Transcendental Meditation.* New York: Tarcher.

Rosenzweig, S. (1936). Some implicit common factors in diverse methods of psychotherapy. *American Journal of Orthopsychiatry, 6,* 412–415.

Rosenzweig, S., Greeson, J. M., Reibel, D. K., Green, J. S., Jasser, S. A., & Beasley, D. (2010). Mindfulness-based stress reduction for chronic pain conditions: Variation in treatment outcomes and role of home meditation practice. *Journal of Psychosomatic Research, 68*(1), 29–36.

Rosenzweig, S., Reibel, D., Greeson, J., Brainard, G., & Hojat, M. (2003). Mindfulness-based stress reduction lowers psychological distress in medical students. *Teaching and Learning in Medicine, 15,* 88–92.

Rothbaum, B. O., & Davis, M. (2003). Applying learning principles to the treatment of post-trauma reactions. *Annals of the New York Academy of Sciences, 1008,* 112–121.

Roy, D. (2007). *Momfulness; Mothering with mindfulness, compassion, and grace.* San Francisco, CA: Jossey Bass.

Rubia, K. (2009). The neurobiology of meditation and its clinical effectiveness in psychiatric disorders. *Biological Psychiatry, 82,* 1–11.

Rude, S. S., Maestas, K. L., & Neff, K. (2007). Paying attention to distress: What's wrong with rumination. *Cognition and Emotion, 21*(4), 843–864.

Rumi, J. (1995). Childhood friends. In *The essential Rumi* (C. Barks, Trans.). San Francisco, CA: HarperCollins.

Ryan, A., Safran, J., Doran, J., & Moran, C. (2012). Therapist mindfulness, alliance, and treatment outcome. *Psychotherapy Research, 23*(3), 289–297.

Ryan, R. M., & Deci, E. L. (2001). On happiness and human potentials: A review of research on hedonic and eudaimonic well-being. *Annual Review Psychology, 52,* 141–166.

Ryan, T. (2102). *A mindful nation: How a simple practice can help us reduce stress, improve performance, and recapture the American spirit.* Carlsbad, CA: Hay House.

Safran, J. D. (Ed.). (2003). *Psychoanalysis and Buddhism: An unfolding dialogue.* Somerville, MA: Wisdom.

Safran, J. D., Muran, J. C., & Eubacks-Carter, C. (2011). Repairing allianceruptures. In J. C. Norcross (Eds.), *Psychotherapy relationships that work* (2nd ed.). New York: Oxford University Press.

Sakyong, J. T. D. (2012). *Enlightened society treatise*. Halifax, NS, Canada: Shambhala Media.

Sakyong, M. J. M. (2003). *Turning the mind into an ally*. New York: Riverhead Books.

Salam, A. (1990). *Unification of fundamental forces*. Cambridge, UK: Cambridge University Press. Retrieved November 23, 2012, from https://en.wikiquote.org/wiki/Albert_Einstein#On_the_Generalized_Theory_of_Gravitation_.281950.29.

Salzberg, S. (1995). *Lovingkindness: The revolutionary art of happiness*. Boston: Shambhala.

Salzberg, S. (2002). *Lovingkindness: The revolutionary art of happiness* (2nd ed.). Boston: Shambhala.

Salzberg, S. (2011). *Real happiness: The power of meditation*. New York: Workman.

Sapolsky R. M. (2004). *Why zebras don't get ulcers* (3rd ed.). New York: Henry Holt.

Sauer, S., & Baer, R. A. (2010). Mindfulness and decentering as mechanisms of change in mindfulness- and acceptance-based interventions. In R. Baer (Ed.), *Assessing mindfulness and acceptance processes in clients* (pp. 25–50). Oakland, CA: Context Press.

Schacht, T. (1991). Can psychotherapy education advance psychotherapy integration?: A view from the cognitive psychology of expertise. *Journal of Psychotherapy Integration, 1*, 305–320.

Schanche, E., Stiles, T., McCollough, L., Swartberg, M., & Nielsen, G. (2011). The relationship between activating affects, inhibitory affects, and selfcompassion in patients with Cluster C personality disorders. *Psychotherapy: Theory, Research, Practice, Training, 48*(3), 293–303.

Scheel, M. J., Hanson, W. E., & Razzhavaikina, T. I. (2004). *The process of recommending homework in psychotherapy: A review of therapist delivery methods, client acceptability, and factors that affect compliance* (Faculty Publications, Paper 372). Lincoln: Department of Psychology, University of Nebraska.

Schneider, K., & Leitner, L. (2002). Humanistic psychotherapy. In M. Hersen & W. H. Sledge (Eds.), *Encyclopedia of psychotherapy* (Vol. 1, pp. 949–957). New York: Elsevier Science/Academic Press.

Schofferman, J., Anderson, D., Hines, R., Smith, G., & Keane, G. (1993). Childhood psychological trauma and chronic refractory low-back pain. *Clinical Journal of Pain, 9*(4), 260–265.

Schonstein, E., Kenny, D. T., Keating, J., & Koes, B. W. (2003). Work conditioning, work hardening, and functional restoration for workers with back and neck pain. *Cochrane Database Systematic Review, 1*, CD001822.

Schore, A. N. (1994). *Affect regulation and the origin of the self: The neurobiology of emotional development*. Hillsdale, NJ: Erlbaum.

Schottenbauer, M. A., Glass, C. R., Arnkoff, D. B., Tendick, V., & Gray, S. H. (2008). Nonresponse and dropout rates in outcome studies on PTSD: Review and methodological considerations. *Psychiatry, 71*, 134–168.

Schur, E. A., Afari, N., Furberg, H., Olarte, M., Goldberg, J., Sullivan, P. F., et al. (2007). Feeling bad in more ways than one: Comorbidity patterns of medically unexplained and psychiatric conditions. *Journal of General Internal Medicine, 22*(6), 818–821.

Schutze, R., Rees, C., Preece, M., & Schutze, M. (2010). Low mindfulness predicts pain catastrophizing in a fear-avoidance model of chronic pain. *Pain, 148*(1), 120–127.

Schwartz, B., & Sharpe, K. (2010). *Practical wisdom: The right way to do the right thing*. New York: Riverhead Books.

Schwartz, G. E. (1990). Psychobiology of repression and health: A systems approach. In J. L Singer, (Ed.), *Repression and dissociation: Defense mechanisms and personality styles—current theory and research* (pp. 405–434). Chicago, IL: University of Chicago Press.

Segal, Z. V., Bieling, P., Young, T., MacQueen, G., Cooke, R., Martin, L., et al. (2010). Antidepressant monotherapy vs. sequential pharmacotherapy and mindfulness-based cognitive therapy, or placebo, for relapse prophylaxis in recurrent depression. *Archives of General Psychiatry, 67*(12), 1256–1264.

Segal, Z. V., Williams, J. M. G., & Teasdale, J. D. (2002). *Mindfulness-based cognitive therapy for depression: A new approach to preventing relapse.* New York: Guilford Press.

Segal, Z. V., Williams, J. M. G., & Teasdale, J. D. (2012). *Mindfulness-based cognitive therapy for depression* (2nd ed.). New York: Guilford Press.

Segall, S. R. (2003). Psychotherapy practice as Buddhist practice. In S. R. Segall (Ed.), *Encountering Buddhism: Western psychology and Buddhist teachings* (pp. 165–178). Albany, NY: State University of New York Press.

Seligman, M. E. P. (1995). The effectiveness of psychotherapy: The Consumer Reports Study. *American Psychologist, 50*(12), 965–974.

Seligman, M. E. P. (2002). *Authentic happiness: Using the new positive psychology to realize your potential for lasting fulfillment.* New York: Free Press.

Seligman, M. E. P. (2003). Teleclass teaching: *Vanguard authentic happiness teleclass.* Bethesda, MD: MentorCoach.

Seligman, M. E. P. (2004). VIA signature strengths survey. Retrieved October 29, 2012, from *www.authentichappiness.sas.upenn.edu/default.aspx.*

Seligman, M. E. P. (2011). *Flourish: A visionary new understanding of happiness and well-being.* New York: Free Press.

Seligman, M. E. P., & Csikszentmihalyi, M. (2000). Positive psychology. Na introduction. *American Psychologist, 55*(1), 5–14.

Seligman, M. E. P., Steen, T. A., Park, N., & Peterson, C. (2005). Positive psychology progress: Empirical validation of interventions. *American Psychologist, 60,* 410–421.

Selye, H. (1956). *The stress of life.* New York: McGraw-Hill.

Semple, R. J. (2010). Does mindfulness meditation enhance attention?: A randomized controlled trial. *Mindfulness, 1*(2), 121–130.

Semple, R. J., Lee, J., Rosa, D., & Miller, L. F. (2010). A randomized trial of mindfulness-based cognitive therapy for children: Promoting mindful attention to enhance social–emotional resiliency in children. *Journal of Child and Family Studies, 19*(2), 218–229.

Sephton, S. E. (2007). Mindfulness meditation alleviates depressive symptoms in women with fibromyalgia: Results of a randomized clinical trial. *Arthritis and Rheumatism, 57*(1), 77–85.

Shahrokh, N., & Hales, R. (Eds.). (2003). *American psychiatric glossary* (8th ed.). Washington, DC: American Psychiatric Publishing.

Shankland, W. E. (2011). Factors that affect pain behavior. *Cranio: Journal of Craniomandibular Practice, 29*(2), 144–154.

Shantideva. (1979). *Bodhicaryavatara: A guide to the bodhisattva's way of life* (S. Bachelor, Trans.). Dharamshala, India: Library of Tibetan Works & Archives.

Shapira, L., & Mongrain, L. (2010). The benefits of self-compassion and optimism exercises for individuals vulnerable to depression. *Journal of Positive Psychology, 5*(5), 377–389.

Shapiro, D. H. (1992). Adverse effects of meditation: A preliminary investigation of long-term meditators. *International Journal of Psychosomatics, 39,* 62–66.

Shapiro, D. H., & Shapiro, D. (1982). Meta-analysis of comparative therapy outcome studies: A replication and refinement. *Psychological Bulletin, 92,* 581–604.

Shapiro, S. L. (2009). The integration of mindfulness and psychology. *Journal of Clinical Psychology, 65*(6), 555–560.

Shapiro, S. L., Astin, J. A., Bishop, S. R., & Cordova, M. (2005). Mindfulnessbased stress reduction for health care professionals: Results from a randomized trial. *International Journal of Stress Management, 12*, 164–176.

Shapiro, S. L., Brown, K. W., & Biegel, G. M. (2007). Teaching self-care to caregivers: Effects of mindfulness-based stress reduction on the mental health of therapists in training. *Training and Education in Professional Psychology, 1*(2), 105–115.

Shapiro, S. L., & Carlson, L. E. (2009). *The art and science of mindfulness: Integrating mindfulness into psychology and the helping professions.* Washington, DC: American Psychological Association.

Shapiro, S. L., Carlson, L. E., Astin, J., & Freedman, B. (2006). Mechanisms of mindfulness. *Journal of Clinical Psychology, 62*(3), 373–386.

Shapiro, S. L., & Izett, S. (2008). Meditation: A universal tool for cultivating empathy. In S. Hick & T. Bien (Eds.), *Mindfulness and the therapeutic relationship* (pp. 161–175). New York: Guilford Press.

Shapiro, S. L., Schwartz, G., & Bonner, G. (1998). Effects of mindfulness-based stress reduction on medical and premedical students. *Journal of Behavioral Medicine, 21*, 581–599.

Shay, J. (1995). *Achilles in Vietnam: Combat trauma and the undoing of character*. New York: Touchstone.

Shoham-Salomon, V., & Rosenthal, R. (1987). Paradoxical interventions: A meta-analysis. *Journal of Consulting and Clinical Psychology, 55*, 22–28.

Siegel, D. (1999). *The developing mind: How relationships and the brain Interact to shape who we are.* New York: Guilford Press.

Siegel, D. (2007). *The mindful brain: Reflection and attunement in the cultivation of well-being.* New York: Norton.

Siegel, D. (2009a). Emotion as integration: A possible answer to the question, What is emotion? In D. Fosha & D. Siegel (Eds.), *The healing power of emotion: Affective neuroscience, development, and clinical practice* (pp. 145–171). New York: Norton.

Siegel, D. (2009b). Mindful awareness, mindsight, and neural integration. *The Humanistic Psychologist, 37*, 137–158.

Siegel, D. (2010a). *The mindful therapist: A clinician's guide to mindsight and neural integration.* New York: Norton.

Siegel, D. (2010c). *Mindsight: The new science of personal transformation.* New York: Bantam.

Siegel, R. D. (2010b). *The mindfulness solution: Everyday practices for everyday problems.* New York: Guilford Press.

Siegel, R. D. (2011, September/October). East meets west. *Psychotherapy Networker, 36*(5), 26.

Siegel, R. D. (in press). Mindfulness in the treatment of trauma-related chronic pain. In V. Follette, D. Rozelle, J. Hopper, D. Rome, & J. Briere (Eds.), *Contemplative methods in trauma treatment: Integrating mindfulness and other approaches.* New York: Guilford Press.

Siegel, R. D., & Germer, C. K. (2012). Wisdom and compassion: Two wings of a bird. In C. K. Germer & R. D. Siegel (Eds.), *Wisdom and compassion in psychotherapy: Deepening mindfulness in clinical practice* (pp. 7–34). New York: Guilford Press.

Siegel, R. D., Urdang, M. H., & Johnson, D. R. (2001). *Back sense: A revolutionary approach to halting the cycle of back pain.* New York: Broadway Books.

Siev, J., Huppert, J., & Chambless, D. (2009). The dodo bird, treatment technique, and disseminating empirically supported treatments. *The Behavior Therapist, 32*, 69–75.

Silverstein, R. G., Brown, A. C., Roth, H. D., & Britton, W. B. (2011). Effects of mindfulness training on body awareness to sexual stimuli: Implications for female sexual dysfunction. *Psychosomatic Medicine, 73*(9), 817–825.

Singer, T., & Decety, J. (2011). Social neuroscience of empathy. In J. Decety & J. T. Cacioppo (Eds.), *The Oxford handbook of social neuroscience* (pp. 551–564). New York: Oxford University Press.

Singer, T., & Lamm, C. (2009). The social neuroscience of empathy. *Annals of the New York Academy of Sciences, 1156*, 81–96.

Singer, W. (2005, November). *Synchronization of brain rhythms as a possible mechanism for the unification of distributed mental processes.* Paper presented at the Mind and Life Institute conference, The Science and Clinical Applications of Meditation, Washington, DC.

Singer-Kaplan, H. (1974). *New sex therapy: Active treatment of sexual dysfunctions.* New York: Crown.

Singh, N. N., Singh, A. N., Lancioni, G. E., Singh, J., Winton, A. S. W., & Adkins, A. D. (2010). Mindfulness training for parents and their children with ADHD increases children's compliance. *Journal of Child and Family Studies, 19*, 157–166.

Singh, N. N., Wahler, R., Adkins, A. D., & Myers, R. (2003). Soles of the feet: A mindfulness-based self-control intervention for aggression by na individual with mild mental retardation and mental illness. *Research in Developmental Disabilities, 24*(3), 158–169.

Skinner, B. F. (1974). *About behaviorism.* New York: Knopf.

Slagter, H., Lutz, A., Greischar, L., Francis, A., Nieuwenhuis, S., Davis, J., et al. (2007). Mental training affects distribution of limited brain resources. *PLoS Biology, 5*, e138.

Smith, J. C. (1975). Meditation as psychotherapy: A review of the literature. *Psychological Bulletin, 82*(4), 558–564.

Smith, J. C. (2004). Alterations in brain and immune function produced by mindfulness meditation: Three caveats. *Psychosomatic Medicine, 66*, 148–152.

Smith, M. T., & Neubauer, D. N. (2003). Cognitive behavior therapy for chronic insomnia. *Clinical Cornerstone, 5*(3), 28–40.

Snyder, C. R., Lopez, S. J., & Pedrotti, J. T. (2011). *Positive psychology: The scientific and practical explorations of human strengths* (2nd ed.). Thousand Oaks, CA: Sage.

Sprang, G., & Clark, J. (2007). Compassion fatigue, compassion satisfaction, and burnout: Factors impacting a professional's quality of life. *Journal of Loss and Trauma, 12*, 259–280.

Springer, K. W., Sheridan, J., Kuo, D., & Carnes, M. (2007). Long-term physical and mental health consequences of childhood physical abuse: Results from a large population-based sample of men and women. *Child Abuse and Neglect, 31*(5), 517–530.

Stahl, B., & Goldstein, E. (2010). *A mindfulness-based stress reduction workbook.* Oakland, CA: New Harbinger.

Stanley, S., Reitzel, L. R., Wingate, L. R., Cukrowicz, K. C., Lima, E. N., & Joiner, T. E. (2006). Mindfulness: A primrose path for therapists using manualized treatments? *Journal of Cognitive Psychotherapy, 20*, 327–335.

Steger, M. F., Kashdan, T. B., & Oishi, S. (2008). Being good by doing good: Daily eudaimonic activity and well-being. *Journal of Research in Personality, 42*, 22–42.

Steil, R., Dyer, A., Priebe, K., Kleindienst, N., & Bohus, M. (2011). Dialectical behavior therapy for posttraumatic stress disorder related to childhood sexual abuse: A pilot study of an intensive residential treatment program. *Journal of Traumatic Stress, 24*, 102–106.

Stein, G. (1993). Sacred Emily. In G. Stein, *Geography and plays.* Madison, WI: University of Wisconsin Press. (Original work published 1922)

Stern, D. (2003). The present moment. *Psychology Networker, 27*(6), 52–57. Stern, D. (2004). *The present moment in psychotherapy and everyday life.* New York: Norton.

Stiles, W. (2009). Responsiveness as an obstacle for psychotherapy outcome research: It's worse than you think. *Clinical Psychology: Science and Practice, 16*, 86–91.

Stratton, P. (2006). Therapist mindfulness as a predictor of client outcomes. *Dissertation Abstracts International: Section B: Science and Engineering, 66*, 6296.

Strosahl, K. D., & Robinson, P. (2008). *The mindfulness and acceptance workbook for depression.* Oakland, CA: New Harbinger.

Surrey, J., & Jordan, J. V. (2012). The wisdom of connection. In C. K. Germer & R. D. Siegel (Eds.), *Wisdom and compassion in psychotherapy* (pp. 163–175). New York: Guilford Press.

Sussman, R., & Cloninger, C. (Eds.). (2011). *Origins of altruism and cooperation.* New York: Springer.

Suzuki, S. (1973). *Zen mind, beginner's mind.* New York: John Weatherhill. Sweet, M., & Johnson, C. (1990). Enhancing empathy: The interpersonal implications of a Buddhist meditation technique. *Psychotherapy: Theory, Research, Practice, Training, 27*(1), 19–29.

Szasz, T. (2004). *Words to the wise.* New Brunswick, NJ: Transaction.

Tacon, A. M., McComb, J., Caldera, Y., & Randolph, P. (2003). Mindfulness meditation, anxiety reduction, and heart disease: A pilot study. *Family and Community Health, 26*(1), 25–33.

Tang, Y. Y., Lu, Q., Fan, M., Yang, Y., & Posner, M. I. (2012). Mechanisms of white matter changes induced by meditation. *Proceedings of the National Academy of Sciences of the United States of America, 109,* 10570–10574.

Tang, Y. Y., Lu, Q., Geng, X., Stein, E. A., Yang, Y., & Posner, M. I. (2010). Short-term meditation induces white matter changes in the anterior cingulate. *Proceedings of the National Academy of Sciences of the United States of America, 107,* 15649–15652.

Tang, Y. Y., Ma, Y., Fan, Y., Feng, H., Wang, J., Feng, S., et al. (2009). Central and autonomic nervous system interaction is altered by short-term meditation. *Proceedings of the National Academy of Sciences of the United States of America, 106,* 8865–8870.

Tang, Y. Y., Ma, Y., Wang, J., Fan, Y., Feng, S., Lu, Q., et al. (2007). Short-term meditation training improves attention and self-regulation. *Proceedings of the National Academy of Sciences, 104,* 17152–17156.

Tang, Y. Y., & Posner, M. I. (2010). Attention training and attention state training. *Trends in Cognitive Sciences, 13*(5), 222–227.

Taylor, D. J., & Roane, B. M. (2010). Treatment of insomnia in adults and children: A practice-friendly review of research. *Journal of Clinical Psychology, 66*(11), 1137–1147.

Taylor, V. A., Daneault, V., Grant, J., Scavone, G., Breton, E., Roffe-Vidal, S., et al. (2013). Impact of meditation training on the default mode network during a restful state. *Social Cognitive and Affective Neuroscience, 8*(1), 1–3.

Taylor, V. A., Grant, J., Daneault, V., Scavone, G., Breton, E., Roffe-Vidal, S., et al. (2011). Impact of mindfulness on the neural responses to emotional pictures in experienced and beginner meditators. *NeuroImage, 57*(4), 1524–1533.

Teasdale, J. D., Segal, Z. V., & Williams, J. M. G. (2003). Mindfulness and problem formulation. *Clinical Psychology: Science and Practice, 10,* 157–160.

Teasdale, J. D., Segal, Z. V., Williams, J. M. G., Ridgeway, V. A., Soulsby, J. M., & Lau, M. A. (2000). Prevention of relapse/recurrence in major depression by mindfulness-based cognitive therapy. *Journal of Consulting and Clinical Psychology, 68,* 615–623.

Thomas, L. (1995). *The lives of a cell: Notes of a biology watcher.* New York: Penguin.

Thompson, B. L., & Waltz, J. (2007). Everyday mindfulness and mindfulness meditation: Overlapping constructs or not? *Personality and Individual Differences, 43,* 1875–1885.

Thompson, M., & McCracken, L. M. (2011). Acceptance and related processes in adjustment to chronic pain. *Current Pain and Headache Reports, 15*(2), 144–151.

Thompson, N., & Walsh, M. (2010). The existential basis of trauma. *Journal of Social Work Practice: Psychotherapeutic Approaches in Health, Welfare and the Community, 24,* 377–389.

Thomson, R. (2000). Zazen and psychotherapeutic presence. *American Journal of Psychotherapy, 54*(4), 531–548.

Thoreau, H. (2012). *Walden, or life in the woods.* CreateSpace.com: CreateSpace Independent Publishing Platform. (Original work published 1854)

Tirch, D. (2011). *The compassionate mind guide to overcoming anxiety.* London, UK: Constable.

Tonelli, M. E., & Wachholtz, A. B. (2012). Meditation-based treatement yielding immediate relief of meditation-naïve migraineurs. *Pain Management Nursing, 49*(9), 1155–1164.

Treanor, M. (2011). The potential impact of mindfulness on exposure and extinction learning in anxiety disorders. *Clinical Psychology Review, 31*, 617–625.

Treat, T. A., Kruschke, J. K., Viken, R. J., & McFall, R. M. (2011). Application of associative learning paradigms to clinically relevant individual diferences in cognitive processing. In T. R. Schachtman & S. Reilly (Eds.), *Associative learning and conditioning theory: Human and non-human applications* (pp. 376–398). New York: Oxford University Press

Tremlow, S. (2001). Training psychotherapists in attributes of mind from Zen and psychoanalytic perspectives, Part II: Attention, here and now, nonattachment, and compassion. *American Journal of Psychotherapy, 55*(1), 22–39.

Tronick, E. (1989). Emotions and emotional communication in infants. *American Psychologist, 44*(2), 112–119.

Tronick, E. (2007). *The neurobehavioral and social–emotional development of infants and children*. New York: Norton.

Trungpa, C. (1984). *Shambhala: The sacred path of the warrior*. Boston: Shambhala.

Tryon, G. S., & Winograd, G. (2011). Goal consensus and collaboration. In J. C. Norcross (Ed.), *Psychotherapy relationships that work* (2nd ed.). New York: Oxford University Press.

Tugrade, M. M., & Frederickson, B.L. (2012). Resilient individuals use positive emotions to bounce back from negative emotional experiences. *Journal of Personality and Social Psychology, 86*(2), 320–333.

Tullberg, T., Grane, P., & Isacson, J. (1994). Gadolinium-enhanced magnetic resonance imaging of 36 patients one year after lumbar disc resection. *Spine, 19*(2), 176–182.

Twohig, M. P., Hayes, S. C., Plumb, J. C., Pruitt, L. D., Collins, A. B., Hazlett-Stevens, H., et al. (2010). A randomized clinical trial of acceptance and commitment therapy versus progressive relaxation training for obsessive–compulsive disorder. *Journal of Consulting and Clinical Psychology, 78*, 705–716.

Unno, M. (2006). *Buddhism and psychotherapy across cultures: Essays on theories and practices*. Somerville, MA: Wisdom.

Valentine, E., & Sweet, P. (1999) Meditation and attention: A comparison of the effects of concentrative and mindfulness meditation on sustained attention. *Mental Health, Religion, and Culture, 2*(1), 59–70.

Van Dam, T., Sheppard, S., Forsyth, J., & Earleywine, M. (2011). Self-compassion is a better predictor than mindfulness of symptom severity and quality of life in mixed anxiety and depression. *Journal of Anxiety Disorders, 25*, 123–130.

van den Hurk, P., Giommi, F., Gielen, S., Speckens, A., & Barendregt, H. (2010). Greater efficiency in attentional processing related to mindfulness meditation. *Quarterly Journal of Experimental Psychology B (Colchester), 63*, 1168–1180.

van der Kolk, B. A., Pelcovitz, D., Roth, S., Mandel, F. S., McFarlane, A., & Herman, J. L. (1996). Dissociation, somatization, and affect dysregulation: The complexity of adaptation of trauma. *American Journal of Psychiatry, 153*(Suppl.), 83–93.

van der Oord, S., Bögels, S., & Pejnenburg, D. (2012). The effectiveness of mindfulness training for children with ADHD and mindful parenting for their parents. *Journal of Child and Families Studies, 21*(1), 139–147.

Veehof, M. M., Oskam, M. J., Schreurs, K. M., & Bohlmeijer, E. T. (2011). Acceptance-based interventions for the treatment of chronic pain: A systematic review and meta-analysis. *Pain, 152*(3), 533–542.

Vestergaard-Poulsen, P., van Beek, M., Skewes, J., Bjarkam, C. R., Stubberup, M., Bertelsen, J., et al. (2009). Long-term meditation is associated with increased gray matter density in the brain stem. *NeuroReport, 20*(2), 170–174.

Vianello, M., Galliani, E. M., & Haidt, J. (2010). Elevation at work: The effects of leaders' moral excellence. *Journal of Positive Psychology, 5*(5), 390–441.

Vinca, M., & Hayes, J. (2007, June). *Therapist mindfulness as predictive of empathy, presence, and session depth*. Paper presented at the annual meeting of the Society for Psychotherapy Research, Madison, WI.

Vlaeyen, J. W., & Linton, S. J. (2000). Fear-avoidance and its consequences in chronic musculoskeletal pain: A state of the art. *Pain, 85*(3), 317–332.

Volinn, E. (1997). The epidemiology of low back pain in the rest of the world. A review of surveys in low middle income countries. *Spine, 22*, 1747–1754.

Vøllestad, J., Nielsen, M., & Nielsen, G. (2011). Mindfulness- and acceptancebased interventions for anxiety disorders: A systematic review and metaanalysis. *British Journal of Clinical Psychology, 51*(3), 239–260.

Vujanovic, A. A., Niles, B. L., Pietrefesa, A., Schmertz, S. K., & Potter, C. M. (2011). Mindfulness in the treatment of posttraumatic stress disorder among military veterans. *Professional Psychology, 42*, 24–31.

Waddell, G., Newton, M., Henderson, I., & Somerville, D. (1993) A fearavoidance beliefs questionnaire (FABQ) and the role of fearavoidance beliefs in chronic low back pain and disability. *Pain, 52*(2), 157–168.

Waddington, L. (2002). The therapy relationship in cognitive therapy: A review. *Behavioural and Cognitive Psychotherapy, 30*, 179–191.

Wagner, A. W., & Linehan, M. M. (2006). Applications of dialectical behavior therapy to posttraumatic stress disorder and related problems. In V. M. Follette & J. I. Ruzek (Eds.), *Cognitive-behavioral therapies for trauma* (2nd ed., pp. 117–145). New York: Guilford Press.

Wallace, B. A. (2007). *Contemplative science*. New York: Columbia University Press.

Wallace, B. A. (2012, Fall). Popping pills for depression: A Buddhist view. *Inquiring Mind, 29*. Retrieved from www.inquiringmind.com/Articles/PoppingPills.html.

Wallin, D. (2007). *Attachment in psychotherapy*. New York: Guilford Press.

Walser, R., & Westrup, D. (2007). *Acceptance and commitment therapy for the treatment of post-traumatic stress disorder and trauma-related problems: A practitioner's guide to using mindfulness and acceptance strategies*. Oakland, CA: New Harbinger.

Walsh, R., & Shapiro, S. (2006). The meeting of meditative disciplines and Western psychology: A mutually enriching dialogue. *American Psychologist, 61*(3), 227–239.

Wampold, B. (2001). *The great psychotherapy debate: Models, methods, and findings*. Hillsdale, NJ: Erlbaum.

Wampold, B. (2012). *The basics of psychotherapy: An introduction to theory and practice*. Washington, DC: American Psychological Association.

Wampold, B., Imel, Z., & Miller, S. (2009). Barriers to the dissemination of empirically supported treatments: Matching messages to the evidence. *The Behavioral Therapist, 32*, 144–155.

Wang, P., & Gao, F. (2010). Mindful communication to address burnout, empathy, and attitudes. *Journal of the American Medical Association, 303*(4), 330–331.

Warkentin, J. (1972). The paradox of being alive and intimate. In A. Burton (Ed.), *Twelve therapists*. San Francisco: Jossey-Bass.

Warnecke, E., Quinn, S., Ogden, K., Towle, N., & Nelson, M. (2011). A randomised controlled trial of the effects of mindfulness practice on medical student stress levels. *Medical Education, 45*(4), 381–388.

Wells, A. (1999). A metacognitive model and therapy for generalized anxiety disorder. *Clinical Psychology and Psychotherapy, 6*, 86–95.

Welwood, J. (2000). *Toward a psychology of awakening*. Boston: Shambhala.
West, W. (2002). Some ethical dilemmas in counseling and counseling research. *British Journal of Guidance and Counseling, 30*, 261–268.
Westen, D. (1999). *Psychology: Mind, brain and culture* (2nd ed.). New York: Wiley.
Wilkinson, M. (2010). *Changing minds in therapy: Emotion, attachment, trauma, and neurobiology*. New York: Norton.
Willard, C. (2010). *Child's mind: Mindfulness practices to help our children be more focused, calm, and relaxed*. Berleley, CA: Parallax Press.
Williams, J. M. G., & Kabat-Zinn, J. (2011). Mindfulness: Diverse perspectives on its meaning, origins, and multiple applications at the intersection of Science and dharma. *Contemporary Buddhism, 12*(1), 1–18.
Williams, J. M. G., & Swales, M. (2004). The use of mindfulness-based approaches for suicidal patients. *Archives of Suicide Research, 8*, 315–329.
Williams, M., Teasdale, J., Segal, Z., & Kabat-Zinn, J. (2007). *The mindful way through depression: Freeing yourself from chronic unhappiness*. New York: Guilford Press.
Wilson, K. G., & Dufrene, T. (2011). *Mindfulness for two: An acceptance and commitment therapy approach to mindfulness in psychotherapy*. Oakland, CA: New Harbinger.
Wilson, K. G., & Murrell, A. R. (2004). Values work in acceptance and commitment therapy. In S. C. Hayes, V. M. Follette, & M. M. Linehan (Eds.), *Mindfulness and acceptance: Expanding the cognitive-behavioral tradition* (pp. 120–151). New York: Guilford Press.
Winnicott, D. W. (1965). *The maturational processes and the facilitating environment: Studies in the theory of emotional development*. London, UK: Hogarth Press.
Winnicott, D. W. (1971). *Playing and reality*. New York: Basic Books.
Witkiewitz, K., & Bowen, S. (2010). Depression, craving, and substance use following a randomized trial of mindfulness-based relapse prevention. *Journal of Consulting and Clinical Psychology, 78*(3), 362–374.
Witkiewitz, K., Bowen, S., Douglas, H., & Hsu, S. (2013). Mindfulness-based relapse prevention for substance craving. *Addictive Behaviors, 38*(2), 1563–1571.
Wolever, R., Bobinet, K., McCabe, K., Mackenzie, E., Fekete, E., Kusnick, C., et al. (2012). Effective and viable mind–body stress reduction in the workplace: A randomized, controlled trial. *Journal of Occupational Health Psychology, 17*(2), 246–258.
Wong, S. Y., Chan, F. W., Wong, R. L., Chu, M. C., Kitty Lam, Y. Y., Mercer, S. W., et al. (2011). Comparing the effectiveness of mindfulness-based stress reduction and multidisciplinary intervention programs for chronic pain: A randomized comparative trial. *Clinical Journal of Pain, 27*(8), 724–734.
Wright, I., Rabe-Hesketh, S., Woodruff, P., David, A., Murray, R., & Bullmore, E. (2000). Meta-analysis of regional brain volumes in schizophrenia. *American Journal of Psychiatry, 157*(1), 16–25.
Yaari, A., Eisenberg, E., Adler, R., & Birkhan, J. (1999). Chronic pain in Holocaust survivors. *Journal of Pain and Symptom Management, 17*(3), 181–187.
Yehuda, R. (Ed.). (1998). *Psychological trauma*. Washington, DC: American Psychiatric Publishing.
Yoga for anxiety and depression. (2009). *Harvard Health Publications*. Retrieved May 9, 2011, from www.health.harvard.edu/newsletters/Harvard_Mental_Health_Letter/2009/April/Yoga-for-anxiety-and-depression.
Yontef, G. (1993). *Awareness, dialogue, and process: Essays on Gestalt therapy*. Highland, NY: Gestalt Journal Press.
Yook, K., Lee, S. H., Ryu, M., Kim, K. H., Choi, T. K., Suh, S. Y., et al. (2008). Usefulness of mindfulness-based cognitive therapy for treating insomnia in patients with anxiety disorders: A pilot study. *Journal of Nervous and Mental Disease, 196*(6), 501–503.
Zangi, H. A., Mowinckel, P., Finset, A., Eriksson, L. R., Hoystad, T. O., Lunde, A. K., et al. (2012). A mindfulness-based group intervention to reduce psychological distress and fatigue in patients

with inflammatory rheumatic joint diseases: A randomised controlled trial. *Annals of the Rheumatic Diseases, 71*(6) 911–917.

Zeidan, F., Gordon, N. S., Merchant, J., & Goolkasian, P. (2010). The effects of brief mindfulness meditation training on experimentally induced pain. *Journal of Pain, 11*(3), 199–209.

Zernicke, K., Campbell, T., Blustein, P., Fung, T., Johnson, J., Bacon, S., et al. (in press). Mindfulness-based stress reduction for the treatment of irritable bowel syndrome symptoms: A randomized wait-list controlled trial. *International Journal of Behavioral Medicine.*

Zetzel, E. (1970). *The capacity for emotional growth*. New York: International Universities Press.

Índice

Números de páginas seguidos por *f* indicam figura, *t* indicam tabela.

A

Abrir (Diálogo Introspectivo), 111-113
Abuso, 130-133
Ação moral, 117-119, 312-313. *Ver também* Treinamento ético
Aceitação, 228-230
    ansiedade e, 178-180
    crianças e, 248-249, 254-256
    definições de *mindfulness* e, 6-7
    prática de, 68-70
    psicoterapia baseada em *mindfulness* e, 30-31
    questões éticas e, 131-133
    relação terapêutica e, 63-64, 107-109
Acolher uma dificuldade e enfrentá-la por meio do corpo, exercício, 183-185
Adições. *Ver também* Uso de substância
    questões éticas e, 130-133
    treinamento de *mindfulness* e, 237-246
    visão geral, 232-233, 234*f*
Admiração, 314-315
Adolescentes, 30-31. *Ver também* Crianças
Afirmação, 107-109
Agregados, 285-286
Agressão, 50-52, 219-220
Alegria, 83-84, 286-288, 325-327
Alegria empática, 107-109
Aliança terapêutica, 61-64. *Ver também* Relação terapêutica

Amabilidade, 107-109
Amígdala, 297-299, 298*f*, 299-301
Amor, 121-124
Amor-bondade
    adição e, 243-246
    atividade cerebral durante a meditação e, 291-294
    compaixão e, 86-87
    criando e selecionando exercícios para usar no tratamento e, 149-151
    definições de *mindfulness* e, 6-7
    depressão e, 165-166
    visão geral, 15-16, 19-21, 80-81, 93-95, 325-326
Anatta, 26-27, 320. *Ver também* Não *self*
Anicca, 26-27, 320. *Ver também* Impermanência
Ansiedade
    alterações na estrutura do cérebro como resultado da prática de meditação, 295-296
    autocompaixão e, 88-89
    criando e selecionando exercícios para usar no tratamento e, 145-146, 149-151
    dor lombar crônica e, 194-196
    esquiva e, 176-178
    prática de *mindfulness* e, 182-186
    psicoterapia baseada em *mindfulness* e, 30-31, 173-188
    rede em modo padrão (RMP) e, 29-30

tratamentos baseados na aceitação para, 173-188
trauma e, 215-216, 219-220, 222-226
treinamento ético e, 127
visão geral, 171-173, 175-177
Ansiedades, 40-41
Antidepressivos, 156. *Ver também* Farmacoterapia
Apego, 278-279
adição e, 235-236
crianças e, 248-249
relação-na-relação e, 107-108
seguro, 107-108
trauma e, 226-227
visão geral, 321
Apenas três respirações, exercício, 146-147
Aplicabilidade de tratamento, 29-34
Aplicações clínicas, 278-279. *Ver também* Ansiedade; Depressão; Psicologia budista; Tratamento
criando e selecionando exercícios, 142-151
introduzindo exercícios de *mindfulness* na terapia, 139-143
motivação e, 138-140
programas de tratamento baseados em *mindfulness*, 137-138
técnicas básicas de *mindfulness* e, 141-143
visão geral, 135-138
Apoios, 53-56
Aprendizagem, 180-182, 234f, 236f
Aprofundamento da sabedoria, 288-289. *Ver também* Sabedoria
Ascetismo, 270-272
Atenção
ansiedade e, 176-177, 186-187
cultivando, 84-86
definições de *mindfulness* e, 5-6
foco atencional e, 4-5, 64-66
prática de *mindfulness* e, 21-22
regulação da, 6-7, 28-30, 63-64
terapeuta de *mindfulness* e, 228-230
trauma e, 228-230
treinamento ético e, 120-122
visão geral, 78-86
Atenção correta, 324-325
Atenção focada, 80-81, 207-209. *Ver também* Atenção; Concentração
Atenção plena, 120-122. *Ver também* Atenção
Atividade física, 195-204, 198-203
Atribuições, 195-196, 219-220
Atribuições negativas, 219-220
Ausência de julgamento, 6-7, 8-9
Autenticidade, 113-114

Autoaceitação, 160-162
Autobondade, 88-89
Autocompaixão. *Ver também* Compaixão
apoios na prática de meditação e, 56
depressão e, 160-162, 165-166
psicoterapia baseada em *mindfulness* e, 28-30
visão geral, 19-21, 87-90
Autocrítica, 68-69, 88-89
Autodúvida (insegurança), 88-89
Autoestima
conceito de *self* e, 49-51
ideais culturais de, 47-49
identificação com o *self* e, 279-281
trauma e, 219-220
treinamento clínico e, 72-74
Autoimagem, 72-74
Autoinstrospecção, 63-64
Autojulgamento, 68-69
Automonitoramento
ansiedade e, 182-183
dor e, 197-198
sintomas e, 40-41
Auto-observação desapaixonada, 63-64
Autossintonia, 63-64
Avaliação, 221-222
consciente, 178-180
Aversão, 285-286, 321

B

Base na experiência direta, 129-131
Bem-estar
cultivar emoções positivas, 305-309
cura do sofrimento e, 280-282
envolver e servir a outros, 308-317
psicologia positiva e, 304-306, 316-317
Biofeedback, 32-33
Bola mágica: desejos para o mundo, exercício, 265-266
Bondade, 315-317
básica, 305-306
Brahma viharas, 86-87, 107-109, 325-326
Brincar, 248-249, 258-260
Buda, 13-14, 233-241, 235f, 236f
Budismo. *Ver também* Psicologia budista
cura do sofrimento e, 280-282
história do *mindfulness* na psicoterapia e, 10-13, 12f
origens antigas do *mindfulness* e, 269-272
self e, 276-281
treinamento de *mindfulness* clássico, 282-288
visão geral, 12-14, 287-289

C

Caminho do *bodhisattva*, 313-315
Caminho levando à extinção do sofrimento, 322-323. *Ver também* Sofrimento
Caminho Óctuplo, 13-14, 43-45, 323-325
Câncer, 32-33
Caráter, 310-312, 320-321
Causalidade recíproca, 102-103
"Causas raízes", 50-52
Cérebro-corpo, 99-100
Cessação do sofrimento, 322-323. *Ver também* Sofrimento
Cessação do tabagismo, 32-33
Ciclo de recuperação. *Ver também* Dor
  atividade física e, 198-203
  emoções negativas e, 202-204
  reestruturação cognitiva e, 196-198
  visão geral, 195-204
Cinesiofobia, 195-196
Ciúme, 225-226
Clareza, 71-73
Cobiça, 50-52, 278-279, 321
Coexploração, 158, 160-162
Começar de novo, 72-73
Comeditação, 108-109, 113-114
  consciente, 108-109
Comer por estresse, 32-33
Compaixão. *Ver também* Autocompaixão; Empatia
  alterações na estrutura cerebral como resultado da prática de meditação, 295-296
  ansiedade e, 178-180
  apoios na prática de meditação e, 56
  crianças e, 248-249, 254-256
  criando e selecionando exercícios para usar no tratamento e, 149-151
  cultivar, 99
  definições de *mindfulness* e, 6-7
  depressão e, 160-162, 165-166
  equanimidade e, 70-71
  ética e, 127, 132-133
  fatores de iluminação e, 114
  parentalidade e, 259-263
  poder da, 89-93
  relação terapêutica e, 63-64, 107-109
  sabedoria e, 8-10
  técnicas básicas de *mindfulness* e, 142-143
  trauma e, 228-230
  visão geral, 9-10, 69-70, 78, 80-81, 86-96, 325-326

Comportamento, 291-292, 291f
  autolesivo, 219-220
  homicida, 130-133
  perigoso, 130-133
  prejudicial, 130-133
  suicida, 130-133, 215-216, 219-220
Comportamentos, 178-180, 182-183
  destrutivos, 130-133
Comunicação. *Ver também* Escuta
  comeditação e, 108-109
  parentalidade e, 259-263
  por meio do brinquedo, 258-260
  treinamento ético e, 123-125
Concentração. *Ver também* Atenção; Atenção focada; Meditação
  Caminho Óctuplo e, 324-325
  criando e selecionando exercícios para usar no tratamento e, 143-148
  depressão e, 164-166
  fatores de iluminação e, 113-114
  mindfulness de objetos mentais e, 286-288
  sensibilidade moral e, 117-119
  técnicas básicas de *mindfulness* e, 142-143
  visão geral, 80-81, 83-84, 319, 326-327
Condicionamento, 41-42, 51-52
Conexão, 249-253
Confiabilidade, 127
Confiança, 127
Confusão, 321
Congruência, 104-105
Consciência
  adição e, 237
  ansiedade e, 181-183, 186-187
  construção da experiência e, 271-273, 272f
  crianças e, 254-256
  definições de *mindfulness* e, 5-6
  Diálogo Introspectivo e, 111-114
  habilidade com o preceito de sexualidade, 121-124
  mindfulness de objetos mentais e, 285-286
  prática de *mindfulness* e, 21-22
  psicologia budista e, 44-47
  trauma e, 219-220
Consciência corporal. *Ver também* Sensações físicas
  concentração e, 164-166
  criando e selecionando exercícios para usar no tratamento e, 144-147
  psicoterapia baseada em *mindfulness* e, 28-30
Consciência pré-verbal, 254-257. *Ver também* Crianças
Consideração positiva incondicional, 107-109

Conspiração, 132-133
Controle, 203-205, 219-220
  executivo, 299-300
Coragem, 65-68, 312-313
Cordialidade, 107-109
Corpo mágico, exercício, 264-265
Córtex cingulado anterior (CCA). *Ver também*
   Fatores neurobiológicos
   alterações na atividade cerebral quando não meditando, 299-300
   atividade cerebral durante a meditação e, 293
Córtex cingulado posterior (CCP), 296-298
Córtex frontal, 295-296
Córtex pré-frontal dorsolateral, 299-301
Córtex pré-frontal lateral, 208-209
Cortisol, 31-33
Credenciais, 138-139. *Ver também* Psicoterapeutas
Criança Gritando, analogia, 241-243
Crianças
  brincar e, 258-260
  consciência pré-verbal e, 254-257
  desafio de trabalhar com, 248-250
  exercícios de *mindfulness* para, 262-266
  mente de principiante, 252-255
  momentos presentes e, 256-259
  orientação dos pais, 259-263
  presença psicoterapêutica e, 249-253
  relacionando conscientemente com, 247-260
  TCBM para, 30-31
  terapia familiar e, 259-260
  visão geral, 247
Crítica, 68-69, 177-178
Curiosidade, 120-122

D

Dana, 312-313
Dar e receber, 86-87, 94-96
Delusão, 26-28, 50-52, 321
Depressão
  alterações na estrutura cerebral como resultado da prática de meditação, 296-297
  autocompaixão e, 88-89
  criando e selecionando exercícios para usar no tratamento e, 145-147
  mindfulness e, 153-170
  rede em modo padrão (RMP) e, 29-30
  terapia cognitiva baseada em *mindfulness* (TCBM) e, 167-170
  trauma e, 215-216, 219-220, 225-226
  visão geral, 152-153
Desapego, 72-73
Desatenção, 64-66, 120-122. *Ver também* Atenção

Desconexão
  crianças e, 251-253
  o outro-na-relação e, 106-107
  presença e, 251-253
Desejo
  adição e, 233-235, 234*f*, 235*f*, 236*f*, 239-240
  mindfulness de objetos mentais e, 285-286
  origens antigas do *mindfulness* e, 270
  self e, 277-279
  treinamento de *mindfulness* e, 240-246
  treinamento ético e, 121-124
  visão geral, 321
Desligamento, 208-209
  cognitivo, 208-209
Dhukka, 26-27. *Ver também* Sofrimento
Diabetes, 32-33
Diagnóstico
  adição e, 245-246
  psicoterapia baseada em *mindfulness* e, 27-28
  treinamento clínico e, 73-77
Diálogo introspectivo, 97, 110-112
Diferenciação da emoção, 29-30
Disciplina, 312-313. *Ver também* Sila
Disfunção sexual, 209-211. *Ver também* Distúrbios psicofisiológicos
Dissociação
  crianças e, 251-253
  criando e selecionando exercícios para usar no tratamento e, 145-147
  trauma e, 215-217
Distorção, 276-278
Distorções cognitivas, 158-160. *Ver também* Pensamentos
Distúrbios das articulações, 208-210. *Ver também* Distúrbios psicofisiológicos
Distúrbios de tensão muscular, 209-211. *Ver também* Distúrbios psicofisiológicos
Distúrbios dermatológicos, 209-211. *Ver também* Distúrbios psicopatológicos
Distúrbios gastrintestinais, 209-211. *Ver também* Distúrbios psicofisiológicos
Distúrbios psicofisiológicos. *Ver também* Dor; Dor lombar
  ciclo de dor e, 193-196
  ciclo de recuperação e, 195-204
  controle e, 203-205
  disfunções sexuais e insônia, 211-213
  distúrbios gastrintestinais e dermatológicos, 209-211
  dor e distúrbio de tensão muscular, 208-210
  dor lombar crônica, 192-204
  medicina mente-corpo e, 190-193
  mindfulness e, 204-209

visão geral, 189-190, 212-213
Djarma, 224-229
Doença médica crônica, 32-33
Dor. *Ver também* Distúrbios psicofisiológicos
  alterações na atividade cerebral quando não meditando, 300-301
  antecipatória, 207-208
  atividade física e, 198-203
  autoaceitação e autocompaixão e, 160-162
  ciclo de dor e, 193-196
  ciclo de recuperação e, 195-204
  controle e, 203-205
  crônica, 32-33
  dor lombar crônica, 192-204
  emoções negativas e, 1970198
  medicina mente-corpo e, 190-193
  mindfulness e, 154-155, 204-209
  psicologia positiva e, 305-306
  reestruturação cognitiva e, 196-198
  trauma e, 219-220, 224-227
  voltar-se para, 154-155
Dor lombar. *Ver também* Dor
  ciclo de dor e, 193-196
  ciclo de recuperação e, 195-204
  crônica, 192-204
  medicina mente-corpo e, 190-193
Dose-dependência, 24-25
Dukkha, 269, 320
Dúvida, 285-286

E

Elevação, 314-315
Emoções
  adição e, 234f, 236f
  ansiedade e, 178-180, 182-183
  ciclo de recuperação e, 195-204
  cultivando emoções positivas, 305-309
  depressão e, 155
  negativas, 195-204
  psicologia positiva e, 305-309
Empatia. *Ver também* Compaixão
  crianças e, 248-249
  do terapeuta, 62-63
  mútua, 106-108
  o outro-na-relação e, 105-106
  parentalidade e, 259-263
  pesquisa do cérebro sobre, 105-107
  relação terapêutica e, 63-64
  relação-na-relação e, 107-108
  visão geral, 69-70, 87-88
Empoderamento, 107-108
Endorfinas, 93

Energia, 83-84, 286-288, 326-327
  da sedução, 122-124
Envolvimento
  ansiedade e, 177-178, 186-187
  ética e, 127, 132-133
  psicologia positiva e, 308-317
  terapêutico, 100-102
Epistemologia, 56-58
Equanimidade
  fatores de iluminação e, 114
  mindfulness de objetos mentais e, 286-288
  relação terapêutica e, 107-109
  relação-na-relação e, 107-108
  self e, 278-279
  visão geral, 69-72, 83-85, 325-327
Equidade, 120-122
Erros, 119-121
Esclarecimento de valores, 28-30, 186-188
Escuta, 108-109, 143-145. *Ver também* Comunicação
  consciente, 108-109
Escutar Profundamente (Diálogo Introspectivo), 112-114
Esferas de sentidos, 286-287
Esforço, 312-313
Espiritualidade, 32-33
Esquiva
  ansiedade e, 176-178, 186-187
  comportamental, 194-195
  dor lombar crônica e, 194-195
  experiencial, 27-28, 51-52, 176-178
  trauma e, 216-220, 223-224
Esquizofrenia, 295-296
"Estar com", 106-108
Estresse, 31-33
  do trabalho, 32-33
Etiologia, 40-42
Excitação, 222-224
Execício, 201-203
  da saudação, 95-96
  Esclarecimento de valores nas relações, 186-188
  mão no coração, 92
Exercícios (Práticas)
  ansiedade e, 182-186
  de escrita, 182-183, 186-187
  de movimento, 185-186
  definições de *mindfulness* e, 5-6
  níveis de prática, 7-9
  psicoterapia baseada em *mindfulness* e, 27-29
  visão geral, 14-25. *Ver também* Prática de *mindfulness*
Existência, características da, 320

Expectativas, 219-220
Experiência
　construção da, 271-276, 272f
　origens antigas de *mindfulness* e, 270-272
　questões éticas e, 129-131
　self e, 278-280
Exposição
　ansiedade e, 185-186
　consciente, 68-70. *Ver também* Aceitação interoceptiva, 185-186
　psicoterapia baseada em *mindfulness* e, 28-30, 52-53
　trauma e, 223-224
　visão geral, 51-56

F

Fadiga
　de compaixão, 90-92
　de empatia, 90-92
Fala frívola, 124-125
Falar a Verdade (Diálogo Introspectivo), 113-114
Falta de atenção (alienação), 3-5
Farmacoterapia
　meditação e, 155-156
　problemas de sono e, 211-213
　psicoterapia baseada em *mindfulness* e, 139-140
Fatores biológicos, 40-42
Fatores culturais, 47-49, 217-218
Fatores de iluminação
　fluxo de relacionamentos e, 101-102
　mindfulness de objetos mentais e, 286-288
　mindfulness relacional e, 113-114
　visão geral, 81-85, 288-289, 326-327
Fatores financeiros, 120-122
Fatores neurobiológicos. *Ver também* Funcionamento do cérebro
　alterações na atividade cerebral quando não meditando, 299-303
　alterações na estrutura cerebral como resultado da prática de meditação, 294-300, 298f
　ansiedade e, 175-176
　atividade cerebral durante a meditação, 291-294
　neuroplasticidade e, 291-292, 291f
　psicoterapia baseada em *mindfulness* e, 29-30
　visão geral, 290-292, 301-303
Fatores psicológicos, 40-42
Fatores sociológicos, 40-42

Felicidade
　cultivar emoções positivas, 323-324
　envolver e servir a outros, 308-317
　mágica: como ser feliz aqui e agora, exercício, 265-266
　psicologia positiva e, 304-306
　visão geral, 76-77
Flashbacks, 221-222
Flexibilidade, 28-30, 201-203
Fluxo, 309-311
Fobias, 51-52, 295-296
　específicas, 295-296
Foco sensorial, 211-212
Força, 201-203
Forças de assinatura, 308-310, 314-315
Formações, 285-286. *Ver também* Intenções
Frases de equanimidade, 92
Frustração, 225-226
Funcionamento do cérebro. *Ver também* Fatores neurobiológicos
　adição e, 239-241
　alterações na atividade cerebral quando não meditando, 299-303
　alterações na estrutura cerebral como resultado da prática de meditação, 294-300, 298f
　atividade cerebral durante a meditação, 291-294
　compaixão e, 93
　empatia e, 105-107
　neuroplasticidade e, 291-292, 291f
　relação-na-relação e, 107-108
　treinamento de *mindfulness* e, 239-241
Funcionamento do sistema imune, 32-33
Funcionamento social, 93
Fundamento corporal de *mindfulness*, 14-16, 282-283
Fundamento do tom de sentimento de *mindfulness*, 14-16, 282-284, 321-323
Fundamentos de *mindfulness*, 14-16, 324-325-326

G

Generatividade, 314-315
Generosidade, 312-313
Gestão do risco, 115-116
Giro temporal inferior esquerdo, 296-297
Gratidão, 306-309, 314-315

H

Hábito, 234f, 236f
Hiperexcitação, 222-224

Hipocampo, 296-297
História de *mindfulness* na psicoterapia, 10-12, 12f
Honestidade, 123-124, 132-133
Honorários, 120-122
Humanidade, 88-89, 312-313
Humildade, 127

I

Identidade, 49-51, 215-216
Ignorância, 270, 321
Iluminação, fatores de. *Ver* Fatores de iluminação
Imagem de ressonância magnética (IRM), 294-300, 298f
Imagem de ressonância magnética funcional (IRMf), 294-300, 298f
Imagens, 283-284
Impermanência
 psicoterapia baseada em *mindfulness* e, 26-27
 trauma e, 226-228
 visão geral, 320
Impulso erótico, 50-52
Impulsos, 50-52
Incapacidade, 200-202. *Ver também* Dor
Incerteza, 128-129
Inconsciência, 270
Indolência, 285-286
Inflamação, 32-33
 induzida por estresse, 32-33
Inibidores seletivos da recaptação de serotonina (ISRSs). *Ver também* Farmacoterapia
Inquietação, 285-286
Insight. Ver também Meditação de *insight*
 existencial, 224-229. *Ver também* Sabedoria
 psicologia budista e, 44-47
 relação terapêutica e, 63-64
 sensibilidade moral e, 117-119
 trauma e, 219-220
 treinamento clínico e, 71-73
Insônia, 32-33, 209-211. *Ver também* Distúrbios psicofisiológicos
Instintos, 50-52
Instrução
 didática, 180
 experiencial, 180
Ínsula anterior direita, 296-297
Integridade, 314-315
Intenções
 construção de experiência e, 274-276
 dor e, 200-202

mindfulness de objetos mentais e, 285-286
Intensificação da relação baseada em *mindfulness*, 30-31
Inter-reatividade, 102-103
Introspecção, 42-44
Inventários comportamentais, 40-41
Investigação, 82-83, 286-288, 326-327
Ioga, 270-272, 302-303
Isolamento, 106-107

J

Julgamento
 aceitação e, 68-69
 crianças e, 248-249
 questões éticas e, 132-133
Junção temporoparietal (JTP), 296-298
Justiça, 312-313

K

Karma, 13-14, 275-276
Karuna, 19-20, 325-326. *Ver também* Meditações de compaixão
Kshanti, 312-313

L

Lapsos, 188
Lembrança, 5-6
Liberdade
 "causas raízes" e, 51-52
 consciência e, 44-47
 psicologia budista e, 13-14
 sabedoria e compaixão e, 8-10
Lição de casa, 141-142
Linguagem, 46-47
Ludicidade, 122-124

M

Má conduta sexual, 117
Má vontade, 321
Mahayana, 305-306, 311-316
Matar, 117
Materialidade, 285-286
Maus-tratos, 119-120
Mecanismos de ação, 28-30
Medicamento. *Ver* Farmacoterapia
Medicina comportamental, 31-33
Medicina mente-corpo, 190-193
Meditação. *Ver também* Concentração; *Mindfulness*; Prática de *mindfulness*

alterações na estrutura cerebral como
resultado de, 294-300, 298f
apoios na, 56-56
atividade cerebral durante, 291-294
diferenças de outras tradições e, 46-47
origens antigas do *mindfulness* e, 270-272
psicologia positiva e, 312-313
tipos de, 15-21, 319
visão geral, 14-16
Meditação de *insight*. *Ver também* Insight; Prática de *mindfulness*
epistemologia e, 57-58
métodos e, 51-56
relacional (RIM), 97
visão geral, 9-10, 81-82
Meditação de respiração, 17
Meditação Transcendental (MT), 11-12
Meditações de atenção focada, 15-17
Meditações de compaixão, 15-16, 19-21
Meditações de concentração, 15-17, 56, 84-86
Medo. *Ver também* Ansiedade
alterações na estrutura cerebral como resultado da prática de meditação, 295-296
dor lombar crônica e, 194-196
tratamento e, 51-52
visão geral, 171-173, 175-177
Memória associativa, 233, 234f
Memórias. *Ver também* Transtorno de estresse pós-traumático (TEPT)
adição e, 233, 234f
definições de *mindfulness* e, 5-6
mindfulness de sentimento e, 283-284
prática de *mindfulness* e, 221-222
trauma e, 215-216, 221-222
Mente, 99-100
de principiante, 252-255
mágica, exercício, 262-263
Mentira, 117
Metas, 47-52, 244-246
Metta. *Ver também* Amor-bondade
adição e, 243-246
atividade cerebral durante a meditação e, 291-294
compaixão e, 86-87
visão geral, 19-20, 93-95, 325-326
Mindfulness. *Ver também* Meditação; Prática de *mindfulness*
adição e, 237-246
autocompaixão e, 88-89
Caminho Óctuplo e, 338
construção da experiência e, 271-276, 272f
da emoção na meditação corporal, 18-20
da mente, 283-285, 324-325

das mãos, exercício, 145-146
de objetos mentais, 284-288, 324-326
de sentimento, 282-284, 324-325. *Ver também* Sentimentos
definições de *mindfulness*, 4-8
distúrbios psicofisiológicos e, 204-209
do corpo, 283-285, 324-325. *Ver também* Fundamento corporal de *mindfulness*
fundamentos de. *Ver* Fundamentos de *mindfulness*
na relação, 249-253. *Ver também* Presença
níveis de prática, 7-9
origens antigas do, 269-272
psicoterapeutas e, 9-14, 12f
relação do paciente com o sofrimento e, 3-5
relação terapêutica e, 61-64
sofrimento e, 280-282
terapêutico, 5-8
treinamento clínico e, 63-77
treinamento de *mindfulness* clássico, 282-288
visão geral, 2-3, 37-59, 82-83, 85-86, 218-219, 268-269, 287-289, 326-327
Mindfulness relacional. *Ver também* Mundo interoceptivo; Relações
cérebro, mente e relacionamentos e, 99-100
Diálogo Introspectivo e, 111-114
fatores de iluminação e, 113-114
fluxo de relacionamentos e, 100-103
na psicologia budista, 109-111
outro-na-relação e, 104-107
prática de, 110-111
relação-na-relação, 106-109
self-no-relacionamento e, 103-105
terapia como prática relacional e, 102-104
triângulo de realidade e, 99-100
visão geral, 97-99
Miniférias de *mindfulness*, exercício, 163-165
Modelo de *mindfulness* de dois componentes, 6-7
Modificações, 140-141
Momentos
de *mindfulness* centrados no presente, 8-9, 256-259
de *mindfulness* libertadores, 8-9
de *mindfulness* não conceituais, 8-9
de *mindfulness* não verbais, 8-9
participativos de *mindfulness*, 8-9
Monitoramento aberto, 15-20, 80-81, 207-209
Motivação, 138-140
Motivos, 120-122
Movimento relacional, 102-103

Movimento-na-relação, 102-103
Mudança de comportamento, 43-45
Mudita, 325-326. *Ver também* Alegria
Mundo interoceptivo. *Ver também Mindfulness* relacional
  psicologia budista e, 109-111
  psicologia positiva e, 310-312
  tratamento e, 52-54
Mutualidade, 103-104, 127

N

Não apego, 63-64
Não cobiça, 321
Não delusão, 321
Não raiva, 321
Não saber, 75-77. *Ver também* Saber
Não *self*, 26-27, 320
Natureza humana, 50-52
Neuroplasticidade e, 291-292, 291f. *Ver também* Funcionamento do cérebro; Fatores neurobiológicos
Nirvana, 288-289
Nobre Caminho Óctuplo, O. *Ver* Caminho Óctuplo
Nobres Verdades. *Ver* Quatro Nobres Verdades, As

O

O centro da roda, exercício, 147-148
O que é isto?, exercício, 148-150
Objetos mentais, 284-288
Obsessão, 225-226
Origem dependente
  adição e, 234-237, 235f, 236f
  psicoterapia baseada em *mindfulness* e, 26-27
  trauma e, 227-229
Originação do sofrimento, 322-323. *Ver também* Sofrimento
Originalidade, 104-105
Outro-na-relação, 104-107
Oxitocina, 93

P

Paciência, 312-313
Pacientes, 127-133
Pânico, 186-188, 219-220. *Ver também* Ansiedade
Paradoxo da dor, 216-218. *Ver também* Esquiva
Paramita, 312-314
Parentalidade, 259-263
Patologia, 26-28, 49-51
Pausa (Diálogo Introspectivo), 111-112

Pensamento correto, 323-324
Pensamentos
  ansiedade e, 178-180, 182-183
  depressão e, 155, 158-160
  intrusivos, 220-221
  irracionais, 42-44
  mindfulness de sentimento e, 283-284
  prática de *mindfulness* e, 221-222
  verdade e, 44-47
Perceber, 181-183. *Ver também* Percepções; Consciência
Percepção metacognitiva, 29-30, 223-225
Percepções
  construção da experiência e, 273-274
  mindfulness de objetos mentais e, 285-286
  self e, 277-278
  verdade e, 44-47
Perdão, 228-229
"Permanecer com" um paciente, 107-108
Permanecer na estrada, analogia, 244-246
Perspectiva, 71-73
Pesquisa, 34-35, 205-209
Postura, 56
Prajna, 117-119, 312-313. *Ver também Insight*; Sabedoria
Prática de *mindfulness*. *Ver também* Meditação; Meditação de *insight*
  adaptando ao indivíduo, 162-164
  alterações na estrutura cerebral como resultado de, 294-300, 298f
  ansiedade e, 182-186
  apoios na, 55-56
  atenção e, 78-86
  ciclo de recuperação e, 280-282
  concentração e, 164-166
  controle e, 203-205
  criando e selecionando exercícios, 142-151
  depressão e, 153-156
  diferenças de outras tradições e, 46-47
  dor e, 195-204
  epistemologia e, 56-58
  exposição e, 52-53
  informal, 14-16, 185-186
  introduzindo na terapia, 139-143
  prática formal e informal, 14-16
  técnicas básicas de *mindfulness*, 141-143
  trauma e, 218-225
  visão geral, 14-25, 81-82
Prática de *mindfulness* formal. *Ver também* Meditação; Prática de *mindfulness*
  ansiedade e, 182-184
  tipos de, 15-21
  visão geral, 14-16

Prazer, 307-309
Preceito
    da fala hábil, 123-125
    da habilidade com a sexualidade, 121-124
    de dinheiro e equidade, 120-122
    de reverência pela vida, 118-121
    do consumo consciente, 125-126
Presença, 127, 131-133, 249-253
    autêntica, 251-252
    psicoterapêutica, 249-253
    terapêutica, 23-24, 63-64
Prevenção de recaída baseada em *mindfulness*, 30-31, 218-220, 237-241
Prevenção de relapso, 188
Princípio da Ação Correta, 43-45, 324-325. *Ver também* Caminho Óctuplo
Princípio da Atenção Correta, 43-45. *Ver também* Caminho Óctuplo
Princípio da Concentração Correta, 43-45, 324-325. *Ver também* Caminho Óctuplo
Princípio da Fala Correta, 43-45, 323-324. *Ver também* Caminho Óctuplo
Princípio do Esforço Correto, 43-45, 323-325. *Ver também* Caminho Óctuplo
Princípio do Modo de Vida Correto, 43-45, 323-324. *Ver também* Caminho Óctuplo
Princípios de estados mentais de *mindfulness*, 14-16
Problemas de sono, 211-213. *Ver também* Distúrbios psicofisiológicos
Processamento
    da narrativa, 29-30
    experiencial, 29-30
Processo
    de correspondência associativa, 235-236
    de descentramento, 73-74
Processos, 5-6
    evolucionários, 191
Proeminência, 234f, 236f
Prognóstico, 42-43
Programa de intervenção Back Sense, 190-191
Programa de treinamento do cultivo da compaixão (CCT), 89-91
Programas de tratamento baseados em *mindfulness*. *Ver também* Terapia cognitiva baseada em *mindfulness* (TCBM); Terapia comportamental dialética (TCD); Terapia de aceitação e compromisso (TAC); Redução do estresse baseado em *mindfulness* (REBM)
    adição e, 237-246

    ansiedade e, 173-188
    ciclo de recuperação e, 195-204
    credenciais do terapeuta e, 138-139
    crianças e, 247-260
    criando e selecionando exercícios, 142-151
    depressão e, 153-162
    dor e, 195-204
    introduzindo as práticas de *mindfulness* na terapia, 139-143
    motivação e, 138-140
    técnicas básicas de *mindfulness*, 141-143
    trauma e, 218-225
    visão geral, 137-138
Psicanálise, 4-5
Psicologia budista. *Ver também* Budismo
    compaixão e, 86-87
    comparada a outras tradições, 46-47
    cura do sofrimento e, 280-282
    definições de *mindfulness*, 4-8
    epistemologia e, 56-58
    ética e, 34, 116-119
    fatores de iluminação, 81-85
    insight e consciência e, 44-47
    insight existencial e, 224-229
    introduzindo a prática de *mindfulness* na terapia, 139-143
    metas e, 47-52
    métodos, 5054
    mindfulness relacional e, 109-111
    psicologia positiva e, 32-34, 305-306
    psicoterapia baseada em *mindfulness* e, 26-27
    self na, 48-51
    sofrimento e, 38-45
    trauma e, 219-220, 229-231
    visão geral, 12-14, 37-39
Psicologia positiva
    cultivando emoções positivas, 305-309
    envolver e servir a outros, 308-317
    pilares da, 305-317
    visão geral, 32-34, 304-306
Psicoterapeutas. *Ver também* Treinamento clínico
    adição e, 240-242
    atenção e, 64-66, 78-79
    credenciais e, 138-139
    crianças e, 249-253
    depressão e, 157
    eficácia de, 62-63
    empatia e, 62-63
    fadiga de compaixão e, 90-92
    mindfulness e, 9-14, 12f, 161-163
    necessidades narcísicas e, 72-74
    outro-na-relação e, 104-107

relação-na-relação e, 106-109
self-na-relação e, 103-105
trauma e, 228-230
treinamento ético e, 118-127
visão geral, 22-25, 35-36
Psicoterapia. *Ver também* Aplicações clínicas; Psicoterapia psicodinâmica; Tratamento
  baseada em *mindfulness*, 24-25, 34
  baseada na compaixão, 30-31, 34
  fatores na terapia eficaz, 61-64
  humanista/existencial, 31-32
  informada por *mindfulness*, 23-25
  integrando *mindfulness* na, 165-168
  modelo de *mindfulness* de, 22-35
  orientada a *mindfulness*, 22-25
  relacional, 100-104
  sensório-motora, 31-32
Psicoterapia psicodinâmica comparada à psicologia. *Ver também* Psicoterapia; Tradições ocidentais
  apoios na, 53-55
  budista, 46-47
  epistemologia e, 56-58
  exposição e, 52-53
  métodos, 51-56
  visão geral, 30-31

Q

Qualidade de vida no HIV, 32-33
Qualidades de coração, 325-326. *Ver também Brahma viharas*
Qualidades ilimitadas de coração, 325-326. *Ver também Brahma viharas*
Quatro Fundamentos de *Mindfulness*, Os. *Ver* Fundamentos de *mindfulness*
Quatro Nobres Verdades, As,
  aliviando o sofrimento e, 38-40
  mindfulness relacional e, 110-111
  trauma e, 224-226
  visão geral, 13-14, 322-323
Quatro Qualidades Ilimitadas de Coração, As, 325-326. *Ver também Brahma viharas*
Querer, 321. *Ver também* Desejo
Questões éticas
  com nossos pacientes, 127-133
  credenciais do terapeuta e, 138-139
  psicoterapia baseada em *mindfulness* e, 34

R

RAIN acrônimo, 242-246

Raiva, 29-52, 119-120, 225-226, 321
Raízes
  insalubres, 320-321
  saudáveis, 321
Realidade, 44-47. *Ver também* Verdade
Reatividade
  ansiedade e, 175-177
  distúrbios psicofisiológicos e, 207-208
  relação do paciente com o sofrimento e, 3-5
  sintomas e, 40-41
  trauma e, 219-220
Reavaliações, 28-30
Rede em modo padrão (RMP)
  alterações na atividade cerebral quando não meditando, 301-302
  atividade cerebral durante a meditação e, 291-294
  psicoterapia baseada em *mindfulness* e, 29-30
Redução do estresse, 140-141. *Ver também* Prática de *mindfulness*
Redução do estresse baseada em *mindfulness* (REBM). *Ver também* Programas de tratamento baseados em *mindfulness*
  alterações na estrutura cerebral como resultado da prática de meditação, 296-298
  credenciais do terapeuta e, 138-139
  depressão e, 167-170
  história do *mindfulness* na psicoterapia e, 11-12
  trauma e, 218-220
  treinamento clínico e, 60-62
  visão geral, 30-31, 137-138
Reestruturação cognitiva, 195-204
Reforço negativo, 233-234f. *Ver também* Reforços
Reforço positivo, 233, 234f. *Ver também* Reforços
Reforços, 41-42, 55-56, 233, 234f
Regulação das emoções. *Ver também* Tolerância de afeto
  alterações na atividade cerebral quando não meditando, 299-301
  psicoterapia baseada em *mindfulness* e, 28-30
  trauma e, 215-216, 221-222
  treinamento clínico e, 65-68
  visão geral, 66-67
Rejeição, 177-178
Relação com os outros, 308-317
Relação terapêutica
  Diálogo Introspectivo e, 111-114
  fatores de iluminação e, 113-114
  fatores na terapia eficaz, 61-64
  fluxo de relacionamentos e, 100-103

foco atencional e, 64-66
mindfulness e, 63-64
psicoterapia baseada em *mindfulness* e, 28-29
relação-na-relação e, 106-109
trauma e, 228-230
visão geral, 53-55, 59
Relação-na-relação, 106-109
Relacionamento ressonante, 107-108
Relações. *Ver também Mindfulness* relacional; Mundo interoceptivo
fluxo de, 100-103
psicologia positiva e, 310-312
trauma e, 215-216
triângulo de realidade e, 99-100
Relaxar, 11-12, 31-33
Renascimento, 13-14
Rendição, 131-133
Resistência, 27-28, 198-201
Respeito, 107-109, 127
Respiração, 146-148, 164-166
Retiros de meditação *mindfulness* intensivos, 39-40
Revelação, 124-125
Rotina hedonista, 307-309
Rótulos, 73-77. *Ver também* Diagnóstico
Roubar, 117
Ruminação, 167-170, 221-222

S

Sabedoria. *Ver também Insight* experiencial
compaixão e, 8-10
psicologia positiva e, 312-313
trauma e, 224-229
treinamento ético e, 127
visão geral, 288-289
Saber, 75-77. *Ver também* Não saber
Samadhi, 117-119, 312-313. *Ver também* Concentração; Meditação
Samatha, 15-17
Sampajaña, 71-73
Sati, 4-5
Saúde, 26-28
Segurança, 49-51
Self (Eu)
construção do, 276-278
identificação com, 279-281
mindfulness relacional e, 109-111
na psicologia budista, 48-51
psicoterapia baseada em *mindfulness* e, 26-27
sofrimento e, 277-280
visão geral, 276-281

visão ocidental do, 47-49
Self autobiográfico, 293
Self-como-processo, 48-51
Self-na-relação, 103-105
Sensações físicas. *Ver também* Consciência corporal; Distúrbios psicofisiológicos; Dor
ansiedade e, 178-180, 182-186
concentração e, 164-166
depressão e, 155
treinamento de *mindfulness* clássico e, 282-283
Sentido de humanidade comum, 88-89
Sentidos, 21-22
Sentimento desagradável, 321. *Ver também* Sentimentos
Sentimento nem-agradável-nem-desagradável, 321. *Ver também* Sentimentos
Sentimentos. *Ver também* Emoções
agradáveis, 321
construção da experiência e, 273-274
mindfulness de objetos mentais e, 285-286
self e, 277-279
três tipos de, 321-323
Servir de forma significativa, 329
Sete fatores de iluminação, Os. *Ver* Fatores de iluminação
Sexualidade, 1218-123-124
Sila, 117-119, 312-313
Simplesmente escutar, exercício, 143-144
Síndrome de fadiga crônica, 32-33
Síndrome do intestino irritável, 32-33
Sintomas. *Ver também* Sofrimento
dor lombar crônica, 194-195
psicoterapia baseada em *mindfulness* e, 27-28
visão geral, 39-41
Sintonia
empática, 105-106
outro-na-relação e, 105-106
relação-na-relação e, 107-108
trauma e, 229-230
visão geral, 66-67
Sistema de luta-ou-fuga, 191-193, 202-204
Sistema nervoso, 31-33, 93
Sistema nervoso autônomo, 31-33
Socialização, 217-218
Sociedade iluminada, 315-317
Sofrimento. *Ver também* Sintomas
"causas raízes" e, 50-52
adição e, 233-235
alívio do, 38-45

autoaceitação e autocompaixão e, 160-162
compaixão e, 87-89
cura do, 280-282
distúrbios psicofisiológicos e, 110-111
dor e, 198-201
mindfulness e, 154-155, 280-282
origens antigas de *mindfulness* e, 269-272
outro-na-relação e, 106-107
psicologia budista e, 38-39
psicoterapia baseada em *mindfulness* e, 26-27
Quatro Nobres Verdades, As, e, 13-14
relação do paciente com, 3-4-5
relações terapêuticas e, 63-64
sabedoria e compaixão e, 8-10
self como uma causa de, 277-280
trauma e, 219-221, 224-227
visão geral, 2-3, 320, 322-323
voltar-se para, 154-155
Sons, 143-145
Subsistema
 de ameaça, 93
 de competição, 93
Substância
 branca, 294-300, 298f
 cinzenta, 294-300, 298f
Surfar o impulso, 31-33, 201-202, 224-225
Surgimento da Confiança (Diálogo Introspectivo), 112-113

T

Temperança, 312-313
Tendências de cuidados, 93
Teoria, 73-77
 da aprendizagem, 175-176
 da sobreposição da dor social (SPOT), 105-107
 relacional-cultural, 106-107
Terapeutas. *Ver* Psicoterapeutas
Terapia cognitiva baseada em *mindfulness* (TCBM). *Ver também* Programas de tratamento baseados em *mindfulness*
 ansiedade e, 174-176
 credenciais do terapeuta e, 138-139
 depressão e, 153, 167-170
 trauma e, 218-220
 visão geral, 137-138
Terapia cognitivo-comportamental (TCC). *Ver também* Tradições ocidentais
 adição e, 238-239
 ansiedade e, 174-176, 182-183, 238-239

comparada à psicologia budista, 46-47
dor e, 197-198
etiologia e, 41-42
introspecção e, 42-44
psicoterapia baseada em *mindfulness* e, 29-31
trauma e, 216-217
Terapia comportamental dialética (TCD). *Ver também* Programas de tratamento baseados em *mindfulness*
 ansiedade e, 174-176
 credenciais do terapeuta e, 138-139
 trauma e, 218-221
 visão geral, 30-31, 137-138
Terapia de aceitação e compromisso (TAC).
 Ver também Programas de tratamento baseados em *mindfulness*
 adição e, 237
 ansiedade e, 173-176, 186-187
 credenciais do terapeuta e, 138-139
 depressão e, 153
 questões éticas e, 34
 trauma e, 218-221
 visão geral, 30-31, 137-138
Terapia de narrativa, 21
Terapia do controle de estímulos, 212-213
Terapia focada na compaixão, 30-31, 88-90
Terapia focada na emoção, 31-32
Terapia *Gestalt*, 31-32
Terapia transpessoal, 31-32
Testemunhar, 131-133
Theravada, 305-306
Tipos de meditação *mindfulness*, 15-21
Tolerância
 adição e, 233, 234f
 consciente, 66-67
 de afeto, 65-68, 221-222. *Ver também* Regulação das emoções
 trauma e, 221-222
 treinamento clínico e, 65-68
Tomografia por emissão de pósitrons (TEP), 308-309
Tonglen, 86-87, 94-96. *Ver também* Dar e receber
Tradição cognitivo-comportamental, 24-25
Tradições hindus, 269-272
Tradições ocidentais. *Ver também* Psicoterapia psicodinâmica; Terapia cognitivo-comportamental (TCC); Tratamento comportamental
 comparado com medicina mente-corpo, 190
 epistemologia e, 56-58
 etiologia e, 40-42
 insight e percepção e, 44-47

metas e, 47-52
o *self* nas, 48-51
prognóstico, 42-43
psicologia positiva e, 314-315
tratamento, 42-45
trauma e, 219-220, 231
Tranquilidade
   meditação de concentração e, 15-17
   mindfulness de objetos mentais e, 286-288
   visão geral, 83-84, 326-327
Transcendência, 312-313
Transferência, 53-54
Transitoriedade da experiência, 72-73
Transtorno da personalidade *borderline*, 219-220
Transtorno de ansiedade generalizada (TAG), 173-176. *Ver também* Ansiedade
Transtorno de ansiedade social (TAS), 173-176, 295-296. *Ver também* Ansiedade
Transtorno de estresse pós-traumático (TEPT). *Ver também* Trauma
   alterações na estrutura cerebral como resultado da prática de meditação, 295-297
   criando e selecionando exercícios para usar no tratamento e, 143-145
   visão geral, 214-216
Transtorno obsessivo-compulsivo (TOC), 51-52, 173-176. *Ver também* Ansiedade
Transtornos alimentares, 219-220
Transtornos de ansiedade, 51-52
Transtornos por uso de substâncias, 32-33
Tratamento. *Ver também* Aplicações clínicas; Programas de tratamento baseados em *mindfulness*; Psicologia budista; Psicoterapia; Tradições ocidentais
   ansiedade e, 173-188
   ciclo de recuperação e, 195-204
   depressão e, 161-170
   métodos, 51-56
   sofrimento e, 42-45
   trauma e, 219-225
Tratamento comportamental. *Ver também* Tradições ocidentais
   comparado com a psicologia budista, 46-47
   instrospecção e, 42-44
   métodos, 51-56
   sintomas e, 40-41
Tratamento de casais, 106-109
Tratamentos de grupo
   depressão e, 167-170
   parentalidade e, 261-262
   trauma e, 220-221
   visão geral, 52-54

Tratamentos de prevenção de resposta, 51-52
Tratamentos familiares, 52-54, 259-260
Trauma. *Ver também* Transtorno de estresse pós-traumático (TEPT)
   adaptando *mindfulness* e, 205-206
   criando e selecionando exercícios para usar no tratamento e, 145-147
   distúrbios psicofisiológicos e, 205-206
   dor e, 216-219
   efeitos de, 215-217
   esquiva e, 216-219
   insight existencial e, 224-229
   intervenção e, 219-225
   mindfulness e, 218-220
   terapeuta consciente e, 228-230
   visão geral, 214-217
Treinamento clínico. *Ver também* Psicoterapeutas
   aceitação e, 68-70
   adição e, 240-242
   aprendendo a ver, 71-73
   credenciais do terapeuta e, 138-139
   desapegar e começar de novo, 72-73
   empatia e compaixão e, 69-70
   equanimidade e, 69-72
   fatores na terapia eficaz, 61-64
   felicidade e, 76-77
   foco de atenção e, 254-255
   mindfulness como treinamento avançado, 63-77
   necessidades narcísicas e, 72-74
   teoria e, 73-77
   tolerância de afeto, regulação emocional e coragem e, 65-68
   treinamento de *mindfulness* clássico, 282-288
   treinamento ético, 115-116
   visão geral, 60-62
Treinamento com pesos, 201-203
Treinamento da autocompaixão consciente, 30-31. *Ver também* Autocompaixão
Treinamento da compaixão baseado na cognição (CBCT), 90-91
Treinamento da consciência alimentar baseada em *mindfulness*, 30-31
Treinamento da percepção interoceptiva, 31-32
Treinamento da resistência, 201-203
Treinamento do controle atencional, 140-141. *Ver também* Prática de *mindfulness*
Treinamento ético
   preceito da fala hábil, 123-125
   preceito da habilidade com a sexualidade, 121-124
   preceito do consumo consciente, 125-126
   preceito do dinheiro e da equidade, 120-122

psicologia budista e, 116-119
reverência pelo preceito de vida, 118-121
visão geral, 115-116
Treinamento triplo, 117-119. *Ver também*
Treinamento ético
Triângulo de realidade, 99-100
Tristeza, 226-227
Troca bidirecional, 102-103

U

Uma lista *bodhisattva* de tarefas, 316-317
Universos de causas interagentes, 26-27
Upadana, 235-236
Upekkha, 325-326. *Ver também* Equanimidade
Uso de substância. *Ver também* Adições
 ação moral e, 117
 trauma e, 215-217, 219-220
 treinamento ético e, 125-126
Uso de substâncias intoxicantes, 117

V

Vajrayana, 305-306
Validação, 180-182
Verdade, 44-47. *Ver também* Quatro Nobres Verdades, As; Realidade
Vergonha, 88-89
Vipassana, 18-19, 38-39, 158. *Ver também* Monitoramento aberto
Virtude, 310-313
Virya, 312-313
Visão
 correta, 323-324
 de mundo, 25-27

Z

Zen, 10-11